Die Architektur-
maschine

Die Rolle des Computers
in der Architektur

Birkhäuser
Basel

Teresa Fankhänel und
Andres Lepik (Hrsg.)

A.M.

Inhalt

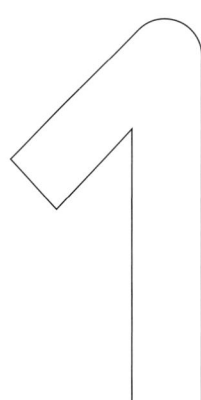

  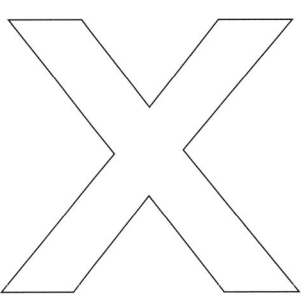

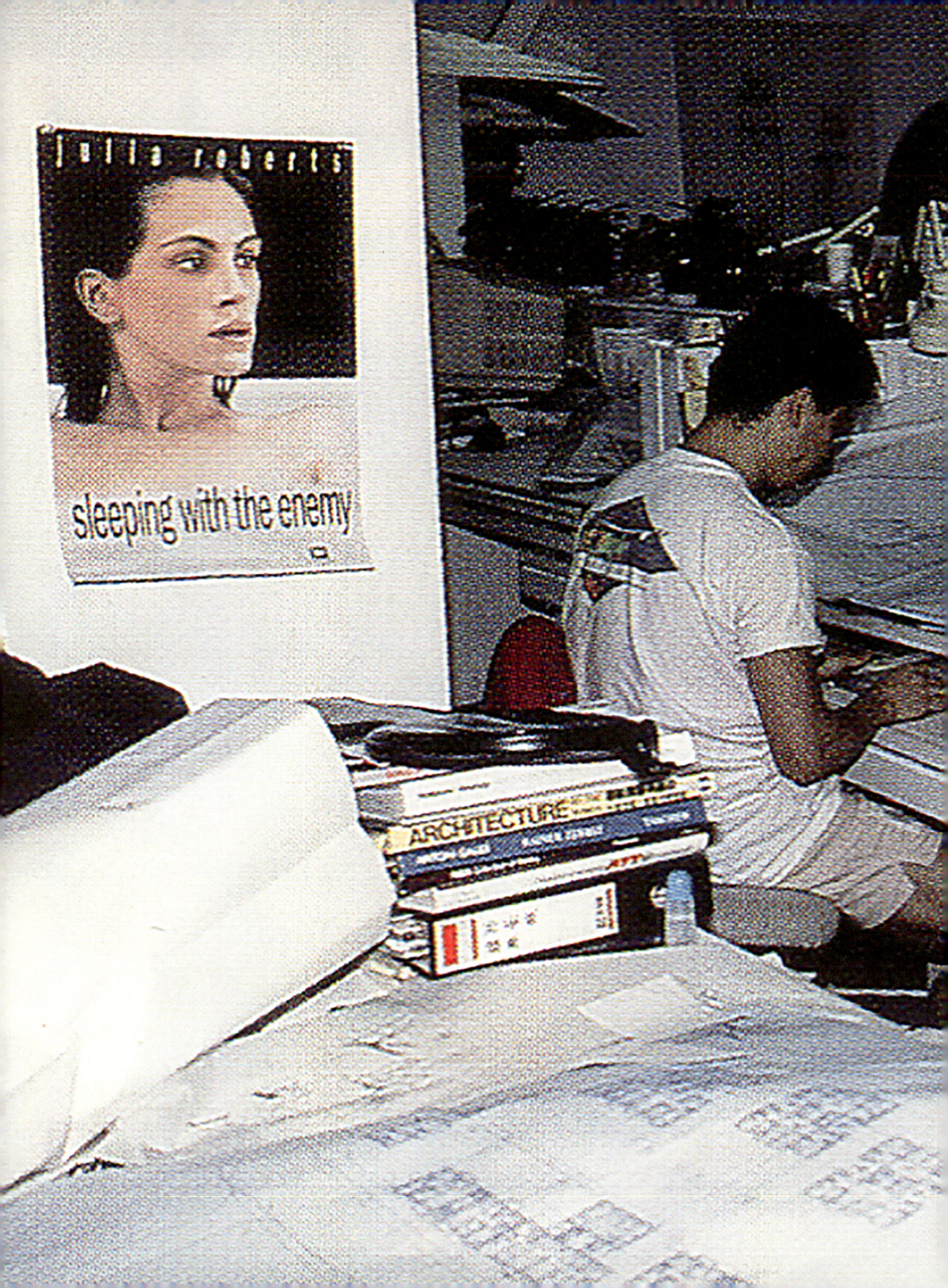

Grußwort des Arbeitskreises für Architekturinformatik

Der Arbeitskreis Architekturinformatik (AK:AI) ist ein Zusammenschluss von Professuren im deutschsprachigen Raum, der 2003 an der Bauhaus-Universität Weimar gegründet wurde. Zentrales Anliegen des AK:AI ist es, die Potenziale neuer digitaler Technologien für Anwendungen in Architektur, Städtebau und Stadtplanung aufzuzeigen.

Die Mitglieder des AK:AI freuen sich sehr, dass die Ausstellung *Die Architekturmaschine* im Architekturmuseum der TUM einen fundierten Überblick über die Entwicklung der Rolle der Computertechnik in Entwurf und Planung gibt. Die Ausstellung behandelt Kernthemen des AK:AI, der sich im Rahmen von Lehre und Forschung mit den gegenwärtigen und zu erwartenden Entwicklungen und Veränderungspotenzialen der Digitalisierung in der Architektur, im Städtebau und in der Stadtplanung befasst.

Die Ausstellung unterstützt in vielerlei Hinsicht die Anliegen des AK:AI. Da diese den historischen Kontext des digitalen Entwerfens, Planens und Bauens darstellt, bereitet sie auf die zukünftigen Herausforderungen vor und hilft, sie aktiv mitzugestalten und Innovationen im digitalen Planen und Bauen voranzutreiben. Nachdem ausgehend von der Entwicklung in anderen Disziplinen wie Film und Flugzeugbau die entsprechenden 3-D-Programme den Architektinnen und Architekten das Finden neuer Formensprachen ermöglicht haben, hat es einige Zeit gedauert, bis diese mittels neuer Bautechnologien auch angemessen realisiert werden konnten. Komplexe Gebäude werden heute in der Regel auf Basis einer digitalen Kette, also dem Zusammenspiel verschiedener Programme und Maschinen, vom Entwurf bis zur Baustelle realisiert.

Die Mitglieder der AK:AI interessieren sich besonders dafür, wie sich neue computerbasierte Entwurfswerkzeuge über Gebäudeinformationsmodelle bis hin zu vollständig virtualisierten Gebäuden und Bauprozessen entwickeln und die Architektur beeinflussen. Diese Entwicklungen führen zu Fragen wie der Ausgestaltung der Interaktion zwischen Mensch und Maschine oder der Verwendung von Augmented- und Virtual-Reality-Modellen. Neue Methoden im Bereich parametrischer Modellierung und künstlicher Intelligenz zwingen Architektinnen und Architekten, darüber nachzudenken, welche Auswirkungen die teilweise Automatisierung des Entwurfs- und Bauprozesses und die Verwendung gebäudebezogener Daten auf die Zukunft ihrer Profession haben können. Unabhängig davon ist die Präsentation von Entwurfsprojekten seit jeher von entscheidender Bedeutung für Architektinnen und Architekten, welche sich durch Animationen, Renderings und Filme gewandelt hat, die heute ohne nennenswerten Aufwand mit modernen Notebooks erstellt werden können.

Im Rückblick auf die Entwicklungen der letzten Jahrzehnte lässt sich ein Eindruck gewinnen, welche Umbrüche durch neue Technologien wie die virtuelle Realität oder die künstliche Intelligenz für die Architektur in den nächsten Jahren zu erwarten sind. Insbesondere in der Ausbildung der nächsten Architektengeneration müssen die Potenziale und Gefahren neuer Technologien gezielt reflektiert werden, ohne jedoch die wesentliche Aufgabe der Architektinnen und Architekten aus den Augen zu verlieren, welche in der Gestaltung einer zukunftsfähigen, lebenswerten und nachhaltigen Umwelt liegt.

Vorwort

Andres Lepik

Nach der Industrialisierung im 19. Jahrhundert gehört die sogenannte digitale Revolution zu den wichtigsten technischen Schwellen der Menschheitsgeschichte. Sie begann Anfang der 1990er-Jahre mit der Einführung des Internets für die private Nutzung und hat seither mit einer rasanten Geschwindigkeit zentrale Aspekte der Arbeit, Wirtschaft, Forschung, Kommunikation und Freizeit erfasst und die globale Gesellschaft grundlegend verändert. Dabei ist die digitale Revolution gegenwärtig nicht abgeschlossen und wird sich aller Wahrscheinlichkeit nach noch über Jahrzehnte fortsetzen. Diese wachsende Vernetzung von Menschen und Maschinen, aber eben auch die Vernetzung von Maschinen mit Maschinen, hat längst auch die Architektur erreicht. Die Digitalisierung erlaubt die Planung, Berechnung und Umsetzung immer komplexerer Formen und führt zu einer Beschleunigung von Umsetzungsprozessen ebenso wie zu einer wachsenden Rationalisierung. Architektur gehört zwar gegenwärtig nicht zu den Berufsfeldern, die grundsätzlich von der digitalen Revolution bedroht sind. Doch zentrale Bereiche wie Entwurf, Planung und Darstellung wurden in den letzten Jahrzehnten von computergestützten Verfahren in ihren Abläufen grundlegend verändert, während sie zugleich ungeahnte Möglichkeiten eröffnet haben. Weitere fundamentale Änderungen im Bereich der Architektur sind in der nächsten Zeit noch zu erwarten: Künstliche Intelligenz ist bereits in der Lage, im Entwurf Grundrissalternativen zu entwickeln, Building Information Modeling (BIM) verändert die Planungsabläufe bei der konkreten Umsetzung, digitale Renderings von Projekten haben eine so hohe Qualität erreicht, dass sie mit bloßem Auge kaum mehr von realen Fotos unterschieden werden können, und in Virtual Reality können geplante Bauten komplett in der dritten Dimension wahrnehmbar gemacht werden. Werden Computer bald auch die übrigen Teilbereiche der Architektur übernehmen?

Mit der Ausstellung *Die Architekturmaschine. Die Rolle des Computers in der Architektur* und dem hier vorliegenden Katalog wollen wir jedoch nicht in erster Linie Spekulationen über die Zukunft anstellen, sondern vor allem einmal aus der Perspektive der Historikerinnen und Historiker den Blick in eine doch gar nicht so lang zurückliegende Vergangenheit richten. Wir fragen: Wie haben die elektronischen, digitalen Rechenmaschinen die Architektur verändert und beeinflusst? Und in welcher Form haben Architektinnen und Architekten diesen Wandel mitgeprägt? Ziel und Absicht ist es, die Wechselwirkungen der computergestützten Systeme auf die Architektur und umgekehrt in einigen prägnanten Entwicklungsschritten nachzuzeichnen. Denn die extreme Geschwindigkeit, mit der die Veränderungen der letzten beiden Jahrzehnte vor sich gingen, hat dazu geführt, dass es bislang kaum zu einer differenzierten Betrachtung und Reflexion der geschichtlichen Entwicklungen durch die Architekten selbst kam. Ganz zu schweigen davon, dass die Softwarefirmen, die die entsprechenden Programme für die Architekten entwickeln, kaum eigene forschungsrelevante Archive unterhalten oder sich in die Aufarbeitung der Geschichte einbringen. Während also die wissenschaftlich-methodische Auseinandersetzung mit Architekturgeschichte im Allgemeinen, etwa die architektonische Formenlehre, die Baugeschichte und die Architekturtheorie, zu den Eckpfeilern der Ausbildung von Architekten gehört, gab und gibt es bislang nur sehr wenige Untersuchungen oder gar öffentliche Ausstellungen zum Thema, wie sich das Verhältnis von Computern und Architektur historisch entwickelt hat. Wir wollen hierzu – unter Darstellung einiger prägnanter Entwicklungsschritte – einen wissenschaftlichen Beitrag leisten.

Die Entwicklung neuer Technologien hat in der Gesellschaft stets kontroverse Reaktionen ausgelöst. Da sind auf der einen Seite die Befürworter, jene Menschen also, die in der Innovation Chancen sehen. Und auf der anderen Seite stehen die Kritiker, die in neuen Technologien vor allem Gefahren und Risiken erkennen. Architektur gehört zu den ältesten Berufsfeldern der Menschheit und hat aufgrund ihrer langen Geschichte schon immer eine eher bewahrende und damit innovationsskeptische Tendenz. Es wundert daher nicht, dass es einige Zeit gedauert hat, bis Computer als Instrument der Planung in die Architektur Einzug gehalten haben. Ganz am Anfang begegnete man diesen Geräten noch mit großem Vorbehalt, wie etwa Malcolm McCullough feststellte: „Gentlemen did not operate machinery." Diese konservative Tendenz der Architektur lässt sich auch in unserer Hochschule belegen: Während in den 1990er-Jahren schon an vielen Architekturfakultäten die Nutzung von Computern ganz selbstverständlich war, brauchte es bis

1998, dass es den Studierenden auch an der Technischen Universität München gestattet wurde, mithilfe von Computerprogrammen erstellte Pläne mit ihren Abschlussarbeiten einzureichen. Auch hier wurden die Chancen spät wahrgenommen. Und erst im Jahr 2009 wurde an der TUM ein Lehrstuhl für Architekturinformatik eingerichtet, der die dauerhafte Brücke zwischen den Informatikern und den Architekten schlägt.

Es scheint sinnvoll, die komplexen Wechselwirkungen zwischen der jahrhundertealten Disziplin der Architektur und der neuen Technologie des Computers gerade hier, im Architekturmuseum der TUM, zu präsentieren. Denn als öffentliches Museum sind wir einerseits der historischen Forschung verpflichtet – also einer geisteswissenschaftlichen Disziplin –, und andererseits sehen wir unseren Auftrag als Einrichtung einer Technischen Universität darin, die produktive Begegnung der Architektur mit den anderen hier vertretenen Disziplinen aktiv zu befördern. Um diesem Auftrag auch in Zukunft auf einer historisch fundierten Basis gerecht werden zu können, bietet die Beschäftigung mit dem Digitalen in der Architektur auch den Anlass, grundsätzlich über die Zukunft unseres Archivs nachzudenken. Denn indem sich immer mehr Arbeitsprozesse von Architektinnen und Architekten in den digitalen Raum verlagern, hat dies zwangsläufig Konsequenzen für die Bewahrung, Erschließung, Forschung und öffentliche Vermittlung von Architekturgeschichte in einem Museum. Dieser Herausforderung stellen wir uns erstmals mit diesem Ausstellungsprojekt, das damit auch für uns viele neue Fragestellungen eröffnet.

Einleitung
Computer und Architektur

Teresa Fankhänel

Neue Lösungen, neue Probleme

Hoffnungen und Ängste hinsichtlich des Einflusses von Computern auf das menschliche Leben sind so alt wie die digitale Datenverarbeitung. „Werden Computer die Leistung und Entscheidungsfreiheit des Einzelnen in hohem Maß erweitern? Oder werden sie unsere Privatsphäre zerstören, ein neues und wirkmächtiges Priestertum hervorbringen und den Einzelnen auf eine namenlose zehnstellige Nummer reduzieren?", hieß es 1968 in einem Flyer des Alumni-Seminars zum Computer im Dienst der Gesellschaft am Massachusetts Institute of Technology – fast 50 Jahre bevor die Europäische Union 2016 die Datenschutz-Grundverordnung einführte, um die Rechte des Einzelnen im Internet zu regulieren.[1] Wie keine andere Erfindung des 20. Jahrhunderts hat der Computer die Vorstellungskraft der Menschen angeregt. Er verkörpert ihre dunkelsten Fantasien und ihre erhabensten Ziele – so sehr, dass den Computern selbst bisweilen menschliche Eigenschaften zugeschrieben werden. Man denke nur an HAL 9000, den defekten und heimtückischen, jedoch eigentümlich menschenähnlichen, künstlich intelligenten Piloten des Raumschiffs Discovery One in Stanley Kubricks Film *2001: Odyssee im Weltraum* (1968). Oder man erinnere sich an Kevin Flynns Gegenspieler in *TRON* (1982), das Master Control Program (MCP), ein bösartiger digitaler Diktator, der über das Großrechnersystem von ENCOM herrschte. Weniger grauenerregend, aber nicht minder allmächtig findet Deep Thought in Douglas Adams' *Per Anhalter durch die Galaxis* (1978) die Antwort auf die „Frage nach dem Leben, dem Universum und dem ganzen Rest". Ob gut oder schlecht, die Prozesse von Computern haben weitreichende Auswirkungen auf ihre menschlichen Partner.

Heute sind Computer alles andere als ein Hilfsmittel, das man leicht wieder aus dem Alltag verbannen kann. Sie durchdringen alle Bereiche unseres Lebens. Sie betreiben Haushaltsgeräte, fliegen Flugzeuge, führen Berechnungen aus, die wir selbst nicht bewerkstelligen können. Sie helfen uns, mit anderen zu kommunizieren, und speichern lebenswichtige Informationen. Sie werden immer leistungsstärker und intelligenter. Und seit 60 Jahren werden sie im Großen wie im Kleinen in das Entwerfen von Architektur einbezogen, beginnend mit zweidimensionalen Zeichnungen auf Röhrenmonitoren in den 1960er-Jahren und endend mit immersiven, vollmaßstäblichen virtuellen Umgebungen in Echtzeit. Im Lauf der Jahre hat sich auch die Computer-Hardware gewaltig verändert. Von raumfüllenden Apparaturen haben sie sich zu intimen Objekten entwickelt, die überall in der Öffentlichkeit oder privat genutzt werden können und die in die Fläche einer Hand passen oder auf dem Schoß ruhen. Als Objekte haben sie das Aussehen von unauffälligen, quasi undurchsichtigen Haushaltsgegenständen angenommen. Doch dies sollte niemanden darüber hinwegtäuschen, dass Technik nie neutral ist.

Zeit zum Handeln

2018 startete das Architekturmuseum der TUM ein Forschungsprojekt, um den Einfluss von Computern auf den Alltag in Architekturbüros wie auch auf das größere Erscheinungsbild von Architektur, wie sie sich Auftraggebern, Sachverständigen und Liebhabern präsentiert, zu untersuchen. Für das Museum war das ein anspruchsvolles Unterfangen. In Architekturarchiven beginnt man gerade erst zu lernen, wie man digitale Medien aufbewahrt, katalogisiert und konserviert.[2] Das bedeutet, dass allzu häufig Material, das erst vor 20 oder 30 Jahren entstanden ist, bereits nicht mehr zugänglich ist, begraben auf nicht mehr lesbaren Disketten oder CDs. Häufig sind wir gezwungen, auf ältere Speicherformen zurückzugreifen: analoge Fotos und Dias, Ausdrucke und Offsetdrucke oder auch 16-mm-Filme. Die Forschung zu digitalen Medien steckt noch in ihren Kinderschuhen. Was genau bei den Terabytes an Dateien aus jüngeren Büros ist es eigentlich, das wir betrachten, wenn wir digitale Archive untersuchen? Eine große Anzahl von Versionen zeigen auf noch nie dagewesene Weise minutiöse Entwurfsveränderungen. Alte Software, wenn sie unter Anwendung aktueller Technik reanimiert werden kann, schafft ein weiteres Hemmnis für das Verständnis. Das bedeutet, dass wir uns parallel zur Architektur mit den Programmen befassen müssen, mit denen diese entworfen wurde, auch mit den ihr zugrunde liegenden Entwurfsphilosophien, ihren Werkzeugen und ihren Grenzen. Im Unterschied zu Bleistift auf Papier ist Software kein neutrales

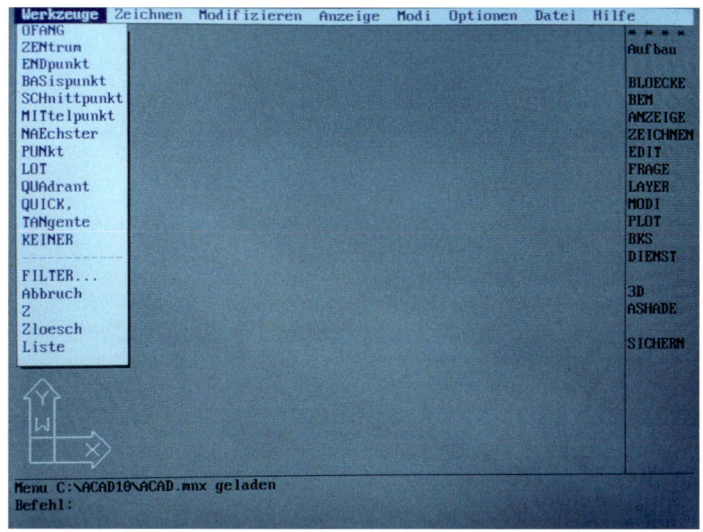

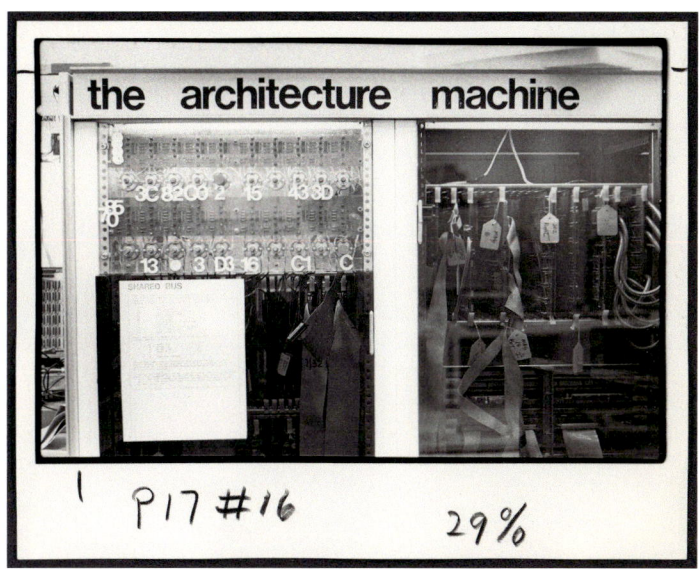

I AutoCAD war ursprünglich für die 2-D-Zeichnung konzipiert.

II Die Architekturmaschine an der School of Architecture and Planning, MIT

Arbeitsmittel. Die Programme wurden häufig zur Behandlung spezifischer Probleme wie etwa Solid Modeling, Raytracing oder Animation konzipiert und sind geprägt vom Entwurfsverständnis ihres jeweiligen Urhebers ▶ Abb. I. Mit der Zeit integrierten Hersteller diese verschiedenen Lösungen in Programmpakete und Plug-ins, die alle Entwurfserfordernisse in einem Programm abdecken. Trotzdem beinhalten Archive unzählige urheberrechtlich geschützte Programme, die zu verschiedenen Zwecken und für unterschiedliche Entwurfsstadien verwendet wurden.[3] Den Sinn dieser Dateien zu verstehen und die wichtigsten davon auszuwählen, wird folglich die Aufgabe für technisch versierte Forscher sein, häufig mit der maßgeblichen Hilfe der Urheber dieser Dateien.

In der Geschichte des digitalen Designs befinden wir uns deshalb an einem Wendepunkt. Die erste Generation von Architekten, die in den 1980er- und 1990er-Jahren mit kommerzieller Software zu entwerfen begann, nähert sich dem Rentenalter. Da wir zwangsläufig einige ihrer Erinnerungen verlieren werden, wird der Zugang zu ihren Archiven komplizierter werden. In Zukunft könnte es sein, dass wir uns sogar auf noch mehr Technologie stützen werden, um mithilfe von Suchmaschinen zu sortieren und auszuwählen und aus der uns hinterlassenen Informationslawine Schlüsse zu ziehen. Dahinter verbirgt sich die Frage, welche Form architektonische Ideen im Zeitalter der Computerisierung annehmen. Gibt es sie noch, die Form der – im übertragenen Sinn – anfänglichen Skizze auf einer Serviette? Oder handelt es sich eher um einen Algorithmus oder eine mathematische Gleichung, eher um ein morphologisches Konzept als ein feststehendes 3-D-Modell?

Architekturmaschinen

Der Schalter am ersten Universalrechner der Welt, dem Electronic Numerical Integrator and Computer (ENIAC), wurde im Dezember 1945 an der University of Pennsylvania umgelegt. Seine Nachfolger, vom Manchester Baby bis hin zum IBM 360, vom Apple II bis hin zum Commodore 64 und den ganzen langen Weg hin zum MacBook Pro, auf dem diese Einführung geschrieben wurde – um nur einige wenige der berühmtesten Nachkommen zu nennen –, folgen alle der gleichen Grundlogik: Sie sind elektronische, digitale und universale Computer, die programmiert werden können, um jede gewünschte Aufgabe entsprechend einer Binärlogik von Nullen und Einsen, gespeichert in Bits und Bytes, auszuführen.

Zwei Jahrzehnte bevor die digitale Datenverarbeitung in den 1980er-Jahren der breiteren Bevölkerung zugänglich wurde, begannen Forscher, das Potenzial des Computers für die Architektur zu untersuchen. Zu den berühmtesten Forschungsprojekten gehörte die Architecture Machine Group an der School of Architecture and Planning am MIT in Cambridge, Massachusetts, die von Leon Groisser und Nicholas Negroponte 1967 gegründet worden war. Gefördert von militärischen, öffentlichen und privaten Organisationen, verwendeten sie einen Selbstbaucomputer, basierend auf einem Interdata Model 3 und gesteuert von einem extern ausgelagerten IBM-360/67-Großrechner mit buchbarer Rechenzeit ▶ Abb. II.

Das Team am MIT betrachtete Computer als mehr als nur eine Ansammlung von Schaltern und Schaltkreisen, um langwierige Rechenaufgaben zu erleichtern. Stattdessen war der Computer dafür gedacht, menschliche Eigenschaften nachzuahmen. Er sollte zuhören, sprechen und sich sogar über Gestaltungsprobleme den Kopf zerbrechen können. Ihr Ziel war, die Grenze zwischen Mensch und Maschine zu überwinden und das zu erreichen, was Negroponte in seinem titelgebenden Buch *The Architecture Machine* als „Humanismus durch intelligente Maschinen" bezeichnet hat.[4] Ein weiterer Hauptfokus war die

1 Computer in Service of Society, Flyer, Alumni-Seminar, MIT Museum, 1968.
2 Martha Thorne, „Collecting, Archiving and Exhibiting Digital Design Data", in: *Icam Print* 1 (2005), S. 36–39, www.icam-web.org/data/media/cms_binary/original/1349346870.pdf (12.2.2020).
3 Greg Lynn, *Archaeology of the Digital*, Berlin 2013. Dieses Buch wurde als Teil der grundlegenden Forschung und eines Ausstellungsprojekts zu digitaler Architektur am Canadian Centre for Architecture veröffentlicht.
4 Nicholas Negroponte und Leon B. Groisser, „The Semantics of Architecture Machines", in: *Architectural Design*, August 1970, S. 466.

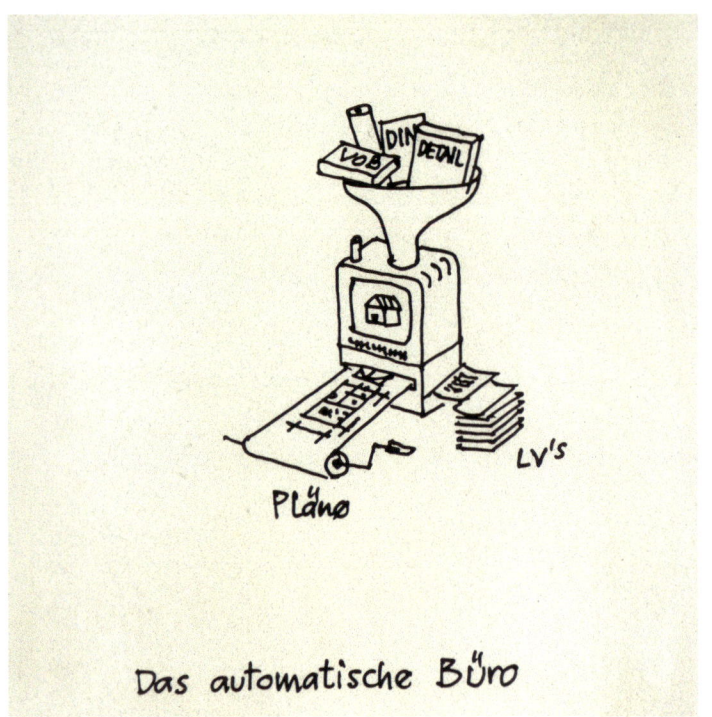

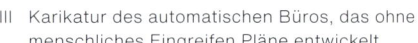

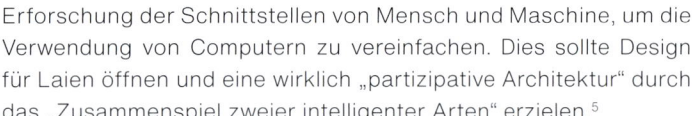

IV Diagramm eines Gebäudes

Erforschung der Schnittstellen von Mensch und Maschine, um die Verwendung von Computern zu vereinfachen. Dies sollte Design für Laien öffnen und eine wirklich „partizipative Architektur" durch das „Zusammenspiel zweier intelligenter Arten" erzielen.[5]

Die Architekturmaschine des MIT wurde mit einer Reihe von Problemen konfrontiert, die sie zum idealen Ziel hin weiterentwickeln sollten: der Computer als der dem Gestalter ebenbürtige Partner, ein in hohem Maß personalisierter und intelligenter Apparat. Von der Fähigkeit, Handskizzen zu erkennen, bis hin zum Verstehen der menschlichen Stimme, Befolgen von Befehlen und Ausführen grundlegender Gestaltungsregeln meisterte die Maschine viele Experimente, scheiterte jedoch beim wichtigsten: Sie konnte nicht lernen. Heute bleibt Negropontes techno-utopisches Ideal trotz rasanter Fortschritte im Bereich der künstlichen Intelligenz für die Architektur unerfüllt.

Viele Computerpioniere hatten gleichermaßen ehrgeizige Hoffnungen für die Maschine in der Architektur. Ivan Sutherland, der die erste vektorbasierte Zeichensoftware Sketchpad (1963) schrieb, betrachtete den Computer als einen „Entwurfsassistenten". Sein Mentor Steven Coons sprach von einem „Computersklaven", der „ebenso nützlich wie flexibel und folgsam wie der Bleistift sein wird [...] und der Anwendungen finden wird, die wir niemals auch nur in Erwägung gezogen hätten".[6] Christopher Alexander, der Autor des einflussreichen Buches *A Pattern Language*, bezeichnete Computer als „eine Armee von Buchhaltern" unter Anspielung auf die Fähigkeit des Computers, langwierige und sich wiederholende Aufgaben zu meistern. Nicht jeder war jedoch so optimistisch. Der Architekt Charles Moore betrachtete den Computer als „eine sehr effiziente, gewinnbringende Sackgasse – das Gegenteil von Innovation".[7] Und Louis Kahn ging sogar noch weiter mit seiner Feststellung, dass „die Maschine nichts schaffen, nicht urteilen, nicht gestalten kann. Dies gehört zum Verstand."[8]

Als Architekturfakultäten begannen, verpflichtende Computerkurse einzuführen, stießen sie in gleichem Maß auf Begeisterung wie auf Widerstand. Malcolm McCullough, der Produktmanager für Architektur von Autodesk Mitte der 1980er-Jahre, erinnerte sich daran, dass viele Mitglieder der Architekturfakultät an der Harvard University glaubten, dass „gebildete Männer keine Maschinen betrieben".[9] Als die Technische Universität München, zu der das Architekturmuseum gehört, ein Jahrzehnt später die ersten Computer installierte, waren diese ebenfalls fürs Zeichnen und nicht zu Gestaltungszwecken gedacht. Im Zentrum dieser Debatten rund um das Potenzial des Computers als eine Architekturmaschine stehen daher grundlegende Fragen, die heute ebenso relevant sind wie vor 50 Jahren: Was ist gutes Design? Wie funktioniert Design? Und was genau macht einen Architekten aus?

Digitale Entwicklungen

Mit 60 Jahren an Entwicklungen im Rücken haben wir 40 Fallstudien für die Ausstellung und den begleitenden Katalog ausgewählt, um die wesentlichen Meilensteine in der Geschichte von Computern als Architekturmaschinen zu veranschaulichen. Viele weitere warten noch auf ihre Erforschung und Entdeckung. Außerdem haben wir damit begonnen, die Geschichte von Architektursoftware und -eingabesystemen zutage zu fördern, doch dies bleibt, selbst nach diesem Projekt, ein Desiderat.

Jedes Projekt ist einem von vier chronologisch angelegten Hauptthemen zugeordnet, die wesentliche Errungenschaften resümieren: *Zeichenmaschinen* untersucht frühe Computeranwendungen, die das Ziel hatten, über die Sisyphusarbeit sich wiederholender, zeitraubender Berechnungen und Zeichenaufgaben hinauszukommen. Dieses Kapitel betrachtet, wie Architekten schon früh versuchten, die einengende Logik der Software mittels automatisch generierter Entwürfe zu unterwandern, die fast zufällig erscheinen und den Anspruch des Architekten nach alleiniger Urheberschaft infrage stellen ▶ Abb. III. *Entwurfswerkzeug* konzentriert sich

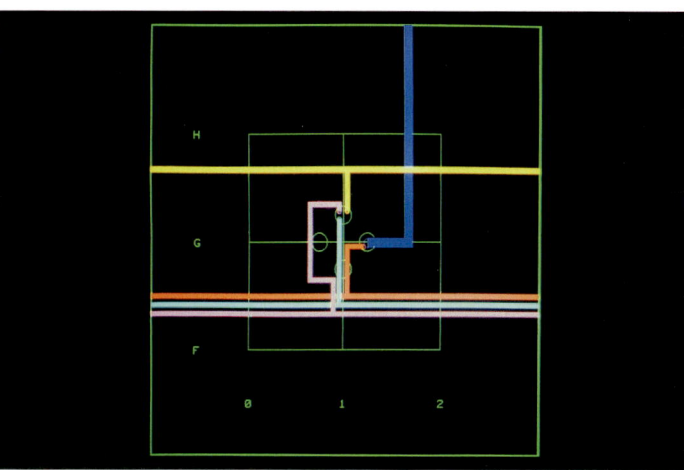

V Rendering des Münchner Flughafengebäudes von Schmidt & Partner, Mitte der 1980er-Jahre

VI Screenshot von ARMILLA, einer frühen BIM-Software von Fritz Haller

auf die Entwicklung von architektonischen Entwürfen, bevor und nachdem in den 1980er- und 1990er-Jahren kommerzielle Software auf den Markt kam. Von der Skripterstellung über Morphing bis hin zu Fraktalen und Discrete Design untersucht diese Sektion, wie junge Technologien die Entwurfsmethoden von Architekten basierend auf den zugänglichen Hilfsmitteln geprägt haben ▶ Abb. IV. Neue Formen wie der Blob oder die Falte stehen neben Bausystemen, die auf biologischen oder evolutionstheoretischen Herangehensweisen zur Formgenerierung basieren. Sie zeigen, dass computergestütztes Design sich vom kartesischen Raum befreit hat, um neue Geometrien einzubeziehen, welche die Vorstellung von Architektur als einem statischen Objekt infrage stellen. Das Kapitel *Geschichtenerzählen* stellt Rendering- und Animationssoftware wie Photoshop, Maya oder in jüngerer Zeit Unreal Engine in den Mittelpunkt, die neue Wege zur Präsentation realer und imaginierter Räume geschaffen hat ▶ Abb. V. Von frühen Flügen durch 3-D-Modelle bis hin zu fotorealistischen, fiktiven städtischen Räumen werden Architekturentwürfe lebendig, wobei sie Anleihen an älteren, auf Erzählungen basierenden Medien wie Film, Fotografie und Malerei nehmen. Das Kapitel *Interaktive Plattformen* kehrt zu frühen techno-utopischen Ideen zurück, indem es die Potenziale des Computers zu Interaktion, Demokratisierung und zur Schaffung virtueller Realitäten untersucht ▶ Abb. VI. Seit Einführung des Web 2.0 im Jahr 2004 hat ein Anstieg an Online-Sharing- und -Kommunikationsplattformen einer beispiellosen Zahl von Menschen Zugang zu frei verfügbaren Informationen und zur Selbstdarstellung verliehen. Virtuelle und digital erweiterte Räume (Virtual bzw. Augmented Reality) machen technisch unmögliche Entwürfe erfahrbar und fordern die Schwerkräfte des physikalischen Raums und nationaler Grenzen gleichermaßen heraus.

Doch selbst mit der in diesem Buch dargelegten Geschichte lässt sich die Zukunft der Architekturmaschine noch immer nicht vorhersagen. Werden Roboter den Beruf des Architekten übernehmen? Oder werden wir uns wie Theodore Twombly in dem Film *Her* (2013) so sehr in die Intelligenz der Maschinen verlieben, dass wir unbeschwert die Kontrolle aufgeben?

5   Nicholas Negroponte, *The Architecture Machine. Towards a More Human Environment*, Cambridge (MA) 1970.
6   „How We'll Design Products Tomorrow", in: *STEEL The Metalworking Weekly*, 6.1.1964, S. 126.
7   Joseph G. Herzberg, „Computer's Walk into Wall Averted by Hasty Doorway", in: *Commercial Appeal, Memphis, Tennessee*, 28.8.1968.
8   Georg Vrachliotis, „Architekturmaschine. Individualisierungssysteme", in: *Arch+*, Dezember 2018, S. 36–43.
9   Malcolm McCullough, „20 Years of Scripted Space", in: *Architectural Design*, Juli–August 2006, S. 12–15.

Kapitel 1
Der Computer als Zeichenmaschine

Essays

Fallstudien

Papier(lose) Architektur.
Mediale und institutionelle
Überlagerungen

Anna-Maria Meister

Die sogenannte digitale Revolution in der Architektur versprach vermeintlich neue Formen und neue Leichtigkeit – eine gänzlich neue, entmaterialisierte Komplexität. In den 1990er-Jahren schien Bernard Tschumis „papierloses Büro" in der Graduate School of Architecture, Planning and Preservation an der Columbia University in New York der Architekturausbildung den Weg zu einer rein computerbasierten Zukunft zu weisen – eine Befreiung von Papierstapeln und zerknüllten Blättern. Architekturbüros wie das von Frank Gehry begannen, wirklich digitale Konstruktionsmethoden zu entwickeln. Es schien, als sei die Ära des Papiers endlich vorbei: Daten hatten ihren Status als Nullen und Einsen hinter sich gelassen und waren in den Bereich der Ästhetik vorgedrungen. Daten konnten entwerfen und darstellen, und mit individualisierter Massenfertigung und 3-D-Druck materialisierten sich sogar ganze Gebäude direkt vom digitalen Architekturplan. Architektur begann, „digital zu sein", wie Nicholas Negroponte 1995 bekanntermaßen verkündete.[1] So zumindest wird die Geschichte der Disziplin erzählt.

Doch was bedeutet „digital" in der Architekturpraxis? Wo findet diese digitale Architektur statt – und wie wird sie gelehrt? Existiert das, was Architektur „algorithmisch" macht, in Programmen wie AutoCAD, Grasshopper, Rhinoceros oder Cinema 4D, oder sind auch Entscheidungsprozesse im Entwurf bereits eine Art intuitiver Algorithmus? Um diese Frage zu verhandeln, schlage ich vor, das Digitale so zu lesen, wie es Rebecca Uchill und Skylar Tibbits in dem Buch *Being Material* (ein berichtigendes Wortspiel zu Negropontes *Being Digital*) unlängst als Aufgabe erkannt haben, nämlich zu betrachten, „wie Digitalität und Materialität zusammen neue wissenschaftliche, physikalische, gesellschaftliche und politische Formen vermitteln".[2] Letzten Endes ist die sogenannte Digitalität nicht das Gegenteil von Materialität; vielmehr gründen ihre wechselseitigen Verflechtungen tief und formen einander. Denn wenn man heute in Architekturbüros schaut, sieht man zumeist eines: Papier. Tatsächlich ist Papier überall – in Ordnern, auf Tischen, an Wänden und in Mülleimern. Papier, das gestapelt, geheftet, gefaltet, sortiert oder weggeworfen wurde. In einem deutschen Büro nimmt Papier den größten Teil des Archivs ein. Auch im Jahr 2020 wird ein Großteil der Architektur auf Papier in Auftrag gegeben, skizziert, gezeichnet, gedruckt, geschickt und beurteilt.

In unserem gegenwärtigen postdigitalen Zustand, in dem jeder Aspekt des Lebens von „der Digitalität" durchdrungen und verändert erscheint, erfordert genau diese Verflechtung von Gegenstand und Daten, die der Raum dieser sogenannten Digitalität erzeugt (und erzeugte), eine genauere Betrachtung. In diesem Essay untersuche ich deshalb die Materialität digitaler Produktion in pädagogischen Institutionen, die die Zukunft der Architektur planen. Statt der Rhetorik reibungsloser Entwurfsprozesse oder der Argumente zur Rationalität sind dies Geschichten von Spannungen, irrationalen Exzessen und nichtlinearen Verläufen; von institutionellen Wünschen und Verzögerungen einerseits und materiellem Widerstand andererseits. Dieser Essay betrachtet zwei Ansätze zu digitalen Prozessen an zwei verschiedenen Architekturhochschulen – der Hochschule für Gestaltung Ulm (HfG Ulm) in den späten 1950er-Jahren und der Technischen Universität München (TUM) in den 1990er-Jahren – sowie die Maßlosigkeit des Materials und die institutionelle Trägheit, die an beiden auftrat. Für solch eine Gegenüberstellung ist es hilfreich, diese Gegenströmungen im Gedächtnis zu behalten, da augenscheinlich einige Versuche zu einer papierlosen Architektur tatsächlich hauptsächlich *auf* und *durch* Papier erfolgten.

Die Aktenlage der Hochschule für Gestaltung Ulm: Entwurfsprozesse und Modelle

Die 1953 gegründete HfG Ulm war eine der Institutionen, die genau die Techniken und Technologien, die später die digitale Wende hervorbringen sollten, in die Architekturausbildung einführte: Kybernetik und Process Design. Die Hochschule wird daher häufig als Vorreiter des digitalen Designs in einer vordigitalen Ära dargestellt. Die HfG Ulm war weit davon entfernt, eine „Technische Hochschule" im Sinne der TUM zu sein; die Studenten dort hatten ebenso viel (oder mehr) Unterricht in Literatur, Politik, Soziologie und anderen Bereichen. Herkömmliche Darstellungstechniken jedoch waren nun Gegenstand einer Theoretisierung und Objektivierung, wobei „ein gutes Gespür für die Form" durch Programmierung ersetzt wurde: Wer die richtigen Parameter für die Ausbildung

I   Horst Rittel im Unterricht, 1958

II   Tomás Maldonado beim Semiotik-Unterricht, 1958

festlegen konnte, konnte „gute Gestalter" hervorbringen, die wiederum „gutes Design" gestalteten. Die HfG Ulm war, wenn man so will, ein gewaltiger Computer, der pädagogische Information zu einem programmierten Curriculum verarbeitete.

Dekannt als die Stätte, an der Kybernetik in die Architekturpädagogik übertragen wurde, entwickelte die Hochschule (und dort vor allem Tomás Maldonado) neue Methoden durch Personen wie den Mathematiker Horst Rittel oder den Philosophen Max Bense (sowie später Anthony Frøshaug und Abraham Moles), die sich für das interessierten, was wir heute als Systemgestaltung bezeichnen ▸ Abb. I–II. Als eine der berühmtesten deutschen Architekturhochschulen prägte die HfG Ulm Westdeutschland nach dem Zweiten Weltkrieg für Jahrzehnte. Lieder von den Beatles und Nachrichten über das Wirtschaftswunder schallten aus ihren berühmten Braun-Produkten, Patienten bekamen ihr Essen auf stapelbarem Krankenhausgeschirr, das dort entworfen worden war, und jeder, der mit Lufthansa flog, war mit ihren Logos konfrontiert. All das war der neofunktionalistischen Ästhetik in Kombination mit einer neohumanistischen Haltung der Hochschulgründer Max Bill, Otl Aicher und Inge Aicher-Scholl geschuldet. Wie Aicher feststellte, „[mußten wir damals in ulm] zurück zu den sachen, zu den dingen, zu den produkten, zur straße, zum alltag, zu den menschen", um die Wende zu schaffen, da „die qualität der entwürfe […] die qualität der welt [ist]".[3] Diese Qualität musste in jedem Maßstab zur Anwendung gebracht werden, „vom Löffel bis zur Stadt",[4] so der bekannte Ausspruch von Bill. Und wenn man die HfG Ulm und ihre Arbeit betrachtet, sieht man, dass tatsächlich kein großer Unterschied zwischen Spielzeug und Gebäuden bestand. Die protodigitale Methodik der Hochschule hatte den Maßstab bereits ausgelöscht. Um zu diesem Punkt zu kommen, wurde der Lehrplan genauso programmiert wie Designprozesse. Als die Kybernetik durch Maldonados Interesse an Semiotik Einzug in den Unterricht hielt, schien dies den Traum der Architekten von programmierbarem Design und objektiver Schönheit zu verheißen. Als gemeinsame Sprache von Mensch und Maschine schien die Kybernetik das Hilfsmittel zu sein, mit dem man endlich den Risikofaktor – „Mensch" – gänzlich aus dem Designprozess entfernen konnte. Doch ich würde behaupten, dass diese Veränderung, die man in der Geschichtsschreibung

häufig als das Ende der Phase der „guten Form" an der HfG Ulm betrachtete, dort *während ihrer ganzen* Geschichte virulent war: Das Programmieren hatte schon viel früher begonnen.

Und wo geschah dieses Programmieren in der Zeit vor dem Computer? Auf Papier. Deshalb könnte man Papier als ein Programmierungsinstrument betrachten, als Material, das den Prozess programmiert – nicht als Lochkarten mit Computerprogrammen, sondern als materielles Objekt in der Welt. An der HfG Ulm war Papier ein wichtiges Material für die Konstruktion sowohl von Systemen als auch von Prozessen, sogar von Modellen. Papier war der Schauplatz, auf dem die Architekturpraxis in kodifizierte Anweisungen übertragen wurde.[5] Als eine Institution, die sich auf

1   Nicholas Negroponte, *Being Digital*, New York 1995.

2   Marie-Pier Boucher et al. (Hrsg.), *Being Material*, Cambridge (MA) 2019.

3   Otl Aicher, „bauhaus und ulm", in: ders., *Die Welt als Entwurf*, Berlin 1991, S. 87–95, 90; ders., „Vorwort", in: ebd., S. 12.

4   „Die ganze Welt, vom Löffel bis zur Stadt, muß mit den sozialen Notwendigkeiten in Einklang gebracht werden." Max Bill, *Die gute Form*, Zürich 1949; ders., „Der Einfluss der zweiten industriellen Revolution auf die Kultur", in: Jakob Bill (Hrsg.), *funktion und funktionalismus: schriften 1945–1988*, Bern 2008, S. 115–116.

5   Anna-Maria Meister, „Paper Constructions: Ethics & Aesthetics at the HfG Ulm", in: *Raddar. Design Annual Review*, Nr. 1 (2019), S. 70–100.

Papier(lose) Architektur

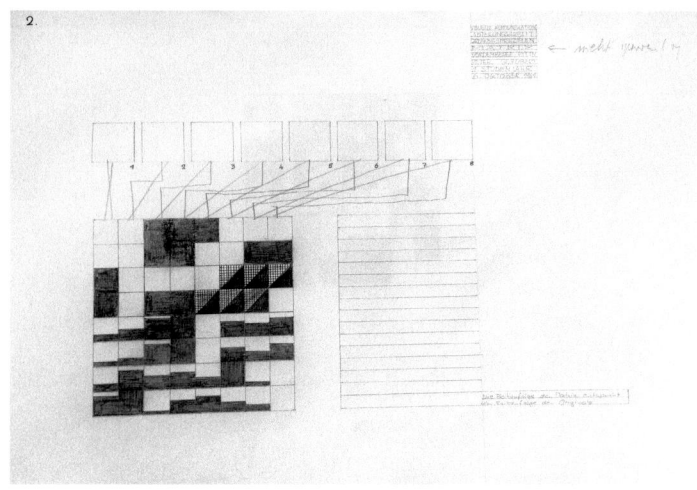

III Entwurf eines Papierordnungssystems, Studienarbeit
    von Peter Schubert, Kurs von Horst Rittel, 1961

die Verbreitung von Durchschriften, Abschriften, Kurzdarstellungen, Notizen und Publikationen gründete, verwendete die HfG Ulm Papier, um ihre Ideologie, Programme und Lehrpläne ständig neu zu gestalten, und schuf dabei eine pädagogische „Papierarchitektur" in Form von Aktenordnern. Die einhellige Meinung an der Hochschule war, dass jede Meinung einer Diskussion bedurfte. Programmieren war hier das Programmieren einer Methode, nicht einer Form. (Und wir kennen diese Behauptungen aus jüngeren Debatten: Warum erzeugt Scripting eine pseudoorganische, biomorphe Form? Warum skriptet man nicht modernistische Wohnblöcke in Programmen wie Rhinoceros?) Selbst der Mathematiker Horst Rittel glaubte, dass die programmatische Herangehensweise der Hochschule formal (und ideologisch) ergebnisoffen sei: „Das muß so sein und nicht anders, weil nämlich jede Gleichschaltung der Meinungen den Verlust der inneren Auseinandersetzung und der Korrekturfähigkeit zur Folge hätte."[6] Und doch war die formale Produktion der Hochschule in den 15 Jahren ihres Bestehens sehr konsistent, während ihre Protagonisten glaubten, dass sie nicht einen Stil realisierten, sondern Meinungen prägten – ein Prozess, der jede Menge Dokumente und Papierakten erzeugte.[7]

Die Studenten kopierten das bürokratische System, das sie sahen, und machten es sich zu eigen. Sie protestierten gegen einige Lehrer oder widersetzten sich bestimmten Methoden, doch sie waren auch in die zahlreichen Verwaltungsmaßnahmen und -gremien der Hochschule eingebunden. Der Versuch, eine Praxis ständiger Selbstkritik zu institutionalisieren, führte dazu, dass Diskussionen aufgezeichnet, kopiert und abgelegt und so offizielle und private Archive erzeugt wurden. Die ehemalige Studentin Frauke Koch-Weser erinnert sich daran, dass sie 1955 zusammen mit Studierenden und der Fakultät an einer neuen Satzung arbeitete, welche die (vermeintliche) Bedeutung der Dokumentationen verschiedener Szenarien hervorhob: „darüber muss rechenschaft abgelegt werden. dann muss die satzung etc. für die studentenschaft geschrieben werden. und ich kann am schnellsten schreiben, sodass das immer auf mich fällt. gerade heute früh, vor schulbeginn, um halb sieben uhr, schrieb ich noch die vorgesehenen verpflegungsarten für das neue schuljahr ab."[8] Es gab keinen Versuch, diese Aufgaben voneinander zu unterscheiden,

wenn sie erst einmal als Dokument auf das vermeintlich dauerhafte Papier übertragen worden waren: Koch-Weser tippte die Satzungsprotokolle neben Essensplänen für die nächste Woche; Papier wurde zum großem Gleichmacher des Inhalts. Studierende schrieben Berichte über Studentenproteste und verteilten die offiziellen Aufzeichnungen an Verwaltung und Fakultät, indem sie etliche Durchschriften für mehr „Transparenz" verwendeten, während die Fakultät wiederum mehrere Kopien mit Stellungnahmen zu diesen Protesten an die Studentenschaft verteilte und so Papierbelege einer institutionellen Debatte erstellte.[9] Die Verwaltung gegensätzlicher Debatten war stellenweise so stark in der Hochschule verankert, dass die Debatten selbst als bürokratische Arbeit angesehen wurden.[10]

An der HfG als Hochschule für Gestaltung wurden auch Papierordner Gegenstand ästhetischer Beurteilung, und ihre Handhabung wurde selbst zum Designgegenstand. Peter Schuberts Vorschlag in einem Kurs zu „Datenorganisation, Technik der Aufbewahrung" (durchgeführt von Horst Rittel) zielte auf die Verwaltung von Papierbögen in einem offenen System ab, das sich direkt mit ihrer Materialqualität beschäftigte ▶ Abb. III.[11] Im Oktober 1961 zeichnete Schubert einen selbst programmierten visuellen Code (Papier wurde also hier dahingehend programmiert, sich selbst auf eine bestimmte Weise zu verhalten), um die Erfordernisse des Systems wie etwa „persönlich sympath. Farben [sic]" oder Materialbezeichnung („Papier, Kunststoff, Metall") zu behandeln, in Anlehnung an Rittels Behauptung (die Schubert auf demselben Blatt notiert hatte), „Ordnung hängt vom Betrachter ab und gilt meistens nur für den Benutzer". Die Aufgabe war dazu gedacht, die Ordnungsprinzipien eines Systems durch Neuordnung seiner

6   Horst Rittel in dem Studentenmagazin output, Nr. 1 (1961), S. 9.
7   Martin Krampen, Die Hochschule für Gestaltung Ulm, Berlin 2003, S. 36–37.
8   Frauke Koch-Weser, „Vor Ulm – In Ulm – nach Ulm", in: Karl A. Czemper (Hrsg.),
    hfg, ulm. Die Abteilung Produktgestaltung. 39 Rückblicke, Dortmund 2009, S. 30.
9   René Spitz, HfG Ulm. The View behind the Foreground, Stuttgart 2002, S. 30,
    164, 172.
10 Protokolle der pädagogischen Konferenz, Juli 1961, Ordner Se 049, HfG Ulm,
    Archiv.
11 Das Projekt begann am 28.11.1961. Siehe Ordner Peter Schubert, HfG Ulm, Archiv.

IV   Fotografie einer CAD-Zeichnung auf dem
Computerbildschirm, Sammlung Richard Junge

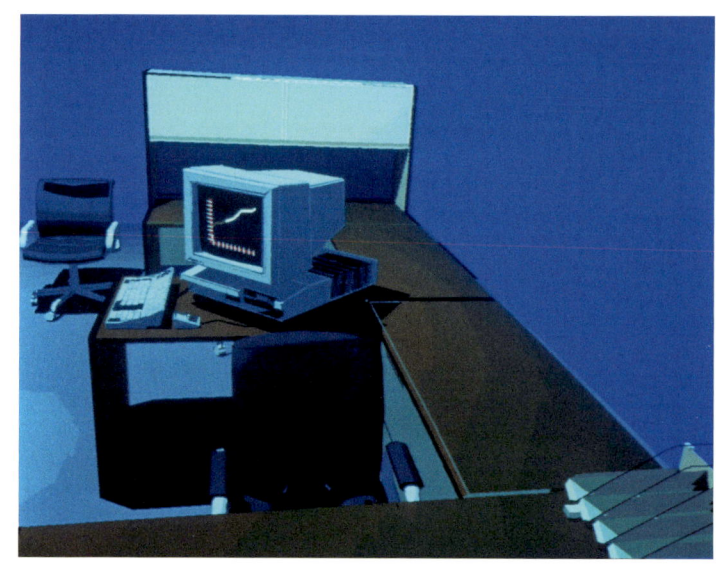

V   Rendering eines Computerbildschirms mit
CAD-Zeichnung, Sammlung Richard Junge

Elemente zu begreifen, was uns an die frühe Programmiersprache mit Einheiten, Kreisläufen, Durchläufen und Rückkopplungsschleifen erinnert. Zwei Monate später hatte sich das System weiterentwickelt. Nun entwarf Schubert eine Archivierungstechnik für seine eigenen Unterrichtsnotizen unter Berücksichtigung „der Ökonomie des Aufwandes in Farbe, Form und Kennzeichen".[12] So formte Schubert eine Archivierungsideologie des normierten Papiers als Mittel zur Ordnung der Welt. Dabei folgte er Rittels Vorstellung von einem systematisierten, objektivierten Gestaltungs- und Entscheidungsfindungsprozess,[13] und die daraus resultierende Bleistiftzeichnung ähnelte den ästhetischen Übungen und grafischen Studien aus dem Grundkurs.[14] Während die Programmierung und ihr System für sich in Anspruch nahmen, dass sie nicht eine spezifische Form produzierten, waren Aussehen und Gestalt der Ergebnisse durch die Disziplinen hindurch gleich. Was also wurde wirklich programmiert, und was steuerte die Programmierung? Was war die institutionelle Motivation, was die Technologie?

Wege zur Automatisierung des Designs zu finden, um den Gegenstand in den Hintergrund zu rücken, muss im Kontext der Nachkriegssituation der Hochschulgründung gedeutet werden: Die gebaute Umwelt war zerstört, und die Architektur (sowie die Architekten) hatte(n) sich schuldig gemacht. Wie also sollte man in diesem schuldigen Deutschland nach 1945 bauen? Der Versuch, die Gesellschaft zu redemokratisieren, war die neue Aufgabe, fernab der zerbombten Stadt Ulm auf dem Kuhberg, in dem „Kloster des guten Designs", wie die Hochschule auch genannt wurde – und die HfG Ulm versuchte es durch programmierte, automatisierte Prozesse, um zu gewährleisten, dass die Ergebnisse zuverlässiger sein würden als bisher.

Tugenden der Virtualität: Digitale Modelle an der Technischen Universität München

Selbst eine Institution wie die HfG Ulm, die berühmt für die Einführung der Kybernetik in die Architektur war, arbeitete (wie oben erörtert) tatsächlich im Wesentlichen mit Papier und bürokratischen Mitteln. Was also kann man über vier Jahrzehnte später in einer anderen Hochschule in einer anderen bayerischen Stadt erwarten, als die sogenannte Digitalität in den Unterricht eingeführt wurde – in einem Land, das bekannt ist für seine Liebe zu Ordnern, zur Bürokratie und (nicht zuletzt) für das DIN-A4-Papierformat?[15]

Als der Ingenieur und Architekt Richard Junge 1999 den Lehrstuhl für digitales Design an der TUM übernahm, hatte er bereits fünf Jahre lang als kommissarischer Lehrstuhlinhaber an der Hochschule gearbeitet. Außerdem hatte er in den frühen 1990er-Jahren den Vorsitz von Ausschüssen bei der Internationalen Organisation für Normung (ISO) innegehabt – deren Arbeit immens vom Deutschen Institut für Normung (DIN) beeinflusst war, das mehr Normen zu den heute international gültigen Standards beigetragen hatte als irgendeine andere Normungsorganisation. Die Ausschüsse, denen Junge angehörte, beschäftigten sich hauptsächlich mit Fragen des Computer-Aided Design (CAD); und die Übertragung digitaler Zeichenwerkzeuge wurde festgelegt und normiert auf – Papier. Ein Jahr nachdem Manfred Wolff-Plottegg (Professor für CAD-Zeichnen an der TUM im akademischen Jahr 1994/95) die ersten Computer für die TUM erworben hatte, übernahm Junge den Lehrstuhl, und dies in einer Architekturfakultät, die ein wahrhaft modernistisches Bollwerk homogener Überzeugungen war in Bezug auf das, was „gute Architektur" ausmacht. Doch was genau geschah in diesem bayerischen CAD-Raum? Sollte hier endlich eine tatsächlich papierlose Architektur entstehen? Welche Rolle spielten die dreidimensionalen Wireframes, die mit Codes konstruiert und mittels Lichtimpulsen auf die Bildschirme skizziert wurden, in der Schule? ▶ Abb. IV

Und doch muss man vielleicht zunächst einen Schritt zurücktreten und überdenken, was dieses Bild wirklich zeigt ▶ Abb. V. Denn es zeigt nicht wirklich einen virtuellen Raum und auch nicht das scheinbar maßstabslose 1:1-Verhältnis des CAD. Vielmehr betrachten wir hier eine Dokumentation institutioneller Entwicklungen, die in (unbeabsichtigten) Übertragungen über die Materie hinweg resultiert: eine Papierkopie der Digitalisierung einer analogen Fotografie – genauer, ein gescanntes Dia von einem Bildschirm, der die gerenderte Strichzeichnung eines CAD-3-D-Modells zeigt. Was wir hier sehen, ist Medienarchäologie, Materialitätsschichten, die sich im pädagogischen Raum aufbauen. Die Diasammlung ist das, was ihr Name besagt: eine Sammlung. Sie machte die Eigenschaften

VI Thomas Demand, *Zeichensaal*, 1996, C-Print/Diasec,
     183,5 × 285 cm

des Computerraums als Lehrmittel nachweisbar, zerlegt in kleine Ausschnitte: eine Reihe von Fotografien, entwickelt als Dias, die bei Vorlesungen über das Potenzial virtuell entworfener Architektur als Lichtbildprojektionen gezeigt wurden. Und diese Sammlung erreichte fast unmittelbar noch eine weitere materielle Ebene: die von Archivdokumenten.

Das Werk des deutschen Fotografen Thomas Demand bietet Anhaltspunkte, um diese Ebenen leichter zu entschlüsseln ▸ Abb. VI. Demand entwickelte von den 1990er-Jahren bis in die frühen 2000er-Jahre (zur gleichen Zeit, als Junge seinen Lehrstuhl an der TUM aufbaute) eine Arbeitsmethode, bei der er zwischen verschiedenen medialen Konstruktionen, Übersetzungen und Darstellungsebenen wechselte. Er nahm zum Beispiel öffentlich zugängliche Bilder aus Zeitungen und erstellte maßstabsgetreue Papiermodelle der dargestellten Szenen. Nachdem er diese mit einer Großbildkamera und einem Teleskopobjektiv fotografiert hatte, zerstörte er das Modell und zeigte nur die Abzüge, die ein abstrahiertes, seltsam entfremdetes Bild (mit zeitlicher und materieller Distanz) eines historischen Augenblicks darstellten.[16] Dieser Prozess wirft nicht nur Fragen auf wie: Was *ist* das Werk: das Modell oder die Fotografie? Er bietet auch einen Weg zur Interpretation einer komplexen materiellen und medialen Überlagerung kollektiver Bildproduktion vom Dokumentarischen zum Räumlichen und zum

Darstellenden, die er bewusst gestaltet. Die Bilder, die Demand produziert, scheinen mit einer dokumentarischen Absicht aufgenommen zu sein. Die Produktion von Fotografien als „Papierstücke, die wiederum ein anderes Stück Papier zeigen" (nämlich die Modelle), veränderte für Demand das Medium Fotografie. Als „anfänglich einfache Aufzeichnung" wurden die resultierenden Werke (wenn man so will) zur wahrheitsgetreuen Wiedergabe des ursprünglichen Ereignisses als die journalistischen Originalfotos, die vor Ort gemacht wurden, da „das Bild von etwas nicht zwingend eine erkennbare Darstellung des Objekts ist, das es zeigt".[17] Vielmehr ist das, was Demand produziert – die Fotografie des Modells der

12 Das Projekt begann am 28.11.1961. Siehe Ordner Peter Schubert, HfG Ulm, Archiv.

13 Torsten Lange, „Rittel's Riddles: Design Education and ‚Democratic' Planning in the Age of Information", in: Ákos Moravánszky et al. (Hrsg.), *Re-Scaling the Environment. New Landscapes of Design, 1960–1980*, Berlin/Boston 2016, S. 61–80.

14 Ebd.

15 Anna-Maria Meister, *From Form to Norm. Systems and Values in German Design circa 1922, 1936, 1953*, Dissertation, Princeton University 2018.

16 Roxana Marcoci, „Paper Moon", in: Roxana Marcoci und Jeffrey Eugenides (Hrsg.), *Thomas Demand*, Ausst.-Kat. Museum of Modern Art, New York, New York 2005, S. 9–28, hier S. 9–10.

17 Marigold Warner, „Q & A: Model Studies III by Thomas Demand", in: *British Journal of Photography*, 22.10.2018, www.bjp-online.com/2018/10/qa-model-studies-iii-by-thomas-demand/ (19.12.2019).

Fotografie –, kein Bild, sondern ein ehrlicher „Vorschlag".18 Demand ruft die Wahrnehmung eines vertrauten Bildes in der Öffentlichkeit wach – das Verständnis eines Raumes oder eines Bildes, das zu einer bestimmten Zeit in verschiedenen Medien zirkulierte, neu erschaffen aus der historischen Distanz heraus –, nachdem es erst einmal Teil eines kollektiven visuellen Gedächtnisses geworden ist. Wenn wir nun zu Junges Diasammlung zurückkehren, erhalten solche Fragen des Gedächtnisses eine andere Wertigkeit. Festplatten werden mit jedem Produktionszyklus überschrieben, wobei die Vorgängerversion in unserer Vorstellung wie auch in unseren Händen gelöscht wird. Wenn also Architekturschaffende heute Bilder, die mit veralteten Werkzeugen und einer überholten Technik hergestellt wurden, betrachten, werden sie sich dem entfremdet fühlen, was es damals bedeutete, „einen Computer zu benutzen", da sie sich mit jedem Update angepasst und neu dazugelernt haben ▶ Abb. VII. Die kollektive Erinnerung an politische Ereignisse, verbreitet unter anderem auf Zeitungspapier (wie viele von Demands Quellenmaterialien), überträgt sich jedoch nicht auf den Alltag eines beige umrahmten Computerbildschirms mit einem damals neuartigen Gerät namens Maus. Das, was in dem Diakarussell abgebildet ist, hat eine andere zeitliche Qualität: Die Ebenen der Diafilme konstruieren, fast wie ausgebreitete Einzelbilder eines Films, ein erlebtes Projekt – nicht ein singuläres Ereignis wie in Demands Werk. Die Überlagerung historischer „Fortschritte" in dieser Sammlung zeigt die Geschichte einer lange überholten technologischen Entwicklung. Beziehungsweise zeigt sie die Startversuche einer Entwicklung, die anderswo schon lange erfolgt war, während die Dias an der TUM Staub im Archiv ansetzten – Relikte einer Zukunft, die niemals vollständig gekommen ist. Was dokumentieren diese Dias also wirklich: die zeitliche Verzögerung der Technologie angesichts einer robusten Praxis oder, entgegen allen Widerständen, die Vision einer neuen Art von Raum, der langsam auf dem flimmernden Bildschirm auftaucht?

Der Bereich der Pädagogik wird häufig als Versuchsraum betrachtet, in dem eine andere Zukunft erdacht und erbaut werden kann. Doch in diesem Fall erzeugte die pädagogische Institution etwas ganz anderes: einen Papierraum der Schwerfälligkeit. Die Dias von CAD-Zeichnungen wurden von Junge an der TUM gesammelt, lange bevor Studenten wirklich irgendwelche Entwürfe auf Computern produzieren sollten. Tatsächlich zeichneten die Münchner Studenten 1995 mit Rapidograph auf Transparentpapier, konstruierten Perspektiven mit Lineal und Bleistift und bauten Modelle noch aus Graupappe (wobei sie sich häufig schnitten). Anstatt die neue, die andere, die utopische Vision anzustoßen, klebte die Architektur an der TUM an diesem grauen Karton, noch lange nachdem das digitale Zeichnen Einzug in die Berufspraxis gehalten hatte. CAD-Zeichnungen wurden für substanzlos, ja sogar für oberflächlich gehalten. Die Angst vor dem Immateriellen gründete tief. Und doch konnten die Betroffenen beruhigt sein: Das Immaterielle sollte den Gestaltungsprozess nie so umkehren, wie es sich Tschumi erträumt hatte. Denn es war letztendlich nicht die Universität, die sich die papierlose Architektur ausgedacht hatte, sondern der Berufsstand. Die Zusammenarbeit mit Ingenieuren verlangte von Hochschulen in polytechnischer Tradition, ihren Studenten neue Qualifikationen beizubringen – nicht neues Denken.

Wenn man die Bilder aus Junges Sammlung heute betrachtet, dann könnte man behaupten, dass die CAD-Software und ihre Erkenntnistheorien niemals wirklich in die Architektur an der TUM vorgedrungen sind – und auch nicht ihre (bemerkenswerte) Ästhetik. Vielmehr wurden sie als Lehrmaterial abgeheftet: Die Dias zeigten keine potenzielle Zukunft, sondern wurden direkt zu Archivdokumenten. Die Münchner Architekturfakultät war lange eine Institution, an der eine große Schwerfälligkeit herrschte. Sie blieb (und bleibt vielleicht immer noch) eine Institution mit zutiefst modernistischen Designprinzipien.

Betrachtet man diese beiden Architekturschulen und ihre jeweiligen digitalen Entwicklungen, dann scheint es, dass an der Architekturfakultät der TUM – ein Exzellenzcluster und eine der größten technischen Universitäten Deutschlands – Ideen von Veränderung und Paradigmenwechsel in Fachbereiche außerhalb der Architektur ausgelagert wurden: in die Fakultäten, die Maschinen bauten und Labore betrieben. In der Architektur an der TUM schien die Zeit anderen Gesetzen zu folgen.

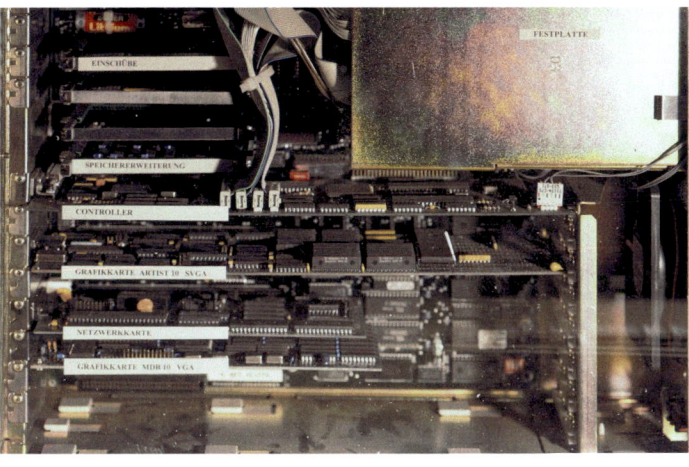

VII Fotografie von Computerhardware,
Sammlung Richard Junge

Was ist Digitalität? Oder: Für wen ist die Digitalität?

Programmieren hat formale Absichten, und Formen haben programmatischen Charakter. Die Geschichte politischer wie auch technischer Entwicklungen hat immer wieder gezeigt, dass es keine „neutrale Technik" gibt – genau wie es auch keine „neutrale Form" gibt. Beide werden von politischen und ästhetischen Ideologien erzeugt – und erzeugen diese. Doch die scheinbar entgegengesetzten Strömungen in diesem Essay werfen die Frage nach dem auf, was algorithmisches Denken in pädagogische Institutionen in der Architektur hineinbringt und wodurch es verhindert wird. Ist es die Begeisterung für neue Technologien oder der bis heute anhaltende modernistische Versuch, Gestaltung endlich von seinen subjektiven Qualitäten zu befreien? Oder ist es stattdessen das Gewicht von Papierstapeln, Ordnern und Heftern, das bestimmte Veränderungen vorantreibt und sich anderen in den Weg stellt? Genau wie andere Technikwenden vorher (wenn man sie noch so nennen will) könnte die sogenannte „digitale Wende" nur ein weiterer Versuch sein, Gestaltung zu desubjektivieren; ein Prozess, der lange vor der computergestützten Datenverarbeitung begann. Codierte Gestaltung hegte lange diesen Traum: von Proportionen bis zu Normen, von Standardisierung bis zu Grasshopper versuchten und versuchen Architekten, „gute Form" zu finden – oder vielmehr, sie finden zu lassen. Doch gleichzeitig handelt es sich dabei stets um einen Traum nicht nur von ästhetischer, sondern von sozialer und politischer Kontrolle. Noch immer prägt dieses Versprechen auch heutige Diskussionen zu künstlicher Intelligenz, Robotik oder digitaler Datenverarbeitung. Doch statt über die „Notwendigkeit" bestimmter technologischer Innovationen zu diskutieren, könnten wir die jeweiligen institutionellen Rahmenbedingungen untersuchen, die diese entweder befördern oder verhindern. Wir könnten in der Tat häufiger die Bürokraten, institutionelle Trägheit und Verzögerung, die Überlagerungen und Vorbehalte betrachten, wegen derer sich Material manchmal schneller bewegt als die architektonische Vorstellungskraft – und manchmal umgekehrt. Denn was die Geschichten in diesem Essay zeigen, ist, dass eine Geschichte des Digitalen, des Modellierens oder der Datenverarbeitung nicht gleichzusetzen ist mit der Geschichte des Computers; und auch nicht mit dem, was wir gemeinhin unter Programmierung oder Skripten verstehen. Und ganz sicher handelt es sich hier nicht um eine Geschichte des Virtuellen, sondern um die materiell-institutioneller Praktiken.

Wenn Institutionen also die modernen Apparaturen des Zeitsparens sind, die bürokratische Tätigkeiten in der Gesellschaft wiederholbar machen, könnten sie genauso gut als die eigentlichen Stätten von Programmierung und Modellierung – und zwar von Gegenständen und auf Papier – verstanden werden. Wenn wir also diese materiellen Eigenschaften ernst nehmen, könnten wir die Papierwelten der Architektur als Rekonstruktionen eines kollektiven Augenblicks betrachten. Und vielleicht wird dann das subjektive „erste Bild", das Demand beschreibt, eine andere Übertragung erfahren: in eine kollektive Vision.

18 „Thomas Demand in Conversation with Diana d'Arenberg", in: *ocula*, 17.6.2015, www.ocula.com/magazine/conversations/thomas-demand/ (19.12.2019).

Architektur, Computer und technologische Unruhe. Zu einer Architekturgeschichte der Angst

Georg Vrachliotis

„Das kann man nicht einem Gerät überlassen, das Wenn-/Dann- oder Ja-/Nein-Entscheidungen treffen kann und sonst nichts!"[1] Der 1986 in einem Interview unmissverständlich geäußerte Satz stammt von Oswald Mathias Ungers, einem der international erfolgreichsten deutschen Architekten der Nachkriegszeit. Die menschliche Tätigkeit, um die es ging und die man keinesfalls einem Computer überlassen sollte, war der Akt des Zeichnens. Ungers ging bei seiner Kritik von der Annahme aus, dass die Digitalisierung des Zeichnens nicht nur unmittelbare Auswirkungen auf die Praxis des Entwerfens habe, sondern auch einen Einfluss darauf, wie Architektur unter diesen neuen technischen Bedingungen gedacht werden würde: „Die Architektur wird graphisch durch die Mittel, die sie benutzt. CAD ist ja ein graphisches Mittel, zweidimensional. Es wäre darum eigentlich kein Wunder, wenn die schon gegenwärtig flach wirkende Architektur mit der Verbreitung von CAD noch flacher würde, bloße Fassade, zweidimensional wie die Zeichnung. [...] Heute denken und entwerfen wir in Miniaturen. Was wir bauen, verkleinern wir uns zunächst durch Maßstabsreduzierung. Über diese Verkleinerung verändert sich aber auch, was wir als Konzept vor Augen haben. Raum und Material kommen nur noch in der Vorstellung, in der Simulation vor [...]."[2]

Als Ungers mit dem eingangs zitierten Satz an das kollektive Gewissen der Architektur zu appellieren versuchte, standen die ersten grauen Rechenmaschinen bereits auf den Zeichentischen der Architekturfakultäten und Planungsbüros. Dünne grafische Linien flackerten auf kleinen, ursprünglich aus der Militärindustrie eingeführten Bildschirmen. Die traditionelle Vorstellung von der Kopplung von Zeichnen und Sehen, aber auch vom Zeichnen als Sehen, wurde mit dem Vorstoß des Computers der genauen Überprüfung durch ein neuartiges Wissen ausgesetzt. Der intuitive Dialog zwischen ausführender Hand und schöpferischem Auge wurde dadurch empfindlich gestört. Doch bei Ungers' Ausruf ging es um mehr als nur um die Ungewissheit gegenüber einer neuen Dimension instrumentellen Wissens. Er kann als Versuch gelesen werden, die Architektur davor zu bewahren, die produktive Widersprüchlichkeit des menschlichen Geistes gänzlich in den Effizienzversprechen des Computers aufzulösen.

Von der Statistik zur Maschinenintelligenz

Trotz seiner kritischen Haltung dem Computer gegenüber beschäftigte sich Ungers schon früh mit dessen Anwendungsmöglichkeiten in der Architektur. Bereits Ende der 1960er-Jahre – während er sich aus der politisch aufgeladenen Protestatmosphäre in der Berliner Universitätslandschaft zurückzog und dem Ruf an die Cornell University in Ithaca (NY) folgte – begann Ungers, mit Planungssoftware zu experimentieren. Eines der frühesten Beispiele ist eine Studie zum Massenwohnungsbau. In dem interdisziplinär angelegten Projekt mit dem Titel „Optimale Wohngebietsplanung" untersuchten Ungers und der Ökonom Horst Albach die Dichte des Märkischen Viertels am Stadtrand von Berlin.[3] Nach detaillierten Auswertungen der Statistiken kam Ungers zu dem Resultat, dass Anlagen, die mit hoher Dichte geplant werden, häufig weniger effektiv sind als solche mit geringer Dichte. Das war ein aufschlussreiches und für die Wohnungsbaugesellschaft heikles Ergebnis – nicht zuletzt, weil Ungers selbst in das gigantische Wohnungsbauprojekt mit einem Wohnhochhaus involviert war.

Ein anderes Beispiel ist die Serie von interaktiven Planungsprogrammen (SIPP). Das 1972 mit Tilman Heyde und Tom Dimock entwickelte Programm resultierte aus einem gemeinsamen Forschungsprojekt und war unter der Voraussetzung entstanden, dass wir es in Zukunft mit einer Vielfalt von Planungsaufgaben zu tun haben werden, die man kaum mehr bewältigen kann.[4] Für einen Architekten ist diese Komplexität nicht mehr vorstellbar, weder mathematisch noch grafisch. Ungers und sein Entwicklerteam waren überzeugt, dass sie in der wachsenden Rechenkapazität des Computers ein geeignetes Werkzeug gefunden hatten und deshalb mit dieser neuen Situation angemessen umgehen konnten. Mit SIPP war es möglich, große Datenmengen zu berechnen und die Ergebnisse in Form von schematischen Abbildungen zu präsentieren. Der Computer agierte als Visualisierungsmaschine für Statistiken.

Für Ungers war der Computer somit nichts anderes als ein leistungsfähiger Automat, mit dem statistische Rechenprozesse optimiert werden konnten. Er stand anderen Vorstellungen, die in irgendeiner Form darüber hinausgingen, kritisch gegenüber. Die These, dass der Computer eine Form von gestalterischer

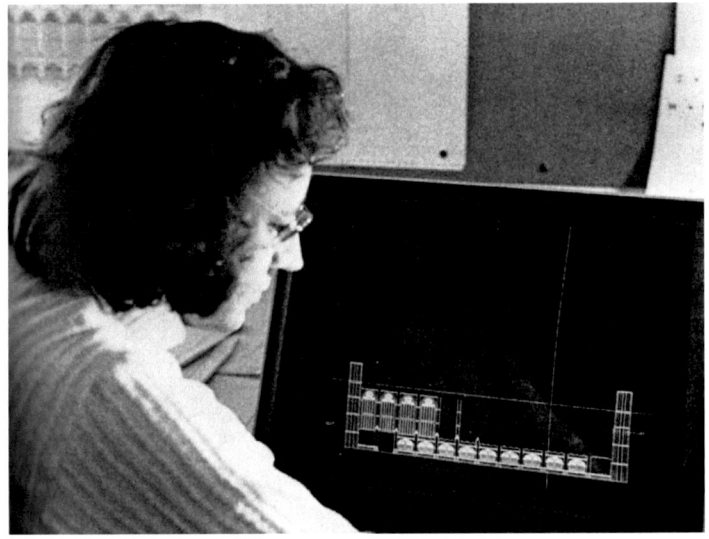

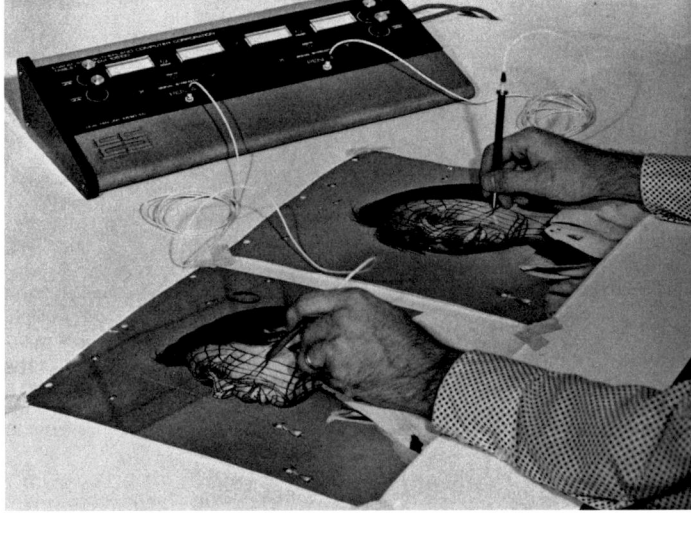

I   Aufriss auf einem Bildschirm II   Freies Nachzeichnen mit der Hand

Intelligenz besäße, wurde daher von ihm rigoros abgelehnt. Ungers war in Sorge, dass, weil das Zeichnen eng mit dem Gestaltungsprozess und somit auch mit architektonischem Denken in Verbindung gebracht wird, die Digitalisierung des einen auch die Digitalisierung des anderen bedeutet.

Ungers war keinesfalls allein in seiner strikten Haltung gegenüber dem Computer. Während er in Berlin noch an Statistiken und digital generierten Plänen arbeitete, herrschte an der Ostküste der USA ein ähnlicher, jedoch in mancher Hinsicht härterer Kampf um die interpretative Eigenständigkeit menschlicher Kreativität.

„Was der Mensch macht, kann die Natur nicht machen. Was die Natur macht, kann der Mensch nicht machen. Inwieweit können wir der Maschine die Gestaltung anvertrauen?"[5] Diese skeptische Frage stellte Louis Kahn im April 1968 seinen Zuhörern im Rahmen eines Vortrags an der Architekturfakultät der Yale University. Er war dort für eine Podiumsdiskussion anlässlich der Konferenz „Computer Graphics in Architecture and Design", die aufgrund ihres Themas wie auch durch ihre Teilnehmer ein besonderes Ereignis zu werden versprach. Unter ihnen waren Frank Skinner von IBM, Nicholas Negroponte aus der Architecture Machine Group sowie Bruce Graham von Skidmore, Owings & Merrill. Kahn, der sicher das prominenteste Mitglied der Podiumsdiskussion war, befand sich in erlesener Gesellschaft. Die drei anderen Diskussionsteilnehmer waren Charles Moore, damals Dekan der Architekturfakultät der Yale University, Steven A. Coons, Elektroingenieur und Wegbereiter des computergestützten Entwerfens, sowie der Kybernetiker Warren McCulloch, einer der Begründer der Neuroinformatik, Leiter der legendären Macy-Konferenzen und einer der wichtigsten intellektuellen Köpfe in der amerikanischen Wissenschaftslandschaft der Nachkriegszeit.

Der Titel der Diskussion lautete „The Past and Future of Design by Computers". Dies war die erste öffentliche Debatte zu diesem äußerst kontroversen Thema. Sie stellte nicht nur das traditionelle Selbstbild des Architekten als schöpferisches Genie infrage, sondern auch die althergebrachte Grundlage der Disziplin als Ganzes. Kahn machte von Beginn an deutlich, wie wenig er vom Computer hielt: „Die Maschine kann Maße übermitteln, doch die Maschine kann nichts schaffen, nicht beurteilen, nicht gestalten. Dies gehört

zum Verstand. [...] Wenn Maß nur dann akzeptiert wird, wenn es absolut ist, wie könnte man dann Realisierung, Konzept, Wahrheit, Wünsche, Stille messen?"[6] Der Vorstellung, dass die individuelle Handschrift des architektonischen Gestaltungsprozesses grundlegend durch die anonyme Perfektion von Computern beeinflusst sein könnte, stand Kahn extrem kritisch gegenüber.

Und er war damit keineswegs allein. Der einflussreiche Architekturhistoriker Lewis Mumford machte in seinem monumentalen zweibändigen Werk *Der Mythos der Maschine* – dessen erster Teil nur wenige Monate vor der Konferenz veröffentlicht worden war – klar, dass er nicht viel von der Zukunftsvision hielt, die von den Computerlaboren zu den Zeichentischen der Architekten reichte.[7] Mumford zufolge konnten Computer weder Symbole erfinden noch „Gedanken begreifen, die nicht bereits in ihrem Programm enthalten sind".[8] Zugegebenermaßen war es denkbar, dass man logische Verknüpfungen innerhalb dieser engen Grenzen herstellen könnte. Doch für Mumford gab es keine Möglichkeit, dass ein Computer „von einer anderen Organisationsweise als der seinen auch nur träumen [kann]".[9]

Die Verherrlichung der Maschinenintelligenz und Computergrafik insbesondere durch Coons muss Kahn unendlich irritiert haben.

Dieser Text ist Teil eines laufenden Buchprojekts zur Architekturgeschichte der Angst.
1   Oswald Mathias Ungers, „Das kann man nicht einem Maschinenprozess überlassen! Oswald Mathias Ungers im Gespräch mit Peter Neitzke", in: Walter Ehlers et al. (Hrsg.), *CAD – Architektur automatisch?*, Braunschweig 1986 (= Bauwelt Fundamente; 76), S. 247–254, hier S. 249.
2   Ebd., S. 251.
3   Horst Albach und Oswald Mathias Ungers, *Optimale Wohngebietsplanung*, Bd. 1: *Analyse, Optimierung und Vergleich der Kosten städtischer Wohngebiete*, Wiesbaden 1969.
4   Oswald Mathias Ungers et al., „Eine Serie von interaktiven Planungsprogrammen – SIPP", in: *Werk*, Nr. 6 (1972), S. 347–352.
5   „Panel Discussion: The Past and Future of Design by Computer", in: Murray Milne (Hrsg.), *Computer Graphics in Architecture and Design. Proceedings of the Yale Conference on Graphics in Architecture*, New Haven (CT) 1969, S. 98–103, hier S. 98.
6   Ebd.
7   Lewis Mumford, *Mythos der Maschine: Kultur, Technik, Macht*, Wien 1974.
8   Ebd., S. 554.
9   Ebd.

Daher richtete sich Coons während der Podiumsdiskussion direkt an Kahn mit einem Plädoyer: „Ich nehme an, dass ich im Geiste weit entfernt von Ihnen allen bin und der Maschine sehr nahestehe. Doch Sie haben zu dieser Aufgabe einen Standpunkt, den ich nicht einnehmen kann. Sie vertreten den Standpunkt, den kein Naturwissenschaftler, kein Ingenieur gänzlich erfüllen kann. [...] Sie denken an Maschinen, und Computer sind Maschinen, als starre Mechanismen wie Automobile. [...] Computer sind tatsächlich Maschinen, doch sie sind nicht Automobile, sie sind nicht wie Elektroherde, sie sind nicht wie Telefone, die spezifische Funktionen haben. Sie sind viel zauberhafter und allgemeiner als all das. [...] Sie sind vielleicht das am wesensverwandteste mechanische Gerät, das sich Menschen jemals vorgestellt haben."[10]

Und als würde er sich Kahn gegenüber zur Rechenschaft verpflichtet fühlen, schloss Coons mit dem Hinweis, dass das nur der Beginn einer noch im Wandlungsprozess befindlichen Computerkultur sei: „Computer werden morgen anders sein. Sie werden leistungsfähiger sein, sie werden billiger sein, und sie werden wesentlich wesensverwandter mit den Menschen sein, als sie es heute sind. [...] Wir stehen erst am Anfang."[11]

Kahns harsche Kritik war eine unmittelbare Reaktion auf die rasanten Entwicklungen in der digitalen Architekturproduktion. Seine Äußerung „Dies gehört zum Verstand" verdeutlicht, wo der wunde Punkt für ihn lag. Kahn betrachtete das zunehmende Eindringen der Digitalität in neue Bereiche architektonischen Arbeitens geradezu als eine Bedrohung für die Bedeutung eigenständigen Denkens. Oder anders ausgedrückt: Es war die humanistische Weltsicht, die Kahn vor der Forschung zu künstlicher Intelligenz bewahren wollte. Und damals war er damit nicht allein. Viele Skeptiker fürchteten (und fürchten auch noch heute), dass die Mechanisierung (oder Automatisierung) des einen auch die Mechanisierung (und Automatisierung) des anderen bedeutete, da das Zeichnen eng mit dem Entwurfsprozess und somit auch mit dem Denken verbunden ist. Dementsprechend ging die Idee künstlicher Intelligenz von Anfang an mit einer doppelten kulturellen Abwertung einher: der des Architekten als alleinigem Entscheidungsträger und der des Gestaltungsprozesses als Kulturtechnik.

Zeichnen als Geste

Das Zeichnen wird historisch als grundlegendes Medium für Architekten und Ingenieure betrachtet. Architekten wenden die Zeichnung in Form von Skizzen, Grundrissen und perspektivischen Ansichten zur Darstellung und für den Entwurf an, um den abstrakten Umrissen in ihrer Vorstellungswelt Gestalt zu verleihen ▶ Abb. I. Doch was noch viel wichtiger ist: Das Zeichnen ist auch ein Mittel intersubjektiver Visualisierung medienbezogener Spuren der eigenen Gedanken. „Geometrie und Linie"[12] können im Kopf enthaltenes Wissen artikulieren, vermitteln und intensivieren. Instrumentell ist das Zeichnen mit dem Schreiben verbunden – in Bezug auf die freie Bewegung der Hand, die Verdichtung des eigenen Denkens oder den individuellen Charakter der persönlichen Handschrift ▶ Abb. II.

Der Akt des Zeichnens ist der Auffassung von Vilém Flusser zufolge, der Schreiben begrifflich als Geste fasst, eine Geste.[13] Flusser definiert „Geste" primär ganz grob als „eine Bewegung des Körpers oder eines mit ihm verbundenen Werkzeugs, für die es keine zufriedenstellende kausale Erklärung gibt".[14] Schreiben und Zeichnen sind eng miteinander verwandt. Sie sind beide eine „Phänomenalisierung des Denkens".[15]

Anfänglich löste die Algorithmisierung des Zeichenprozesses eine Welle konzeptueller und methodischer Verunsicherungen im Bereich der Architektur aus, die die Architekturzeichnung später als Gattung und darüber hinaus auch die Architektur als Disziplin veränderte. Ivan Sutherland, ein Doktorand von Claude Shannon, war sich dessen sicher bewusst, als er sein bahnbrechendes Programm Sketchpad entwickelte.[16] Es ist allgemein bekannt, dass Architekten eine Maschine nicht wie damals üblich auf einer mathematisch-logischen Ebene, sondern auf einer visuellen und deskriptiven Ebene betreiben können sollten. Die Tatsache, dass man zwei Jahre, nachdem Sutherland sein Programm fertiggestellt hatte, den „Light Pen", der bis dahin zum Arbeiten auf dem Bildschirm verwendet wurde, durch Douglas C. Engelbarts „optische Maus", die mit der Hand bewegt werden konnte, ersetzt wurde, hat nichts am Grundprinzip der Visualisierung geändert.[17] Doch es stellte sich heraus, dass die Maus wesentlich eleganter und

PROGRESSIVE ARCHITECTURE

A Reinhold Publication • June 1970

50th Anniversary Issue
A Celebration
of Change

III   Cover von *Progressive Architecture* mit Leuchtstift, 1970

präziser zum Gestalten und Modifizieren einer Zeichnung war als der etwas unhandliche Griffel, der an ein Kabel angeschlossen war und mit dem man auf das Glas des Bildschirms tippen musste ▶ Abb. III.

„Wenn der Einsatz von Computern durch Architekten unumgänglich ist, dann muss man sich zweifellos dem Problem stellen, wie Architekten mit den Computern ‚reden' müssen"; so wurde eine der Hauptherausforderungen der Yale-Konferenz formuliert.[18] Coons versuchte zu verdeutlichen, was der Vorteil einer grafischen Benutzeroberfläche ist: „Kein Architekt will ein erfahrener Programmierer werden oder sollte das wollen. Architekten wollen Architektur machen. Stadtplaner wollen Stadtplanung machen. Sie wollen nicht die Bleistifte, die sie verwenden, erfinden und herstellen müssen. Sie wollen sie zur Hand haben. Der Computer ist ein Werkzeug. Wir wollen die Dinge so vorbereiten, dass der Computer genauso natürlich und leicht wie ein Bleistift verwendet werden kann [...]."[19] Coons wollte die Maschine also an den Architekten anpassen; dieser sollte sich nicht gezwungen sehen, ein neues technisches Werkzeugwissen zu erlernen ▶ Abb. IV.

Der erweiterte Architekt

Sowohl Ungers als auch Kahn sind Teil der Kulturgeschichte der Industrialisierung, bei der die Angst vor Maschinen mit der Angst vor dem vermeintlichen Verlust bestimmter humanistischer Werte einhergeht. Die Rationalitäts- und Effizienzversprechen von Maschinen wurden zusammen mit entsprechenden Vorstellungen von Normen und Standards als eine Bedrohung für Kreativität, Kunstfertigkeit und Individualismus wahrgenommen. Insofern kann die Entwicklung des Computers im Zeitalter der Kybernetik einfach als weiteres Kapitel in der Kulturgeschichte der Industrialisierung verstanden werden. Solch eine Theorie wäre jedoch eine verminderte Auffassung von digitalen Technologien, denn es geht nicht mehr nur um die Industrialisierung von physischer, sondern auch von geistiger Arbeit.

Die frühe Computeravantgarde erkannte, dass man sich auf das Verhalten der Menschen und deshalb auch auf ihre geistigen

10 Panel Discussion 1969 (wie Anm. 5), S. 100.

11 Ebd.

12 Werner Oechslin, „Geometrie und Linie. Die Vitruvianische ‚Wissenschaft' von der Architekturzeichnung", in: *Daidalos*, Nr. 1 (1981), S. 20–35.

13 Vilém Flusser, *Gesten. Versuch einer Phänomenologie*, Frankfurt am Main 1997, S. 32–41.

14 Ebd., S. 8.

15 Ebd., S. 35.

16 Ivan E. Sutherland, „Sketchpad: A Man-Machine Graphical Communication System", in: *Lincoln Laboratory Technical Report*, Nr. 296, Massachusetts Institute of Technology, Cambridge (MA), Januar 1963.

17 David Evans, „Augmenting the Human Intellect", in: Milne 1969 (wie Anm. 5), S. 61–66, hier S. 62 ff.

18 „Computer Graphics and Architecture. Program Statement: On the Relevance of Computer Processes, Specially Computer Graphics, to Architecture", unveröffentlichtes Dokument, Warren McCulloch Archive, American Philosophical Society, 1968.

19 Panel Discussion 1969 (wie Anm. 5), S. 9.

Architektur, Computer und technologische Unruhe   31

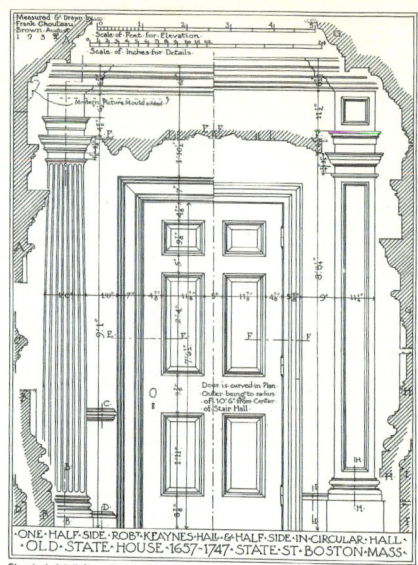

Classical detail from Pencil Points Oct. 1932.

URBAN 5, developed by MIT's Nicholas Negroponte and Leon Groisser, on an IBM 2250 console showing use of light pen.

From Pencil Points to Computer Graphics

By Murray Milne

As part of this anniversary issue, P/A has asked Murray Milne to examine the effect the computer has had on the evolution of the profession. Mr. Milne is an Associate Professor in the new Architecture Program at UCLA and is the editor of the book Computer Graphics in Architecture and Design.

For an architect in days past to lay down an ink line on linen or to float a watercolor wash was an act of considerable satisfaction.

Still today, it is pleasing to the senses to pull soft lead across clean vellum, to hear the squeak of a felt tip, to smell the dust of a pencil sharpener, or to tear off a nice square sheet of yellow tracing paper and feel it crackle as it is smoothed onto the board. The smell of ammonia, the feel of familiar triangles and scales, and the pain in the small of the back are all a part of the architect's personal sensory environment. It is jarring and distasteful to realize that some day soon, almost all of this may be replaced by the clatter of teletypes, the hum of electronic equipment, and the blue penumbra of great blinking tubes.

Unfortunately, this is the price architects must pay for technological progress. But at least a few will be either too stubborn or too sensitive to accept it. To a lesser degree, the change from india ink to lead pencil probably caused the same nostalgic sense of loss. It seems inevitable that soon the architect's personal world will be strangely different. Undoubtedly, a new sensory aesthetic will develop in time, but still the joys of the present world will be gone forever.

Whatever its aesthetic satisfactions, drafting is at best a tedious and archaic process. Machines have already demonstrated their superior skill at putting lines on paper. In 1893 the first recording pen oscillograph was developed. Eventually, X–Y plotters were hooked up to analog computers to trace out the performance of dynamic systems in real time. Today, high speed digital computers can turn out drawings of anything imaginable on flat bed and drum plotters with incredible speed in almost limitless quantities. Although the capability to produce automated drawings exists, the problem of making them more meaningful and useful will always be with us. The development of the digital computer has produced revolutionary changes in business, engineering, and the sciences, but up to now it has had very little affect on the design professions. And for good reason. Computers can grind up vast amounts of data and spit out huge quantities of numbers, but this is of little use to

168   JUNE 1970 P/A

JUNE 1970 P/A   169

IV „From Pencil Points to Computer Graphics" von Murray Milne, 1970

Prozesse konzentrieren musste. Einflussreiche Persönlichkeiten wie Steven Coons legten die konzeptionelle Grundlage für eine Maschinenwelt, in der die mathematische Steuerung von abstrakten Eingabe- und Ausgabevariablen und nicht etwa die Mechanik des physikalischen Objekts als wichtige Eigenschaft einer Maschine betrachtet werden konnte. Die Grenzen zwischen Mensch und Maschine, Natur und Kultur mussten überwunden werden, damit man zu einem neuartigen behavioristischen Maschinendenken und schließlich zu einer übergeordneten Methode der algorithmischen Weltanalyse gelangen würde.

Exemplarisch für eine solche behavioristische Sicht war die Erweiterung der menschlichen Intelligenz, eine Mensch-Maschine-Theorie, die von dem Elektroingenieur Douglas Engelbart entwickelt wurde. Ähnlich wie Coons vertrat er die Ansicht, dass Computer die kognitiven Fähigkeiten der Menschen erweitern können. Engelbart entwarf eine bemerkenswerte Zukunftsvision für Architekten. Mit dem Satz „Lassen Sie uns einen erweiterten Architekten bei der Arbeit betrachten"[20] begann er, den Arbeitsprozess eines computerunterstützten Architekten zu beschreiben. Dieser „erweiterte Architekt"[21] hatte einen Bildschirm und eine kleine Tastatur an seinem Arbeitsplatz, die er verwenden konnte, um mit der Maschine zu kommunizieren. „Mit einem ‚Zeiger' zeigt er [der Architekt] auf zwei Punkte von Interesse, bewegt seine linke Hand schnell über die Tastatur, und die Entfernung und das Profil zwischen den angezeigten Punkten erscheinen im rechten Drittel des Bildschirms."[22] Es ist möglich, eine auf diese Weise konstruierte Zeichnung zu drehen. Unter Verwendung der Tastatur kann der Architekt auch metrische Daten eingeben. Nach etlichen Schritten tauchten die ersten Umrisse des Gebäudes auf. Gleichzeitig berechnete der mechanische Architekturassistent mögliche Wirkungen des entworfenen Gebäudes und prüfte diese unter verschiedenen Parametern. Alle Daten, die im Lauf eines solchen Arbeitsprozesses produziert wurden – den Engelbart interessanterweise nicht nur als „Gebäudeentwurf", sondern auch als „seine damit verbundene Denkstruktur" verstand –, konnten schließlich auf einem „Band" gespeichert und jederzeit abgefragt werden.

Um mit Marshall McLuhan zu sprechen, könnten wir sagen, dass Engelbart Computer als eine mechanische Prothese verstand, das heißt eine Erweiterung, mittels derer die kognitiven und physikalischen Fähigkeiten des Architekten vergrößert und technisch verbessert werden konnten. Der Begriff „erweiterter Architekt" verdeutlicht, dass Architekten in ein Informationstechnologiemilieu eingebunden werden und die Digitalität sie wie eine zweite Haut umhüllen sollte. Der Zeichentisch der Architekten wurde in eine Apparatewelt aus Geräten, Oberflächen und Dateien verwandelt.

Eine Maschine als Wissen produzierendes Objekt für die Architektur?

Da „Gebäude ohne Zeichnen"[23] und „Programmierkultur in den Designkünsten"[24] heute populäre Themenfelder sind, wäre es interessant zu untersuchen, welche dieser Formen sich auf die eine oder andere Weise tatsächlich als wirksamer, nützlicher oder besser für die Architektur erwiesen hat. Der Mathematiker Frieder Nake zeigt uns in seinem 1974 erschienenen Buch *Ästhetik als Informationsverarbeitung* einen produktiven Weg heraus aus diesem Vergleich.[25] Es gibt einen kurzen Abschnitt in diesem Buch, in dem er über den potenziellen Einfluss des Computers auf die Architektur spekuliert. Nake äußert eine Vermutung, die alle Architekten interessieren sollte, die ihre Arbeit kontextualisieren oder fragen, wie der Computer ihre Vorstellung von Architektur verändert.

Nake behauptet, es ergehe den Architekten „bei dem Versuch, ihre Probleme mit Computern zu lösen, ähnlich wie den Linguisten. Sie entdeckten, daß ihr Wissen über ihr Gebiet äußerst begrenzt war. Das Eindringen einer neuen Maschine, also eines neuen Produktionsinstruments, erweist sich hier als Anreger und Aufreißer, als Quelle für neue Erkenntnis und neue, adäquatere Methoden der Erkenntnisgewinnung."[26] Nake präsentiert uns einen Strauß Metaphern, um die Funktion des Computers und seine Relevanz für Architekten zu erläutern. Er erwähnt auch die Linguistik, was wahrscheinlich ein Verweis auf die revolutionäre Inspirationswelle Ende der 1950er-Jahre ist, ausgelöst durch die Arbeit des Computerlinguisten Noam Chomsky, die auch die Aufmerksamkeit von Architekten wie Christopher Alexander erregte.[27] Nake spricht des Weiteren vom „Eindringen einer neuen Maschine" in die Architektur, von „Produktionsinstrumenten", von „Anregern und Aufreißern" und von der „Quelle", nicht nur für „neue Erkenntnis", sondern – und Nake macht eine feine Differenzierung – auch als „Methode der Erkenntnisgewinnung".[28]

Anfangs könnte dieser Gebrauch von Metaphern zufällig erscheinen und vielleicht sogar ein wenig übertrieben. Doch das ist nicht der Fall. Nake versucht etwas zu beschreiben, was für das Gebiet der Architektur und Computer sehr schwer zu visualisieren ist: Er schafft konzeptuelle Bilder der Forschung. Nake geht bei dem Begriff „Produktionsinstrument" von einer interessanten Annahme aus. Er

behauptet, durch den Computer hätten Architekten entdeckt, dass „ihr Wissen über ihr Gebiet äußerst begrenzt war". Eine symbolische Maschine als Erkenntnis produzierendes Objekt für die Architektur? Nake kehrt die Blickrichtung um: Die Architektur schaut nicht auf Maschinen – die Maschinen schauen auf die Architektur.

Dies könnte ein aufschlussreicher Ausgangspunkt für eine neue Architekturgeschichte der Angst sein. Eine solche Geschichte würde nach den sogenannten technologischen Grundlagen der Architektur fragen, das heißt nach den gesellschaftlichen und technischen Bedingungen, vor denen Architektur gestaltet, produziert und gedacht wird. Diese technologische Grundlage umfasst konkrete Innovationen und Anwendungen ebenso wie alle damit verbundenen individuellen und kollektiven Sehnsüchte, Hoffnungen und Ängste. Der Unterschied zu *The Architecture of Fear* von Kathryn Cramer und Peter Pautz oder Anthony Vidlers bahnbrechender Publikation *The Architectural Uncanny* besteht allerdings darin, dass es seit dem Zeitalter der Kybernetik[29] nicht nur um eine Angst vor Gebäuden, sondern auch um eine Angst vor digitalen Werkzeugen, Algorithmen und Daten geht. Es geht also darum zu zeigen, dass die Suche nach einer kulturellen Manifestation des Computers niemals nur eine einfache Chronologie technologischer Erfindungen war, sondern vielmehr eine lange Geschichte von gesellschaftlichen und politischen Kontroversen, Streitigkeiten, Konflikten und hitzigen Debatten – vom ersten Moment an bis in die Gegenwart.

20 Douglas C. Engelbart, „Augmenting Human Intellect: A Conceptual Framework", in: *Summary Report AFOSR-3223 Prepared for Air Force Office of Scientific Research*, Stanford Research Institute, Menlo Park (CA), Oktober 1962, S. 1.
21 Ebd., S. 4.
22 Ebd.
23 Mike Silver (Hrsg.), „Programming Cultures", in: *Architectural Design*, Nr. 76 (Juli 2006), S. 46–56; „Computation Works: The Building of Algorithmic Thought March", in: *Architectural Design*, Nr. 83 (April 2013).
24 Silver 2006 (wie Anm. 23), S. 5–11.
25 Frieder Nake, *Ästhetik als Informationsverarbeitung. Grundlagen der Informatik im Bereich ästhetischer Produktion und Kritik*, Wien 1974.
26 Ebd., S. 332.
27 Noam Chomsky, *Syntactic Structures*, Den Haag 1957.
28 Nake 1974 (wie Anm. 25), S. 332.
29 Georg Vrachliotis, *Geregelte Verhältnisse. Architektur und technisches Denken in der Epoche der Kybernetik*, Wien 2011.

Sketchpad/
Sketchpad Reconstruction

Ivan Sutherland/
Daniel Cardoso Llach,
Scott Donaldson

1963/2017

SOFTWARE
Sketchpad (1963, geschrieben in der
Assemblersprache des TX-2); Sketchpad (2017,
Java, Android-Softwareentwicklungssystem [SDK])

HARDWARE
TX-2-Terminal, Schaltbrett, Leuchtstift,
Röhrenbildschirm (1963); Android-Tablet,
Bedienknöpfe, Eingabestift, Tastatur (2017)

ZWECK DER SOFTWARE
Zeichnen

Sketchpad war eines der ersten Programme, mit denen Nutzer Objekte durch eine Reihe visueller Anweisungen unter Anwendung einer grafischen Benutzeroberfläche manipulieren, steuern und aktivieren konnten. Die Nachkriegsdirektive des Lincoln Laboratory am MIT bestand darin, Software zu entwickeln, die den Gebrauch von Computern ohne Kenntnis von Programmiersprachen ermöglichen sollte. Der Doktorand Ivan Sutherland entwickelte dort eine grafische Zeichensoftware, die sich eher auf räumliche und mechanische Manipulation stützte als auf die Textsprache von Codes, Skripts und Zahlen. Mit seiner Dissertation *Sketchpad. A Man-Machine Graphical Communication System* präsentierte er eine auf Einzelschritten aufbauende Zeichensoftware, die einige der heute gebräuchlichen Grundprinzipien einführte. Zeichnungen wurden durch eine bestimmte Zahl von „Bedingungen" und nicht durch eine freihändige Bearbeitung erzeugt. Die Software lief auf TX-2-Computern, einem der frühesten für Echtzeitsteuerung geeigneten Systeme, für das man keine Lochkarten mehr brauchte. Die Information wurde durch den Flexowriter eingespeist: Dieses Gerät, das einer Schreibmaschine glich, hob die Aufteilung zwischen Nutzer und Pro-

grammierer auf. Sutherland integrierte das TX-2-Gerät, ergänzte jedoch den Flexowriter durch zwei neue Instrumente: den Leuchtstift und einen Röhrenbildschirm. Zum Zeichnen richtete der Nutzer den Leuchtstift auf den Bildschirm und drückte ein Gerät mit Schaltern, um vorprogrammierte Operationen wie etwa „Zeichnen" oder „Löschen" zu aktivieren. Das Programm erstellte dann eine Linie oder ein Wireframe-Modell zwischen den Start- und Endpunkten, wobei es alle anderen von der Bewegung der Hand hervorgerufenen Abweichungen zwischen den beiden Punkten außer Acht ließ und dadurch die händischen Fehler durch eine maschinengesteuerte Geometrie ausglich. Die direkte Interaktion mit dem Bildschirm war eine neuartige technologische Leistung, da der Bildschirm von einem Darstellungsraum in eine Bearbeitungsfläche verwandelt wurde. Schritte hin zu einer dreidimensionalen Darstellung unternahm dann Timothy Johnson mit seiner Masterarbeit, in der er für Sketchpad III die ursprünglichen 2-D- zu 3-D-Fähigkeiten erweiterte.

2017 rekonstruierte Daniel Cardoso Llach mit dem Computational Design Laboratory an der Carnegie Mellon University die Benutzeroberfläche und Funktionen von

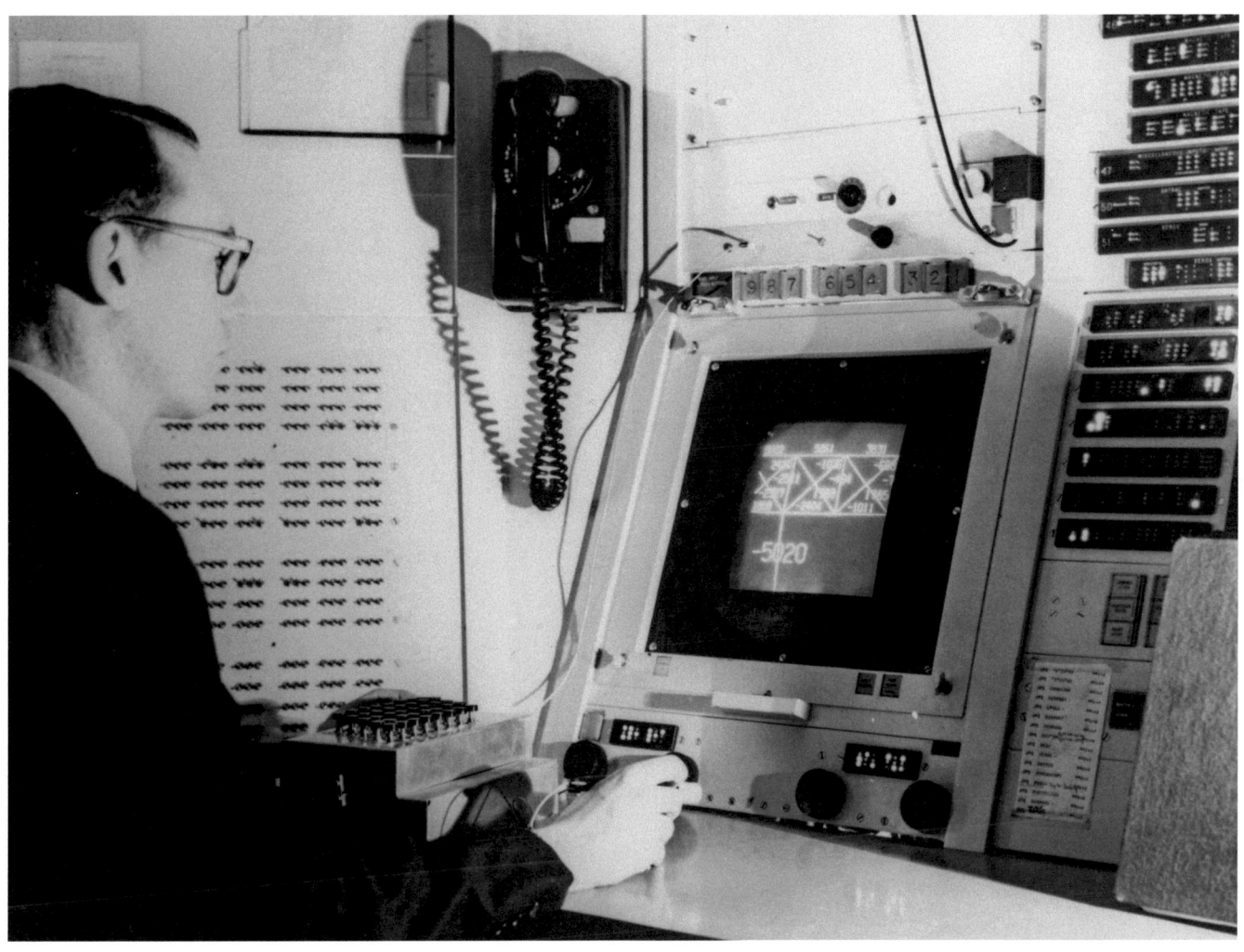

I Ivan Sutherland bei der Demonstration von Sketchpad auf
dem TX-2-Terminal, ca. 1963

Sutherlands Sketchpad. Die Rekonstruktion ersetzt den Leuchtstift durch einen Eingabestift, das TX-2-Terminal durch ein neu gebautes Schaltbrett mit Bedienknöpfen und Tastatur sowie den Röhrenbildschirm durch ein Android-Tablet. Durch das Nachempfinden der Geräte und Handbewegungen der ursprünglichen Sketchpad-Installation können die Nutzer die Software erkunden, indem sie die ergonomische Verbindung der Mensch-Maschine-Benutzeroberfläche erfahren: durch Sehen, Berühren, Zeigen, Gestikulieren und Schalten.—*Jia Yi Gu*

Johnson, Timothy: *Sketchpad III, Three Dimensional Graphical Communication with a Digital Computer*, Masterarbeit, MIT, 1963. ● Sutherland, Ivan: *Sketchpad. A Man-Machine Graphical Communication System*, Dissertation, MIT, Lincoln Lab, 1963. ● Coons, Steven A.: „Computer-Aided Design", in: *Design Quarterly* 66/67, 1.1.1966, S. 6–13. ● Cardoso Llach, Daniel / Donaldson, Scott: „An Experimental Archaeology of CAD", in: Lee, Ji-Hyun (Hrsg.): *Computer-Aided Architectural Design*, Singapur 2019, S. 105–119.

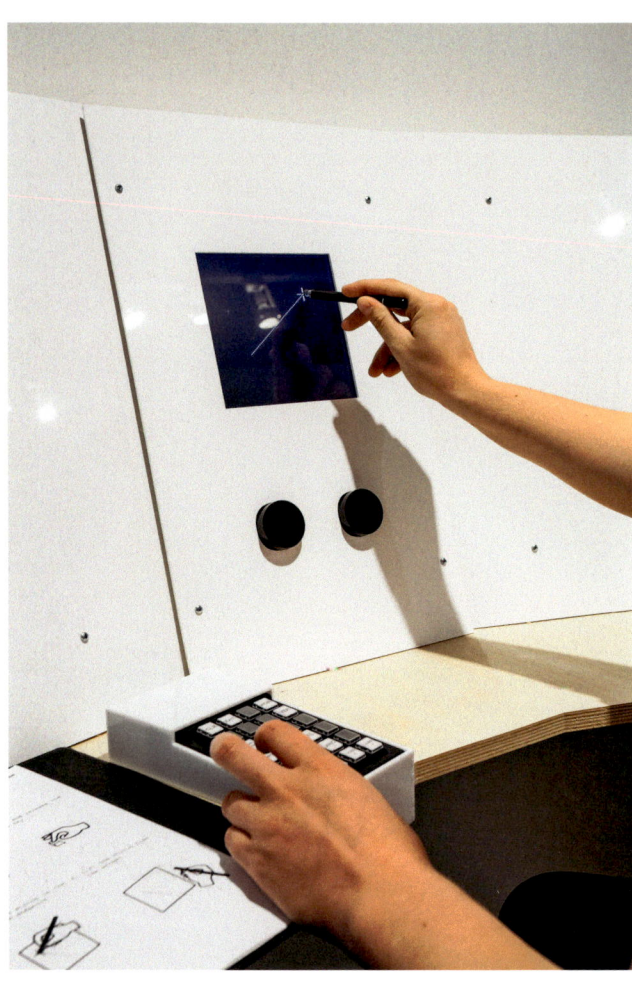

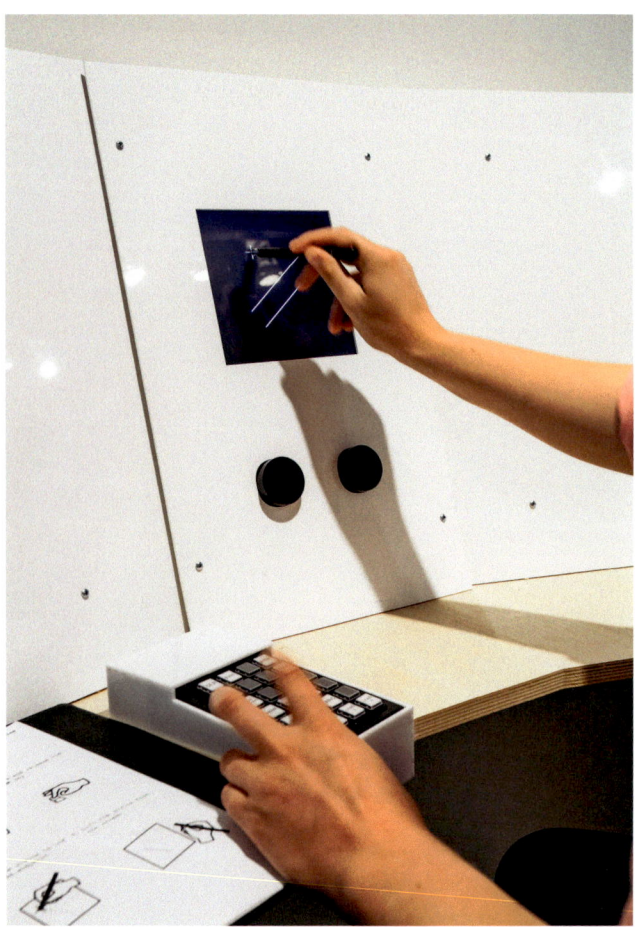

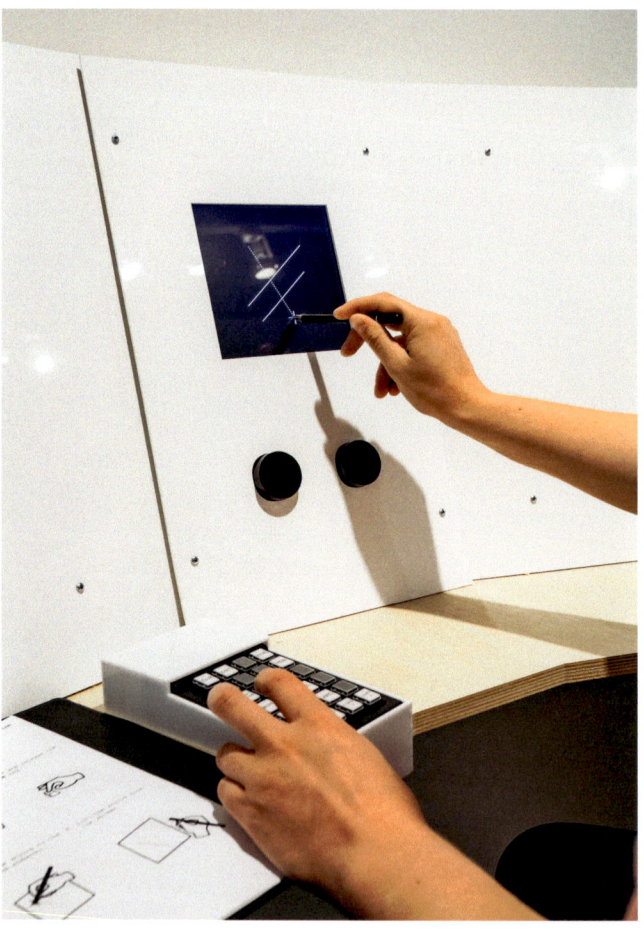

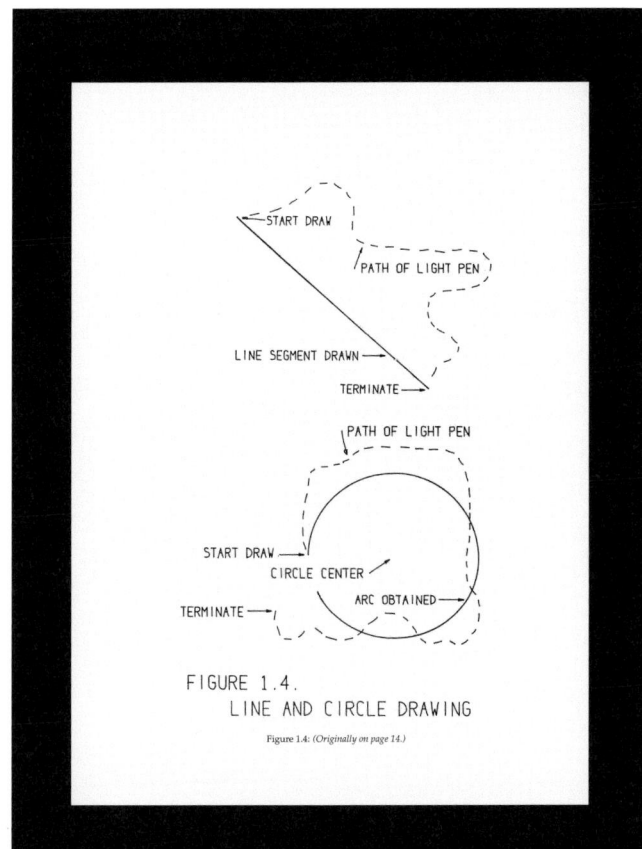

FIGURE 1.4.
LINE AND CIRCLE DRAWING

Figure 1.4: (Originally on page 14.)

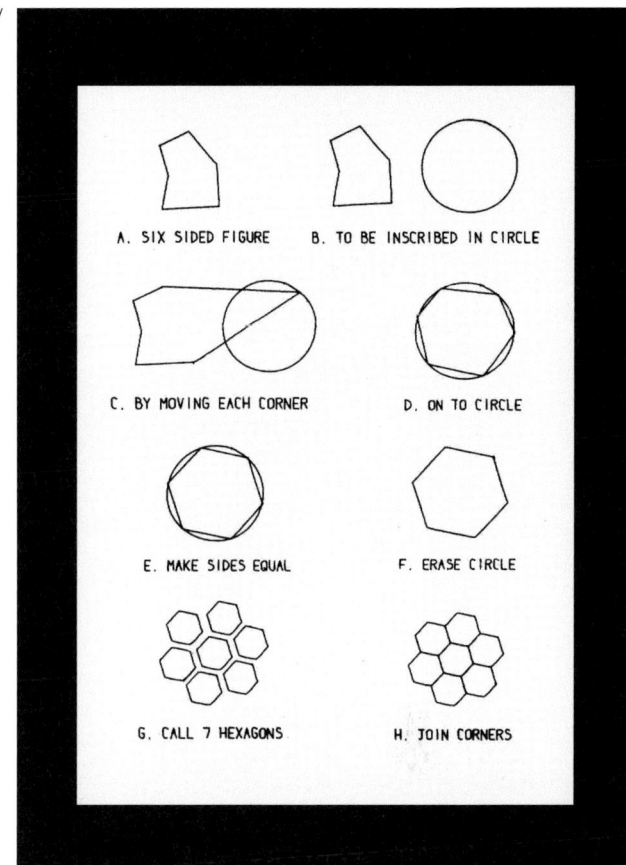

II Sketchpad-Rekonstruktion von Daniel Cardoso Llach
III Visuelle Anweisungen zum Zeichnen einer Linie und eines Kreises
IV Digitales Konstruieren eines Kreises in Sketchpad

Imaginäre Architektur

*Otto Beckmann in Zusammenarbeit
mit Alfred Graßl (1968—1970)
und Oskar Beckmann (1970—1980)*

1968—1980

SOFTWARE
Markov-Ketten (1968–1970), Algorithmen (1970–1980)

HARDWARE
Ateliercomputer, Versionen a.i./70–PI73 (1970–1980)

ZWECK DER SOFTWARE
Formgenerierung

Otto Beckmanns *Imaginäre Architektur* ist ein zehn Jahre dauerndes Experiment mit randomisierter Formgenerierung unter Zuhilfenahme von Algorithmen. Im Gegensatz zu anderer früher Computerkunst basierte seine Arbeit auf einer Interaktion zwischen Mensch und Maschine in Echtzeit. Beckmann war ein Künstler, der in einer Vielzahl von Medien arbeitete, darunter auch Zeichnungen sowie Arbeiten aus Metall und Emaille. Sein Interesse an Computerkunst wurde in den 1950er-Jahren durch seinen Kontakt zu Pionieren wie Herbert W. Franke, Frieder Nake, Georg Nees und Hiroshi Kawano geweckt. Im Herbst 1966 gründete er zusammen mit Wissenschaftlern der Technischen Universität Wien die Arbeitsgruppe ars intermedia, die sich auf Computer- und Lasergrafik, experimentellen Film und Klanginstallationen konzentrierte. Zusammen mit Alfred Graßl experimentierte er damit, Linien auf einem Oszilloskop zu erzeugen, das mit einem stochastischen Markov-Ketten-Generator verbunden war. Ab Sommer 1970 wurde seine imaginäre Architektur von einem maßgeschneiderten Computer namens a.i./70 (a.i. steht für ars intermedia) generiert, den sein Sohn Oskar Beckmann nach seinen Angaben gebaut hatte. Dieser Computer war an einen Röhren-bildschirm angeschlossen, auf dem man die Ergebnisse zwar sehen, aber nicht speichern konnte. Tausende dieser Bilder haben sich als analoge Screenshots erhalten, die als Grundlage für Fotodrucke dienten. In den ersten Jahren waren die generierten Formen zweidimensional, Fassaden oder Silhouetten ähnlich. Mit späteren Versionen konnte der Computer dreidimensionale Formen, dargestellt als Aufrisse, Perspektiven und Grundrisse, generieren. Ursprünglich waren die Bilder schwarz-weiß, doch einige weisen auch Farben oder Maße auf, die mit Filtern auf dem Bildschirm erzeugt wurden. 1974 begann Beckmann, diese Formen in urbane Hintergründe von Städten wie Linz oder Wien zu montieren, von denen viele unter dem Titel *Metropolis 2080* bekannt wurden. Er verwendete sie auch als Grundlage für Filme wie etwa *Imaginäre Computerarchitektur in der Landschaft*. Beckmann verwendete erstmals 1970 den Begriff „Imaginäre Architektur" für seine computergenerierten Arbeiten. Für ihn waren diese Formen fiktive Architekturideen, die losgelöst von realen Gebäuden waren. In einigen Fällen bewahrte er die Parameter einer speziellen Form mit dem Bild. Für die Ausstellung *ars intermedia. Werkbeiträge zur Computerkunst* 1971 in der Zentralsparkasse

| Architekturentwurf, Fotomontage, 1977–1980

Wien stellte er Tafeln auf, die einzelne computergenerierte Formen und Algorithmen
miteinander verbanden, und wies damit auf
eine enge Beziehung zwischen der mathematischen Grundlage und den Formen als
Teil des Kunstwerks hin.— *Teresa Fankhänel*

Peer, Peter, et al. (Hrsg.): *Zwischen Mystik und Kalkül*, Köln 2008. ● Weibel, Peter:
„Otto Beckmann: Pionier der Computerkunst", in: *fair. Zeitung für Kunst und
Ästhetik*, Nr. 1 (2010), S. 9–11. ● Beckmann, Oskar: „Otto Beckmanns Imaginäre
Architektur", in: *Cserni Live*, Nr. 1 (2012), S. 22–27.

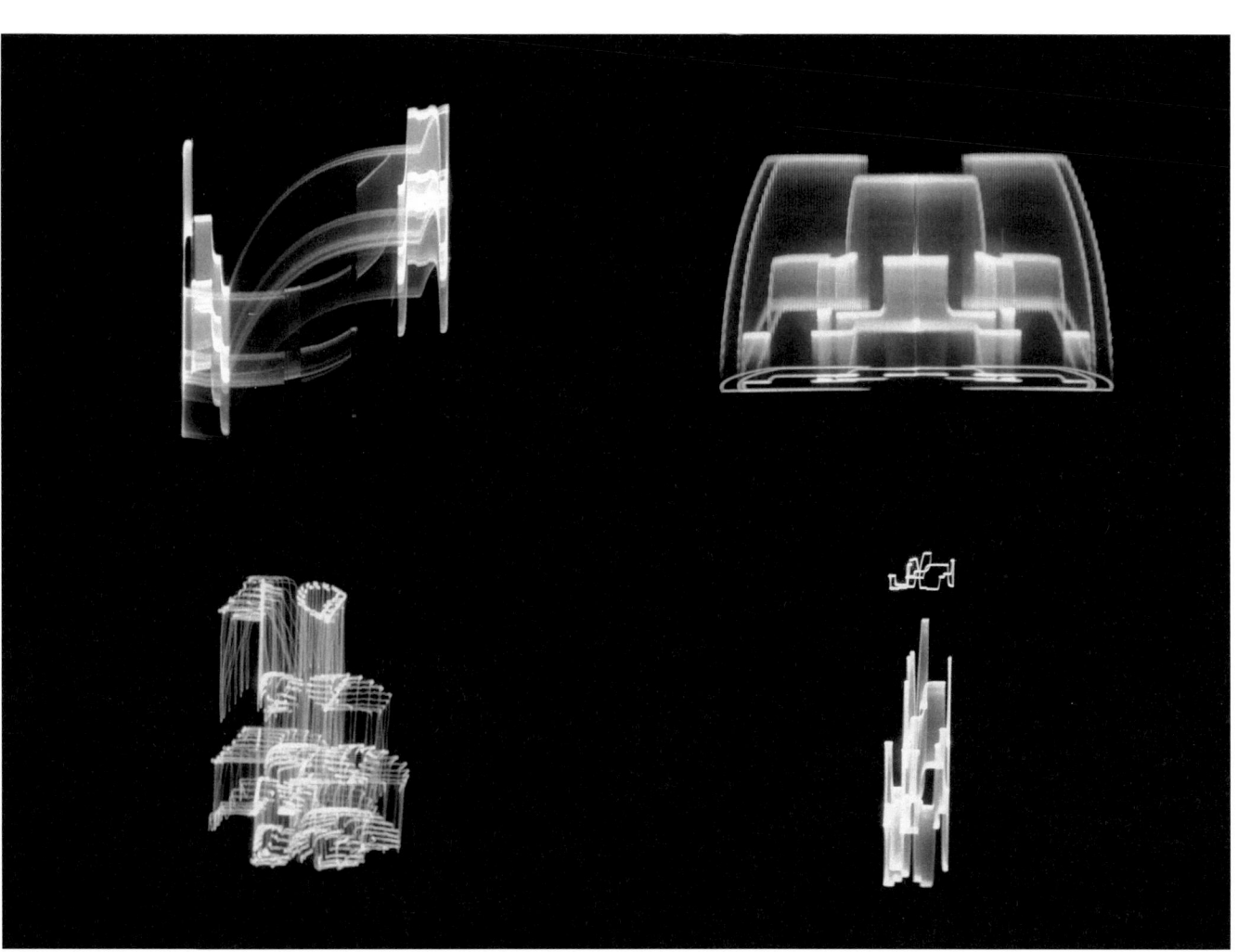

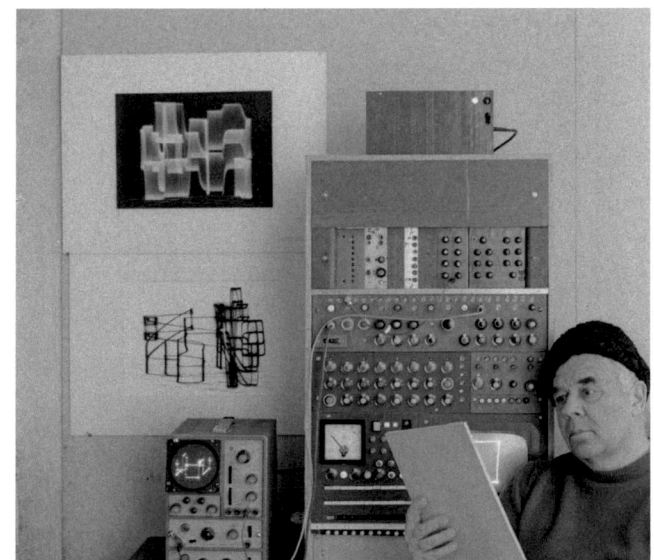

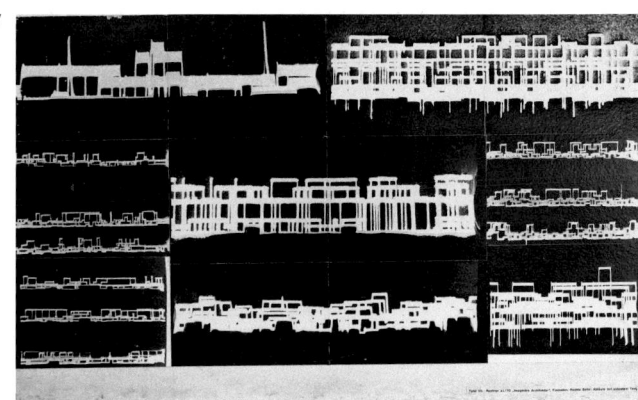

III

IV

V

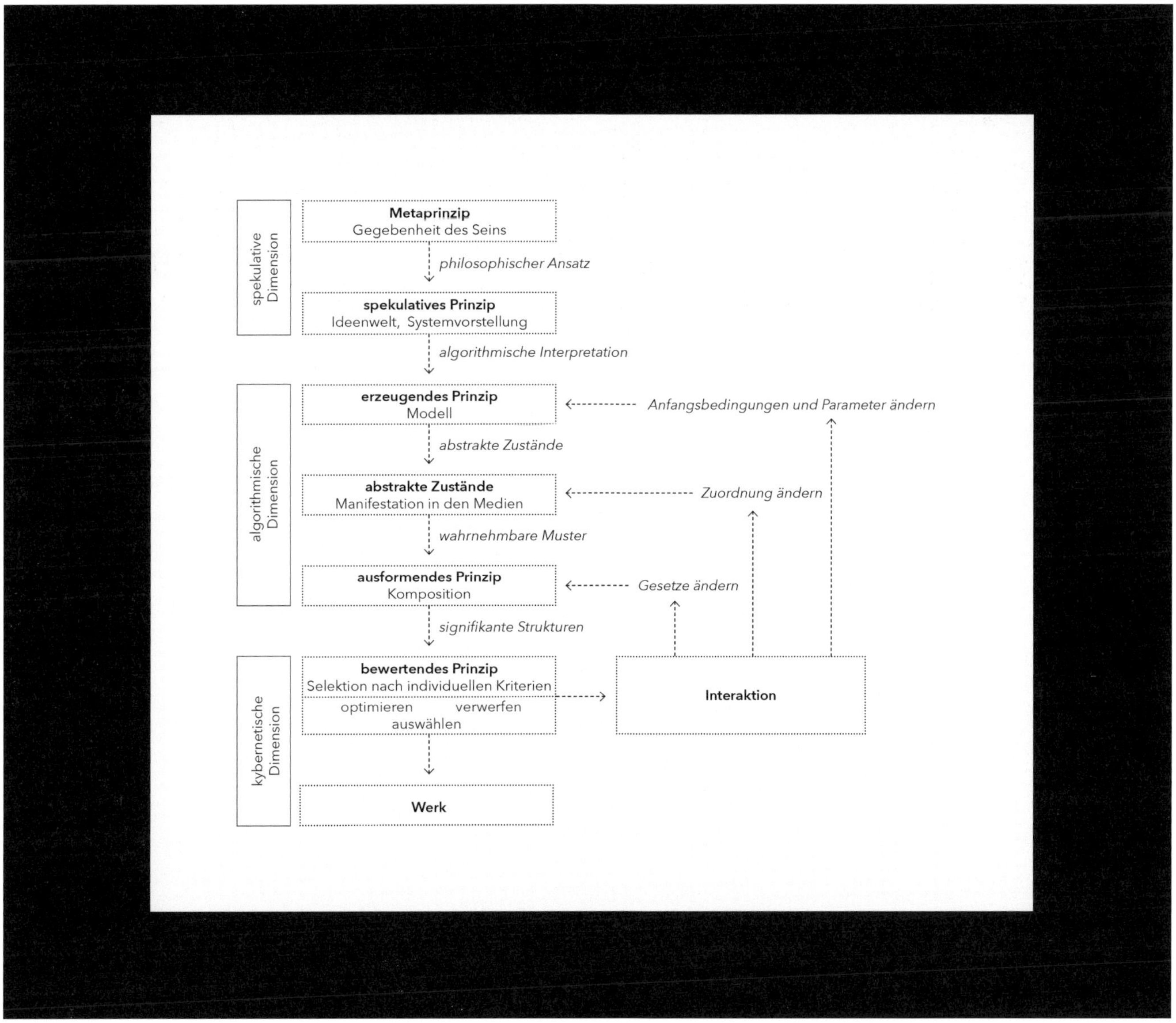

spekulative Dimension
Metaprinzip
Gegebenheit des Seins
philosophischer Ansatz
spekulatives Prinzip
Ideenwelt, Systemvorstellung
algorithmische Interpretation
algorithmische Dimension
erzeugendes Prinzip
Modell
Anfangsbedingungen und Parameter ändern
abstrakte Zustände
abstrakte Zustände
Manifestation in den Medien
Zuordnung ändern
wahrnehmbare Muster
ausformendes Prinzip
Komposition
Gesetze ändern
signifikante Strukturen
kybernetische Dimension
bewertendes Prinzip
Selektion nach individuellen Kriterien
optimieren
verwerfen
auswählen
Interaktion
Werk

II Von dem Computer a.i./70 generierte, dreidimensionale Formen
III Ateliercomputer PI73 mit Otto Beckmann
IV Ausstellungstafel mit Fassadenentwürfen, ca. 1970
V Algorithmisches Verfahren

Wettbewerb Bauten des Bundes

Oswald Mathias Ungers,
Werner Goehner

1971—1972

SOFTWARE
SIPP – Series of Interactive Planning
Programs (programmiert in FORTRAN)

HARDWARE
IBM 360/65

ZWECK DER SOFTWARE
statistische Analyse

Der Beitrag für den Wettbewerb „Bauten des Bundes" in Bonn nutzte den Computer als statistisches Werkzeug zur Analyse komplexer Datensätze für Stadtplanungszwecke. Oswald Mathias Ungers war 1969 zum Leiter des Fachbereichs Architektur an der Cornell University ernannt worden, wohin er sich vor den Studentenprotesten an der TU Berlin geflüchtet hatte und wo er mehr über die Arbeit amerikanischer Planer mit Computern erfahren wollte. An der Cornell University führte er ein zweijähriges Entwurfsstudio ein, das sich auf Stadtplanung und Sozialwohnungsbausysteme im Vorgriff auf ein künftiges großflächiges Städtewachstum konzentrierte. Zur Untersuchung existierender Siedlungen arbeiteten Ungers und sein Team an statistischen Herangehensweisen an Stadtplanung und Massenwohnungsbau. Die Studenten wurden durch Seminare wie etwa zu „Datenumwandlung und grafischer Darstellung" in die Forschung einbezogen. Zusammen mit Tilman Heyde und Tom Dimock kam es zur Entwicklung eines Programms namens „Series of Interactive Planning Programs" (SIPP), das statistische Informationen zum Erstellen von Karten von Städten wie Ithaca (NY) nutzte. Das Programm sollte technische und statistische Informationen visualisieren

und verschiedene Variablen, Kriterien und Lösungen zur Entscheidungsfindung während des Entwurfsprozesses aufzeigen. Es wurde auch verwendet, um räumliche Informationen für einen Beitrag für den Wettbewerb „Bauten des Bundes und ihre Integration in die Stadt Bonn" zu visualisieren.

Seit die Stadt 1949 die Hauptstadt von Westdeutschland geworden war, hatte es mehrere Versuche gegeben, Bonns Infrastruktur einschließlich der Fernverkehrszugstrecken, des öffentlichen Nahverkehrs und einer neuen Autobahn neu zu ordnen. 1971 schrieb die Regierung einen Wettbewerb aus, um Lösungen für die Integration neuer Gebäude für die Bundesregierung sowie einer neuen Infrastruktur in die Stadt zu finden. Ungers Wettbewerbsbeitrag analysierte die bestehende und prognostizierte Entwicklung von Bonn auf der Grundlage von Daten zu Bevölkerungsdichte, Gebäudetypologie und Infrastruktur und schlug mehrere Möglichkeiten zur Neuordnung der städtischen Infrastruktur vor. Mithilfe eines neu entworfenen Notationsrasters präsentierte der Beitrag keine Vorschläge für architektonische Formen, sondern lieferte stattdessen ein Zonierungssystem für die neue Stadt. An der Cornell University wurden die statistischen Karten erstellt,

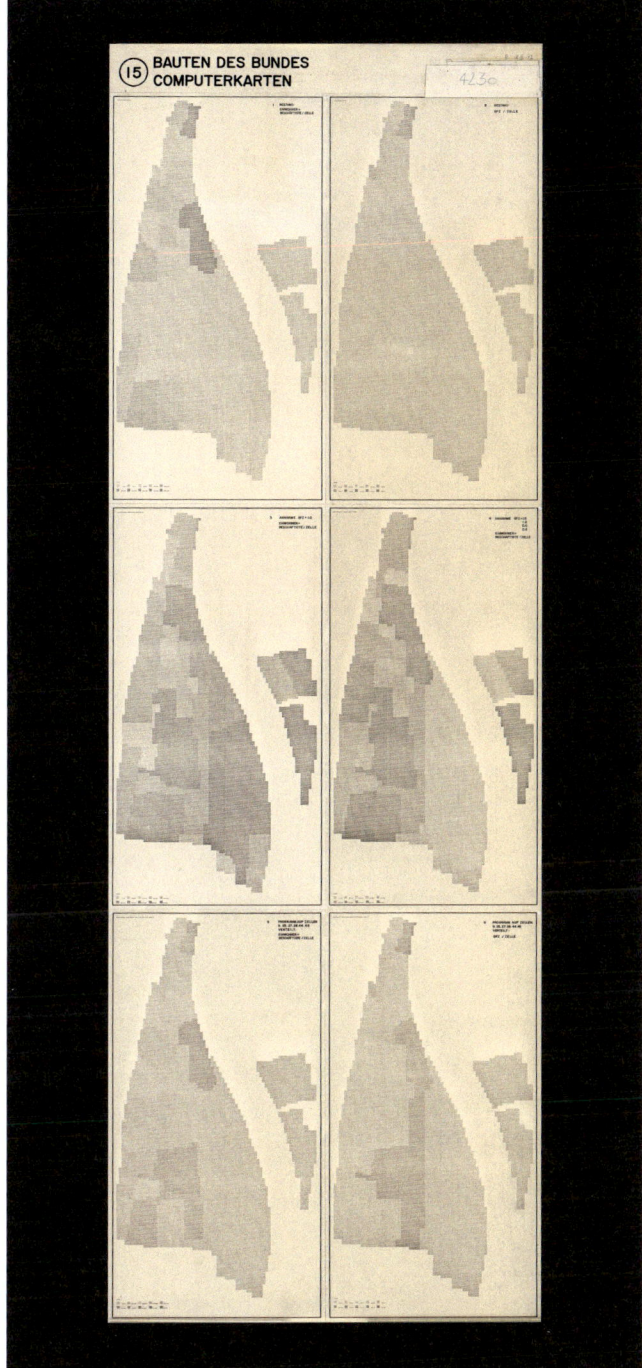

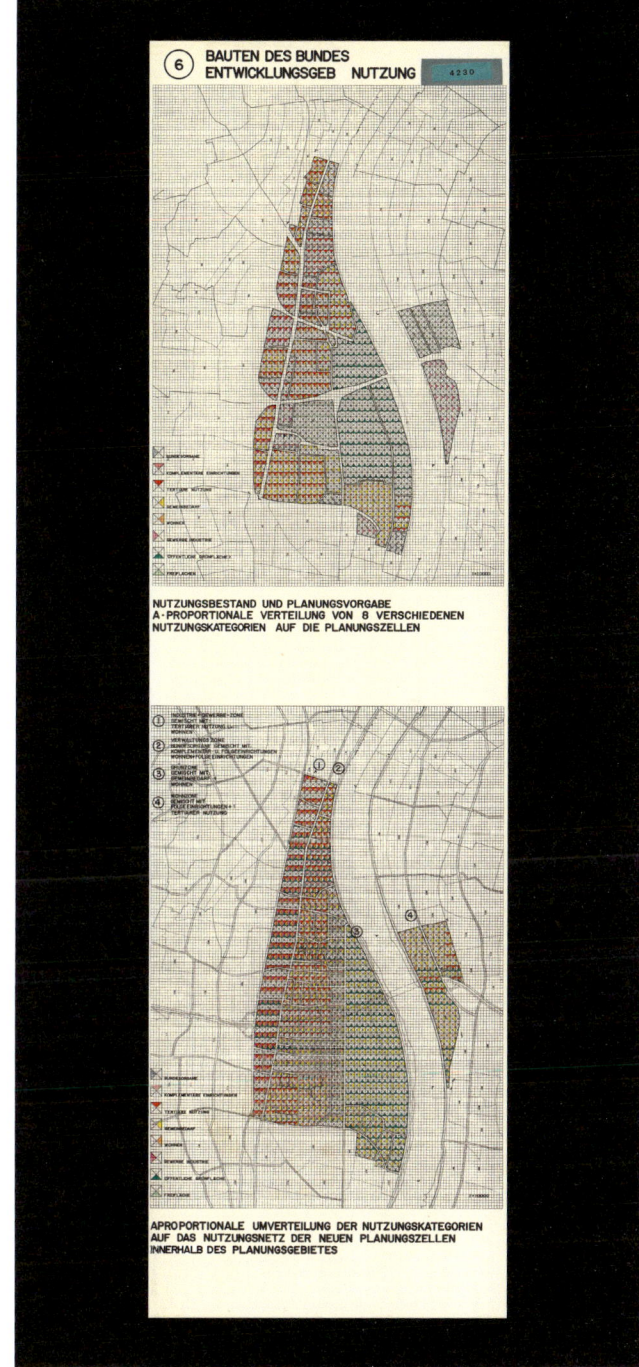

I Computerkarten, die verschiedene Lösungen auf der Grundlage
   statistischer Informationen zeigen
II Notationssystem zur Darstellung einer neuen Zoneneinteilung der Stadt

indem die Information mit Lochkarten in den Computer eingespeist wurde. Die Maschine analysierte das Verhältnis zwischen Bevölkerungsdichte, Gebäuden und Beschäftigungsarten sowie der Größe verfügbarer Parzellen innerhalb der Stadt und bot sechs verschiedene Alternativen, die in den Beitrag aufgenommen wurden. Jede Lösung wurde in Grauschattierungen dargestellt, wobei Buchstaben des Alphabets zur Angabe ihrer Variablen verwendet wurden. Die endgültige Gestaltungsentscheidung blieb dem Bauherren überlassen. — *Teresa Fankhänel*

Ungers, Oswald Mathias, et al.: „Eine Serie von interaktiven Planungsprogrammen – SIPP", in: *Werk*, Juni 1972, S. 347–352. ● Goehner, Werner: „Ungers's Lost Project", in: Sieber-Albers, Anja / Ungers, Oswald Mathias (Hrsg.): *Sichtweisen. Betrachtungen zum Werk von O. M. Ungers*, Braunschweig 1999, S. 56–63. ● Vrachliotis, Georg: *Geregelte Verhältnisse*, Wien 2011. ● Cepl, Jasper: „Oswald Mathias Ungers und seine Schule", in: Philipp, Klaus Jan / Renz, Kerstin (Hrsg.): *Architekturschulen*, Berlin 2012, S. 233–249.

BAUTEN DES BUNDES
TABELLEN

(14)

PROGRAMMELEMENTE

VERFLECHTUNG DER PROGRAMMELEMENTE

ZELLE NR	FLÄCHE HA	VERÄNDERBARKEIT (KURZ / MITTEL / LANGFR)	BESCHÄFTIGUNGSDICHTE BESCH./HA	EINWOHNERDICHTE EW/HA	BESCHÄFTIGTE PRO ZELLE	EINWOHNER PRO ZELLE	GESAMTBEVÖLKERUNG PRO ZELLE	VORH. BGF PRO ZELLE = GES.BEV. x30M² BGF HA	DIFFERENZ ZW. VORH. BGF UND BGF BEI KONSTANT. GFZ = 1.0	VORH. GFZ
1	5.76		436	13	2500	59	2559	7.73	− 1.97	1.34
2	6.24		89	32	555	200	755	2.26	+ 3.94	0.36
3	4.86		151	93	731	461	1192	3.51	1.28	0.73
4	4.00		76	99	300	400	700	2.10	1.90	0.52
5	4.07		14	71	570	80	650	2.22	1.78	0.55
6	0.97		48	272	47	263	310	0.86	0.03	0.96
7	4.90		68	3	280	12	292	1.02	3.77	0.21
8	1.55		70	0	1090	0	1160	3.48	2.01	0.22
9	20.48		147	5	3000	760	3760	1.28	9.20	0.45
10	2.11		135	42	285	70	355	0.63	0.98	0.53
11	5.02		25	17	126	85	211	0.63	4.37	0.12
12	4.32		218	9	980	0	980	2.92	1.37	0.88
13	2.41		27	52	65	136	201	0.56	1.83	0.23
14	5.83		125	89	730	505	1235	3.40	1.89	0.64
15	9.10		34	35	309	316	625	1.88	7.22	0.21
16	1.15		4	4	5	8	23	0.07	1.03	0.06
17	5.36		11	57	59	305	364	1.08	4.22	0.20
18	5.00		39	16	195	80	275	0.83	4.18	0.17
19	25.00		9	21	225	525	750	2.25	2.75	0.09
20	3.85		259	3	772	14	786	2.35	0.64	0.79
21	0.96		92	92	1287	38	1325	3.37	9.83	0.28
22	4.30		56	56	612	20	632	1.90	9.00	0.17
23	3.50		0	0	0	0	605	0.00	4.30	0.00
24	26.00		173	173	605	605	605	1.82	1.68	0.51
25	5.70		0	0	0	0	0	0.00	26.00	0.00
26	12.80		24	24	136	67	203	0.69	5.10	0.10
27	2.80		21	21	115	29	144	1.08	1.73	0.08
28	7.28		24	10	67	28	95	0.27	2.51	0.10
29	20.90		8	52	138	902	1040	3.11	4.17	0.18
30	9.30		35	40	730	853	1560	4.70	6.18	0.22
31	6.87		78	27	722	253	975	2.93	6.37	0.31
32	4.25		4	40	27	278	305	0.91	5.99	0.13
33	3.80		2	10	0	266	266	0.80	3.50	0.03
34	9.67		0	0	8	0	8	0.02	3.77	0.00
35	5.30		0	0	0	0	0	0.00	9.67	0.00
36	37.28		72	82	381	434	815	2.50	2.85	0.46
37	58.48		6	1	298	37	335	1.00	36.20	0.03
38	32.01		1	1	58	58	116	0.35	58.10	0.00
39	8.88		1	32	32	32	64	0.19	31.81	0.00
40	7.33		0	0	0	0	0	0.00	8.88	0.00
41	2.78		0	0	0	0	0	0.00	7.33	0.00
42	7.83		0	3	0	83	83	0.25	27.55	0.00
43	30.74		0	2	0	61	61	0.18	30.52	0.14
BESTAND	514.8		30	15	15.412	8.0	23.4	75.5	439.31	0.14

Multihalle Mannheim

Frei Otto, Carlfried Mutschler

1972—1974

HARDWARE
Großcomputer CDC 6600

ZWECK DER SOFTWARE
Berechnung der Raumwinkel,
Erstellung Übersichtsplan

Die Multihalle, auch als „Wunder von Mannheim" bekannt, war eines der ersten Gebäude in Deutschland, bei dem mittels eines Computers der Zuschnitt von Bauteilen errechnet und dargestellt wurde. Die biomorph geschwungene Form der großen Halle war ursprünglich als temporäre Konstruktion geplant, steht aber nun schon seit 45 Jahren. Zur Planung der Bundesgartenschau 1975 wurde ein bundesweiter Wettbewerb ausgelobt. Gewinner war das Architekturbüro Carlfried Mutschler + Partner und der Gartenarchitekt Heinz H. Eckebrecht. Mutschler plante zunächst eine offene Konstruktion aus scheibenartigen Dachelementen, die an überdimensional großen Ballons befestigt werden sollten. Nach anfänglicher Begeisterung musste er jedoch seine Idee der schwebenden Dachlandschaft zugunsten einer Zeltform verwerfen. Hierzu holte er sich Unterstützung von Frei Otto, der bereits zuvor Berühmtheit durch Arbeiten wie den deutschen Pavillon zur Weltausstellung in Montreal 1967 und das Olympiazeltdach in München 1972 erlangt hatte. Für den Vorentwurf bauten die Architekten zunächst ein frei geformtes Drahtnetzmodell. Frei Otto schlug für die materialminimierte Leichtkonstruktion eine Gitterschale aus Holzlatten vor. Dieses Gitter, das aus bis zu 35 Meter langen Holzleisten besteht und eine Fläche von 7.400 Quadratmetern überdacht, ist bis heute das größte Holzgitterschalendach der Welt. Um es umsetzen zu können, bauten die Ingenieure zahlreiche Modelle und führten Versuche durch. Nachdem die Form durch ein Hängemodell ermittelt wurde, konnte es an der Universität Stuttgart fotogrammetrisch vermessen und anschließend in ein digitales Modell umgewandelt werden, um die Gestalt des Lattengitters zu überprüfen. Die Berechnung der komplexen Konstruktion führte das Büro Ove Arup & Partners in London noch auf herkömmliche, analoge Weise durch. Durch diese Verfahren ergab sich, dass vor allem die Randzonen mit Knotenpunkten verstärkt werden mussten. Für die Werkplanung dienten Datensätze, die mit dem Großcomputer CDC 6600 an der Universität Stuttgart erstellt wurden. Diese damals neuartige Anwendung half bei dem komplizierten Zuschnitt der Latten. Mithilfe der computergenerierten Werte konnten Bereiche der Raumwinkel berechnet und konnte sogar ein digital gezeichneter Übersichtsplan der Gitterschale ausgearbeitet werden. 1974 begann die Montage der hölzernen Konstruktion. Trotz Computerberechnungen und zahlreicher Modelle wurde nach Erbau-

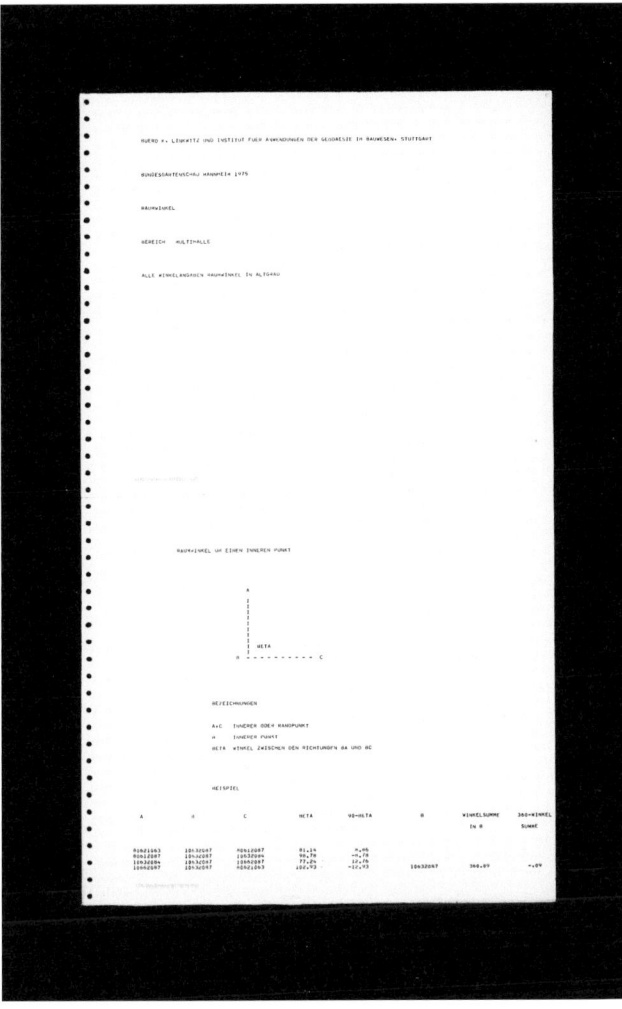

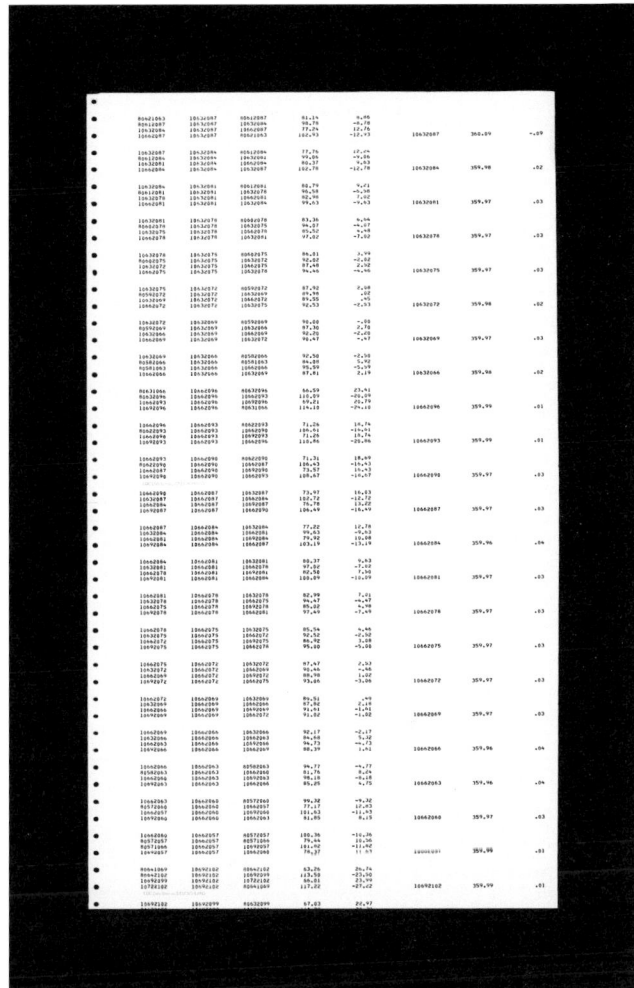

I   Deckblatt des Datenprotokolls für die Berechnungen der
    Raumwinkel für die Multihalle
II Datenprotokoll der Raumwinkel für die Multihalle

ung der Multihalle ein statischer Belastungs-
test gefordert, in dessen Verlauf 205 mit
Wasser befüllte Mülltonnen an die Gitterschale gehängt wurden. Diese Schneelast-
simulation zeigte eine Durchbiegung von
79 Millimetern – nur einen Millimeter Unterschied zur Berechnung.— *Clara Frey*

Elser, Oliver / Cachola Schmal, Peter (Hrsg.): *Das Architekturmodell. Werkzeug,
Fetisch, kleine Utopie*, Zürich 2012. ● Vrachliotis, Georg: *Frei Otto, Carlfried
Mutschler, Multihalle*, Leipzig 2017.

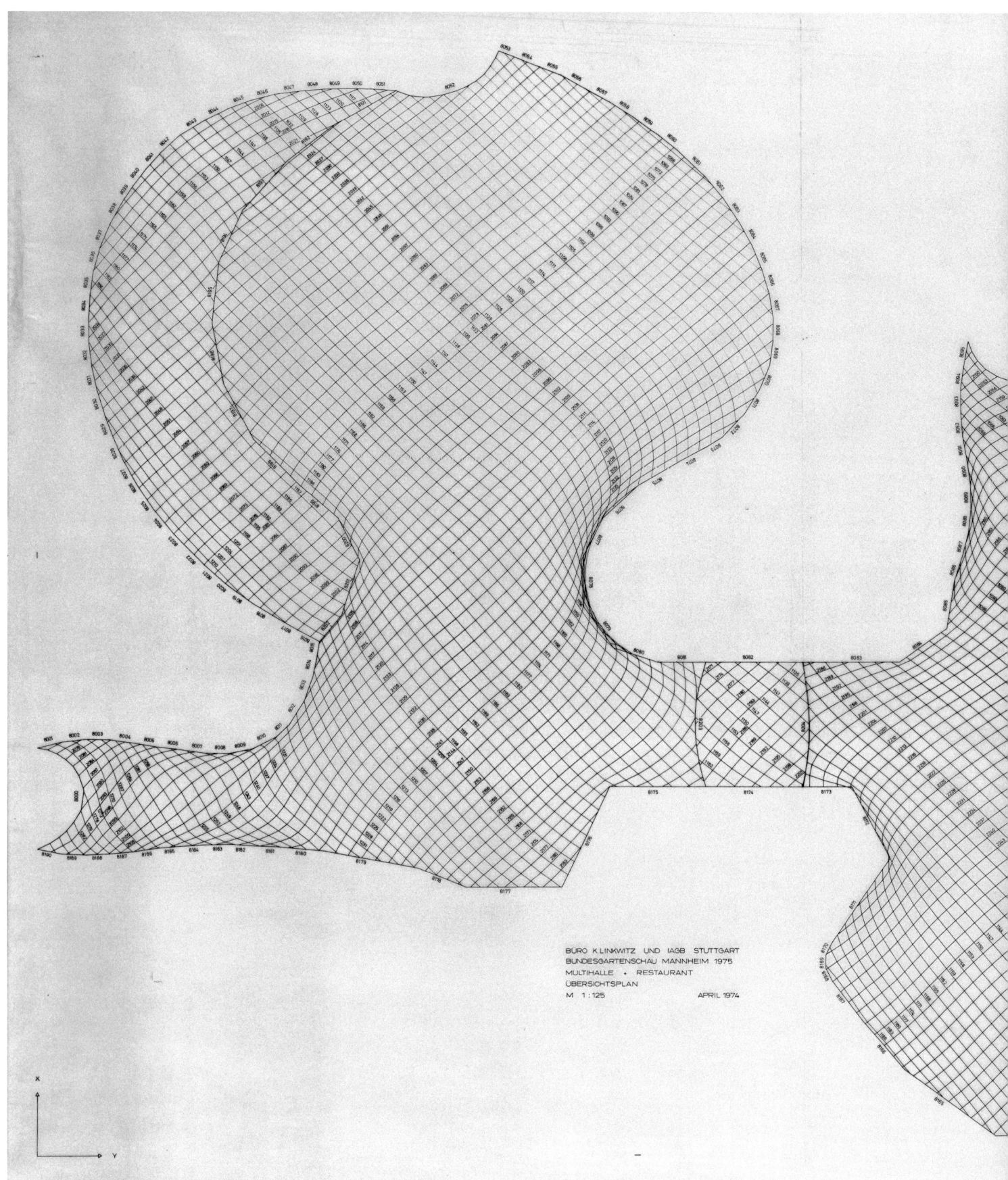

BÜRO K.LINKWITZ UND IAGB STUTTGART
BUNDESGARTENSCHAU MANNHEIM 1975
MULTIHALLE · RESTAURANT
ÜBERSICHTSPLAN
M 1:125   APRIL 1974

III

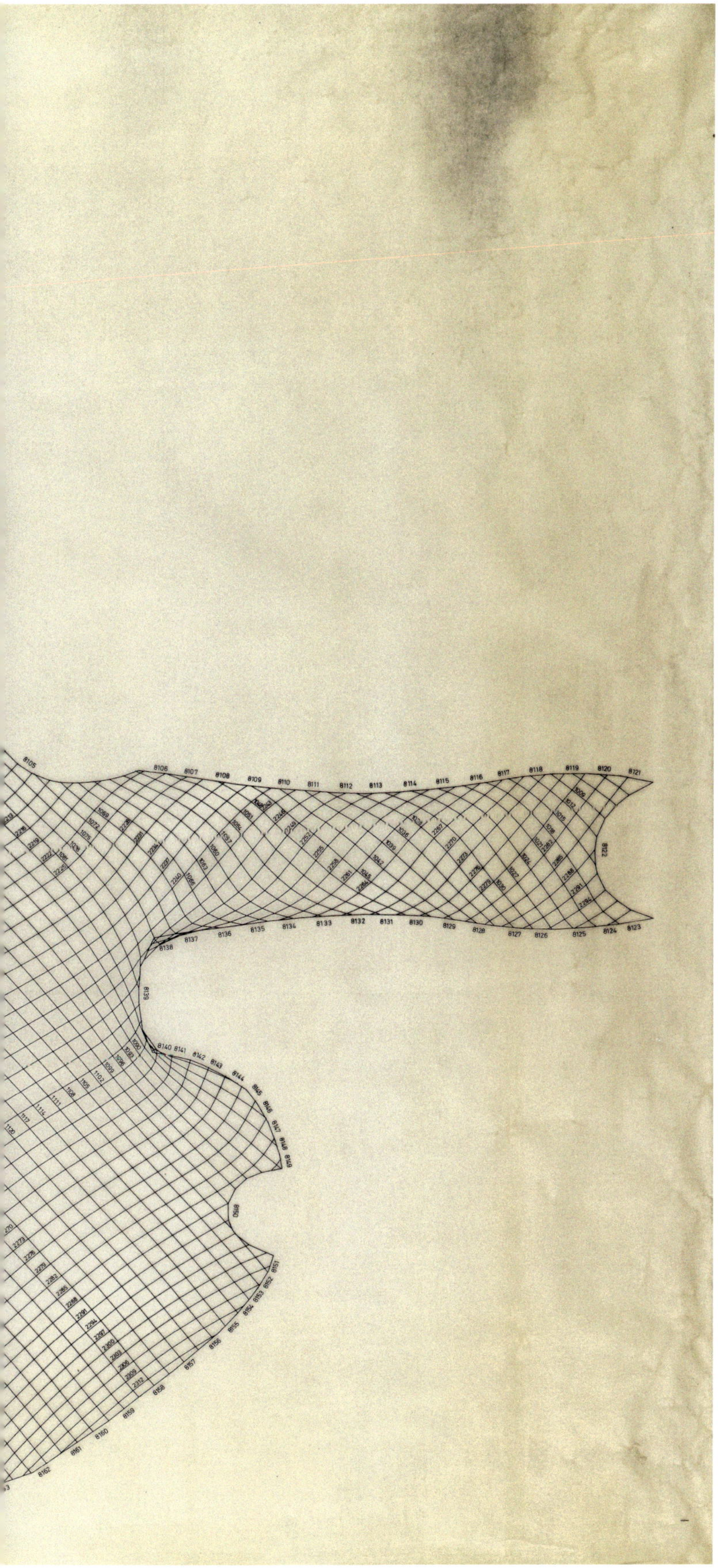

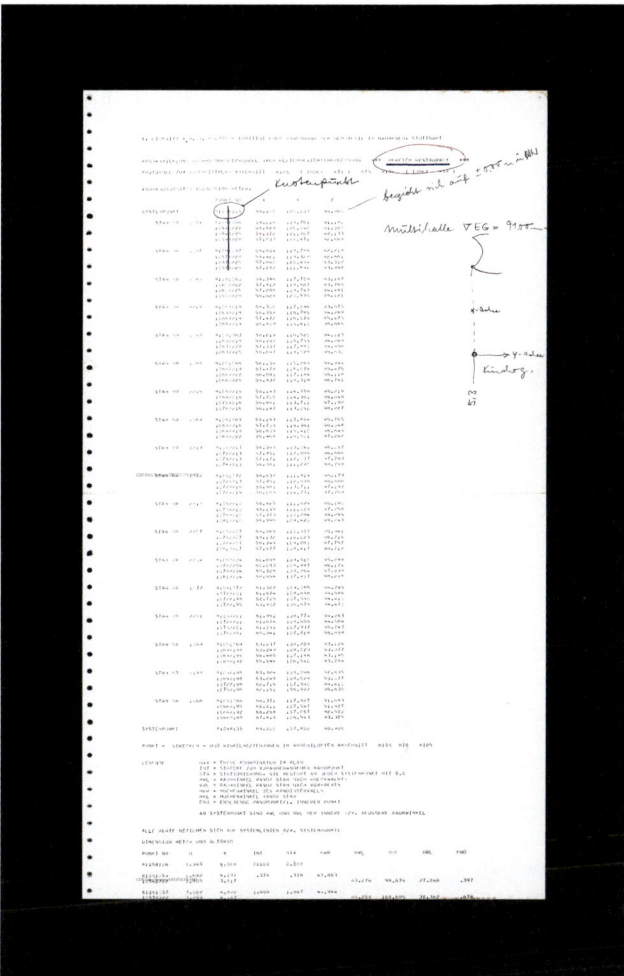

IV

III Computergenerierter Übersichtsplan der Gitterschale im Maßstab 1:125
IV Randabwicklung nach Gleichgewichtsberechnung im Bereich „Restaurant"

Alternative Eingabegeräte

*John Frazer, Julia Frazer, Diploma Unit 11
(Architectural Association, 1989—1990)*

1990

John Frazers *Intelligent Modeling Systems* sollten einen computergestützten Entwurfsprozess ermöglichen, der damals gängige manuelle Zeichenmethoden und die Eingabegeräte eines Computers, wie Leuchtstift oder Computermaus, ersetzte. Aufbauend auf den Erfahrungen des *Reptile Flexible Enclosure System*, das Frazer während seines Studiums an der Architectural Association School of Architecture in London (AA) entwickelte, folgten regelmäßige Anpassungen dieser Systeme, um eine universellere Anwendung zu ermöglichen. Frazers Ehefrau, die Mathematikerin und Architektin Julia Frazer, und sein Sohn Peter Frazer waren an diesen Entwicklungen maßgeblich beteiligt. Zusammen entwarfen sie die *Intelligent Beermats* – eine zweidimensionale, individuell konfigurierbare Entwurfsmethode zur Evaluierung von Grundrissen, basierend auf quadratischen Matten. Die einzelnen Einheiten waren über Kabel miteinander verbunden, um Datenverbindungen untereinander herzustellen und die Anordnung durch den Computer auslesen zu lassen. Die dritte Entwurfsdimension kam beim *Intelligent Physical Modeling System* hinzu. Die Methode der Selbstinspektion erlaubte jedem Würfel dieses Systems zu erkennen, ob angrenzende Flächen ebenfalls mit Würfeln besetzt waren. So wurde mit der Aktivierung einer Einheit ein iterativer Prozess losgestoßen, der einen Würfel nach dem anderen inspizierte und die Ergebnisse an den Computer sendete. Der *Universal Constructor* schließlich wurde zusammen mit Studenten der Abschlussklasse (Diploma Unit 11) an der AA unter Leitung von John und Julia Frazer sowie Gordon Pask im Jahr 1990 erstmals der Öffentlichkeit gezeigt und war die elaborierteste Version dieser *Intelligent Modeling Systems*. Er bestand aus identischen Kuben, die über elektrische Verbindungen miteinander verkettet waren. Auf einer Grundplatte mit zwölf mal zwölf Sockeln wurden bis zu zwölf übereinanderliegende Kuben gestapelt. Diese dreidimensionale Anordnung an programmierbaren Einheiten war über die Grundplatte mit einem Computer verbunden, über den die Bedingungen eingegeben werden konnten, die der Computer für die Berechnung der Organisation der Kuben benötigte. Jeweils acht LEDs pro Kubus kommunizierten durch Leuchtsignale, wo laut Computerberechnung Einheiten hinzuzufügen oder zu entfernen waren. Parallel zu Frazers akademischen Forschungen haben sich in der Praxis andere Eingabemethoden etabliert. Die Entwicklung von CAD-Programmen weckte in den 1950er- und

I   Intelligent Physical Modeling System
II   Erste Computermaus von Douglas Engelbart

1960er-Jahren einen Erfindergeist, der Eingabegeräte wie den Leuchtstift, den Tracking Ball oder cockpitähnliche Konstellationen aus Projektoren und Touchscreens wie im Multimediaraum am MIT hervorbrachte. Auf lange Sicht jedoch wurde die von Douglas Engelbart im Jahr 1963 erfundene Computermaus das bekannteste Eingabegerät und heute der selbstverständliche Begleiter fast jeden Computers.

John Frazers räumliche Entwurfsmethoden konnten sich im Alltag der Architektur-

praxis nicht durchsetzen. Dennoch waren sie bedeutend, da sie zu einer Zeit, als CAD nicht viel mehr war als ein Wunschtraum, eine haptische Interaktion von Entwerfer und Computer über vermittelnde Eingabegeräte ermöglichten, die abstrahiert den architektonischen Entwurf darstellten. Sie schufen eine frühe Form von virtueller Realität, mit welcher der architektonische Entwurf evaluiert werden konnte.—*Philip Schneider*

Frazer, John: *An Evolutionary Architecture*, London 1995. ● Frazer, John: „Computing without Computers", in: *Architectural Design*, 75 (2005), S. 34–43.

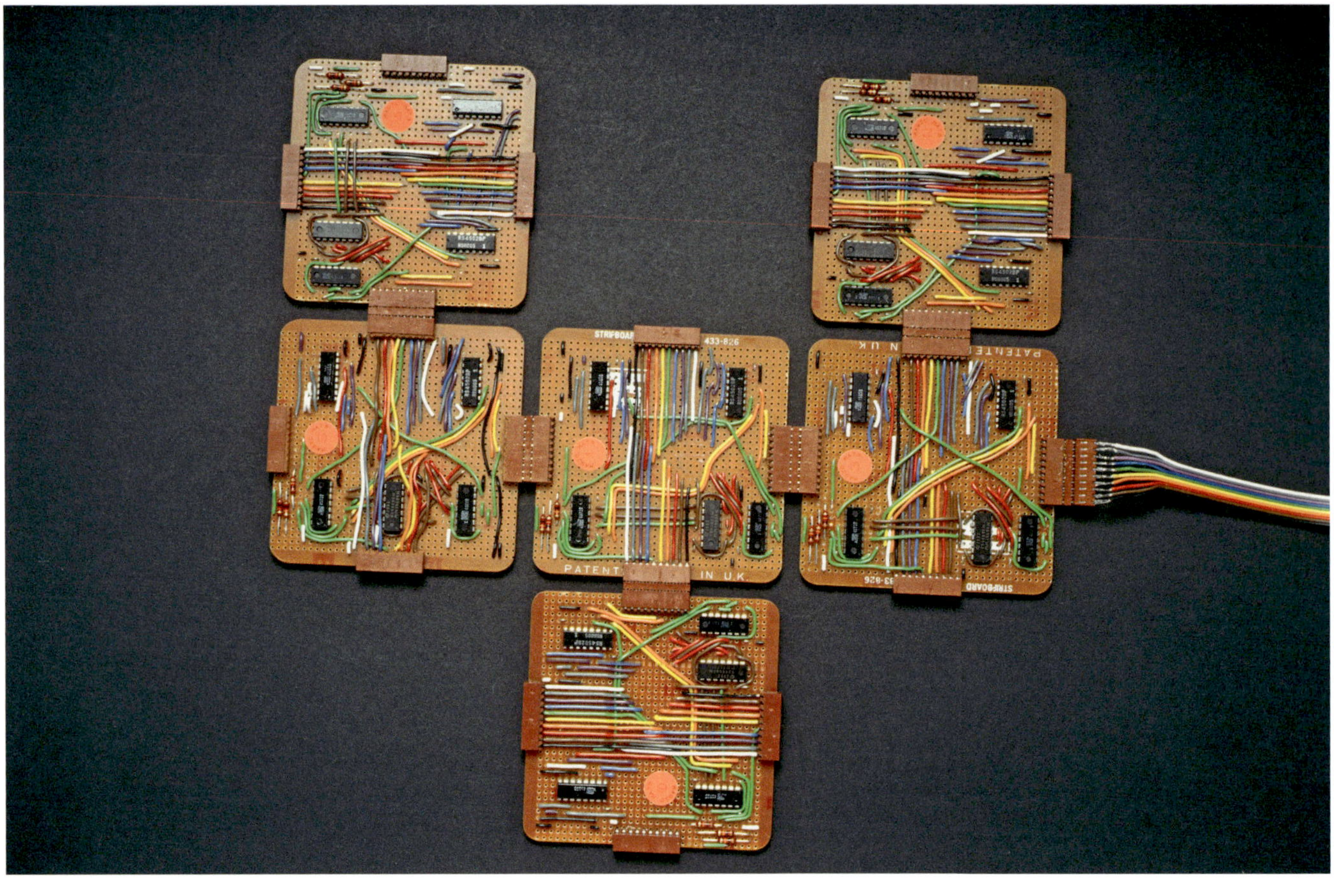

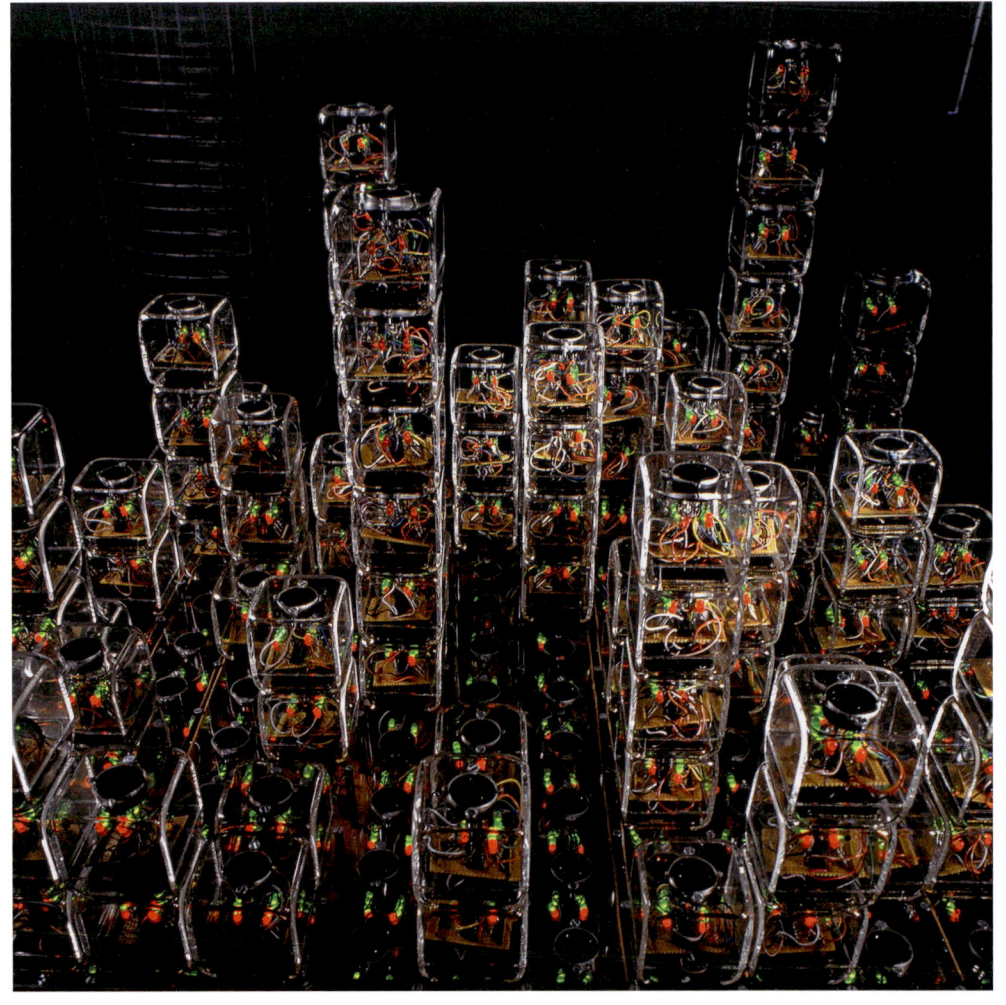

III   Intelligent Beermats: zweidimensionaler Vorläufer des Universal Constructor
IV   Konfiguration des Universal Constructor
V   Multimediaraum am MIT

Alternative Eingabegeräte   53

Plotterzeichnungen

Günter Günschel

1987—1991

SOFTWARE
Cubicomp PictureMaker 20, Softimage,
Alias|Wavefront, Photoshop

HARDWARE
Cubicomp-PictureMaker-20-System
(Computer 386/486, Framebuffer, Monitore),
Stiftplotter HP 7475A, Graphtec Pen
Plotter FP7100, Laserdrucker von NeXT

ZWECK DER SOFTWARE
Formfindung

Günter Günschels Plotterzeichnungen sind Formfindungsexperimente, die die Kapazität des Computers als Zeichenmaschine auszureizen versuchen. Er verfolgte mit seinen Architekturzeichnungen „Denkspiele am Konkreten mit gezielten Fragen an die Phantasie".[1] Günschel hatte Architektur an der Burg Giebichenstein und an der Akademie der Künste in Berlin studiert. Nach ersten Erfahrungen in den Büros von Max Taut und Hans Scharoun entwickelte er ein Interesse an leichten Tragwerken, darunter Betonschalen, für die er 1957 ein Patent anmeldete. Seit seinem Architekturdiplom 1955 beschäftigte sich Günschel mit leichttragenden und mobilen Architekturen und gab 1966 unter anderem die dreiteilige Buchreihe *Große Konstrukteure* heraus. Bereits in seinen Freihandskizzen der späten 1960er-Jahre, die er *Körper Fragmente*, *Netzkompositionen* oder *Metamorphosen* nannte, spielte Günschel mit Verbindungen und Vernetzungen, mal als Architektur aus der Landschaft heraus entwickelt, mal als abstraktes Spiel mit dreidimensionalen Körpern und Linien im freien Raum. Ab 1987 setzte er den Computer für freie Experimente ohne vorgegebenes Raumprogramm ein. Inspiration lieferten Günschel die neuartigen Möglichkeiten des Computers: die Art der Visualisierung von Wireframes und das Drehen sowie die Begehbarkeit von 3-D-Modellen am Monitor. Die Polygone der Vektorzeichnungen wurden nacheinander einzeln gezeichnet. Der Bildaufbau am Rechner dauerte teilweise mehrere Minuten. Der Architekt selbst verglich das Zeichnen am Computer mit dem Malen an der Staffelei als einen Dialog zwischen der Zeichenoberfläche und dem Künstler. Mit der Funktion der „Cross Section" erschuf er komplexe dreidimensionale Strukturen.

Die architektonischen Computergrafiken in Günschels Spätwerk sind eine konsequente Weiterentwicklung seiner Beschäftigung mit Körpern und Netzstrukturen im Spannungsfeld zwischen scheinbar abstrakt Ornamentalem und deutlicher Bezugnahme auf Innen- oder Außenräume. Ein weiterer Entwicklungsschritt dieser Arbeiten fand in Zusammenarbeit mit seinem Meisterschüler Bernhard Többen unter dem Titel *Freigeregelte apparative Zeichnungen* in den Jahren 1990/91 an der Hochschule für Bildende Künste Braunschweig statt, wo Günschel ab 1968 als Professor für experimentelle Architektur lehrte. Für seine Computergrafiken arbeitete Günschel dort mit dem 3-D- und Animationsprogramm PictureMaker. Später kamen Mac- und Silicon-Graphics-

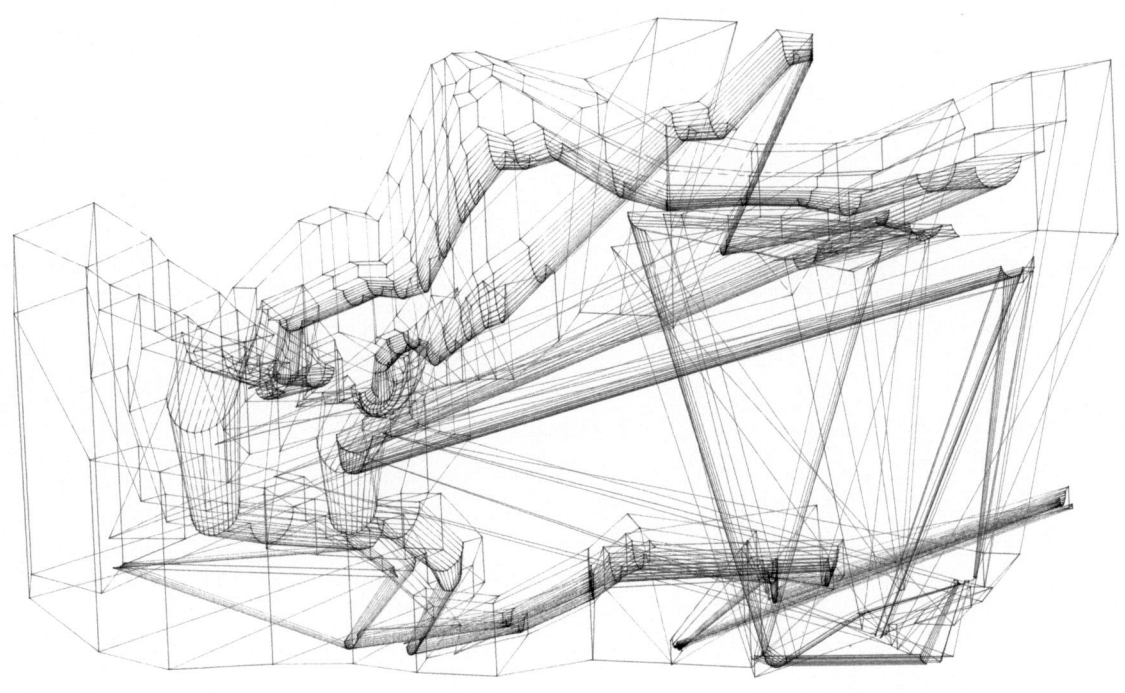

I   Plotterzeichnung

Computer mit Software wie Softimage und Alias|Wavefront hinzu. Zusätzlich wurden grafische Arbeiten an ersten Grafikprogrammen wie etwa Photoshop 1.0 bearbeitet. Für die Eingabe der Zeichnungen benutzte er keine Maus. Die Ausgabe der Plotterzeichnungen erfolgte direkt aus den CAD-Daten auf den Drucker.—*Laura Altmann*

1 Krawinkel 1988, S. 99. ● Krawinkel, Günter: „Dekompositorische Zeichnungen", in: *Daidalos*, 29 (1988), S. 96 f. ● Fuchs-Belhamri, Elisabeth (Hrsg.): *Günter Günschel.Architektonische Denkspiele*, Braunschweig 1999.

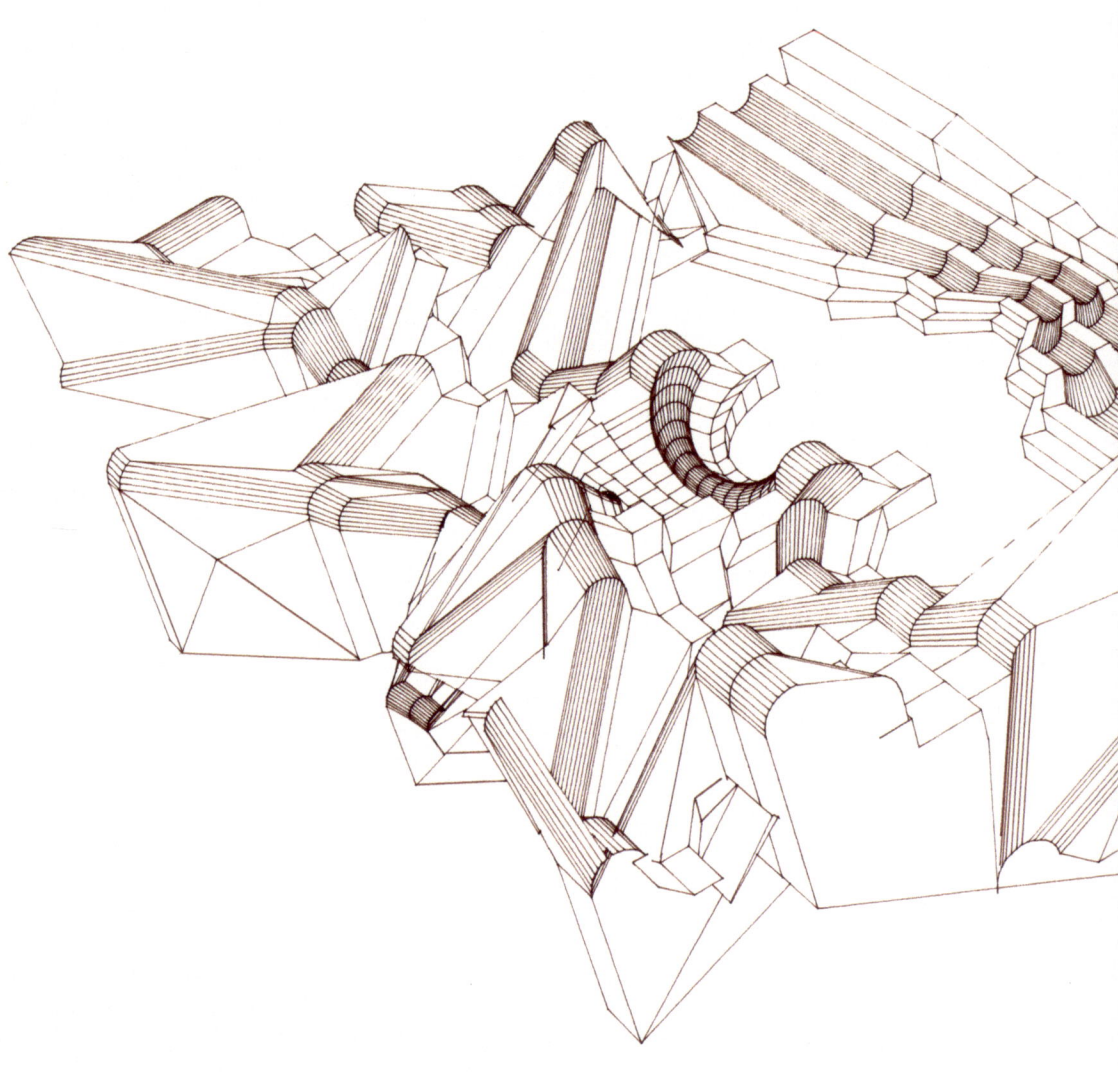

II

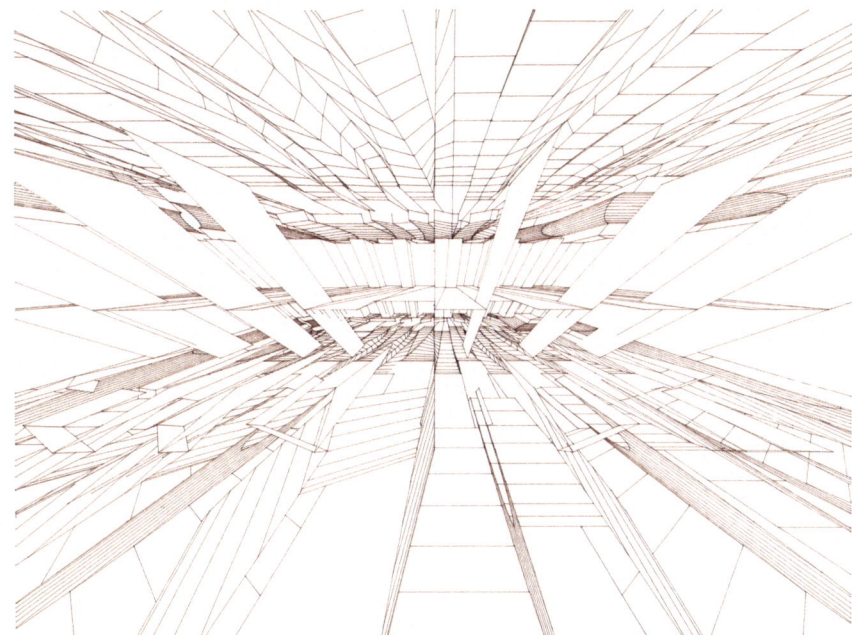

III

IV

II–III Plotterzeichnungen
IV   PictureMaker-System in der Hochschule Hannover

Kapitel 2
Der Computer als Entwurfswerkzeug

Essays

Fallstudien

Das Diskrete – Architektur wird digital

Mollie Claypool

Der folgende Text versteht sich als umfassende Darstellung, die eine aktuelle Strömung in der Architektur erklärt: das Diskrete. Das Diskrete legt Nachdruck auf Teil-Teil- und Teil-Ganzes-Relationen bei der Bereitstellung und Kontextualisierung von architektonischen „Ganzheiten". Wie Daniel Köhler geschrieben hat, leitet sich das Diskrete von der Mereologie[1] in der Philosophie ab, der Theorie der Zusammensetzung, sowie von der Logik der diskreten Mathematik wie etwa dem Einsatz von Zahlen mit bestimmten und getrennten Werten, was sich von der „fließenden" Mathematik der Kontinuität wie etwa der Infinitesimalrechnung unterscheidet. Das Diskrete basiert auch auf einer Kritik der Materie, die am Massachusetts Institute of Technology von Professor Neil Gershenfeld entwickelt wurde, die sie als noch nicht digital beschreibt, da Materie analog ist.[2]

Das Diskrete ist untrennbar mit digitalem Denken verbunden, eingebettet in einen Diskurs rund um die Werkzeuge, die Architekten verwenden, wie etwa Computersoftware und automatisierte Fertigungstechniken. Trotz dieses Zusammenhangs mit digitalen Innovationen behauptet der Architekt Gilles Retsin, dass die Architektur erst jetzt durch das Diskrete digital wird[3] – fast 80 Jahre nach der Erfindung des ersten elektronischen Computers. Wie dieser Essay zeigt, haben Kernaspekte des Diskreten, die sich Entwicklungen der digitalen Datenverarbeitung, darunter Vorstellungen von Skalierbarkeit, Vielseitigkeit, Offenheit und Verteilung, bedienen, bereits seit Jahrzehnten in der Architekturproduktion existiert. Sie sind in eine Geschichte architektonischer Projekte – lange vergangene und sehr neue – eingebettet. Diese stören die sich verändernden Beziehungen zwischen Mensch und Kapital, Politik und Raum, Häuslichkeit und gesellschaftlichen Praktiken, die von Ideologien sowie von Innovationen in der digitalen Datenverarbeitung und automatisierten Technologien angetrieben werden, hängen aber auch von ihnen ab.[4] Zur Veranschaulichung, wie diese Beziehungen und Konzepte miteinander verknüpft sind und am Diskreten teilhaben, werde ich die Entwicklungen, die zu dessen Herausbildung heute beigetragen haben, zwischen zwei verschiedene Zeiträume einordnen: der Nachkriegszeit im 20. Jahrhundert und den Jahren nach der Finanzkrise 2008, die durch den Dialog rund um die Rolle der Computertechnologie mit einem wirtschaftlichen und sozialen Projekt in der Architektur verbunden sind. Ich werde eine Geschichte von diskreten Teil-Ganzes-Relationen durch das Auflösen von architektonischen „Ganzheiten" in „Rahmen", dann in „Module" und „Oberflächen" und schließlich in „Teile" herausarbeiten – in diesen „Teilen" wird die Architektur digital.

Ein neues System der Anhäufung

Die Zeitspanne von den 1930er- bis zu den 1950er-Jahren war von gesellschaftlichem, wirtschaftlichem und politischem Fortschritt in Bezug auf die Entwicklung der digitalen Datenverarbeitung, damit verbundenen mathematischen und philosophischen Entwicklungen sowie neuen Fertigungstechniken geprägt. Diese Zeit kann nicht von der gleichzeitigen Erfindung und Verbreitung neuer archetypischer Modelle für die Architekturproduktion getrennt werden. Diese Modelle waren auf den Ausdruck und die Bereitstellung eines „universalen Ganzen" als Mechanismus für die Versorgung des Sozialstaats im Kapitalismus der Mitte des 20. Jahrhunderts angewiesen. Das Diskrete hat von diesem Zeitraum gelernt und erkannt, dass die Architektur eine Plattform für die Ausbreitung eines umfassenden sozialen Projekts darstellen kann.

Das Diskrete ist auch eine Reaktion auf und Kritik an den letzten zwei Jahrzehnten: eine Zeit wachsender Rechenleistung. Heute entsprechen wenige Sekunden Datenverarbeitung der Arbeit von Milliarden von Menschen. Dieses „Ende der modernen Wissenschaft", das der Architekturhistoriker Mario Carpo umrissen hat, ein Ende der Erkenntnis oder Wahrheit, die durch Beobachtungen von Präzedenzfällen und die Verwendung von Vorhersagemodellen ermöglicht wurde,[5] betrachtet die Architekturproduktion als Gelegenheit, unser derzeitiges Verständnis von der Beziehung zwischen Arbeit und Produktion in der Architektur und der gebauten Umwelt, die für ein Zeitalter der Automatisierung gedacht ist, völlig neu zu formulieren.[6] Dies ist eine zeitgemäße Notwendigkeit. Die unsymmetrische Vorherrschaft des Neoliberalismus, die von der Finanzkrise im Jahr 2008 symbolisiert wurde und durch den freien Markt, durch Deregulierung, Globalisierung und Korporatisierung

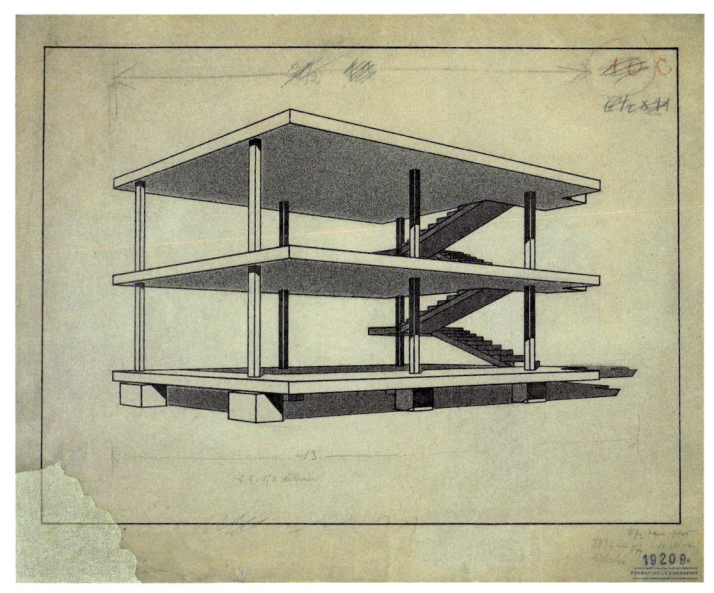

I   Maison Dom-Ino, Le Corbusier, 1915

seit den 1970er- und 1980er-Jahren gestützt wird, reicht nicht mehr aus. Die Anhäufung von Kapital, um unbegrenztes Wachstum und Produktivität zu erreichen, ist untrennbar mit einer Fortsetzung des Kapitalismus verbunden, der immer mehr als ein Mittel gesehen wird, um finanzielle Vorteile für die Vermögenden[7] zu schaffen, und der eine Ungleichheit durch eine Trickle-down-Wirtschaft fördert. Die Krise zwischen Mangel und Überfluss wird zusätzlich durch den Klimawandel und unser begrenztes Vermögen, die Konsequenzen dieser Krise in Bezug auf Fragen sozialer Gerechtigkeit zu berechnen, verstärkt.[8] Architektur als materielle Hegemonie bietet die Chance, neu „aufkommende Technologien" so aufzufassen, dass sie „ein neues System von Akkumulation einführen", anstelle „frühere Systeme fortzuführen".[9] Die Architektur kann so durch eine Rückbesinnung auf Ideen aus der Mathematik und der digitalen Datenverarbeitung zur Architektur als sozialem Projekt zurückfinden, das im späten 20. und frühen 21. Jahrhundert verloren gegangen ist.

Ganzheiten

Um hier Bezüge herzustellen, macht es Sinn, über 100 Jahre in der Geschichte zurückgehen. Die Maison Dom-Ino von Le Corbusier (1914; ▶ Abb. I) wird häufig als Störelement von Ideologien und Geschichte sowie als Präzedenzfall dargestellt, dessen Sprengkraft abhängig von den technischen Entwicklungen und dem Diskurs über den ideologischen Charakter der Moderne als einem ordnenden sozialen Projekt war. Als ein Mechanismus zur Ordnung und Organisation von Raum und Produktion war die Maison Dom-Ino prototypisch für die rasche Beschleunigung des technischen Fortschritts infolge der Militarisierung im 20. Jahrhundert und steht symbolisch für die Machtverhältnisse in der Umsetzung der gebauten Umwelt. Dass dieser Archetypus mit seiner unbestreitbaren Präsenz überhaupt gebaut werden konnte, wurde durch Veränderungen in der französischen Regierungsverwaltung ermöglicht, die seine Realisierung im großen Stil erlaubten. Dieser Typ wurde in ganz Europa und Amerika sowie später weltweit als Reaktion auf Wohnungskrisen eingesetzt. Er prägte die zugrunde liegenden Regeln

für die Rationalisierung von Beziehungen zwischen architektonischen „Einzelteilen" zur standardisierten Massenproduktion von architektonischen „Ganzheiten" maßgeblich – nur sechs Stützen, drei Platten und eine Treppe waren nötig, um ein „Ganzes" zu erstellen, welches in Kombination größere Ganzheiten entstehen lässt. Darüber hinaus wurde die Abstraktion von Architektur hin zu Serien von drei verschiedenen architektonischen Teilen, die zusammen eine prototypische modulare „Ganzheit" bildeten, „durch eine spezielle historische Situation" ermöglicht, wie Pier Vittorio Aureli geschrieben hat: „die schrittweise Umwandlung vom Leben zu Wirtschaft und Produktion".[10] Als solches verkörperte die Maison Dom-Ino – ein Name, der sich entweder von dem wiederholbaren Musterlegespiel Domino oder von der Kombination von „domus" (Haus) und „Innovation" ableitet – eine Utopie der Technik der industriellen Moderne während der Dürrejahre der Nachkriegszeit: effizient, universal und abstrakt.

1   Daniel Köhler, *The Mereological City*, Bielefeld 2016.
2   Neil Gershenfeld, „How to Make Almost Anything", in: *Foreign Affairs* 91, Nr. 6 (2012), S. 43–57, hier S. 52.
3   Gilles Retsin, „Discrete and Digital", in: *TxA*, 2016.
4   Mollie Claypool, „Discrete Automation", in: *e-flux architecture* 2019, www.e-flux.com/architecture/becoming-digital/248060/discrete-automation/ (9.1.2020); Mollie Claypool, „From the Digital to the Discrete", in: *Proceedings of the 107th Annual Meeting of ACSpA*, 2019.
5   Mario Carpo, *The Second Digital Turn. Design beyond Intelligence*, Cambridge (MA) 2017, S. 33–40.
6   Mollie Claypool et al. (Hrsg.), *Robotic Building. Architecture in the Age of Automation*, München 2019.
7   Saskia Sassen, „Expanding the Terrain for Global Capital When Local Housing Becomes an Electronic Instrument", in: Manuel B. Aalbers (Hrsg.), *Suprime Cities. The Political Economy of Mortgage Markets*, Oxford 2012.
8   „Global Warming of 1.5°C", in: *IPCC Special Report*, 2019, www.ipcc.ch/2019/ (1.9.2019).
9   Nick Srnicek, *Platform Capitalism*, Cambridge 2017, S. 7.
10 Pier Vittorio Aureli, „The Dom-ino Problem: Questioning the Architecture of Domestic Space", in: *Log*, Nr. 30 (Winter 2014), S. 153–168, hier S. 155.

Il   Maison Tropicale, Jean Prouvé, 1949–1952

Rahmen

Die dieser „Ganzheit" innewohnenden Gegensätze sind offensichtlich. In Schnittzeichnungen sind Hohlziegel dargestellt, die vor Ort mit Beton übergossen werden. Die bekannteste Abbildung suggeriert jedoch einen vollständig vorgefertigten, massenhaft produzierten Monolith.[11] In diesen Darstellungen hatten die neuen Fertigungstechniken der tayloristischen Arbeitsweise die Architekturproduktion noch nicht gänzlich durchdrungen. Was Le Corbusier versprochen hat, ist tatsächlich nicht mehr als ein „Rahmen", durch den die architektonische Ordnung der Nachkriegsumwelt in einem großen Maßstab realisiert werden konnte. Nichtsdestotrotz ist es diese Darstellung, die ein dauerhaftes Bild eines Architekturarchetyps fortbestehen ließ, der ein Werkzeug groß angelegter Industrialisierung[12] und somit der Automatisierung werden konnte – eine Totalität, eine „Wohnmaschine".[13] Die massenhafte Standardisierung von Bauteilen und die Möglichkeit, diese Elemente in Betrieben vorzufertigen, kalibrierten die Architekturproduktion neu: von der lokalen oder kontextuellen hin zur präzisen, optimierten architektonischen Koordination eines Bausystems; dieses konnte im globalen Kontext als eine Reihe von Rahmen reproduziert werden, durch die sich Welt erfassen lässt.

Le Corbusier war nicht allein auf der Suche nach einer Architektur, welche den außerordentlichen technologischen Fortschritt und die Notwendigkeit gesellschaftlicher Vereinheitlichung in einer Zeit zusammenbringen sollte, in der überkommene Vorstellungen von Architektur angesichts der weitreichenden Kriegszerstörungen für völlig unzureichend gehalten wurden. Hochgradig rationalisierte Architektursysteme wie der *Baukasten im Großen* von Walter Gropius und Adolf Meyer (1923), Richard Buckminster Fullers Vorstellung von „mehr machen mit weniger", die in *Nine Chains to the Moon* (1938) und in der 1941 im Museum of Modern Art ausgestellten *Dymaxion-Deployment Unit* verwendet wurde, das System der standardisierten, auf Stahlkomponenten basierenden Fertigung des Eames House (1949) von Charles und Ray Eames oder auch Jean Prouvés drei Prototypen der Maison Tropicale (1949–1951) wurden in der gleichen Zeit geschaffen ▶ Abb. Il und hatten ähnliche Ideen in Bezug auf Skalierbarkeit und eine großflächige Verteilung

in unterschiedlichen Zusammenhängen. In diesen Fällen wurde der Architekt zum Vermittler eines beginnenden Reproduktionsprozesses, der sich mit der Funktion der Architektur als reine Struktur beschäftigte. Der häusliche Raum avancierte zu einer Projektionsfläche, wo der Raum für Gestaltung dem „Rahmen" zugewiesen wurde, auf alles, was über die Koordination festgelegter modularer, struktureller „Ganzheiten" hinausging. Die ganze Wohnmaschine war ein Raum von abstrahiertem, mehrdeutigem Potenzial. Dies ermöglichte die beliebige Anpassung der vorgehängten Fassade als Teil des strukturellen Rahmens gemäß stilistischen, ästhetischen oder kontextuellen Überlegungen.[14] Der Rahmen wurde zum Ort für die Reproduktion des Lebens selbst, entsprechend dem technologischen Fortschritt,[15] der realisiert und in die häusliche Sphäre weitergedacht werden musste – gerahmt oder sogar gerastert.

Module

Es ist kein Zufall, dass die weitreichende Bereitstellung massenhaft produzierter und standardisierter „modularer" Systeme in der zweiten Hälfte des 20. Jahrhunderts mit der Entwicklung früher Computersysteme und Automatisierungstechnologien in den 1940er- und 1950er-Jahren zusammenfiel. Die modulare architektonische Syntax wurde von den Möglichkeiten, die sich durch die Systematisierung der Ordnung von Daten und Informationen während dieser Zeit der Expansion in der frühen Computer- und Kybernetiktheorie bot, beeinflusst. Dies findet sich im Werk von Claude Shannon („A Mathematical Theory of Communication", 1948; deutsche Ausgabe: *Mathematische Grundlagen in der Informationstheorie*), John von Neumann („The General and Logical Theory of Automata", 1948), William Grey Walter („An Imitation of Life", 1950) und Norbert Wiener (*Cybernetics. Or Control and Communication in the Animal and the Machine*, 1948; deutsche Ausgabe: *Kybernetik. Regelung und Nachrichtenübertragung im Lebewesen und in der Maschine*, 1948) wie auch in früheren Entwicklungen der Fabrikarbeit in den 1900er-Jahren, darunter etwa die Linearität des Montagebands. Die Modularität versprach eine Lösung für ein modernes Problem – die Krise der Architektur im Zeitalter der Massenproduktion

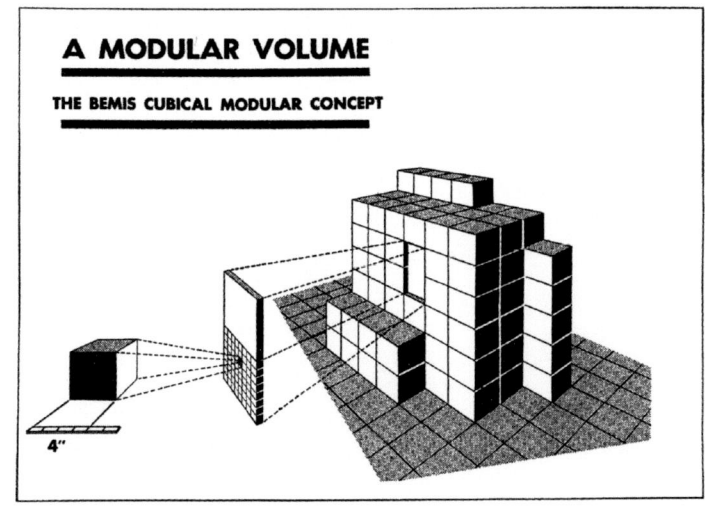

III Alfred Bemis' kubisches, modulares Four-Inch-
Wohnungsbaukonzept, 1936

in der Nachkriegszeit – durch die Verwendung eines optimierten Systems zur Koordination von Modulen, in das Prinzipien aus dem frühen Computerwesen integriert sind, wie etwa der Begriff des „Black Box"-Moduls, das interne Prozesse maskiert, Schnittstellen für den Informationsaustausch und Plug-and-Play-Systeme. Jedes Modul ist ein vollständiges Ganzes und hängt von der Annahme einer größeren, stärker vereinheitlichenden Ganzheit ab als Mittel zum „Konfrontieren und Verwalten von Komplexität in einem [...] systemischen Kontext".[16] Das vielleicht wichtigste Beispiel in Bezug auf das Diskrete ist das von Alfred Bemis in *The Evolving House* (1936) skizzierte kubische, standardisierte Vier-Inch-Modul ▸ Abb. III, das ein System der Verwaltung und Koordination von Teilen bei unterschiedlichen Gebäudemaßstäben vorschlug. Doch Bemis' Argumentation fand zu einer Zeit statt, als die Methoden zur Organisation der Architekturproduktion noch nicht so intelligent wie das Modul selbst waren. Wenn der Maßstab vergrößert wird, dann setzt das Modul, genau wie der Rahmen, statisch auf Punkte und nicht auf eine Ableitung entlang einer Linie. Dabei kann die modulare Architektur in Bezug auf den Kontext ergebnisoffen werden und muss lediglich „aufgesetzt werden", um an einen Ort gebunden zu werden. Die wichtigste Beziehung ist die zum nächsten Modul, auf das jedes einzelne Modul im Rahmen des größeren Ganzen trifft. Das Modul muss bei seiner Wiederholung immer die gleiche Ausrichtung haben und hat dementsprechend tendenziell eine relativ homogene Verbreitung, wie sich dies im 20. Jahrhundert bei vielen Projekten gezeigt hat, darunter auch in Yona Friedmans Raumstadt (1959–1960), Moshe Safdies Habitat 67 (1967) oder Kisho Kurokawas Nakagin-Kapsel-Turm (1972).

Aureli schrieb, dass „die Architektur zu einer Form ohne jegliche Referenzen außerhalb von sich selbst avancierte, als sie von den Kräften der Industrialisierung vollständig erobert wurde".[17] Die höchste Effizienz des Moduls legte die Grundlage für das, was als Nächstes kam: eine breit publizierte Geschichte über die Infragestellung und den Niedergang moderner, standardisierter modularer Systeme – von idealen und exakten Geometrien – und tatsächlich über den möglichen „Tod" der modernden Architektur, der durch den Abriss der Großwohnsiedlung Pruitt-Igoe in St. Louis,

Missouri, im Jahr 1972 befördert wurde.[18] Parallel zum Niedergang des Wohlfahrtsstaats und dem Aufkommen des Neoliberalismus resultierte ihr Scheitern in der Projektion einer transhistorischen kollektiven Herangehensweise mittels eines analytischen Formalismus,[19] der schnell aus dem Blickfeld verschwand. Dies geschah genau in dem Moment, als die unpolitische Diversität der vorherrschenden „Collage-Methode"[20] den Möglichkeiten zu entsprechen begann, die sich durch die nicht normierte, digitale, individualisierte Massenproduktion ergaben. In ihrer Reduzierung von Kontext, Stil oder Ästhetik auf eine Oberfläche zwischen Punkten im Rahmen eines größeren Ganzen muss Modularität als ein Akteur beim Aufkommen der aktuellen Formen eines vom Kapital getriebenen „parametrischen Designs" gesehen werden – bei dem ein Überschwang an Formen im Zusammenhang mit der maximalen Effizienz verfügbarer Ressourcen steht.

Oberflächen

Als Gegenmittel gegen das Scheitern der Moderne wurde in den späten 1980er- und 1990er-Jahren die „Animation" architektonischer Form durch die Beschäftigung mit neuen Arten digitalen Modellierens und digitaler Fertigungstechniken aus der Luftfahrt-,

11 Le Corbusier, *Towards an Architecture*, 1923, S. 24; deutsche Ausgabe: *Kommende Baukunst*, Berlin/Leipzig 1926.

12 Ebd., S. 236, 263.

13 Ebd., S. 4.

14 Antoine Picon, „Dom-ino: Archetype and Fiction", in: *Log*, Nr. 30 (Winter 2014), S. 169–175.

15 Beatriz Colomina, *Domesticity at War*, Cambridge (MA) 2006.

16 Andrew Russell, „Modularity: An Interdisciplinary History of an Ordering Concept", in: *Information & Culture* 47, Nr. 3, Austin (TX) 2012, S. 257–287, hier S. 258.

17 Aureli 2014 (wie Anm. 10), S. 154.

18 Charles Jencks, *The Language of Post-modern Architecture*, New York 1977, S. 7; deutsche Ausgabe: *Die Sprache der postmodernen Architektur. Entstehung und Entwicklung einer alternativen Tradition*, Stuttgart 1978.

19 Colin Rowe, „The Mathematics of the Ideal Villa", in: *Architectural Review*, März 1947, S. 101–104.

20 Colin Rowe und Fred Koetter, *Collage City*, Cambridge (MA) 1978; deutsche Ausgabe: *Collage City*, Basel/Boston/Stuttgart 1984.

IV Universal Constructor, John Frazer, 1990

Schiffs- und Automobilindustrie ermöglicht. Das Glätten zusammengesetzter Kurven, die aus einer Reihe von Kreissegmenten bestehen, in der industriellen Moderne wurde mithilfe der Infinitesimalrechnung in Bézier- oder auch Spline-Kurven umgewandelt.[21] Dies wendeten Architekten der, wie Mario Carpo es bezeichnete, „ersten digitalen Wende" wie etwa Greg Lynn, Frank Gehry, Reiser + Umemoto, Foreign Office Architects und Bernard Cache an.[22] Der Funktionalismus und Strukturalismus der früheren „Architektur-Mathematik", die man in den Rastern von Le Corbusier oder Ludwig Mies van der Rohe finden konnte, wurden, wie Lynn in *Animate Form* (1998) herausstellte, zugunsten „freier" Geometrien[23] der Infinitesimalrechnung aufgegeben. In diesem System bewirkt die Abgrenzung einzelner Punkte entlang einer Linie eine glatte Oberfläche „beispielhafter" Konfigurationen, eine „Hülle des Potenzials",[24] die der Architekt und Theoretiker Philippe Morel später als einen „logischen Ausdruck"[25] einer „inexakten" Tektonik bezeichnete.

Diese Big-Data-basierte Methode unendlicher Variabilität ging einher mit dem wachsenden Grad der Rechenleistung in den 1990er- und 2000er-Jahren, als Computer in der Lage waren, „Vorhersagen ohne Erkenntnis"[26] zu machen, und dabei die menschliche Fähigkeit übertrafen, die besten Ergebnisse bei eingegebenen Entwurfsparametern in der kürzesten Zeit zu berechnen. Doch „digitales Entwerfen" und „parametrisches Entwerfen" sind an eine theoretisch unendliche Mathematik gebunden und, wie Antoine Picon bemerkt, sie „untersuchen Beziehungen, die wesentlich abstrakter sein können als das, was [...] Entwerfen [...] gewöhnlich beinhaltet".[27] Dies war darüber hinaus, wie Lynn 1993 in seinem Essay „Architectural Curvilinearity" darstellte, eine radikale Abkehr von dem „Konflikt und Widerspruch" früherer konstruktivistischer Arbeiten hin zu einer „fließenderen Logik der Verbundenheit".[28] Diese Konnektivitätslogik, die vor allem mittels der Prinzipien des „Faltens" erforscht wurde, die von der Mathematik von Gottfried Wilhelm Leibniz und der Philosophie in *Die Falte. Leibniz und der Barock* (französische Originalausgabe 1988) von Gilles Deleuze inspiriert waren, ist eine wesentliche Abkehr von der Diskretheit eines „ganzen" Moduls und des kartesischen Gitters. Unter Anwendung morphodynamischer Prinzipien, die von der Topologie, einem Zweig der Mathematik, übernommen

wurden, ging es bei den komplexen Formen, die Architekten mithilfe digitaler Gestaltungswerkzeuge in dieser Zeit entwarfen, konzeptuell „weniger um räumliche Abgrenzungen, sondern mehr um räumliche Beziehungen", wie Branko Kolarevic herausgestellt hat.[29] Die Trennung der Konstruktion und Fassade von Gebäuden, die durch die Entwicklung des Stahlskeletts und vorgefertigter Stahlbetonsysteme ermöglicht wurde, bedeutete jedoch, wie oben beschrieben, dass topologische Strukturen häufig als gekrümmte Oberflächen fehlinterpretiert wurden anstatt als ganzheitlichere Darstellung „performativer Umstände",[30] die Bezug auf das Material und die Herstellung eines Gebäudes nahmen. Daher wurde das Potenzial der Oberfläche zu einem Raum für Affekt, Wahrnehmung und das Erfahrbare, wobei das subjektive Erscheinungsbild der Form als Mittler zwischen innen und außen herausgestellt wurde. Dieses Missverständnis unter Architekten in der Frühzeit des Digitalen führte zu einer Trennung von Architekturentwürfen und Produktionsformen. Die Komplexität einer Oberfläche – typischerweise einer Gebäudehülle – stand in Konflikt mit Prozessen der Umsetzung und war nicht mit den Massenfertigungstechniken kompatibel, die effizientere Produktionsketten versprachen. Das ist darauf zurückzuführen, dass sich die automatisierte Massenproduktion auf die Effizienz standardisierter, serieller, repetitiver Arbeiten stützte und die variablen Oberflächen sich an dieser physikalischen Realität stießen. Während einige Architekten wie etwa Bernard Cache versuchten, diesen Gegensatz durch die direkte Auseinandersetzung mit den Beschränkungen digitaler Massenfertigungstechniken wie der CNC-Maschine aufzulösen, um das Potenzial eines digitalen Kontinuums[31] oder des Verhältnisses von Produktionsdaten zur Schaffung ungenormter Architekturobjekte – oder Objektile,[32] wie Cache und sein Partner Patrick Beaucé diese Objekte nannten – zu untersuchen, ließen sich diese Prozesse nicht leicht skalieren.

Die Bauwirtschaft war langsam in der Digitalisierung ihrer Prozesse. Dieser Widerstand gegen die Digitalisierung machte es erforderlich, dass die Möglichkeiten, die die Oberflächen der 2000er-Jahre boten, „nachträglich rationalisiert" wurden – zerlegt in Platten, Rippen und Kassetten –, um mit vorhandenen Bautechnologien realisiert zu werden. Dies führte zu erweiterten Produktionsketten und zu maßgeschneiderten, „einmaligen", ikonischen

V SEEK, Nicholas Negroponte, 1970

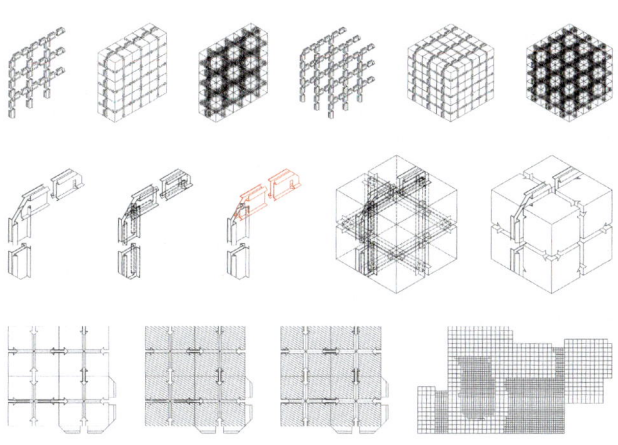

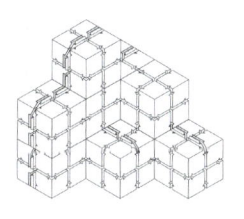
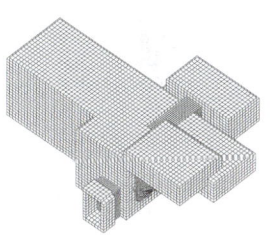

VI Universal House, Philippe Morel, 2002

Gebäuden, deren Realisierung große Investitionen erforderte wie unter anderem für das Guggenheim Bilbao von Gehry Partners, das Yokohama International Port Terminal von Foreign Office Architects oder das Mercedes-Benz Museum von UN Studio. Bei der nachträglichen Anpassung geht es folglich darum, die Effizienz von Ressourcen und Kapital gemeinsam mit einem Überschwang der Form aufrechtzuerhalten. Die Oberfläche wurde zu einem Instrument des Kapitals, zu einem Symbol für Wohlstand und Ideologie,[33] welches das „Trickle-down-System" der kapitalistischen Marktwirtschaft, ein System der Aneignung, unterstützte. Das Versagen der Oberfläche als radikale Verkörperung einer Zeit wachsender Rechenleistung kann bis zur Finanzkrise im Jahr 2008 zurückverfolgt werden, als Architektur und Bauwesen fast zum Erliegen kamen. Hier begann das Potenzial der Digitalität in der Architektur durch eine neue Generation von Architekten und Designern neu artikuliert zu werden.

Teile (Architektur wird digital)

Die Rezession, die auf die Krise von 2008 folgte, hat bei der Architektenschaft die Möglichkeit in den Vordergrund gerückt, dass digitale Innovation vollständig vom Kapital geschluckt werden könnte. In der Öffentlichkeit wurde das „Digitale" in der Architektur zum Synonym von Machtasymmetrien und Ungerechtigkeiten, die sich aus den Versäumnissen des Kapitalismus ergaben.[34] Wie aus der Analyse von Peter Frase zu den Verhältnissen von digitaler Datenverarbeitung, Automatisierung und wissenschaftlichem Fortschritt hervorgeht,[35] hat die Art und Weise, wie wir unsere Gesellschaft konstruieren, diese Prozesse – und die daraus resultierenden Ungleichheiten[36] – traditionell eher als Unvermeidbarkeit denn als Entscheidungen einer Gesellschaft angesehen. In diesem Sinne

21 Greg Lynn, *Animate Form*, New York 1999.
22 Mario Carpo, *The Digital Turn in Architecture*, Hoboken (NJ) 2012.
23 Greg Lynn, *Folds, Bodies and Blobs. Collected Essays*, Brüssel 1998, S. 202.
24 Lynn 1999 (wie Anm. 21).
25 Philippe Morel, „Sense and Sensibilia", in: *Architectural Design* 81, Nr. 4 (2011), S. 122–129, hier S. 125.
26 Carpo 2017 (wie Anm. 5), S. 67.
27 Antoine Picon, „Architecture and Mathematics: Between Hubris and Restraint", in: *Architectural Design* 81, Nr. 4 (2011), S. 28–35, hier S. 35.
28 Greg Lynn, „Architectural Curvilinearity", in: *Folding in Architecture*, Hoboken (NJ) 1993.
29 Branko Kolarevic, *Architecture in the Digital Age. Design and Manufacturing*, London 2004, S. 8.
30 Ebd.
31 Ebd., S. 10.
32 Bernard Cache, *Earth Moves. The Furnishing of Territories*, Cambridge (MA) 1995.
33 Douglas Spencer, *The Architecture of Neoliberalism*, London 2016.
34 Rowan Moore, „Zaha Hadid: Queen of the Curve", in: *The Guardian*, 8.9.2013, www.theguardian.com/artanddesign/2013/sep/08/zaha-hadid-serpentine-sackler-profile (8.3.2020).
35 Peter Frase, *Four Futures. Life after Capitalism*, London 2016, S. 14–15.
36 Ruha Benjamin, *Race after Technology. Abolitionist Tools for the New Jim Code*, Cambridge 2019; Virginia Eubanks, *Automating Inequality. How High-Tech Tools Profile, Police, and Punish the Poor*, New York 2018.

VII Computational Chair, EZCT Architecture & Design
Research, 2006

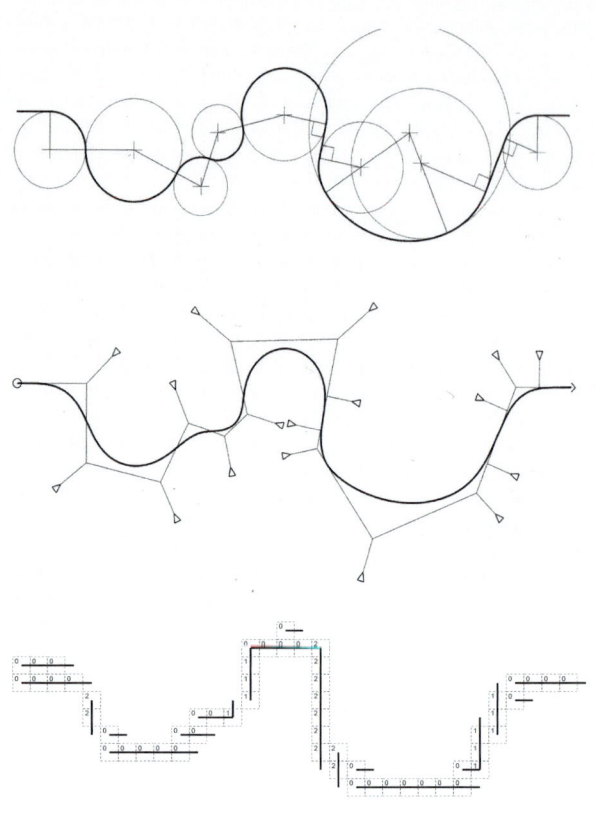

VIII Fortlaufende und diskrete Kurve, Gilles Retsin, 2016

sind das Digitale und die Automatisierung ein Gestaltungsproblem[37] und nicht einfach nur eine technische Lösung, die es zu kommerzialisieren gilt. Die Macht der digitalen Datenverarbeitung liegt nicht nur in den Werkzeugen, die wir verwenden, sondern darin, wie, warum und wofür wir sie verwenden. Die Architekturproduktion ist nach wie vor höchst analog. Es sind neue Ideen nötig, wie sich die Architektur der digitalen Gegenwart unserer heutigen Welt nähern kann. Um diesen „konzeptionellen Sprung"[38] in der Architekturproduktion zu beschleunigen, hat eine radikale Abkehr von früheren Herangehensweisen an die Digitalität in der Architektur begonnen, ausgehend von den Teilen, aus denen Architektur besteht.

Eine Teil-Ganzes-Methode lernt aus der missverstandenen Topologie der früheren digitalen Architektur. Sie blickt auf die Arbeit von Julia und John Frazer (Universal Constructor, 1990; ▶ Abb. IV) und Nicholas Negroponte (SEEK, 1970; ▶ Abb. V) zurück, die räumliche Beziehungen nicht dadurch erfassten, wie sie auf gekrümmten Oberflächen aussehen, sondern durch die Beziehungen, die zwischen einzelnen Volumina in der Baugruppe bestehen, später als Voxel oder dreidimensionale Pixel beschrieben. Voxel können genau wie Pixel ähnlich den Nullen und Einsen des Computercodes „codiert" werden. „Basierend auf [diskreten] Teilen, die als digitale Daten zugänglich und veränderlich sind", so Gilles Retsin, „liefert [das Diskrete] das größte Versprechen für eine komplexe, jedoch skalierbare, ergebnisoffene und verteilte Architektur".[39] Eine „völlig unspezifische und voxelbasierte Architektur", wie man an frühen

Projekten diskreter Architektur wie etwa dem Universal House and Assembly Element (2004; ▶ Abb. VI) und Computational Chair (2006; ▶ Abb. VII) von Philippe Morel und EZCT Architecture & Design Research sehen kann, verwendet eine „konstruktive" Methode, die die Teile und ihre Gruppierung in Einklang bringt mit verfügbaren Formen der Automatisierung der Produktion – in diesem Fall die CNC-Maschine. Ebenso steht in François Roches Olzweg (2006) die Konstruktionsweise des Gebäudes im Zentrum des Projekts, wobei Industrieroboterarme auf einem Gerüst einen Voxel-Raum in Echtzeit neu organisieren.

Teil-Ganzes-Denken wurde ferner von einer Kritik an Lynns Spline-Kurve als Möglichkeitsraum für eine bewegte Architektur gefördert. Diese Kritik wurde erstmals von Daniel Köhler in Bezug auf die „mereologische Linie" (2016) geäußert und dann in Gilles Retsins „Discrete Curve" (2016; ▶ Abb. VIII) aufgenommen. Indem man sich vorstellte, dass eine Linie „Bits" enthält, wie Computerdaten oder in der diskreten Mathematik, und nicht „Gewichte", die von der ganzen Gestaltung einer Spline-Kurve abhängen, wurde es möglich, Teil-zu-Teilen- und Teile-zu-Ganzem-Relationen in der Architektur neu auszuhandeln. Außerdem wurde die serielle Massenproduktion nicht neu gestaltet, indem man variable, nichtstandardisierte Teile erzeugte, um abgegrenzte Oberflächen zu komponieren, was zu langen Produktionsketten beitrug, sondern indem man unter Anwendung kombinatorischer Prinzipien selbstähnliche Teile entwarf. Dies ermöglichte es, Teile zu Gruppen zu

IX INT (Zoey Tan, Claudia Tanskanen, Qianyi Li, Xiaolin
    Yin), Research Cluster 4, Design Computation Lab,
    The Bartlett School of Architecture, UCL, 2016

vereinen – im Fall von Bloom (2012) von Jose Sanchez und Alisa Andrasek durch spielerische Prozesse anstelle von streng vorgegebenen Gestaltungsergebnissen.[40] Die Geometrie eines einzelnen Teils konnte so tektonische und räumliche Wirkung entfalten.

Sanchez, ich und andere haben argumentiert,[41] dass das Diskrete in seiner Skalierbarkeit und Anpassungsfähigkeit ein Modell für die Architektur liefern kann, das für eine postkapitalistische Wirtschaft geeignet ist, welche die Produktion als Mittel zur Beschäftigung mit Fragen der Verknappung und der daraus resultierenden Ungerechtigkeit verortet und dezentralisiert. Teil-Ganzes-Relationen, die während des Baus individuell zusammengestellt werden, oder aufgrund ihrer „Anordnung", wie Köhler behauptet hat,[42] ermöglichen eine Neugliederung weg von einer modernistischen, deterministischen und hierarchischen Ontologie, welche sich auf das Auferlegen einer strengen Totalität stützt, die die größeren Zusammenhänge der Produktion verbirgt. In einem diskreten Ökosystem entstehen die Bedeutung und der Wert der Beziehungen zwischen verschiedenen Agenten durch ihr Auftreten und nicht durch eine Top-down-Herangehensweise, als eine Anhäufung von selbstähnlichen Teilen in heterogenen Gruppierungen im Laufe der Zeit. Dies legt ein neues Verständnis der Ökologie zwischen Dingen nahe, bei denen die Beziehung zwischen Individuen, Gesellschaft und Natur[43] nicht durch einen Top-down-Universalismus festgelegt oder vorgegeben sein sollte. Es befreit außerdem das Potenzial dessen, welche Form Architektur im Prozess der Herstellung und Beseitigung einnimmt, durch soziales Engagement und Beteiligung von Nutzern, die ihr eigenes Verständnis und ihre eigenen Werte in das Zusammenführen von Teilen einbringen und mögliche Ergebnisse inspirieren und verzerren.

Architektonische „Ganzheiten" sind Anhäufungen autonomer Teile zu heterogenen Gruppen, die durch Aktion und Auftreten in verschiedenen Kontexten entstehen ▶ Abb. IX. Die Rolle des Architekten besteht nun darin, einen Rahmen für die Produktion zu ermöglichen, indem er die digitalen Werkzeuge für Gestaltung und Fabrikation so miteinander verbindet, dass sie zugänglich werden. In diesem „neuen System der Anhäufung" präsentiert das Diskrete eine Vorstellung davon, wie ein neues Verständnis von Teilbeziehungen – tektonischen, räumlichen, sozialen,

wirtschaftlichen, materiellen – in der Architektur Produktion beschleunigen kann, fernab von den Misserfolgen durch die deterministische und hierarchische Architekturontologie, die noch bis ins 21. Jahrhundert fortbestand. Durch seine Behandlung von Teil-Teil- und Teil-Ganzes-Relationen anstatt von „Ganzes-Teil-" oder „Top-down-Ideen" ist das Diskrete vorausblickend, ergebnisoffen und antizipatorisch anstatt präskriptiv und geschlossen.

37 Claypool 2019 (wie Anm. 6).

38 Philippe Morel, „Computation or Revolution", in: Architectural Design 84, Nr. 3 (2014), S. 76–87.

39 Gilles Retsin, „Bits and Pieces", in: Architectural Design 89, Nr. 2 (2019), S. 38–45; Gilles Retsin, Discrete. Reappraising the Digital in Architecture, Hoboken (NJ) 2019.

40 Jose Sanchez und Alisa Andrasek, „Bloom – The Game", in: FABRICATE 2014, 2014, S. 98–103.

41 Jose Sanchez, „Post-capitalist Design: Design in the Age of Access", in: David Gerber (Hrsg.), Parametric Tendencies & Design Agencies, 2014, S. 113–122; Mollie Claypool, „Our Automated Future: A Discrete Framework for the Production of Housing", in: Architectural Design 89, Nr. 2 (2019), S. 46–53; Jose Sanchez, „Architecture for the Commons: Participatory Systems in the Age of Platforms", in: ebd., S. 22–29; Gilles Retsin, „Bits and Pieces", in: ebd., S. 38–45.

42 Köhler 2016 (wie Anm. 1).

43 Ebd.

Kreativität und Problemlösung. Herausforderungen des computergestützten Entwerfens (CAD)

Molly Wright Steenson

„Kreativ" bedeutet laut dem *Oxford English Dictionary* „schöpferisch, einfallsreich; in Bezug auf die Darstellung, Anwendung oder Einbeziehung von Fantasie oder originellen Ideen".[1] Von Mitte der 1950er-Jahre bis zu den 1970er-Jahren stand die Frage der Kreativität – durch Erfindungsreichtum, Fantasie oder Originalität – im Zentrum der Debatten über Architektur und Datenverarbeitung. Während sich Computer zu Maschinen entwickelten, die Gestaltungslösungen darstellen und generieren konnten, hinterfragten die Architekten die Auswirkungen auf den Designprozess und was dies für die menschlichen Aspekte von Kreativität bedeuten könnte. Gleichzeitig verlangte die Arbeit mit Computern dem Architekten ab, dass er Gestaltungsprobleme mit Computerbegriffen erfassen konnte. Der Designprozess gründete auf der Idee der Problemlösung, auf der Vorstellung, Gestaltung als ein Problem zu betrachten, das klar umrissen und gelöst werden kann. Was würde mit der grundlegenden Vorstellung des Designprozesses passieren, wenn er zu Problemlösungsmethoden eines Computers degradiert würde? Wenn ein Computer neuartige, kreative Lösungen erzeugen könnte, würde er dann die Erfindungsgabe seines menschlichen Nutzers schmälern? Was war der mögliche Anteil computerisierter Kreativität in der Architektur?

Meine Absicht in diesem Essay ist es, Ideen von Kreativität und Problemlösung in der Architektur zu umreißen und dabei die Entwicklung des computergestützten Entwerfens von den 1950er- bis zu den 1970er-Jahren zu skizzieren. Ich werde dabei die Debatten betrachten, die sich aus der Arbeit von Douglas Ross und Steven Coons im CAD-Projekt am MIT ergaben und die Methoden der Problemdarstellung durch heuristische Beweisführung beinhalten, die von Architekten und Computerforschern gleichermaßen angewandt wurden, sowie Stanford Andersons Konzept der „Problem-Grübelei" („problem-worrying"), eine Infragestellung vorherrschender Problemlösungsansätze, besprechen. Diese Fragen waren nicht nur für Architekten von Interesse, sondern auch für Forscher in den Bereichen digitale Datenverarbeitung und künstliche Intelligenz, die glaubten, dass Design und Architektur vielversprechende und anspruchsvolle Anwendungen von Computern erschließen könnten. Mitte der 1970er-Jahre setzten Architekten wie etwa Cedric Price oder John und Julia Frazer den Computer als Mittel ein, um Architekten zu provozieren, indem sie neue Designmethoden anregten, die das bislang vorherrschende Paradigma des Computers als ein Hilfsmittel der Gestaltung auf den Kopf stellten. Anstatt die Kreativität des Architekten auszuschließen, schlugen Price und die Frazers eine neue Sichtweise auf die Rolle von Entwerfern und Nutzern vor – und vielleicht auf Kreativität im Allgemeinen, mit Auswirkungen auf die heutige Zeit.

Substantive, Verben und Probleme

In den späten 1950er- und frühen 1960er-Jahren waren Computer rar und sehr teuer, mitunter so kostspielig wie Flugzeuge. Nur wenige Architekten hatten Zugang zu Computern, und die ersten, die diese besaßen, nutzten sie zu quantitativen Zwecken, die leicht an die Architektur anzupassen waren. Bis Computer in den frühen 1960er-Jahren so konzipiert waren, dass Anfragen mehrerer Nutzer gleichzeitig und relativ reaktionsschnell bearbeitet werden konnten, ließen sie sich außerhalb von ingenieurwissenschaftlichen Bereichen oder großen Unternehmen nicht breitflächig einsetzen. Das bedeutete, dass kreativere Anwendungen erst an der Tagesordnung waren, als die Computersysteme einer größeren Anzahl an Nutzern zu einem niedrigeren Preis mehr Darstellungsmöglichkeiten zur Verfügung stellen konnten. In dieser Anfangszeit richteten Architekturbüros, technische Betriebe und Wissenschaftler ihren Fokus auf Bereiche, in denen die digitale Datenverarbeitung den größtmöglichen Nutzen liefern konnte, wie beispielsweise Computerprogramme, die funktionale Anforderungen festlegten, Daten analysierten, technische Berechnungen durchführten, Metadaten für Entwürfe lieferten oder Kosten kalkulierten.[2] Beispiele hierfür sind etwa das digitale Spezifikationssystem von Skidmore, Owings & Merrill, technische Berechnungen für den John Hancock Tower in Chicago oder die Planung von Krankenhäusern mithilfe eines Computers durch Bolt, Beranek and Newman sowie das Konzept der automatisierten Datenverarbeitung (ADP).[3]

Das computergestützte Designprojekt (CAD-Projekt) am MIT, zwischen 1959 und 1970 von Douglas Ross und Steven Coons geleitet, untersuchte Systeme, die Entwurfsprozesse durchführen

l   Steven Coons und Douglas Ross in einer CAD-
Projektsitzung am MIT, 1962

können ▶ Abb. I. Ihre Ansichten zu Automatisierung und Leistungssteigerung waren Teil einer philosophischen Debatte darüber, was Kreativität ist, was daran menschlich ist und was der Computer ermöglichen kann.[4] Die Forscher des CAD-Projekts statteten Computer mit buchbarer Rechenzeit mit Eingabe- und Ausgabegeräten aus, darunter Oszilloskope, Röhrenmonitore und Leuchtstifte, die es Nutzern ermöglichten, zu „zeichnen" und Änderungen an diesen Zeichnungen vorzunehmen. Coons fungierte (zusammen mit Claude Shannon und Marvin Minsky) auch als Ratgeber für Ivan Sutherlands Dissertation zu Sketchpad, dem ersten interaktiven Grafiksystem. Die folgende Version, Sketchpad 3, konnte dreidimensionale Formen berechnen und zeichnen und wurde im Rahmen des CAD-Projekts von Timothy Johnson entwickelt. Das CAD-Projekt selbst ging aus verschiedenen Initiativen am MIT hervor, darunter das Projekt MAC und das Semi-Automatic Ground Environment Program (SAGE) sowie das Servomechanism Lab.[5] Ross kam vom Servo Lab, das Werkzeuge zum automatisierten Fräsen von entworfenen Metallformen (wie etwa für Flugzeugteile) entwickelte. Das System zur numerischen Steuerung war auf Lochstreifen codiert; die Fräsmaschine las diese aus und folgte den Anweisungen zum Fräsen dieser Geometrien. Die Produktion dieser Anweisungen auf Streifen war jedoch mühsam, und so entwickelte Ross 1956 die Programmiersprache Automated Programming Tool (APT), die diesen Prozess automatisierte (und führte damit die Forschung am Electronic Systems Lab oder ESL, wie das Servo Lab 1959 umbenannt wurde, weiter). APT verwendete eine konzeptionelle Darstellung namens „Plex", die sich auf Variablen wie x- und y-Koordinaten für Linien bezog. Plexe konnten potenziell für viele Gestaltungsprobleme verwendet werden. „Über ihre partielle Anwendung in einem funktionsfähigen Softwaresystem hinaus verband das Plex-Konstrukt eine neue und noch in den Kinderschuhen steckende Designphilosophie mit einer Produktion, die in direktem Zusammenhang mit Softwareentwicklung stand. Diese Philosophie versuchte, Probleme aus der chaotischen Situation der realen Materialien in der Werkstatt in die geordnete Welt symbolischer Abstraktion der Maschinensprache zu übertragen", schreibt Daniel Cardoso Llach.[6] Für Ross wurde der Computercode zur symbolischen Darstellung von Design; er stellte sich Computer als „universale Werkzeuge, die das Design vollständig automatisieren können", vor.[7]

Coons, ein Maschinenbauingenieur, interessierte sich für praktische Anwendungsfälle und Nutzungen des Computers im Design. Er war der Meinung, dass Computer die Möglichkeiten ihrer Nutzer beim Gestaltungsprozess erweitern – aber nicht in dem Sinn, dass sie das Design automatisieren, sondern dass sie gemeinsam mit den Nutzern arbeiten und harte Arbeiten übernehmen. Wenn

1   „creative, adj.", *OED Online* (Oxford University Press, September 2019), www.oed-com.proxy.library.cmu.edu/view/Entry/44072 (3.11.2019).
2   Boston Architectural Center, *Architecture and the Computer. First Boston Architectural Center Conference*, Boston (MA) 1964, S. 2.
3   Ebd.
4   Daniel Cardoso Llach, *Builders of the Vision. Software and the Imagination of Design*, London 2015, S. 54.
5   Karl Wildes und Nilo Lindgren, *A Century of Electrical Engineering and Computer Science at MIT. 1882–1982*, Cambridge (MA) 1985, S. 348.
6   Cardoso Llach 2015 (wie Anm. 4), S. 44.
7   Ebd., S. 53.

sich ein Gestalter einem Designproblem nähert, kennt er oder sie die Details dessen noch nicht, was gestaltet wird, und beginnt einen Entdeckungsprozess, der „durchsetzt ist von langen Phasen von Routinetätigkeiten – reine stinklangweilige Arbeit – nicht kreativ, aber notwendig", schrieb Coons 1966.[8] Warum sollte man diese Arbeit nicht an einen Computer verweisen? In den frühen 1960er-Jahren bezeichnete er dies als Herren-Sklaven-Verhältnis (ein verstörender Begriff). 1966 hob er stattdessen hervor, wie ein auf Time-Sharing basierender Computer mit dem Nutzer interagieren würde: „Der Designer kann sich zu dem Computer hinsetzen, ‚seine Hand halten‘ [...] und mit ihm sprechen, während der Computer nur ihm Aufmerksamkeit zu schenken scheint", obwohl er nahezu gleichzeitig in der Lage sei, andere Aufgaben für weitere Nutzer auszuführen, während er auch mit diesen „Händchen hält".[9]

Computer verlangten von den Architekten, ihr Vorhaben immer als ein zu lösendes Problem zu beschreiben. Coons verwendete die Sprache des Problemlösens und heuristischer Beweisführung, wie auch viele seiner Zeitgenossen, in Anlehnung an George Pólyas Publikation *How to Solve It*, ein elegantes Buch darüber, wie man Studenten das Lösen mathematischer Probleme lehrt; es hatte weitreichende Auswirkungen auf Operations Research (Operationsforschung), kognitive Psychologie, die Grundlagen künstlicher Intelligenz und augenscheinlich auf Coons' Gedanken zum Designprozess hatte.[10] Probleme beschäftigen sich mit dem Entdecken oder „Heuristik", wie Pólya schreibt, was „Hilfe zur Entdeckung" bedeutet.[11] Als grundlegende Faustregel beruft sich die heuristische Beweisführung auf eine „vorläufige und plausible" Herangehensweise an Probleme.[12] Diese Argumentation umfasst vier wesentliche Schritte zur Problemlösung: „Erfassen des Problems", „Ausarbeitung eines Plans", „Ausführung des Plans" und „Rückblick" – die ersten beiden Schritte waren die, die am meisten mit dem Designprozess zu tun hatten.[13]

Für Coons wurde die heuristische Beweisführung zu einer grundlegenden Methode zur Lösung von Problemen, die sich durch einen Computer ergänzen ließ, um die monotonen Aufgaben zu übernehmen. In seiner Beschreibung eines gewöhnlichen Designprozesses griff er Pólyas Terminologie auf: „Dieser Designprozess entwickelt sich ungefähr folgendermaßen: Zu Beginn hat der Gestalter beim Design einer Vorrichtung oder eines Systems (sei es ein Filmprojektor, ein Flugzeug, ein Auto oder ein Kriegsschiff) keine klare Vorstellung von dem, was er machen will", so Coons. „Er hat nur ein vages Konzept oder überhaupt keines, wie er die Ausführung dieser Aufgabe angehen wird. Insofern ist der Gestaltungsprozess ein Lernprozess, in dessen Verlauf der Gestalter herausfinden muss, was das Problem ist und wie er es lösen kann."[14] Diese ausgefallene Betrachtungsweise, die einen Problemlöser beim Prozess der Offenlegung, der Bewegung vom Unbekannten zum Bekannten sowie der Suche nach Anwendungen für andere Arten von Problemen einbezieht, steht im Mittelpunkt der heuristischen Beweisführung. Für Coons entsteht genau dort Design. „Der typisch menschliche Aspekt des Gestaltungsprozesses ist die Erfindung: das Erfassen von Schemata, die zu Beginn vage, schwach, traumartig sind, und ihre Verdichtung zu etwas Greifbarem, das man betrachten, qualitativ erforschen und quantitativ beurteilen kann", schrieb er.[15] Der Unterschied zwischen Ross' und Coons' Methoden könnte daran festgemacht werden, ob Design als ein „Substantiv" oder ein „Verb" betrachtet wurde. Wie Cardoso Llach schreibt, wurde Design in Ross' ESL-Team „als ein Substantiv verstanden: eine geometrische Vorgabe, die berechnet und tatsächlich hergestellt werden konnte, wenn das Gestaltungsproblem hinreichend in einer formalen [...] Sprache dargestellt wurde. Im Gegensatz dazu war Design für die erfahrenen Gestalter aus der Design and Graphic Division eher ein Verb: eine ergebnisoffene, grundsätzlich menschliche Tätigkeit."[16] Das Substantiv macht die Arbeit des Computers zum fertigen Objekt, wohingegen das Verb den Computer für umfassendere Möglichkeiten zur Kreativität öffnet.

Architektur und Computer

Die Konfliktlinien der Debatte über Architekten und Computerkreativität kamen in vollem Umfang bei der Konferenz „Architecture and the Computer" 1964 zum Vorschein, deren Referenten sich mit den Auswirkungen der digitalen Datenverarbeitung auf Architektur, Ingenieurwissenschaften und verwandte Bereiche auseinandersetzten ▶ Abb. II. Der Computer könne kreativ sein,

II Cover des Tagungsbands *Architecture and the Computer*, zu einer Konferenz, die 1964 am Boston Architectural Center stattfand

behaupteten die Architekten, jedoch nur bis zu einem gewissen Punkt. Ingenieure und Naturwissenschaftler argumentierten hingegen, dass der Computer eine beträchtliche kreative Rolle spielen könne und den Architekten nicht obsolet werden lassen müsse. Was auf dem Spiel stand, war offenkundig: Die Architekten wollten ihren Anspruch auf ihr Fachwissen nicht aufgeben, während die Ingenieure argumentierten, dass Computer bald in der Lage sein würden, mehr kreative Arbeit zu leisten, als dies damals der Fall war. Zu den Referenten gehörten Steven Coons, Ivan Sutherland, Serge Chermayeff, Marvin Minsky sowie Christopher Alexander; von Walter Gropius, der zu krank war, um an der Konferenz teilzunehmen, wurde ein Statement verlesen.

Was kennzeichnete die Architekten im Zeitalter des Computers? Architekten lieferten einen „Ausdruck von kultureller Erfahrung" in der Art und Weise, wie sie Probleme definierten und zu Beurteilungen kamen. Sie untersuchten „visuelle Beziehungen und Phänomene", denen sie mit formalen Begriffen Ausdruck gaben. „Der Architekt ist ein Künstler, dessen Gehirn als ultimativer Computer dient, programmiert durch Jahre der Erfahrung und durch Sensibilität gegenüber optischen Phänomenen", so der Vorsitzende der Konferenz Sanford Greenfield in seiner Einführung. Diese Sinnesschärfung führe zu den möglichen Formen, die ein Architekt definieren würde, und die gewissenhaft geschärfte Intuition des Architekten würde „die ästhetisch korrekte Lösung" ermitteln.[17] Zur Architekturexpertise gehörten Intuition, Einfühlungsvermögen, das Einbeziehen der Sinne, gesellschaftliche und kulturelle Verortung, ästhetisches Gespür, Tradition und Kultiviertheit, die durch Bildung, Ausbildung und Praxis erlangt wurden. Daraus folgte, dass Computer die Rolle des Architekten nicht in Gefahr bringen sollten, solange sie nicht in diese Fachgebiete eindringen und ihre Funktion auf effiziente Problemlösung, Kommunikation, Analyse und Generierung beschränkt bleiben würde. Gleichwohl war es eindeutig so, dass Computer eben doch eine Gefahr für die Position des Architekten darstellten. Warum war das so? In einem System, in dem man davon ausging, dass es die Aufgabe eines Architekten ist, mit einer durch Ausbildung und Praxis geschliffenen Urteilskraft kritisch, analytisch und kreativ zu urteilen, um optischen Phänomenen Gestalt zu verleihen, fand der Computer sehr wohl seinen Platz. Doch wenn die Rolle des

8   Steven A. Coons, „Computer-Aided Design", in: *Design Quarterly* 66/67 (1966), S. 7.
9   Ebd., S. 8.
10 Berühmtheiten aus dem Bereich der künstlichen Intelligenz wie Allen Newell und Marvin Minsky führten die Bedeutung von *How to Solve It* für ihre Arbeit an. Pólyas Buch hat noch heute Einfluss.
11 George Pólya, *How to Solve It. A New Aspect of Mathematical Method*, Princeton (NJ) 1945, S. 113.
12 Ebd.
13 Ebd., S. XVI–XVII.
14 Coons 1966 (wie Anm. 8), S. 7.
15 Ebd.
16 Cardoso Llach 2015 (wie Anm. 4), S. 58.
17 Boston Architectural Center 1964 (wie Anm. 2), S. XI.

Architekten anders definiert wurde, als stärker von Werkzeugen und Praktiken wie Zeichnen und Modellieren bestimmt, dann stellte der Computer durchaus die Expertise des Architekten infrage.

Der Computer erforderte eine Bestandsaufnahme dessen, was Architekturkompetenz ausmacht. Walter Gropius wies den Computern in seinem Eröffnungsplädoyer einen Platz in der Geschichte der Technisierung zu, in dem Sinne, wie dies Sigfried Giedion in *Die Herrschaft der Mechanisierung* entworfen hatte. „Es wird sicher von uns Architekten abhängen, sie vernünftig als Mittel höherer mechanischer Kontrolle zu gebrauchen, was uns eine immer größere Freiheit für den kreativen Gestaltungsprozess verleihen könnte", schrieb er.[18] Was sich Gropius nicht vorstellen konnte, waren die täglichen Anwendungsmöglichkeiten dieses Werkzeugs. Würde es eine neue Art von Architekturausbildung erfordern, basierend auf der Formulierung von Problemen für einen Computer? (Vielleicht schon.) Chermayeff betonte in einem Diskussionsbeitrag nach seinem Mittagsvortrag: „Es ist nicht im Geringsten von Interesse, diese fabelhaften Apparate einzusetzen, um herauszufinden, wie man Dinge tut. Es ist unendlich wichtiger herauszufinden, warum wir überhaupt etwas tun sollten."[19]

Coons machte sich über die Stereotypen lustig, wie Designer und Ingenieure Design betrachteten – und man kann sich gut vorstellen, wie er seinen Kollegen Douglas Ross aufzog: „Ingenieure denken gern, dass der Gestaltungsprozess völlig rational ist, und sie neigen dazu, den kreativen Prozess zu minimieren und zu ignorieren, als wäre er etwas leicht Unmoralisches. Ingenieure ziehen es vor, alle schwarzen Künste, Geisterbeschwörung und die Kunst selbst durch Wissenschaft und wissenschaftliche Methode zu ersetzen", sagte er. „Im Gegensatz dazu verwenden viele Architekten und die Archetypen dieser geschlossenen Gesellschaft – Künstler – das Wort ‚Design' nur für den innovativen, generativen, intuitiven Akt der Erfindung", wobei andere Belange wie Konstruktion, Wärmestrom und Ähnliches ausgespart werden.[20]

Minsky wiederum sah langfristig neuartige Möglichkeiten für Architektur und digitale Datenverarbeitung, welche die Fragen der Konferenz neu ausrichten könnten. „In weniger als 30 Jahren sind Computer vielleicht genauso intelligent wie oder intelligenter als Menschen", sagte er. Maschinen wären in der Lage, Objekte, wenn nicht gar Gebäude vollständig zusammenzubauen (wie wir es heute in der Robotik sehen), Computer würden Scanner zum Lesen von Zeichnungen einsetzen, und all das würde mit großer Geschwindigkeit und geringen Kosten vonstattengehen, prophezeite er. „Bauunternehmer werden sich der Automatisierung beim Bau ebenso stellen müssen wie die Architekten sich der Automatisierung der Gestaltung. Letzten Endes glaube ich, dass Computer eine erhebliche kreative Leistung entwickeln werden."[21] Dieser letzte Satz könnte erklären, warum Minsky die Architektur als zielführend und nützlich für Probleme künstlicher Intelligenz empfand. Wenn Kreativität auf Kommunikation und Analyse treffen, würden neue Formen der Interaktion mit Computern entstehen – was J. C. R. Licklider 1960, nahezu fünf Jahre vor der Konferenz „Architecture and the Computer", als „Mensch-Computer-Symbiose" bezeichnet hatte. Licklider schrieb: „Die Hoffnung ist, dass in nicht allzu vielen Jahren menschliche Gehirne und Rechenmaschinen ganz eng miteinander gekoppelt werden und dass die daraus resultierende Symbiose so denken wird, wie kein menschliches Gehirn jemals gedacht hat, und Daten auf eine Weise verarbeiten wird, die die Informationsverarbeitungsmaschinen, wie wir sie heute kennen, nicht erreichen."[22] Dies waren genau die Ideen, die Coons ebenfalls in computergestützte Designsysteme einbauen wollte – und zwar, dass Menschen und Computer zusammenwirken können, um neue Methoden des Schaffens zu entwickeln. Für die Zwecke von ingenieurwissenschaftlichen Forschern in neu aufkommenden Bereichen wie künstlicher Intelligenz würde die kreative Nutzung von Computern durch Architekten und Designer mehr Rechenleistung erfordern – und Leute wie Minsky und Licklider waren ganz begierig, dies voranzubringen.

Sich über Probleme Gedanken machen und andere subversive Ideen

Architektur in Verbindung mit digitaler Datenverarbeitung setzte voraus, dass sie als Problem formuliert werden kann, das es zu lösen galt. Dabei besteht natürlich die Frage, ob „Problem*lösung*" überhaupt die richtige Methode ist. Sollte sich ein Architekt oder ein Designer auf die Suche nach Problemen begeben? Laufen sie

Gefahr, dem Vorurteil zu erliegen, „wenn man einen Hammer hat, sieht alles wie ein Nagel aus"? Stanford Anderson, Professor für Architekturgeschichte am MIT, warnte 1966 davor, dass das Interesse der Architekten an der Problemlösung ein Versuch sein könne, Kritik zu vermeiden und stattdessen den Architekten Möglichkeiten zu bieten, ihre Arbeit rückwirkend zu rechtfertigen. „Die Ideen der Problemlösung, die die Architekten in letzter Zeit interessiert haben, befassen sich entweder mit Problemen, bestimmte Ziele zu erreichen, oder mit Problemen, aus einer Reihe von bekannten Fakten eine Synthese herzustellen", referierte er vor seinen Zuhörern in Cranbrook. „Wegen dieser Merkmale, entweder einer bestimmten Zielorientierung oder einer Herleitung, beschreiben diese Vorstellungen von Problemlösung weder das traditionelle Verhalten der besten Architekten, noch sind sie anwendbar auf die gegenwärtige Problemlage der Architektur."[23] Warum also statt Problemlösung nicht vielmehr „Problem-Grübelei" („problem-worrying"), wie Anderson es nannte? Denn die Gestaltungsprobleme für Menschen in der gebauten Umgebung passen nicht ohne Weiteres in vorgegebene Zielorientierungen. „Wenn diese Interpretation der architektonischen Problemsituation zutreffend ist, wird jede Problemlösungstechnik, die sich auf eindeutige Problemdefinitionen oder eine klare Zielorientierung stützt, die betreffenden menschlichen Absichten verfälschen", fuhr er fort.[24] Die Arbeit des Architekten unterscheide sich stark von der eines Ingenieurs und passe folglich nicht zu den meisten Methoden der computerbezogenen Problemlösung. Design in eine solche Form einzupassen würde bedeuten, es von dem zu trennen, was ein Architekt während des gesamten Designprozesses lerne. Induktion liefere keine adäquaten Daten, argumentierte Anderson, und „der Prozess des kreativen Designs ist künstlich vereinfacht, damit er systematischer betrachtet werden kann".[25] Andersons Problem-Grübelei könnte dem zweiten Schritt, „Ausarbeitung eines Plans" in *How to Solve It*, näherstehen – denn, so Anderson, „das überzeugendste und flexibelste verfügbare rationale System besteht darin, der kreativen Person freie Hand zu lassen, sofern sie verantwortungsbewusster, vernünftiger und sensibler Selbstkritik und öffentlicher Leistungskontrolle und Kritik unterliegt [...]. Die Verbesserung von architektonischer Bildung und Praxis setzt eine erbarmungslose rationale und vernünftige Kritik voraus, die sich über das Problem ‚den Kopf zerbricht' und ein besser definiertes Problem anstrebt – hauptsächlich ein besseres Problem – und somit auch ein Verhältnis von Problem und Form anstrebt, das der Kritik widerstehen kann."[26] Könnte das Grübeln über Probleme einer kritischen Betrachtung der Architektur als Teil des Entwurfsprozesses eine neue Rolle zuweisen, wie sie Coons und andere untersuchten? Vielleicht würde dies Möglichkeiten für architektonische Kompetenz und Reflexion beinhalten, die anderenfalls in den computergestützten Designsystemen verloren gehen könnten. Es wäre immer noch notwendig, Problemlösungsmethoden für Designprobleme zu verwenden, doch Problem-Grübelei würde andere Designideen herauskitzeln, selbst wenn dieses Grübeln sie nicht lösen könnte.

Cedric Price sowie John und Julia Frazer unterwanderten, inspiriert durch und in Zusammenarbeit mit dem Kybernetiker Gordon Pask, die Fragen nach dem, was computergestütztes Design in der Lage sein sollte zu tun.[27] Sie formulierten stattdessen eine andere Herausforderung: Wie könnte ein Computer das Verhältnis zwischen Designer/Architekt und dem Designprozess verändern? Wie könnten diese Unterwanderungen dazu dienlich sein, nicht nur das zu verändern, was gestaltet werden könnte, sondern auch das, was den Designprozess insgesamt ausmachen könnte? Price war der Meinung, dass Architektur zufällig, anpassungsfähig und nicht festgelegt sein sollte. Obwohl er keine computergestützten Designprogramme einsetzte, berücksichtigte er Ideen aus Kybernetik und

18 Boston Architectural Center 1964 (wie Anm. 2), S. 41.
19 Ebd., S. 48.
20 Ebd., S. 26.
21 Ebd., S. 45.
22 J. C. R. Licklider, „Man–Computer Symbiosis", in: *IRE Transactions on Human Factors in Electronics* HFE-1 (1960), S. 4.
23 Stanford Anderson, „Problem-Solving and Problem-Worrying", Vortrag, Architectural Association London, März 1966, und ACSA, Cranbrook, Bloomfield Hills (MI), 5.6.1966, S. 1.
24 Ebd., S. 2.
25 Ebd., S. 6.
26 Ebd., S. 14.
27 Eine längere Abhandlung von Cedric Price' Generator und über sein Technikinteresse findet man in: Molly Wright Steenson, *Architectural Intelligence. How Designers and Architects Created the Digital Landscape*, Cambridge (MA) 2017.

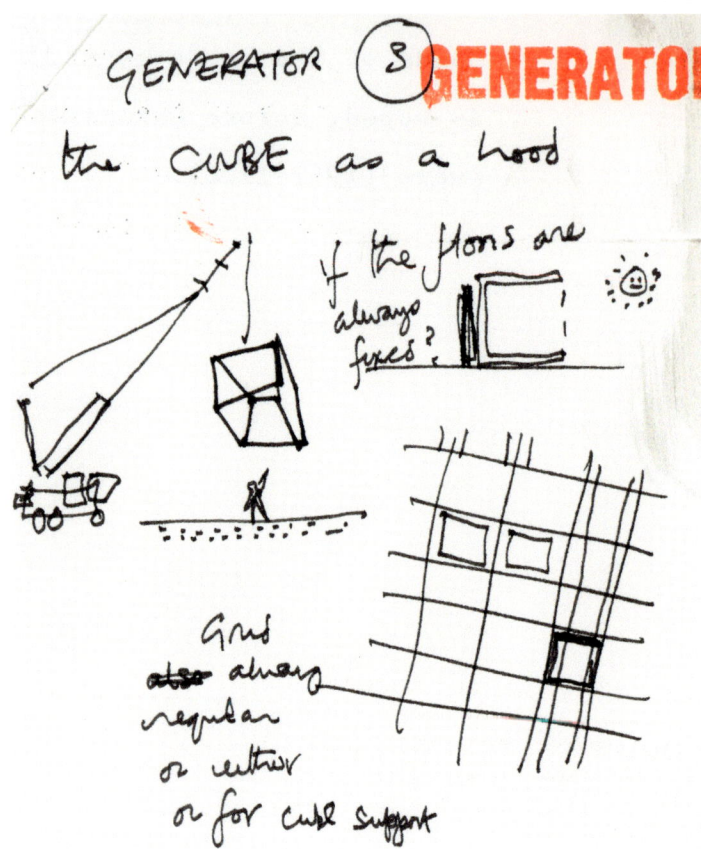

III Cedric Price' Skizze für das Generator-Raster und mobile
Kräne, die einzelne Würfel bewegen sollten, 1976–1980

Informationssystemen in seinen Projekten, um Möglichkeiten zu einem stetigen Wandel in der Architektur und des Lernens für ihre Nutzer zu fördern. Wie Royston Landau schrieb, setzte Price Technik ein, um zu provozieren: Der Zweck von Technik war, „an der architektonischen Debatte teilzunehmen, vielleicht durch Mitwirkung, Streitgespräch oder die Fähigkeit zu schocken".[28] Diese Themen waren fest in Price' Schaffen und einer großen Bandbreite an Projekten verankert, darunter der Fun Palace, eine große kybernetische Architektur als Rahmen für Freizeitaktivitäten und Theater, die er zusammen mit der Theaterregisseurin Joan Littlewood entwarf; Oxford Corner House, ein viergeschossiges Nachrichten- und Informationszentrum mit hydraulischen Böden im Zentrum Londons; Generator, das als erstes intelligentes Gebäude angepriesen wurde; und das Inter-Action Centre, das ab 1973 errichtet und 2003 abgerissen wurde. Ungeachtet dessen, dass Price' Faxgerät angeblich nie funktionierte, diente seine Einbeziehung der Informationstechnologie dazu, die Möglichkeiten für Architektur und Interaktion zu erweitern.

Price' Generator-Projekt (1976–1979) stellte dieses Konzept auf die Probe. 1976 wurde Price von dem Papierunternehmer und Kunstmäzen Howard Gilman mit dem Entwurf eines Kunstzentrums im Norden Floridas beauftragt. Bestehend aus einer Reihe von Würfeln auf einem Gitter mit einer Größe von jeweils circa vier mal vier Metern, die durch mobile Kräne bewegt werden konnten, sowie einem Satz an Elementen, darunter Schranken und Gehwege zur Bewegung und für Begegnungen, war Generator ein immer wieder neu kombinierbares Architekturprojekt, das es seinen Nutzern gestattete, sich entsprechend den von ihnen gewünschten Aktivitäten umzuentscheiden ▶ Abb. III–IV. Doch wie würde man die Nutzer von Generator dazu ermutigen, Veränderungen daran vorzunehmen?

Zwei Jahre nach Projektbeginn warb Price 1978 John und Julia Frazer in ihrer Funktion als Programmierer/Architekten an, um sich dieser Herausforderung zu stellen. Sie schlugen eine Folge von Computerprogrammen und Mikrocontrollern vor, die an die Teile des Generators angeschlossen werden sollten, um die Gestaltung neuer Pläne zu unterstützen: ein Inventarisierungs- und ein Architektenprogramm, die zusammen den Status der

Generator-Elemente und deren Kombinierbarkeit kannten, sowie ein Baukasten zur realen Modellierung, der den jeweils aktuellen Plan auf einem Bildschirm grafisch darstellte und zeichnete (was die Frazers als „intelligenten Bierdeckel" bezeichneten). „Das Computerprogramm ist nicht bloß ein passives computergestütztes Designprogramm und wird auch nicht einfach nur dazu eingesetzt, um bei der Organisation des Plans zu helfen, sondern wird dazu verwendet, aktiv ständige Veränderung und Anpassung an wechselnde Erfordernisse zu fördern [...]. In gewissem Sinne kann das Gebäude buchstäblich als ‚intelligent' beschrieben werden", schrieben die Frazers.[29]

Zu diesem Zweck schlugen sie das „Boredom-Program" („Langeweile-Programm") vor. Im Fall, dass die Nutzer des Generators keine entsprechenden Veränderungen gefordert hätten, sollte der Generator aus seinen vorangegangenen erfolgreichen Programmen lernen und in einer frühen architektonischen Anwendung maschinellen Lernens mit „unaufgeforderten Plänen und Verbesserungen" aufwarten. Das Boredom-Program ist eine Referenz auf Pasks Musicolour-Maschine, die mit Bewegung und Licht auf einen Musiker reagierte, der darauf spielte. Wenn die Musik zu repetitiv wurde, langweilte sich die Skulptur und reagierte nicht mehr. Ganz ähnlich sollte sich Generator neu gestalten, wenn seine Nutzer allzu zufrieden waren. Langeweile, die normalerweise als die passivste aller Reaktionen betrachtet werden kann, avancierte zum Anstoß für Veränderung, und die Tatsache, dass die Langeweile von Generator Veränderung in Gang setzen konnte,

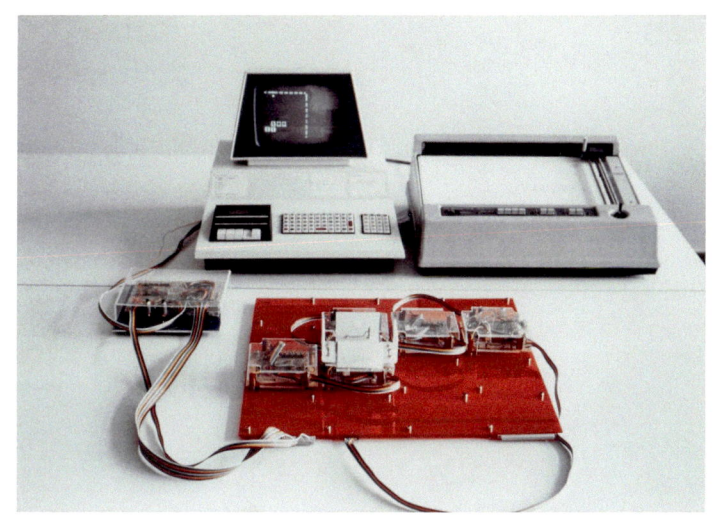

IV   John und Julia Frazer, elektronisches Modell des
Generators mit seinen vier Programmprototypen, 1979

bewies seine Intelligenz. „Es wurde die Auffassung vertreten, dass Generator nicht ausschließlich von den Nutzern abhängig sein sollte, um die Reorganisation des Plans einzuleiten, sondern einen eigenen Kopf haben sollte", schrieben die Frazers.

Generator ist eine Herausforderung in einer Welt von Programmen, die die Ansagen ihrer Nutzer erfüllen. „Wenn man ein System tritt, ist das Mindeste, was man erwarten würde, dass es zurücktritt", schrieben die Frazers an Price.[30] Intelligenz bedeutet nicht nur Langeweile, sie bedeutet auch Standpunkt, Reaktionsfreudigkeit, Gegenmaßnahme. John Frazer fügte einem Brief an Price einen handschriftlichen Nachtrag zur Zielsetzung des Projekts an: „Du schienst vorauszusetzen, dass wir nur dann nützlich sind, wenn wir Ergebnisse hervorbringen, die du nicht erwartet hast [...]. Ich glaube, dies führt zur Definition von digitalen Hilfsmitteln im Allgemeinen. Ich denke noch darüber nach, aber in der Zwischenzeit lässt sich festhalten, dass eine Sache, die man von jedem halbwegs ordentlichen Programm erwarten würde, die ist, dass es zumindest einen Plan produzieren sollte, den du nicht erwartet hast."[31] Intelligenz und Kreativität bedeuten, das Unerwartete und Überraschende zu erzeugen – etwas, was weder Mensch noch Computer vorhergesehen haben könnten.

Fazit

Wie soll der Computer Kreativität beeinflussen, und was ist der Rolle des Architekten inhärent? Sollte der Computer nur eine fest definierte Funktion erfüllen? Würde er die Einzigartigkeit eines menschlichen Schöpfers zerstören?

Ich denke dabei an Masahiro Mori, der 1970 in einem Artikel darüber, was geschieht, wenn Roboter oder andere Gestalten den Menschen auf unheimliche Weise zu nahe stehen, den Begriff „Uncanny Valley" (etwa: Gruseltal) prägte. Wir mögen diese Gestalten bis zu einem bestimmten Punkt, doch wenn sie zu ähnlich sind, finden wir uns selbst in diesem unheimlichen Tal wieder. Die Pointe seiner Argumentation war nicht nur, dass wir lernen sollten, Roboter zu entwerfen, zu denen die Menschen eine Affinität haben, sondern auch, dass Roboter ein Spiegelbild unserer selbst sind. „Wir

sollten eine akkurate Karte des Gruseltals zu erstellen beginnen, sodass wir durch die Robotikforschung verstehen können, was uns menschlich macht", schrieb er.[32] In der Untersuchung der Rolle von Kreativität und Computern in der Architektur komme ich auf diese Idee zurück. Wenn wir den Kern kreativer Interaktion in der digitalen Datenverarbeitung freisetzen wollen, dann müssen wir überdenken, was uns überrascht und was uns herausfordert – damals im Jahr 1959 wie heute im Jahr 2020. An diesem Schnittpunkt des Unheimlichen und des Furchterregenden – das System, das den Stoß an uns zurückgibt – liegen die Fragen der Intelligenz. Wer sind wir, wenn wir mit einem Computer interagieren? Welche Fragen werfen unsere Designsysteme darüber auf, wer wir sind, sowie über unsere Kreativität? Dies sind die Funken der Intelligenz, die lange vergangene Produktionszyklen von Hardware und Software oder kommerzielle Versionen und Upgrades überstehen. Es geht darum, was uns zu Architekten und Designern macht – und was uns zu Menschen macht.

28 Royston Landau, „A Philosophy of Enabling", in: *The Square Book*, hrsg. von Cedric Price, London 1984, S. 11.

29 John Frazer an Cedric Price, 11.1.1979, Generator-Dokumentationsblatt, DR1995:0280:65 5/5, Cedric Price Fonds, Montreal, Canadian Centre for Architecture.

30 Ebd.

31 Ebd.

32 Masahiro Mori, „The Uncanny Valley: The Original Essay by Masahiro Mori", in: *IEEE Spectrum*, 12.6.2012, www.spectrum.ieee.org/automaton/robotics/humanoids/the-uncanny-valley (27.2.2020).

Reptile Flexible Enclosure System

*John Frazer, Richard Parkins
(Programmierer), Francisco Guerra
(Assistenz und Programmierung)*

1966—1973

SOFTWARE
programmiert in FORTRAN mit Maschinen-
codeunterprogrammen für Atlas-Computer,
Autographics Autoplan

HARDWARE
Cambridge-Atlas-Titan-Computer,
PDP7-Minicomputer, Stiftplotter

ZWECK DER SOFTWARE
automatisiertes Entwerfen

Das Reptile Flexible Enclosure System war ein früher Versuch, ein parametrisches und biologisch inspiriertes, evolutionäres Gestaltungssystem für Architektur zu entwickeln. John Frazer hatte an der Architectural Association in London Architektur studiert. Während dieser Zeit – im Jahr 1966 – begann er mit alternativen Entwurfsmethoden zu experimentieren, die den Einsatz von Computern einbezogen. Seine Absicht war, den damals üblichen Entwurfsprozess an Zeichenbrettern und durch Modellbau in einen Prozess zu transformieren, der mehr Freiheit bei der architektonischen Formfindung ermöglichte. Dies könne, so seine Meinung, mittels Computermodellierung und Simulation erreicht werden. Die von ihm konzipierten Methoden können als rechnerische Adaption der natürlichen Auslese betrachtet werden – ein sich wiederholender Prozess des Erschaffens und der Anpassung, dessen Ergebnis von Selektion und Verbesserung durch mehrfache Wiederholungen des gleichen Prozesses abhängig ist. Frazer veröffentlichte 1995 eine Monografie zu seinem Werk mit dem Titel *An Evolutionary Architecture*, in der er seine Ideen zusammenfasste; sie kann als Vorläufer dessen betrachtet werden, was später unter dem Begriff parametrisches oder algorithmisches Entwerfen bekannt wurde.

Das Reptile Flexible Enclosure System (*rep-tile*, von „repeated tile", auf Deutsch: „wiederholte Fliese") war ein früher Versuch, mit computerisierten Entwurfsmethoden zu arbeiten. Die Grundlage für diese Methode war ein anpassungsfähiges System, das aus einer Anfangsgeometrie, einer konstruktiven Einheit, bestand, die so angeordnet war, dass sie eine erste räumliche, als Keim bezeichnete Form bildete. Mit diesem Keim führte ein Computerprogramm geometrische Operationen durch, um die Struktur wachsen zu lassen, indem es neue Einheiten hinzufügte oder bereits existierende löschte. Das Programm ordnete und änderte die Anfangsgeometrie in einer virtuellen dreidimensionalen Umgebung. Die ordnenden Operationen waren Befehle, die aus fünf ganzen Zahlen bestanden, welche der Computer interpretierte, um ihre Position in Bezug auf die bereits existierenden Strukturen festzulegen. Jede Einheit konnte auf 18 unterschiedliche Arten gedreht werden. Für einen Prozess, der heute in weniger als einer Sekunde von einem Computer berechnet werden kann, brauchte man den Atlas-Titan-Hochleistungscomputer der Cambridge University, um in den 1960er-

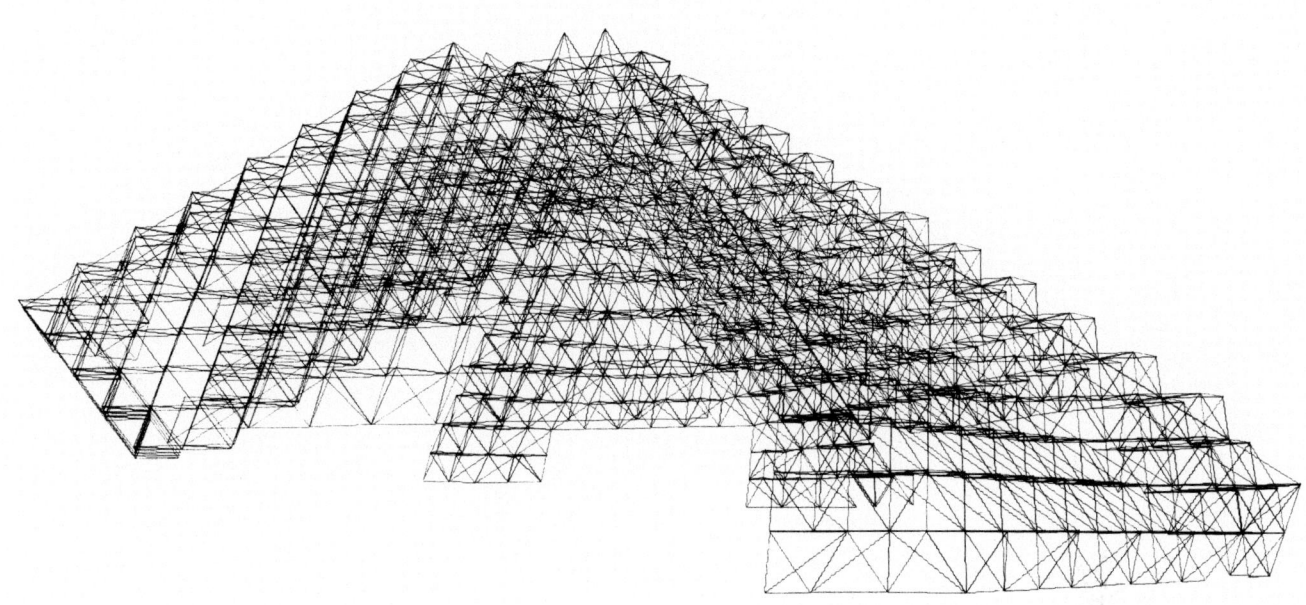

I   Perspektivische Ansicht des Entwurfs einer Sporthalle, entwickelt mit dem
     Reptile Flexible Enclosure System, 1970

Jahren das Reptile Flexible Enclosure System
zu berechnen. Zur Visualisierung der Gestaltung wurden die finalen Zeichnungen bei
Glen Computing in London mit Stiftplottern
gedruckt.—*Philip Schneider*

Frazer, John: *An Evolutionary Architecture*, London 1995. ● Pisca, Nicholas:
„Forget Parametricism", in: Leach, Neil / Yuan, Philip (Hrsg.): *Computational Design*,
Schanghai 2018, S. 43–48.

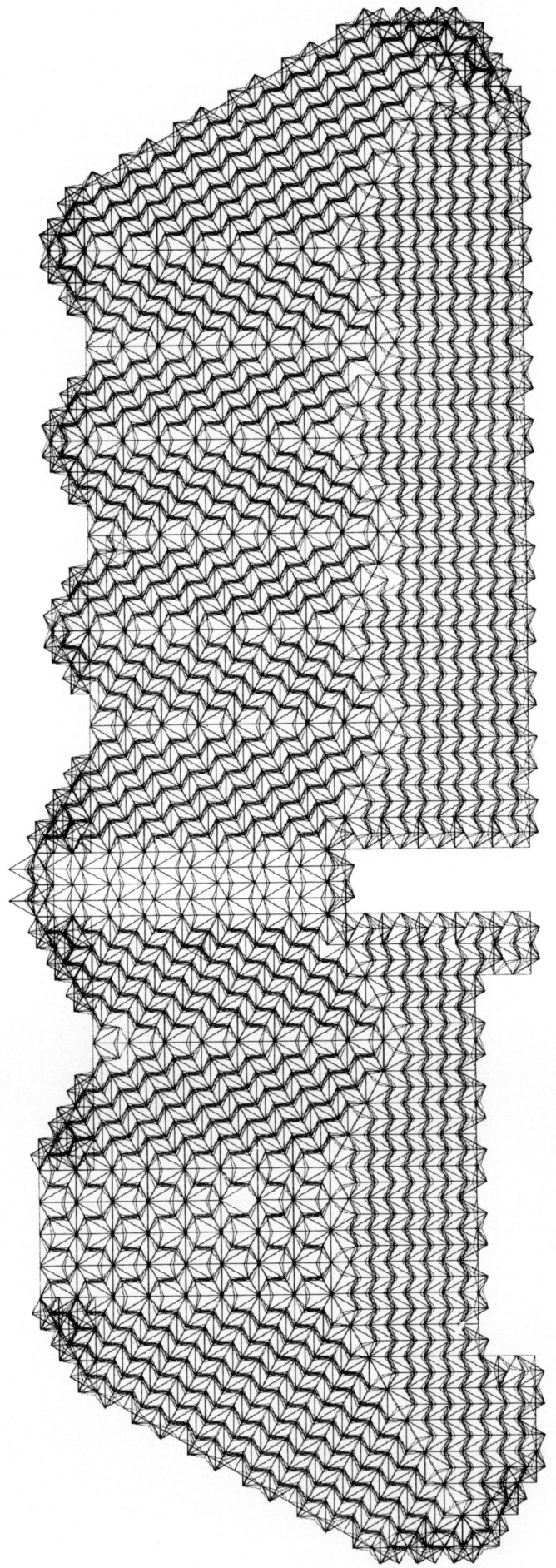

II   Dachstruktur unter Verwendung des Reptile Flexible Enclosure System

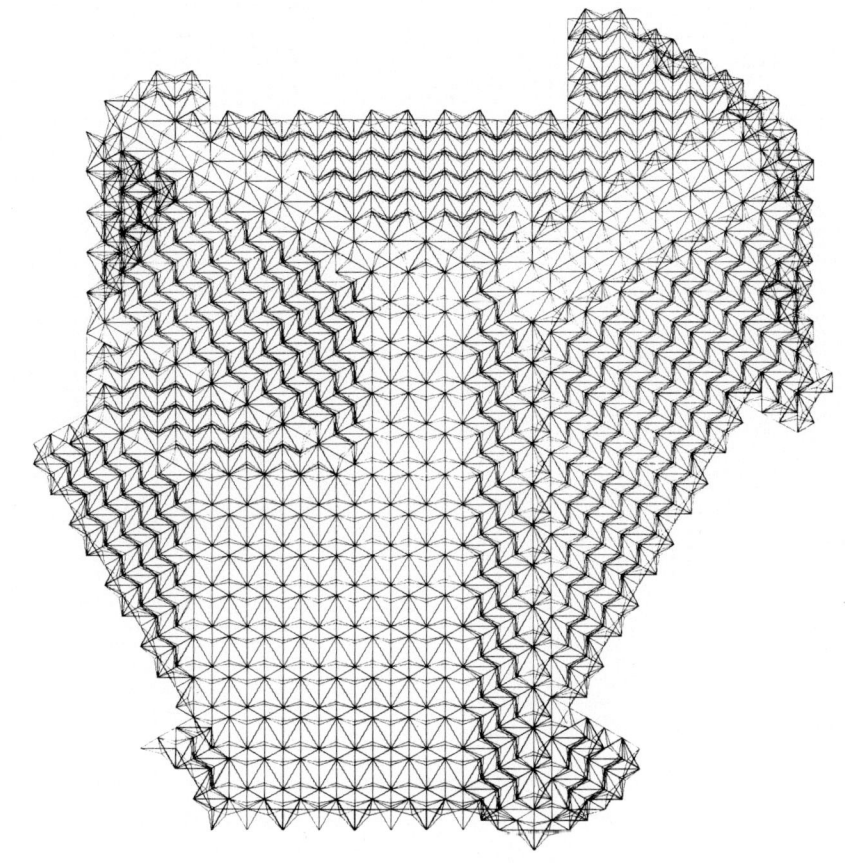

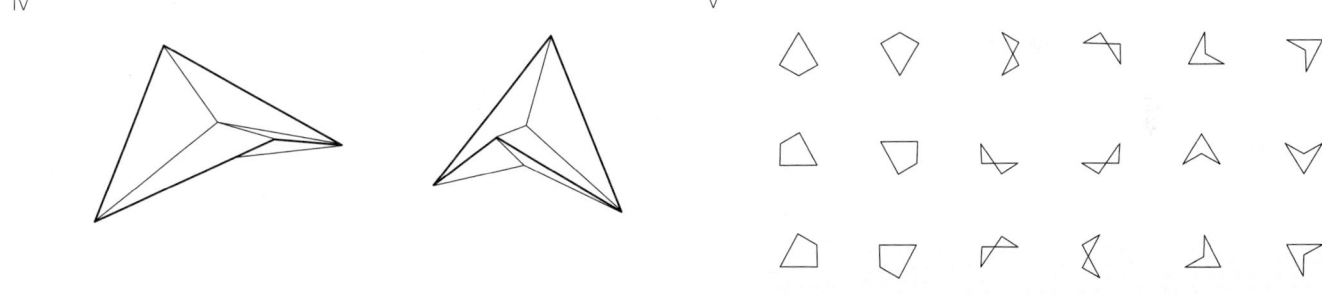

Siemens CeBIT-Pavillon

Ludwig Rase und Georg Nees
(Siemens Designabteilung),
Jost Clement (Statik)

1969—1970

SOFTWARE
projektbezogene Software, geschrieben
in ALGOL (Siemens AG)

HARDWARE
Siemens-4004-Großrechner (BS1000),
Graphomat Z90

ZWECK DER SOFTWARE
Formfindung, Zeichnung

Der Siemens CeBIT-Pavillon für die Hannover-Messe 1970 war das erste realisierte Bauwerk in Deutschland, dessen Entwurf mithilfe eines Computers entstand. Der involvierte Großrechner wurde mit dem Slogan „Siemens 4004 entwirft Messestand" beworben. Erstmals, so die etwas übertriebene Botschaft, hatte ein Elektronenhirn einen architektonischen Entwurf generiert und eine bislang dem Menschen vorbehaltene schöpferische Leistung vollbracht. Die eigentlichen kreativen Köpfe hinter dem Pavillon waren Ludwig Rase, Ausstellungsarchitekt bei Siemens, sowie Georg Nees, Leiter des Siemens-Rechenzentrums in Erlangen und Computergrafik-Pionier. Das übergeordnete Konzept des Pavillons folgte dem Credo Ludwig Rases, die komplexe Welt der Technik leichter begreiflich zu machen. Ein Computerrechenwerk glich damals einem geschlossenen Schrank, dessen Leistungsfähigkeit dem Betrachter verborgen blieb. Um sie erlebbar zu machen, sollte sich die Ausstellung in „Gesamtaufbau und Innenarchitektur dem technischen Geist der Exponate anpassen".[1]

Die wesentlichen baulichen Vorgaben des Pavillons waren eine Fläche von 1.100 qm, ein Obergeschoss für Besprechungen, ein Treppenhauskern, eine flexible, wiederverwendbare Konstruktion, werksseitig vorgefertigte Bauelemente und eine Grundform, die zwei Sitzgruppen aufnehmen konnte. Rase entschied sich für einen Systembau aus Stahlstützen und Deckenelementen sowie für das Sechseck als Grundform, da es eine große Variantenzahl erwarten ließ. Nach diesen Festlegungen schrieb Georg Nees das Computerprogramm. Der Computer kam in mehreren Phasen des Entwurfs zum Einsatz. Die erste war die Grundrissfindung, das sogenannte Strukturdesign. Der Computer erzeugte eine Vielzahl von Varianten, die Rase sichtete. So wurden die optimale Größe, Form und Anordnung der Elemente bestimmt. In der zweiten Phase war der Rechner Konstruktionshilfe. Das Programm konnte sowohl Einzelelemente als auch die Gesamtstruktur perspektivisch darstellen. Mittels dieser Darstellungen überprüfte Rase die Konstruktion. Die dritte Phase war die Visualisierung. Die computergenerierte Perspektive demonstrierte die Rechnerleistung für das Produktmarketing in Kunstdrucken und Plakaten. Ihre Wirkung wurde durch einen extremen Blickwinkel verstärkt. Generiert „mit vergrößertem Höhenfaktor", erscheint die Konstruktion schlanker und höher, als sie es

I   Realisierte Elemente

in der Realität war. Nach Abschluss des Projekts erklärte Rase, dass er den Messestand ebenso ohne Computer hätte entwerfen können, doch sah er ihn als „Probelauf" für die Zukunft der Gestaltung komplexer Strukturen. In den folgenden Jahren setzte das Team Rase/Nees weitere Systembauprojekte mit computergestützten Entwurfs- und Visualisierungstechniken um, darunter einen Ausstellungspavillon in São Paulo.—*Heike Werner*

1 Ernst Margonday und Ludwig Rase, „Von der Produktdarbietung zur Multi-media-Schau – Messen und Ausstellungen im Dienste der Technik", in: Dankwart Rost (Hrsg.), *So wirbt Siemens*, Düsseldorf/Wien 1971, S. 192. ● Rase, Ludwig: „Konstruieren mit Hilfe des Computers", in: *Deutsche Bauzeitung*, Oktober 1970, S. 848–849. ● Rase, Ludwig / Nees, Georg: „4004 entwirft Messestand", in: *Siemens Data Report*, 5, 1970, S. 2–7. ● Rase, Ludwig: „Computerdesign für Raum und Fläche", in: *NOVUM Gebrauchsgraphik*, August 1972, S. 48–56. ● Rase, Ludwig: „Künstliche Kunst. Computer-Grafik – Plastik – Architektur – Lasergrafik", in: Blumenberg, Jürgen (Hrsg.): *Jahrbuch 1975. Technische Universität München*, München 1976, S. 76–92.

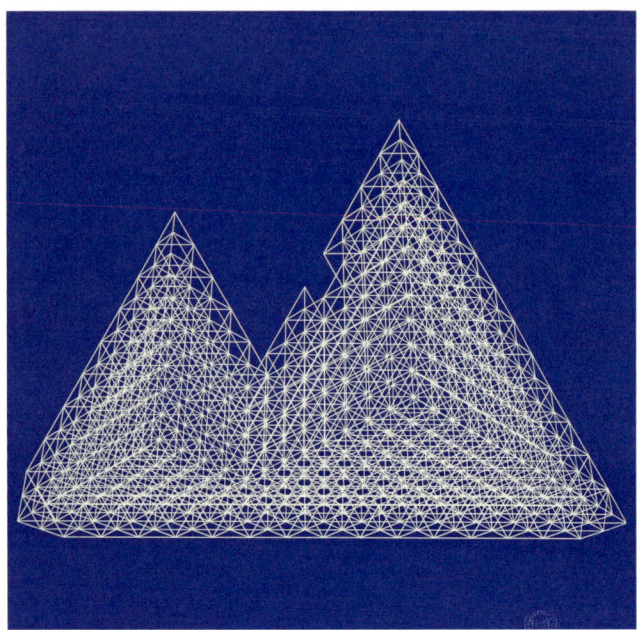

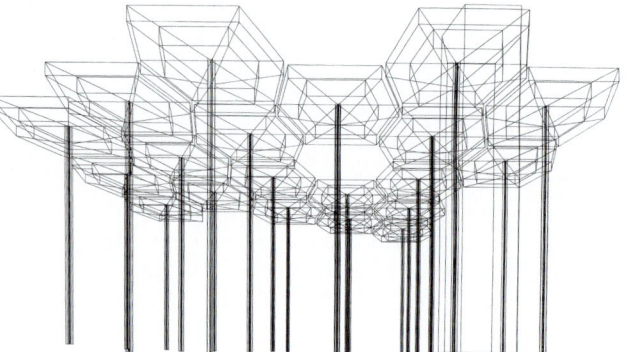

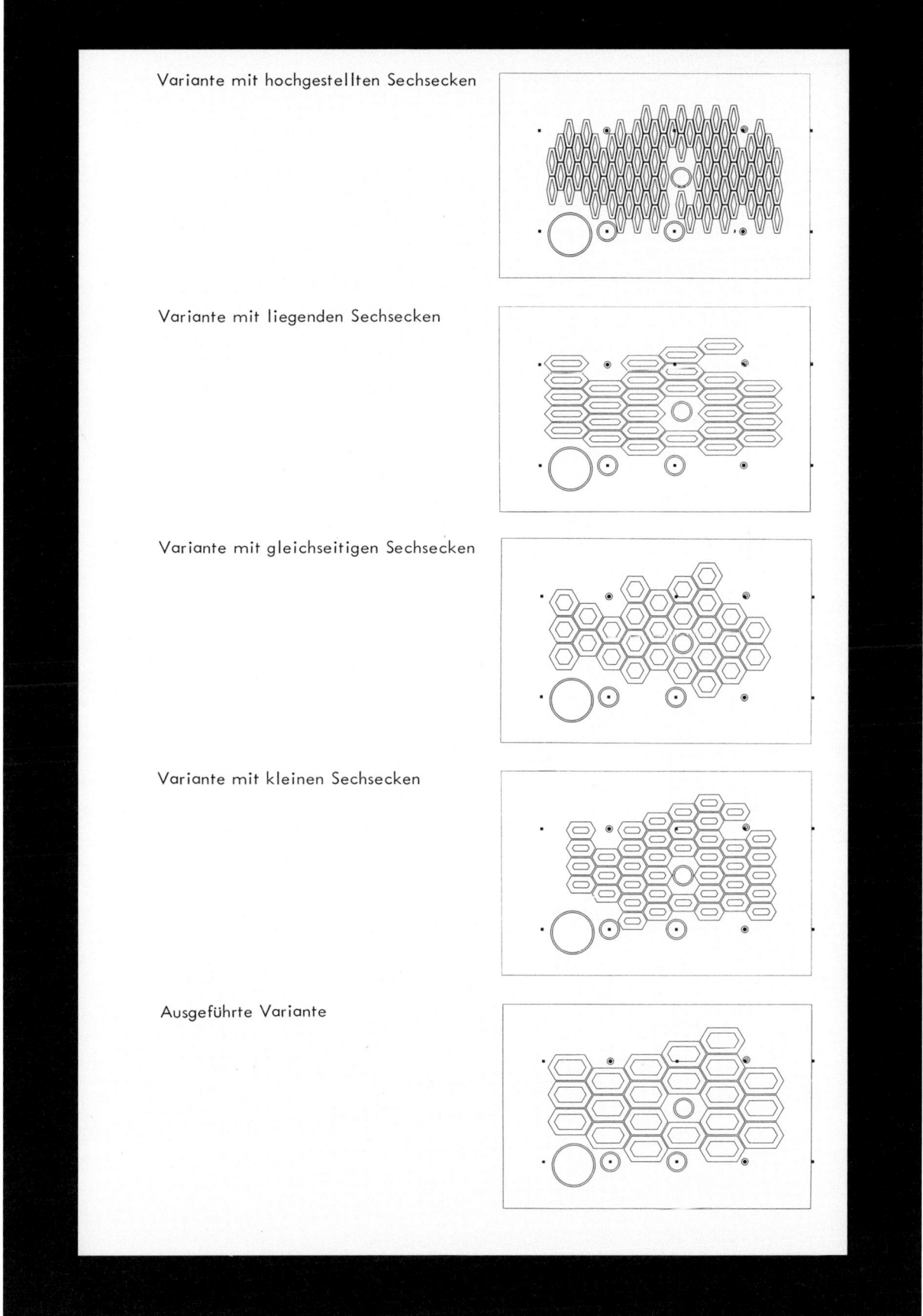

Variante mit hochgestellten Sechsecken

Variante mit liegenden Sechsecken

Variante mit gleichseitigen Sechsecken

Variante mit kleinen Sechsecken

Ausgeführte Variante

II   Struktur des Pavillons in São Paulo
III Perspektive des Gesamtschemas
IV   Grundrissvarianten des Pavillons, ausgeführt wurde die unterste

RESOWI Center

Manfred Wolff-Plottegg

1985

SOFTWARE
Skript in FORTRAN

HARDWARE
VAX-Computer

ZWECK DER SOFTWARE
Entwurf

Manfred Wolff-Plotteggs Entwurf für das RESOWI Center in Graz ist ein früher Versuch, Grundrisse automatisch von einem Computer generieren zu lassen. Wolff-Plottegg leitet seit 1983 ein Büro in Graz und war 1994/95 der erste Professor für CAD an der TU München. Im Jahr 1985, als generatives Design noch kein Begriff war, experimentierte Plottegg an einem VAX-Rechner an der Universität Graz mit Algorithmen, die autonom einen Entwurf für ein neues Fakultätsgebäude generieren sollten. Das Projekt war ein Vorstoß im computergestützten Entwurf eines vollständigen Wettbewerbsplans. Die vom Computer generierte Architektur führte Plottegg in späteren Texten und Projekten, unter anderem *Das binäre Haus*, weiter aus. Die Algorithmen für das RESOWI Center basierten auf Rechtecken mit zufällig gewählten Proportionen, Drehwinkel und Ort innerhalb des Maximalvolumens. Sie wurden mittels eines Zufallsgenerators erstellt, eingefügt und als Räume extrudiert. Bei Überlappungen wurden die Räume zusammengefasst und um die überlappende Fläche vergrößert. Die Ansichten, Axonometrien und Perspektiven wurden als 2½-D-Zeichnungen erstellt und bedienten sich der Ästhetik der damals vorherrschenden Wireframes. Das Projekt war aufgrund der damaligen Hardware auf eintausend Linien begrenzt. Zahllose Variationen des Grundrisses wurden auf Endlosdruckpapier gedruckt und weiterbearbeitet. Nachdem diese Algorithmen Erschließung, Belichtung, räumliche Qualität wie auch die Synchronisation der Stockwerke nicht einschlossen, war für die finale Auswahl und Weiterbearbeitung des Entwurfs weiterhin der menschliche Architekt zuständig. Aus diesem Grund stellen die Algorithmen eine wichtige ideelle, jedoch keine direkte technische Grundlage für heutige Ansätze zu generativem Grundrissdesign dar. Wolff-Plotteggs Entwurf erhielt eine Anerkennung im Wettbewerb. Bereits vor diesem Entwurf hatte er mit Morphing-Techniken experimentiert, unter anderem für *Hybrid Architektur* (1981). Weitere Experimente mit zufällig generierten Entwürfen waren die Grundlage für seinen Wettbewerbsbeitrag für den Urnenfriedhof in Graz (1985), bei dem ein Script Varianten der Verteilung von Grabplatten erzeugte, die im Maßstab eines Pixels frei auf der zur Verfügung stehenden Fläche verteilt wurden. —*Julian Trummer*

Wolff-Plottegg, Manfred: *Architektur Algorithmen*, Wien 1996. ● Wolff-Plottegg, Manfred: *Plottegg – Architecture Beyond Inclusion and Identity Is Exclusion and Difference from Art*, Basel 2015.

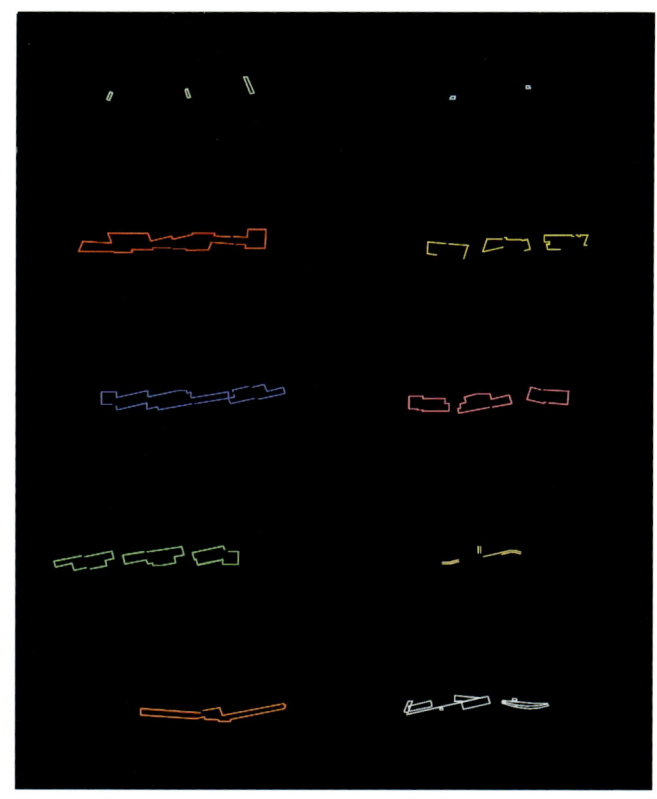

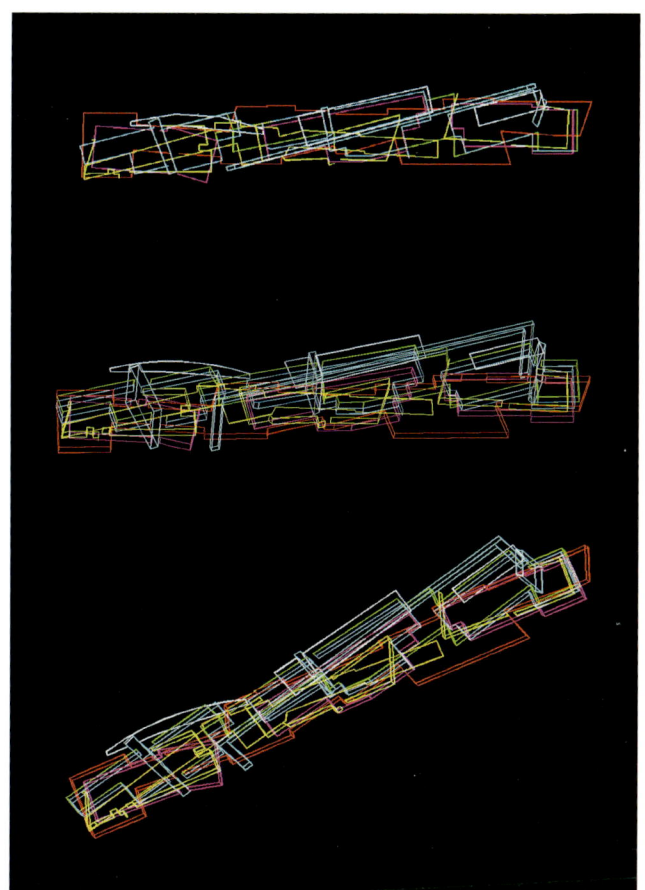

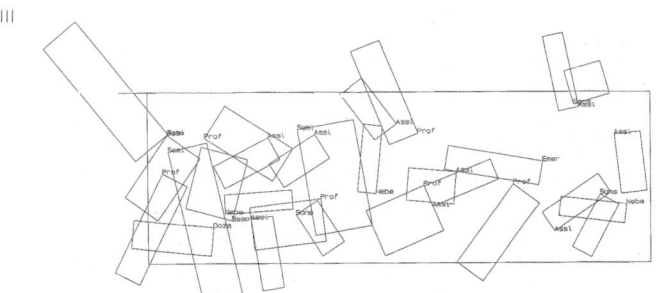

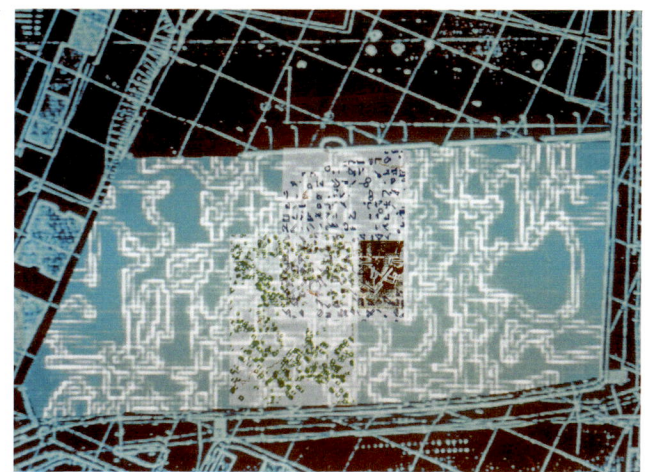

I Einzelne Ebenen des Gebäudes
II „Extrudierter" Aufriss des RESOWI Center
III Finaler generierter Grundriss
IV Zufällige Verteilung von Grabplatten für den Urnenfriedhof in Graz

BMW Bubble

*Bernhard Franken mit ABB Architekten,
Bollinger + Grohmann Ingenieure*

1991—1999

SOFTWARE
Wavefront Explorer, Rhinoceros, Maya, CATIA,
AutoCAD, RSTAB

HARDWARE
Silicon-Graphics-O2-Computer (Irix 6.5/Unix)

ZWECK DER SOFTWARE
Formfindung

BMW Bubble war eine der ersten digital entworfenen Blob-Architekturen und wurde 1999 auf der Internationalen Automobilausstellung (IAA) in Frankfurt vollmaßstäblich realisiert. Bereits während seines Studiums der Architektur an der Technischen Universität Darmstadt von 1988 bis 1996 begann Bernhard Franken mit digitalen Werkzeugen zu Gestaltungszwecken zu experimentieren. 1995 war er Gastkünstler am zur Städelschule in Frankfurt gehörenden Institut für Neue Medien, wo er Zugang zu Animationssoftware erhielt, die ursprünglich zum Einsatz beim Filmemachen entwickelt worden war. Seitdem verwendet Franken nicht mehr herkömmliche Gestaltungsmethoden wie Skizzen oder Modelle, sondern arbeitet ausschließlich am Computer. BMW Bubble ist sein erster Entwurf eines parametrisch gestalteten Gebäudes und wurde in Zusammenarbeit mit ABB Architekten realisiert.

Der Entwurf basierte auf der Simulation zweier Wassertropfen, die sich aufeinander zubewegen, wodurch eine Form entstand, die später unter dem berühmten Namen „Blob" bekannt werden sollte. Ein Algorithmus in der Software Explorer simulierte das Verhalten von Wasser zur Findung einer finalen Mastergeometrie, die als Referenz für alle weiteren Tests am digitalen Modell diente. Der von Wavefront Technologies entwickelte Explorer und der PowerAnimator von Alias wurden die Grundlage für das bekannte Animationsprogramm Maya, das 1998 auf den Markt kam und es dem Nutzer ermöglicht, Formen entsprechend festgelegten Regeln zu verändern und zu morphen. Nachdem die Mastergeometrie abgeschlossen war, analysierte man mit Rhinoceros die gekrümmte Hülle der BMW Bubble und erstellte dann mit Maya Renderings. 2-D-Zeichnungen wurden mit AutoCAD und Bauzeichnungen der Außenhaut mit CATIA angefertigt. Die Ingenieure Bollinger + Grohmann verwendeten RSTAB zur Visualisierung der Krümmung und zur Analyse der finiten Elemente. Ein kleines, in 3-D gedrucktes Modell – eines der ersten, die für ein Architekturprojekt hergestellt wurden – produzierte BMW intern, da die Stereolithografie in den 1990er-Jahren zu kostspielig für Architekturbüros war. Ein größeres Konstruktionsmodell wurde direkt aus den Daten des digitalen Modells mit einer CNC-Fräse hergestellt.

Der temporäre Pavillon war aus 305 einzelnen Plexiglasscheiben und 3.200 gefrästen Formteilen zusammengesetzt, die unter Verwendung des digitalen Modells maschinell gefertigt worden waren. Nach seiner ersten

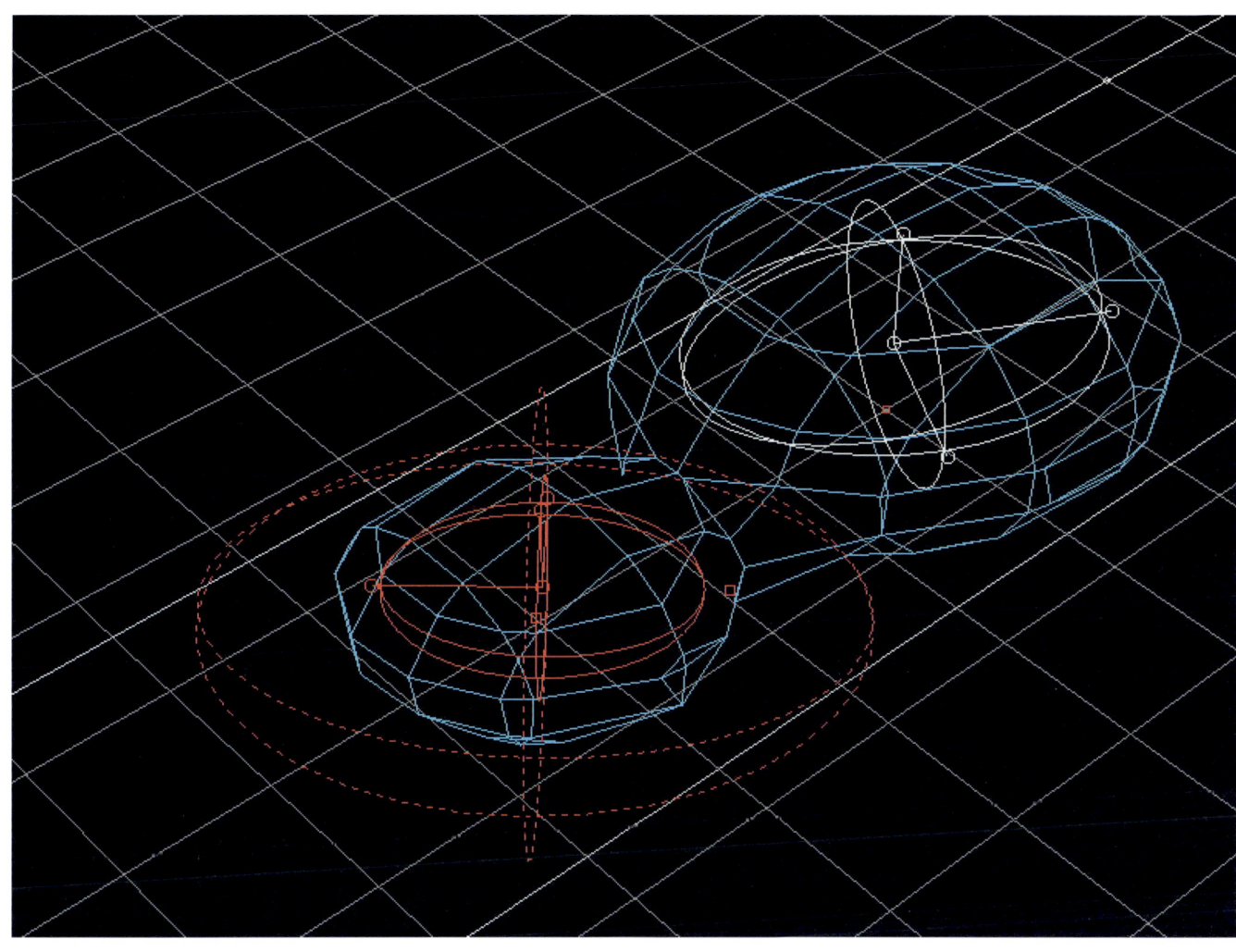

| Finale Mastergeometrie in Wavefront Explorer

Installation in Frankfurt wurde der Pavillon anlässlich der Expo 2000 in München als Tanz-club wiederaufgebaut. 2005 wurden die auseinandermontierten Teile vernichtet. — *Teresa Fankhänel*

Franken, Bernhard: „Pavillon auf der IAA", in: *Arch+*, Nr. 148 (Oktober 1999), S. 72–75. ● Franken, Bernhard: „Parametrischer Entwurf und digitale Kontinu-ität", in: *Baumeister*, April 2001, S. 36–37. ● Michel, Matthias: „Bubble. BMW setzt auf Wasserstoff", in: *CAD News*, Nr. 6 (2000), S. 8–10. ● Morgan, Conway Lloyd: *Franken Architekten. Spatial Narratives*, Ludwigsburg 2008, S. 8–21.

II   Visualisierung des Kurvenmoments in RSTAB durch Bollinger + Grohmann Ingenieure

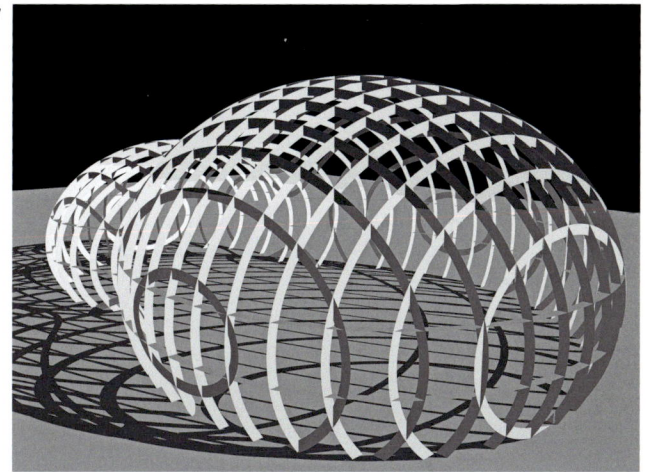

III Von BMW hergestelltes 3-D-Modell
IV Rendering der Konstruktion in Maya
V   Pavillon auf der IAA in Frankfurt

Victoria and Albert Museum
Spiral Extension

Daniel Libeskind, Cecil Balmond,
Francis Archer, Daniel Bosia,
Arup Advanced Geometry Unit

1996—2004

SOFTWARE
Vectorworks, form·Z

HARDWARE
Dell Personal Computer

ZWECK DER SOFTWARE
Formfindung

Die „Falte" kam seit dem Erscheinen von Gilles Deleuze' *Le Pli* in den 1990er-Jahren in der Architektur in Mode und beeinflusste Architekten wie Daniel Libeskind, Peter Eisenman und Greg Lynn, die sich oft neuer Architektursoftware für ihre Entwürfe bedienten. Libeskind beschäftigt sich in seinem Œuvre mit Ordnung und Unordnung in der Architektur. Gültige Sehgewohnheiten sollen durch Eingriffe in die Fassade, Verschiebungen von Gebäudeteilen und die Errichtung von Fragmenten gebrochen werden. Dies findet sich auch in der Konstruktion des Erweiterungsbaus für das Londoner Victoria and Albert Museum, bestehend aus einer durchgehenden, sich in die Höhe schraubenden und freitragenden Außenwand. Das Gebäude mit seiner glatten, spiralförmigen Außenhaut, das auf traditionelle Fassadengliederung verzichtet, funktioniert konstruktiv durch die Drehung um eine immer wieder gebrochene Zentralachse. Die Fassade ist bedeckt mit „fractiles" – ein Wortspiel aus dem mathematischen Begriff „fraktal" und „tile", dem englischen Begriff für Fliese. Die komplexe Fassadenoberfläche besteht aus der ständigen Wiederholung von drei Fliesentypen und lehnt sich an die Idee von Fraktalen an, die aus selbstähnlichen, immer gleichen Formen

in verschiedenen Maßstäben zusammengesetzt werden. Der Entwurf wurde mit vielen Handzeichnungen und Faltmodellen aus Papier in enger Zusammenarbeit mit dem Ingenieur und Künstler Cecil Balmond erarbeitet. Die analoge Vorarbeit diente Balmond als Grundlage für die weitere Entwicklung mithilfe des Computers auf der Suche nach einem zugrunde liegenden mathematischen Prinzip für eine nicht lineare Spirale ohne festes Zentrum. Darüber hinaus sollten sich alle Wände an unterschiedlichen Punkten schneiden, um einen stützenfreien Innenraum zu erhalten. Mithilfe des Computers entstand die geknickte Spirale durch die Rotation einer langen, dreidimensionalen Wandabwicklung, die in verschiedenen Winkeln gestaucht oder in die Länge gezogen ist. Bei diesem Prozess entstand am Ende ein digitales Modell, das dem originalen analogen Modell nahekam. Sowohl für die Grundidee als auch für das Erkennen des Ergebnisses brauchte es allerdings den menschlichen Architekten, da die Maschine nicht entscheiden konnte, wann das Werk vollbracht war: „Woher soll der Computer wissen, wann er aufhören soll, und was hat das eigentlich mit dem zu tun, was uns gefällt?" Das Computermodell wurde anschließend für statische Berechnungen

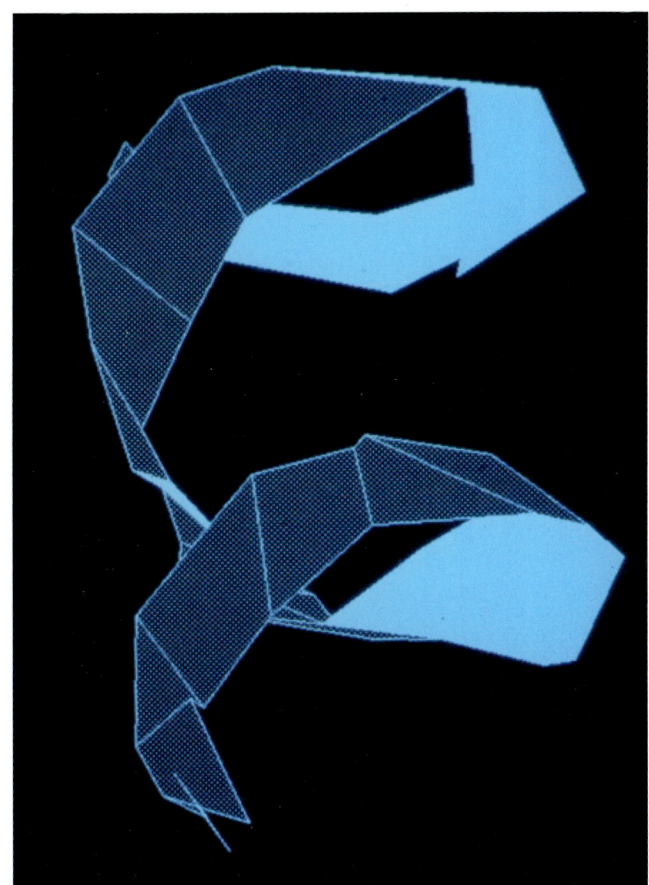 

I–II Rotation der Wandabwicklung in unterschiedlichen Winkeln

benutzt, die – ausgedruckt und auf das analoge Modell geklebt – die enge Verbindung zwischen digitalem und analogem Entwerfen verdeutlichen.—*Laura Altmann*

Forster, Kurt: *Daniel Libeskind. radix-matrix*, München 1997. ● Nerdinger, Winfried, et al. (Hrsg.): *Konstruktion und Raum in der Architektur des 20. Jahrhunderts*, München 2002. ● Balmond, Cecil / Smith, Jannuzzi: *informal*, München 2007. ● Goldberger, Paul: *Counterpoint Daniel Libeskind*, Basel 2008.

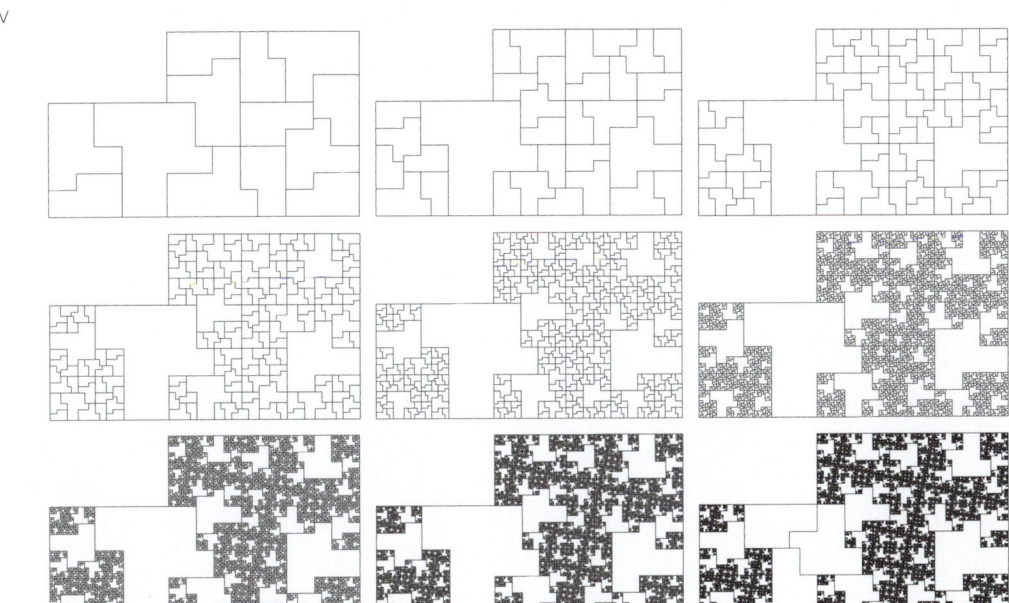

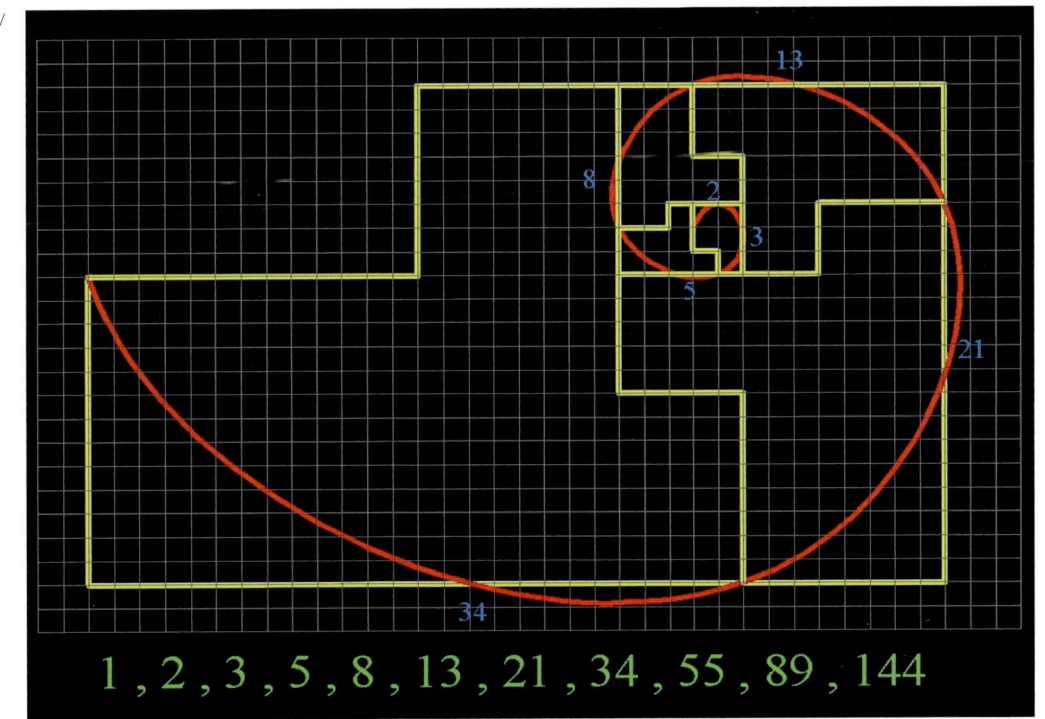

III Modell des Erweiterungsbaus
IV Fractiles auf der Fassade
V Goldener Schnitt als Grundlage der Fractiles

Dunescape

SHoP Architects

2000

SOFTWARE
Rhinoooros

HARDWARE
PC, Microsoft Windows

ZWECK DER SOFTWARE
Formgenerierung, Bauzeichnungen

Dunescape, das Gewinnerprojekt der ersten Ausgabe des jährlich stattfindenden Wettbewerbs MoMA/PS1 Young Architects Program (YAP), war eine temporäre, von SHoP Architects entworfene Installation. Seine Hauptkonstruktion umfasste 6.000 einzelne Elemente aus 2 × 2 Zoll breitem Zedernholz, deren Länge zwischen 2,44 und 3,66 Metern variierte. Während die Architekten den Entwurf als einen „Stadtstrand" ansahen, der die Rekordhitze des Jahres 2000 in New York mildern sollte, lassen frühe Skizzen erkennen, dass das Projekt als eine Gelegenheit verstanden wurde, mit topologischen Verfahren und individualisierter Massenanfertigung zu experimentieren. Durch das Verschieben der Knotenpunkte eines fiktiven Netzes, das den Boden des Skulpturenhofs des PS1 bedeckte, generierte SHoP eine Geometrie sich überlappender Oberflächen, deren Veränderung eine künstliche Landschaft erzeugte, wo man in den Badeanzug schlüpfen, waten, faulenzen, klettern und sich bräunen konnte. Gregg Pasquarelli erklärte es folgendermaßen: „Wir wollten zeigen, wie sich eine einzelne Oberfläche in jede der Funktionen verwandeln kann."[1]

Drei der vier Partner von SHoP hatten sich in den frühen 1990er-Jahren während ihres Architekturstudiums an der Graduate School of Architecture, Planning and Preservation der Columbia University kennengelernt, die damals durch ihre „papierlosen Ateliers" eine Anlaufstelle für das Experimentieren mit dem Einsatz von Computern war. Angesichts des geringen Budgets und der begrenzten Ressourcen des YAP musste SHoP im Jahr 2000 ein neues Verfahren ausarbeiten, um den fließenden digitalen Entwurf in ein gebautes Artefakt zu verwandeln. Dazu teilten die Architekten die durchgehende Oberfläche des 3-D-Modells in eine Reihe von Querschnitten ein, von denen jeder auf ein paar lineare Elemente reduziert werden konnte. Diese Querschnitte, die schon bald den Spitznamen „CAT Scans" erhielten, wurden dann zu vollmaßstäblichen Ausdrucken aufgeblasen, die auf der Baustelle als Plan ausgelegt wurden. Damit konnten ungelernte Arbeiter standardisierte Holzbretter in der Werkstatt des PS1 auf die entsprechende Länge zuschneiden und sie mit 0,9-Meter-Holzschrauben in die jeweiligen Abschnitte der Konstruktion einfügen. Die zum größten Teil in Handarbeit erfolgte Fertigung war weit von einem nahtlosen Übergang vom Digitalen ins Analoge entfernt. Es war jedoch SHoPs Erfindung einer technisch einfachen, aber rationalisierten Umsetzung der Zeichnung in

94   Kapitel 2 — Der Computer als Entwurfswerkzeug

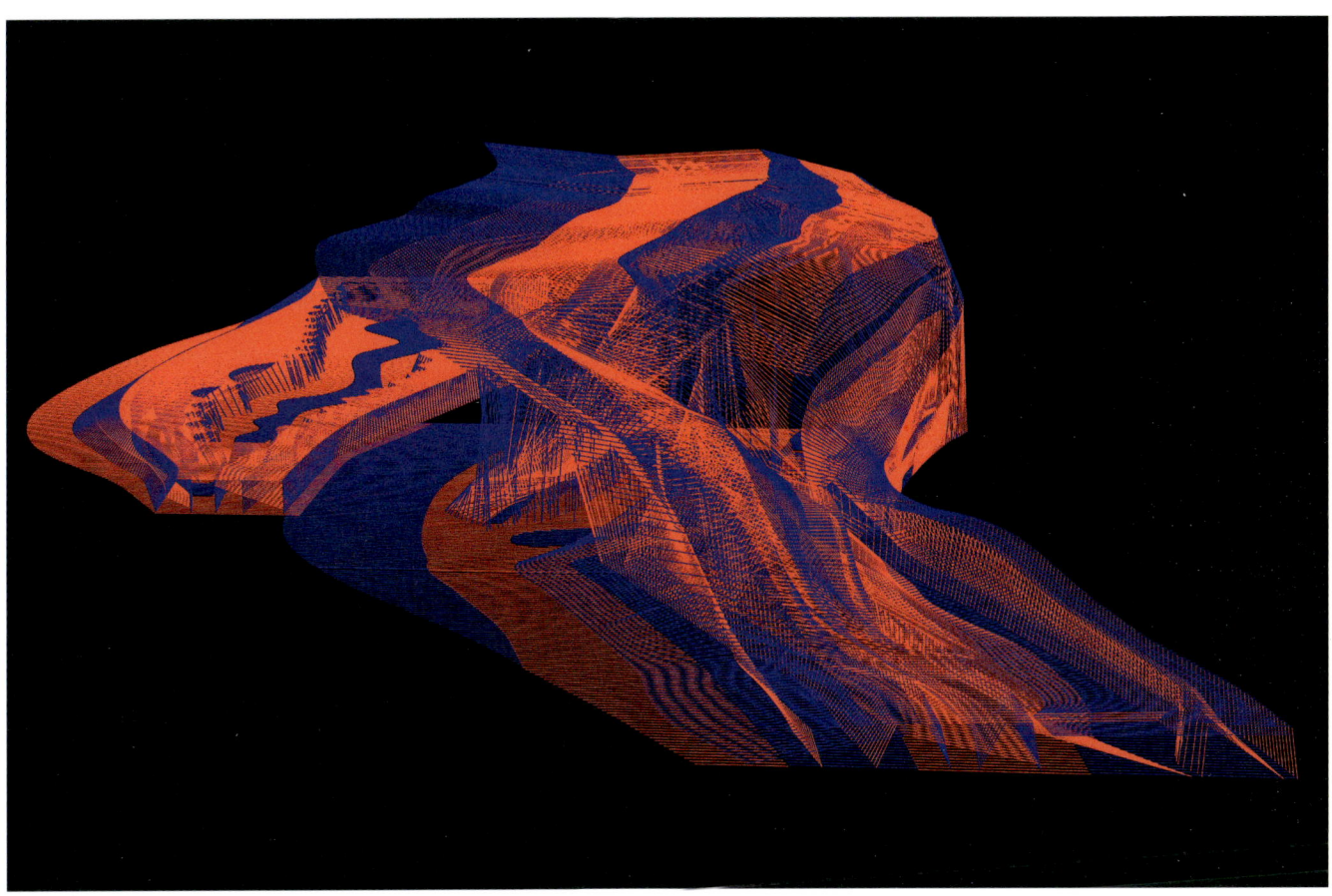

l Axonometrie eines „CAT-Scans", die die Oberflächen der
Konstruktion darstellt

ein Gebäude, die es acht von den Architekten
angeworbenen Studenten ermöglichte, die
1.115 Quadratmeter große Installation in nur vier
Wochen zu montieren.—*Evangelos Kotsioris*

1 Clifford A. Pearson: „Never Swim Alone", in: *Architectural Record* 188, Nr. 8,
2000, S. 59–61, hier S. 59. ● Goldberger, Paul: „Dept. of Recreation Surf's Up
at P.S.1", in: *New Yorker*, 10.7.2000, S. 22. ● Pearson, Clifford: „Never Swim
Alone", in: *Architectural Record* 188, Nr. 8, 2000, S. 59–61. ● Cramer, Ned /
Guiney, Anne: „The Computer School", in: *Architecture*, September 2000,
S. 93–107. ● SHoP, „Eroding the Barriers", in: *Architectural Design* 72, Nr. 5,
September 2002, S. 90–100.

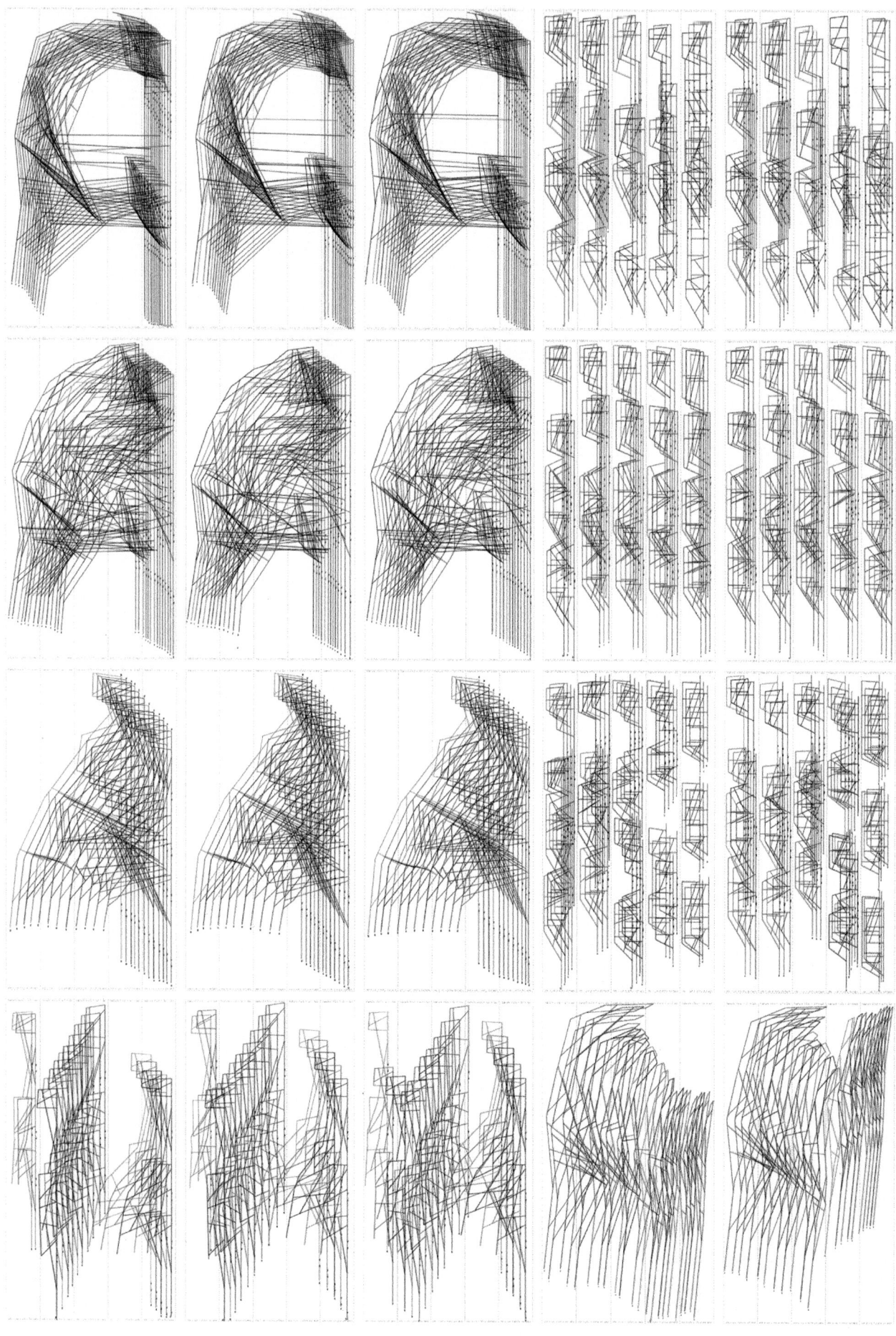

II   Vollmaßstäbliche Baupläne

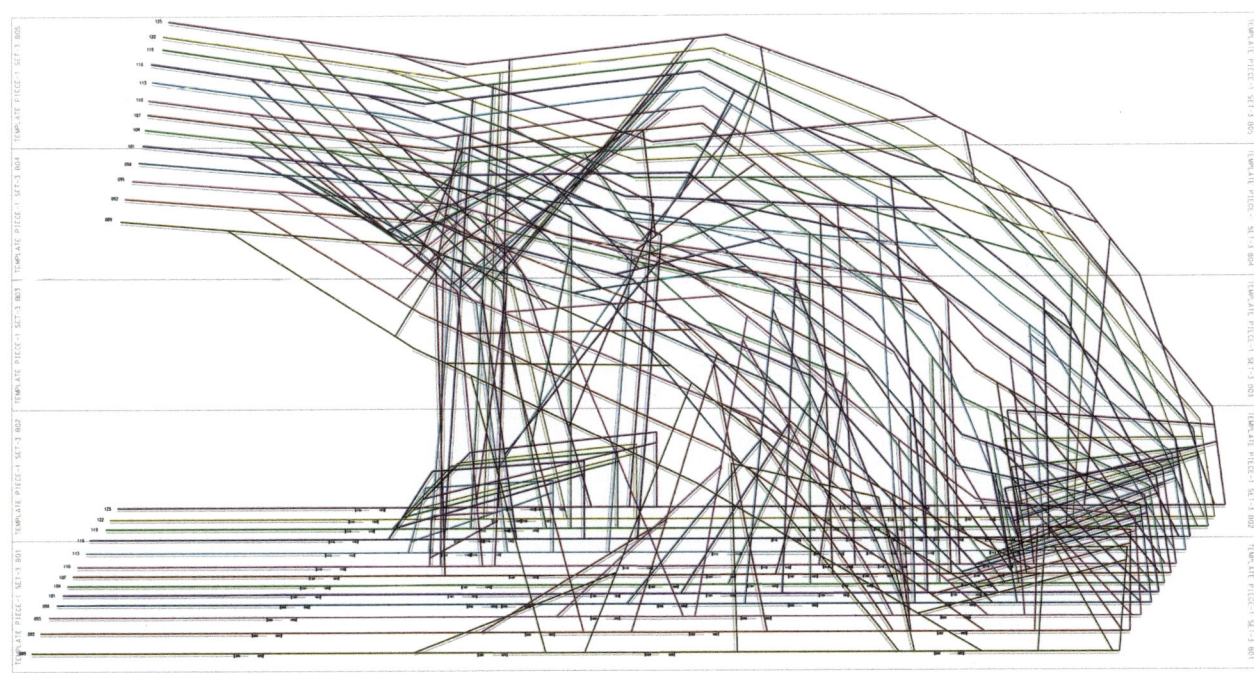

III Vollmaßstäbliche Bauzeichnung des Bereichs mit den „Umkleiden"
IV Vollmaßstäbliche Vorlagen, die für die Konstruktion vor Ort verwendet wurden
V Die Dunescape-Installation in Betrieb

Ark of the World Museum

Greg Lynn

2002—2003

SOFTWARE
Maya

HARDWARE
PC

ZWECK DER SOFTWARE
3-D-Modellierung, Formgenerierung

Greg Lynn, bekannt für seine biomorphen Architekturentwürfe, war durch die Verwendung von Animationssoftware in den 1990er-Jahren ein Pionier im Bereich des computergestützten Designs. Nach seinem Architektur- und Philosophiestudium an der Miami University in Oxford, Ohio, machte Lynn an der Princeton University einen Masterabschluss in Architektur. Während er 1994 sein Büro FORM gründete, schrieb und publizierte er eingehend zu dem Thema CAD und Infinitesimalrechnung – der Theorie von konstant veränderbaren mathematischen Formen – in der Architektur. Das Ark of the World Museum ist eine Auftragsarbeit, ins Leben gerufen durch den Architekten Walter Hidalgo Xirinachs, der ein Zentrum für Ökotourismus, Naturgeschichte und zeitgenössische Kunst im Regenwald von Costa Rica errichten wollte. Ein Ort sowie ein Ausstellungskonzept existierten bereits. Das Gebäude war im Dschungel direkt an der Mündung des Flusses Tárcoles in den Pazifischen Ozean vorgesehen.

Der Entwurf zeigt ein achsensymmetrisches, pilzähnliches Gebäude, das mit einem wellenförmigen Dach aus Blütenblattformen gedeckt ist. Auf einer Seite laufen die Wände als gekrümmte Röhrenformen aus, die einen niedrigen Ausgang des Museums bilden.

Auf der gegenüberliegenden Seite rahmt ein von biomorphen Sonnenschirmen gesäumter Vorplatz den Eingang. Der Bau steht über einem Wasserbecken, dessen Form an eine Mandelbrotmenge erinnert, ein Verweis auf die algorithmische Grundlage des Gebäudes. Entworfen in Maya, einer normalerweise in der Filmproduktion eingesetzten Software für dreidimensionale Modellierung und Animation, war ein flaches langes Rechteck der Ausgangspunkt für die Entwicklung der Form. Aufgerollt zu einer Röhre, wurde es unter Anwendung eines Werkzeugs in Maya namens „blend shape" mittels mathematischer Befehle gedrückt und gedehnt und dann zu einer Kreisform vervierfacht. Die Röhren wurden aufgebläht und kontinuierlich gebogen, bis die Hauptstruktur in groben Zügen gefunden war, und dann ineinandergefaltet. Dann öffnen sich die Röhren wieder zu einer ebenen Fläche und bilden das Dach aus, eine Form, die Greg Lynn und Sanford Kwinter im Rückblick mit dem „Kopf einer Kobra" verglichen. Nachdem die endgültige Form gefunden war, entwickelte Lynn eine Animation, die den eineinhalb Monate langen Modellierungsprozess zusammenfasst, um die wichtigsten Schritte des Entwurfs zu zeigen. Der algorithmische Entwurf entstand so

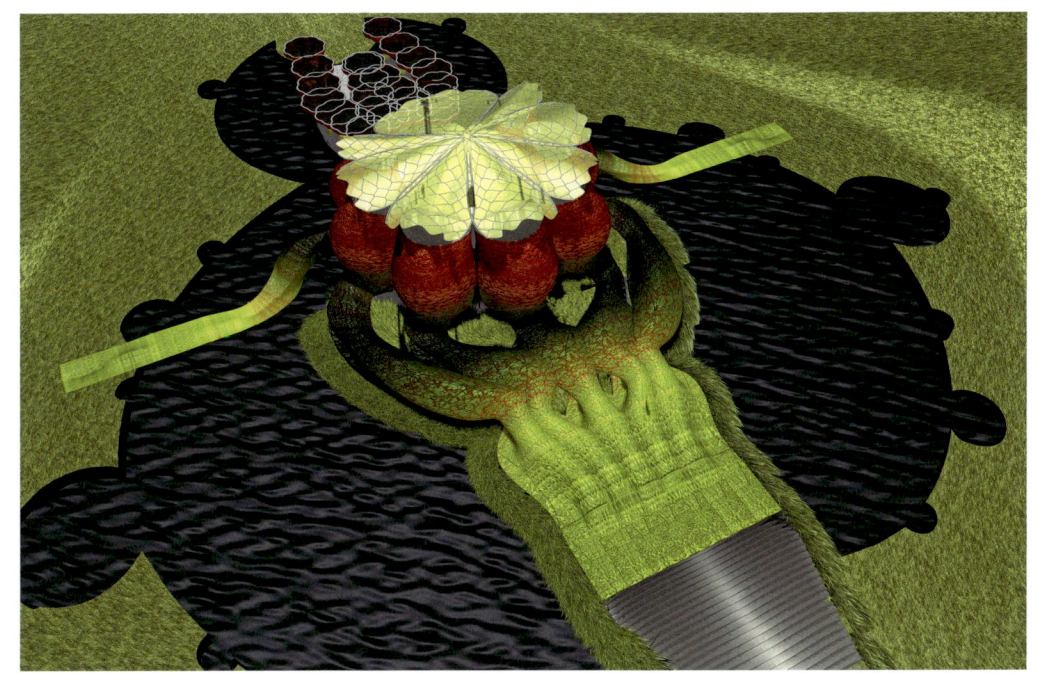

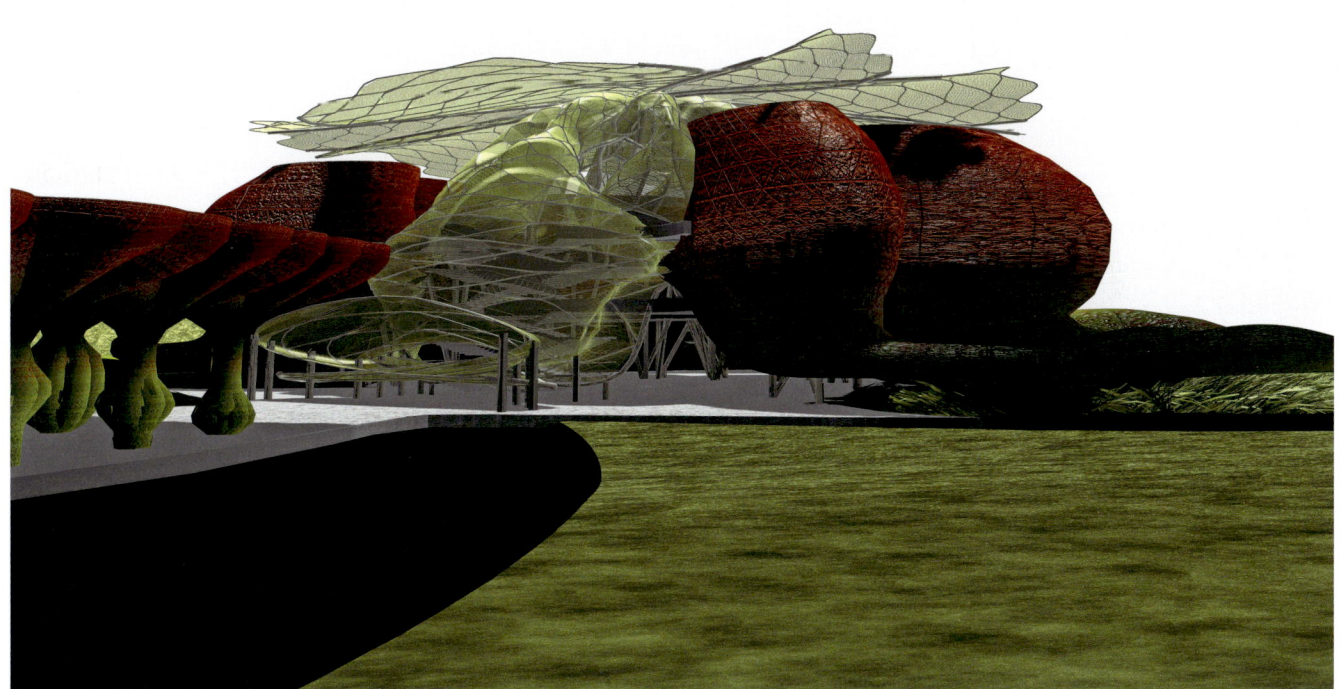

I Blick auf die Umgebung und den rückwärtigen Eingang des Ark of the World
   Museum aus der Vogelperspektive
II Blick auf das offene Erdgeschoss und den Haupteingang

scheinbar zwischen Pause und Wiedergabe, Unterbrechung und Richtungsänderung. Das Experiment endet mit der Kolorierung und Texturierung des digitalen Modells. Die Inspiration entstammt wieder dem umgebenden Dschungel und seinen Bewohnern: Die wie Krokodilleder anmutende Oberfläche ist in den Farben von Papageienfedern gefärbt, um die schrittweise Auffaltung der Struktur nach oben hin darzustellen. —*Sina Brückner-Amin*

Lynn, Greg / Rappolt, Mark (Hrsg.): *Greg Lynn Form*, New York 2008. ● Ednie-Brown, Pia: „On a Fine Line", in: *Architectural Design*, Januar 2013, S. 44–49.

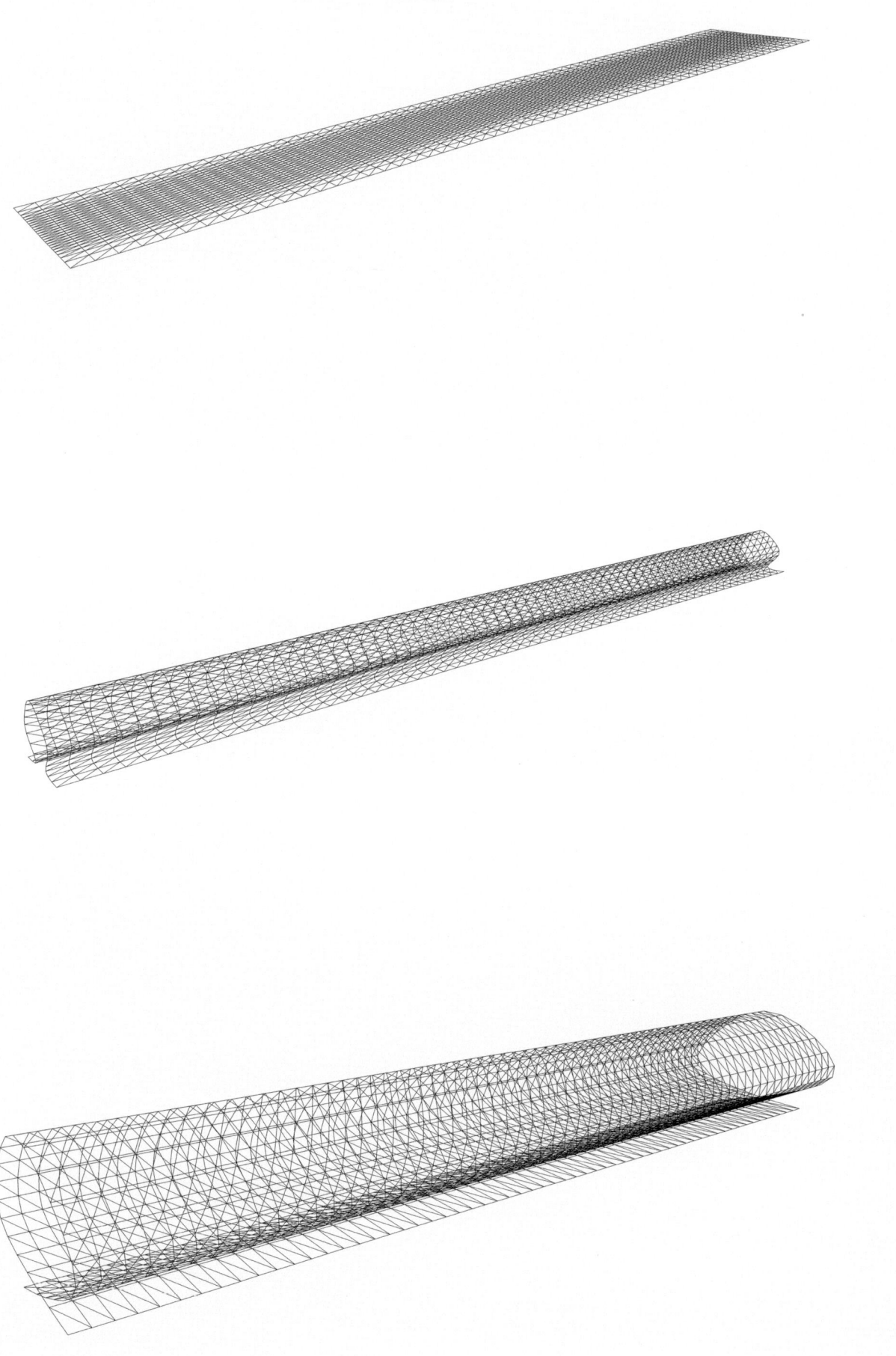

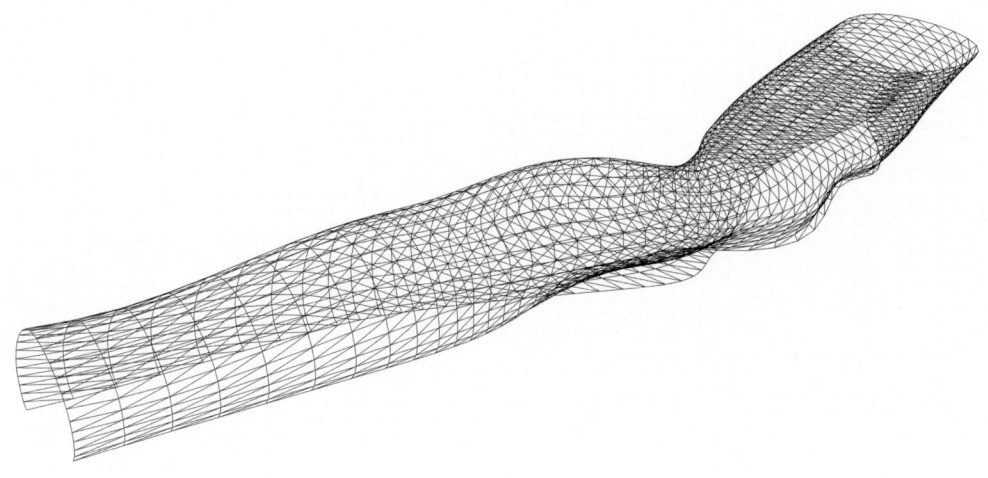

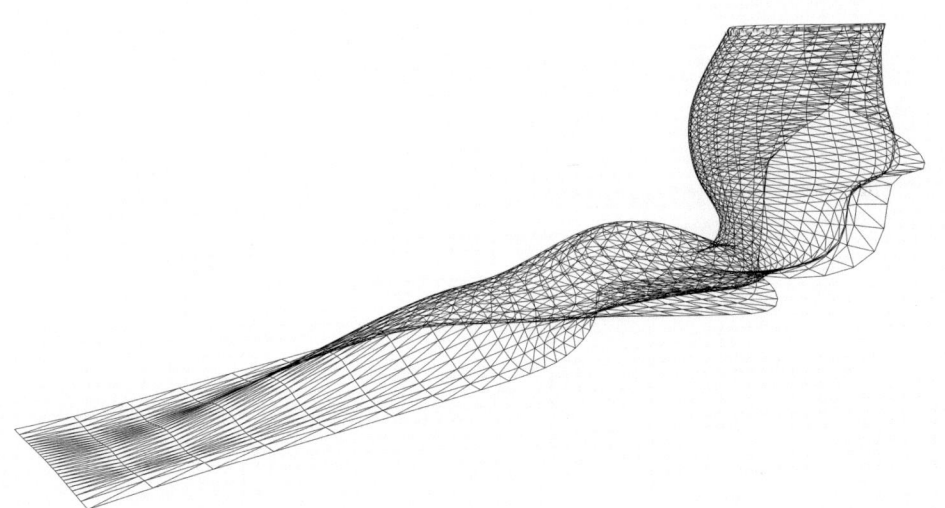

III–IV Stadien der Deformation des Wireframe-Modells

TRUTEC Building

Frank Barkow, Regine Leibinger (Architekten), Martina Bauer, Matthias Graf von Ballestrem, Michael Schmidt, Elke Sparmann, Jan-Oliver Kunze (Projektarchitekten), Chang-Jo Architects, Seoul, Kim Byung-hyun (Architekturbüro Seoul), Schlaich Bergermann und Partner, Stuttgart, Jeon and Lee Partners, Seoul (Ingenieure), Arup, Hongkong, Berlin, Alutek Ltd., Seoul (Fassade)

2005—2006

SOFTWARE
Vectorworks, form·Z

HARDWARE
Apple PowerMac G5, NVIDIA-GeForce-6800-Ultra-DDL-Grafikkarte

ZWECK DER SOFTWARE
Formfindung (Architekten), Konstruktionsdetails, Programmierung der CNC-Fräse (Alutek)

Barkow Leibinger interessieren sich seit den frühen 2000er-Jahren für „diskrete" Elemente im Design und experimentieren mit von biologischen Formen inspirierten Entwürfen wie Waben oder Röhrenstrukturen. Damit zusammenhängend war es das Ziel des Entwurfs für das TRUTEC Building, eine möglichst große Variabilität und Komplexität mit möglichst wenigen Elementen zu erreichen. Das Gebäude entwarfen Barkow Leibinger inmitten des Baubooms, den die 20-Millionen-Stadt Seoul durch das explosive Wachstum der Hightechbranche erlebte. In dem 20.000 Quadratmeter großen Bauwerk sollten europäische mittelständische Unternehmen eine Repräsentanz in der südkoreanischen Hauptstadt erhalten. Fünf Tiefgaragengeschosse und zwölf oberirdische Etagen wurden in nur 18 Monaten Bauzeit im neuen Büroviertel Digital Media City errichtet. Da der Gewerbepark damals noch nicht bebaut war, konnten Barkow Leibinger die umgebende Architektur nicht analysieren. Die in Seoul vielfach vorhandenen gesichtslosen Bürobauten stellten sie mit ihrem Entwurf einer kristallinen Oberfläche trotzdem infrage. Die verspiegelte Glasfassade fungiert als Projektionsfläche, die die optischen Eindrücke der Umgebung in Pixel zerlegt und

zu unterschiedlichen Zeiten und Lichtsituationen kaleidoskopartig wieder zusammensetzt. Die vielen Handskizzen und Modelle zeugen davon, dass der Entwurf des Gebäudes im herkömmlichen Sinne stattfand. An physischen Modellen wurden beispielsweise die Fassadenreflexionen erprobt. Zentrale Frage war die Suche nach einem geeigneten „Prototypen" des Fassadenmoduls. Durch die enge Zusammenarbeit mit dem Fassadenhersteller Alutek konnten die Architekten früh die Möglichkeiten der computergesteuerten Produktion der Fassadenrahmen mittels CNC einbeziehen. Ergebnis war ein 3-D-Fassadenelement von 4,20 × 2,70 Metern mit einer Relieftiefe von 20 Zentimetern, das durch ein flaches 2-D-Element ergänzt wurde. Für die Anordnung der Elemente legten die Architekten geometrische Regeln von Rhythmus und Abwechslung fest. Auch die willkürlich anmutende Verteilung der schrägen Linien auf dem Fassadenmodul basiert auf dessen Breite und Höhe. Das analog gefundene Grundelement wurde am Computer für Zeichnungen vervielfältigt, um die Auswirkungen der Regelsetzung auf die Gesamtfassade digital zu simulieren und in verschiedenen Versionen zu überprüfen. Ziel war es, die sich wiederholenden Fassaden-

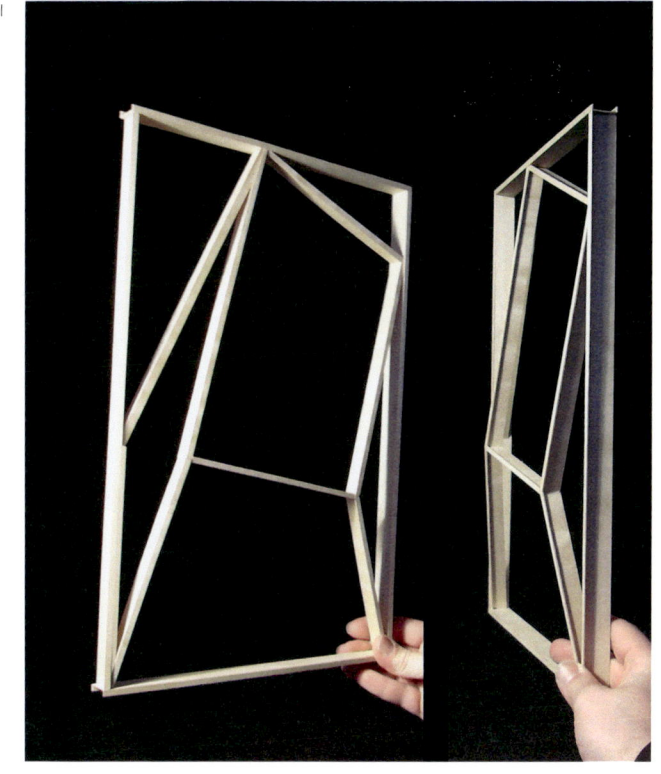

I   3-D-Modell der Fassade
II   Modell eines Fensterelements

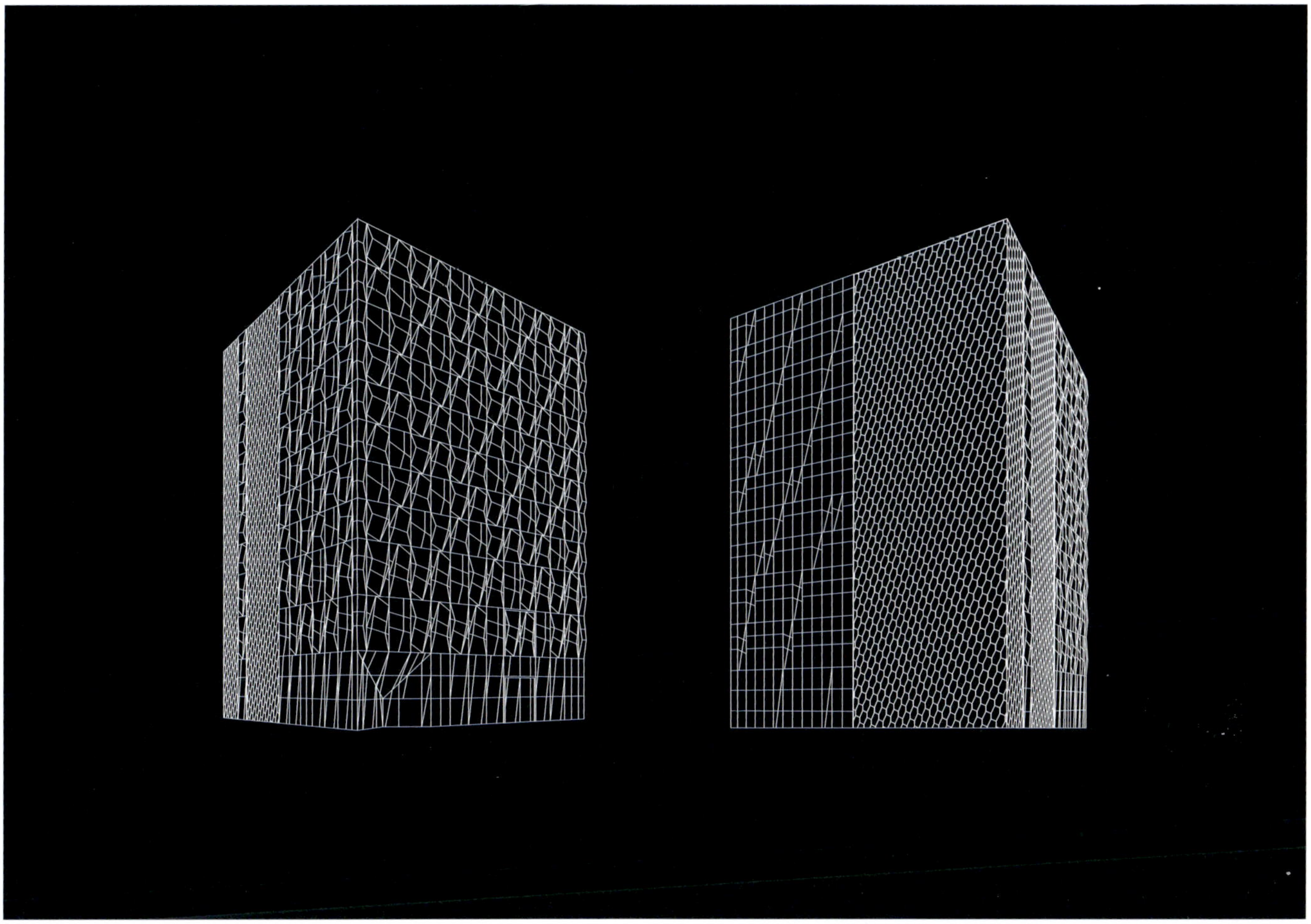

module zu einem unendlichen komplexen Muster zu verschmelzen. Die Geradlinigkeit des in sich geschlossenen Grundelements wird durch die scheinbare Unregelmäßigkeit der Glasscheiben überspielt. Die diagonalen Linien wirken über den viereckigen Rahmen hinaus, überziehen das komplette Gebäude und simulieren eine Art kontinuierliches Wachstum, das an biologische Formfindungsprozesse der evolutionären Architektur erinnert.—*Stefan Gruhne*

Lepik, Andres (Hrsg.): *Reflect. Building in the Digital Media City, Seoul*, Ostfildern 2007. ● Brensing, Christian: „Kritisch betrachtet: Trutec Building in Seoul", in: *Detail*, H. 5, 2007, S. 472–473. ● Brensing, Christian: „Trutec Building", in: *Bauwelt*, 14, 2007, S. 26–31. ● „Trutec Building", *Architectural Design*, April 2010, S. 18–19.

III

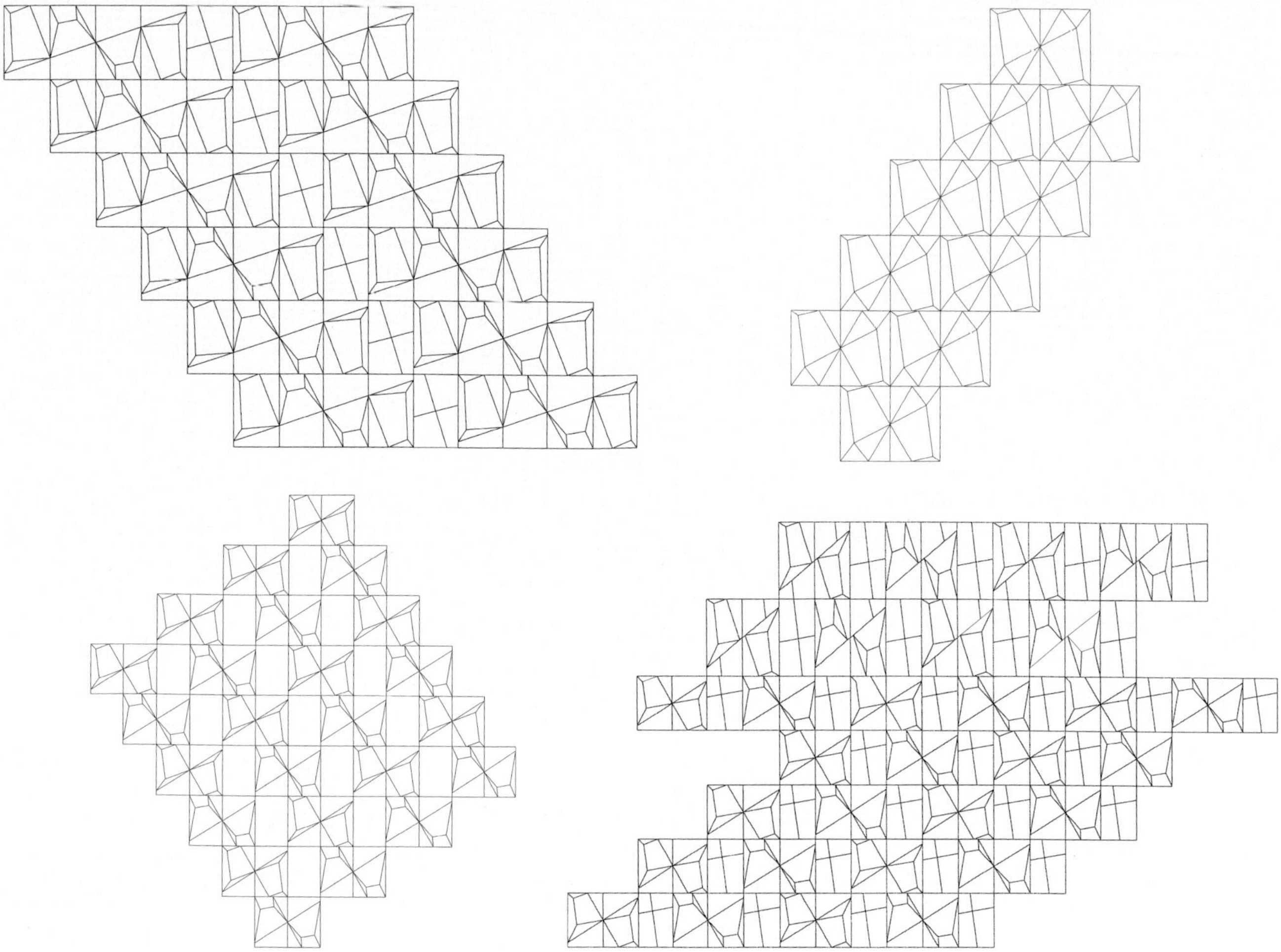

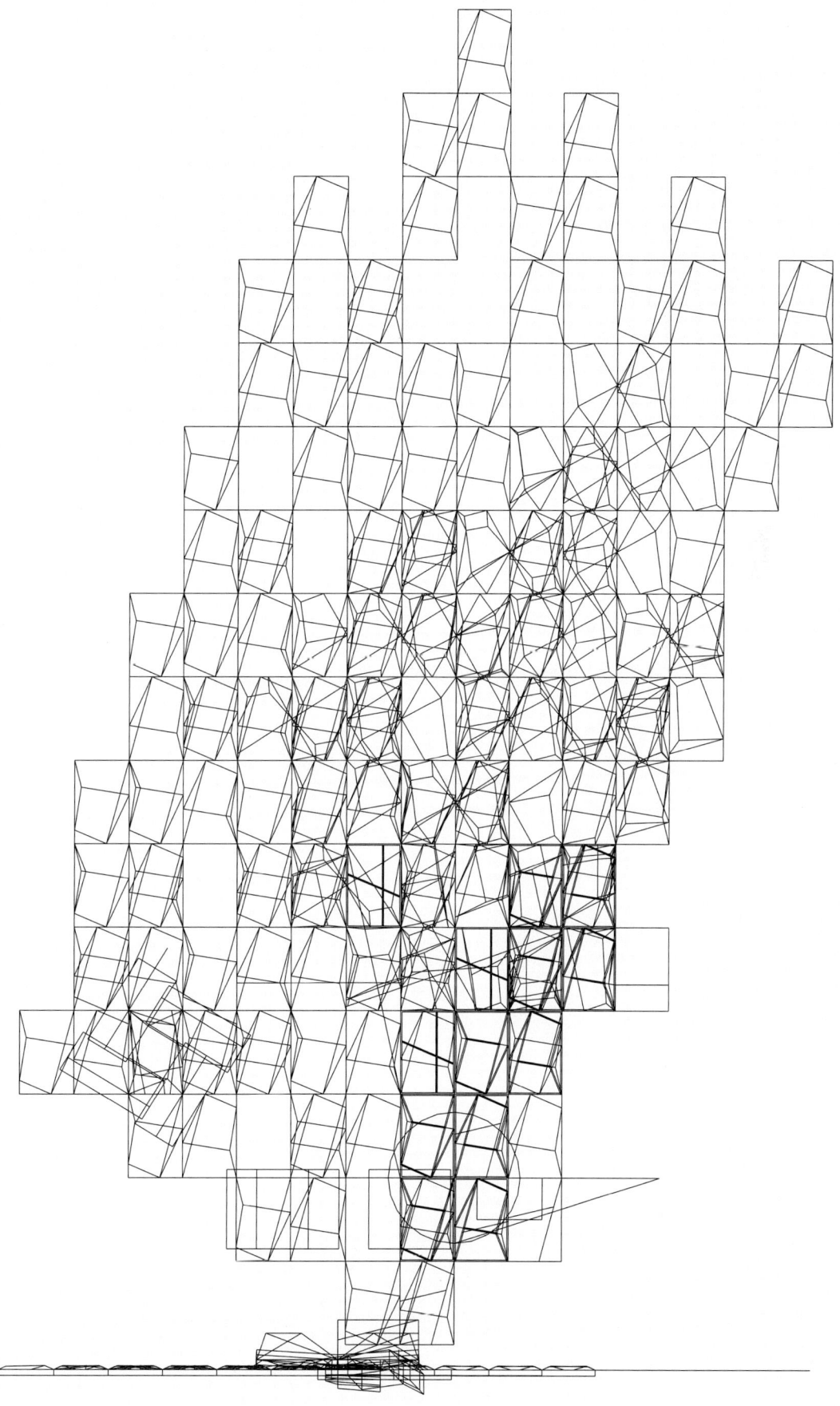

III   Simulation unterschiedlicher Fassadenmuster
IV   Explosionszeichnung des Fassadenrasters

O-14

Reiser + Umemoto RUR
Architecture, ERGA Progress
(ausführender Architekt), Ysrael A.
Seinuk PC (Statik)

2006—2011

SOFTWARE
Rhinoceros, AutoCAD, Rhinoscript

HARDWARE
PC

ZWECK DER SOFTWARE
3-D-Modellierung, 2-D-Entwurf, Baupläne

Digitale und analoge Zufallsverteilung war das Hauptinteresse bei der Gestaltung der Fassade des Gebäudes O-14. Dies führte zur Schaffung eines weißen Außenskeletts aus Beton als das am stärksten ins Auge fallende Element des Hochhauses; es fungiert als Fassade ebenso wie als Hauptkonstruktionselement. Das Außenskelett ermöglicht einen freien geräumigen Kern sowie offene stützenfreie Räume. Es stellt auch die primäre vertikale und laterale statische Konstruktion des Gebäudes dar, sodass sich Großraumbüros zwischen der Fassade und dem minimalen Kern erstrecken können. Im Bestreben, ein einzigartiges Bauwerk inmitten ikonischer Gebäude von berühmten Architekten am Khor Dubai zu errichten, wollten Jesse Reiser und Nanako Umemoto den städtischen Kontext des Entwurfs unbeachtet lassen: Sie errichteten daher eine perforierte Betonhülle auf einem erhöhten Podest, das als Tor für Passanten fungiert. Der Gestaltungsprozess der Fassade begann mit der Erstellung eines symmetrischen Lochrasters, an dem die Lage des Erdgeschosses leicht festgestellt werden kann. Die Architekten verwendeten Rhinoceros und AutoCAD, um eine Reihe von übersichtlich angeordneten Perforationen in der Fassade zufällig neu zu ordnen. Das gescriptete Programm produzierte jedoch Versionen, die zu perfekt erschienen. Nur durch manuelles Eingreifen waren die Architekten in der Lage, Variationen zu erzeugen, die beliebig erschienen. Die Architekten verschoben bewusst die Anschlusspunkte zwischen den Stockwerken und der Fassade und veränderten das Raster so, dass es phasenverschoben war. Indem sie das ursprüngliche Raster verwirbelten und die Größe der Rasteröffnungen veränderten, schufen Reiser und Umemoto ein „Turbulenzfeld" und boten den Betrachtern „ein extremes Maß an Redundanz", sodass man unterschiedliche Eindrücke von dem Gebäude bekommt, während man um es herumgeht. —*Sina Zarei*

Steele, Brett: *O-14: Projection and Reception. Reiser + Umemoto*, London 2012. ●
„O-14/Reiser + Umemoto", in: *ArchDaily*, 18.9.2012, www.archdaily.com/273404/o-14-reiser-umemoto (13.12.2019).

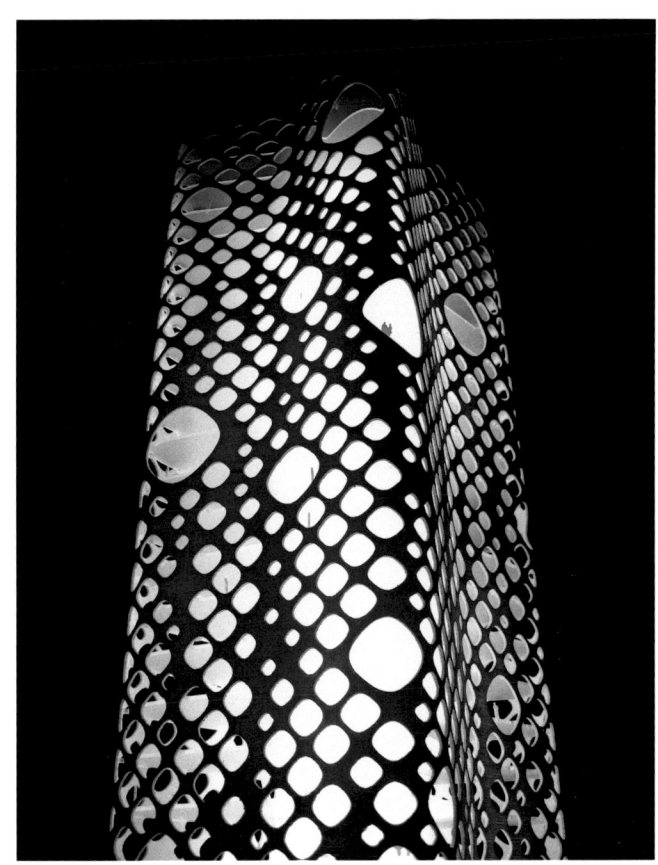

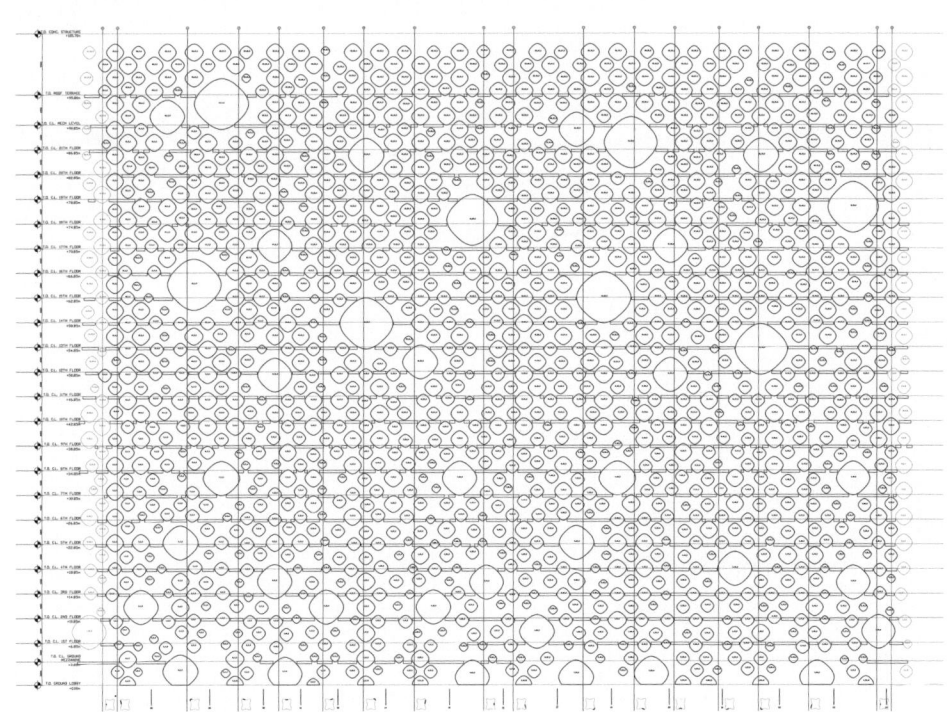

I Betonskelett bei Nacht
II Aufgefaltete Darstellung der Perforationen

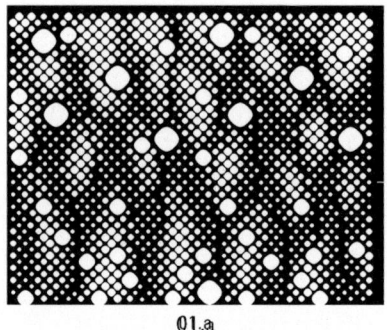

01.a

large hexgrid yields boring patches of uniform opacity and overly simplistic gradient

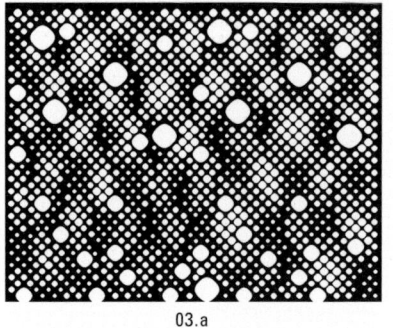

03.a

made the hexgrid smaller, still overly simplistic gradient and it looks kind of patchy

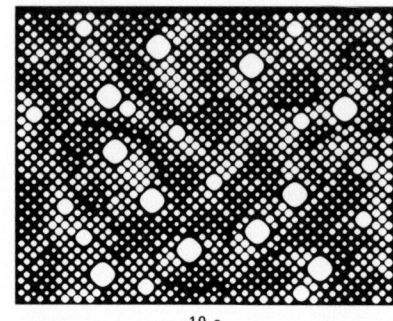

10.a

with a greater weighting placed upon the turbulence pattern the grain becomes coarse and frankly, too swirly - needs more directionality

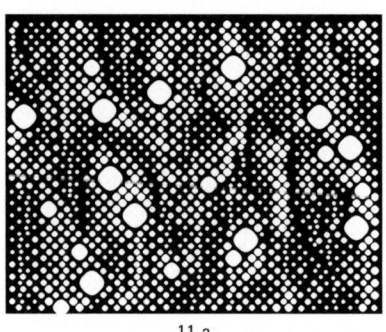

11.a

made the turbulence pattern larger gaining greater detail, lost the swirls but still too loose

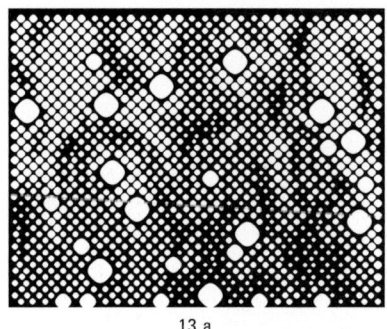

13.a

in attempting to make the pattern more transparent it lost specificity , detail and direction

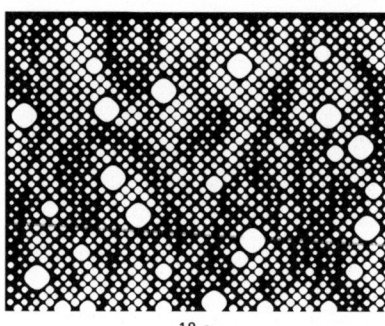

18.a

placed more attraction/repulsion lines in attempt to regain lost detail, but it doesn't seem to advance much since iteration 11a.

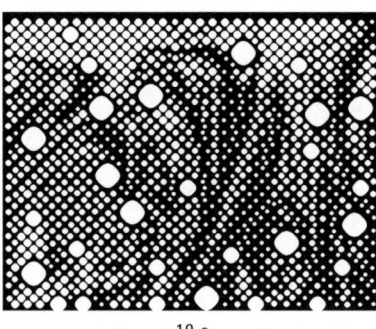

19.a

the much maligned 19a. became too figural, a mutation which we quickly suppressed

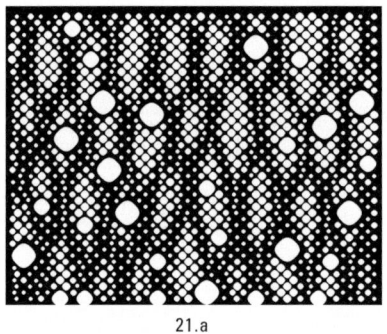

21.a

in an attempt towards a structural optimum, the attraction/repulsion lines were used to reinforce the hexgrid transferring load to the columns, works well looks bad

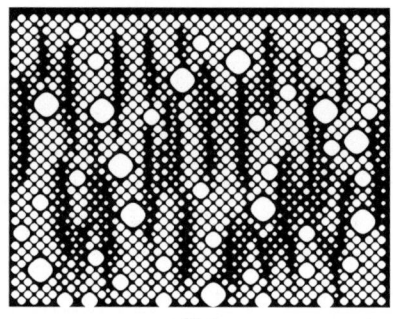

25.a

a shift away from the hexgrid in favor of vertical pattern yielded greater contrast at the expense of subtly

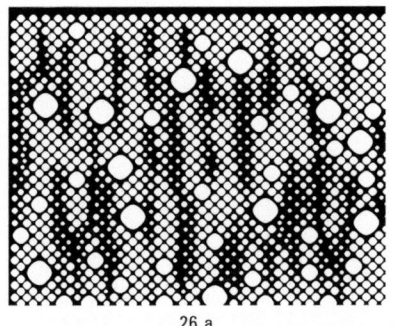

26.a

more or less the same as 25.a but became a bit fuzzier, still not so subtle

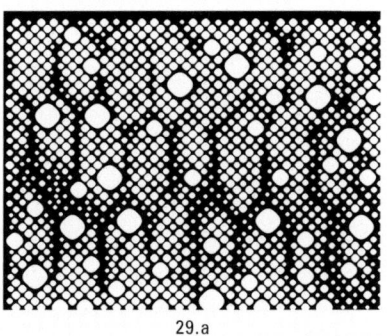

29.a

hexgrid is back at work which brought about a more refined pattern with greater detail, feeling sort of hopeful

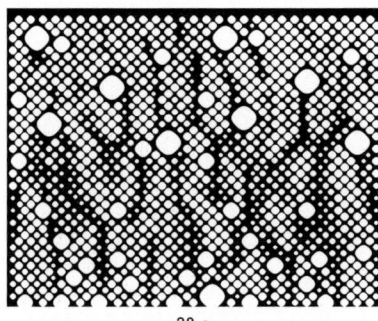

30.a

a break in the symmetry and regularity of the grid generated a more heterogeneous pattern, previous effect is maintained with greater transparency

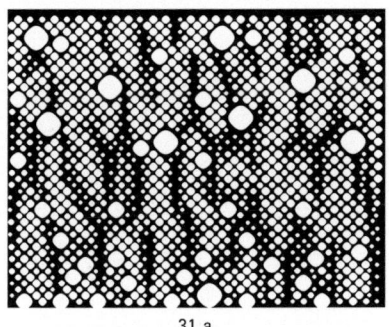

31.a

an evolved iteration of 30a. with greater contrast and opacity, this iteration reinstated the transfer of load to the columns

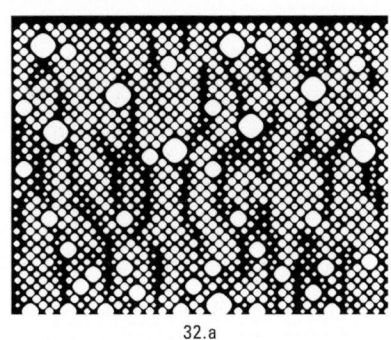

32.a

hybridized 31.a and 30a., the right amount of heterogeneirty is achieved, looking good

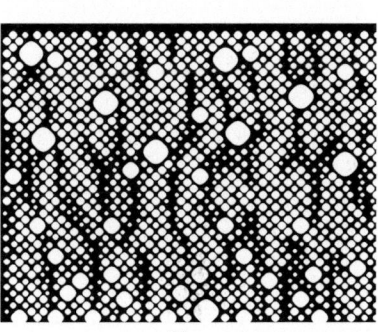

32.c

minor revisions which at the time of publication we were unable to detect

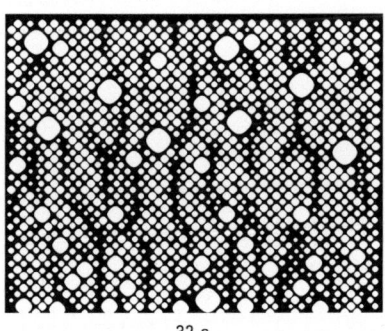

32.e

a subtle blurring of the veins reduced individual intesities

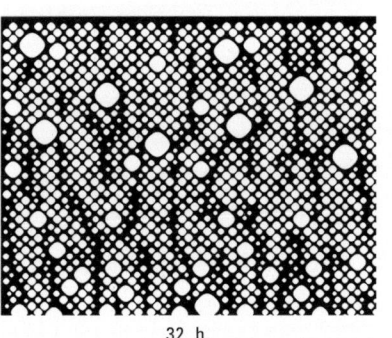

32_h.

a further break in symmetry of the underlying pattern refining the asymmetrical balance

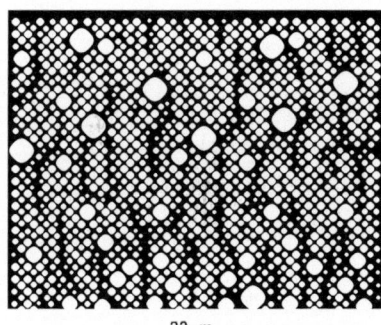

32_m.

final refinement involved a thinning of the veins and a subtle increase in transparency

Geno-Matrix

Tang & Yang
(Ming Tang, Dihua Yang)

2007

Geno-Matrix ist ein voxelbasierter Entwurf von Tang & Yang, der 2007 eine besondere Erwähnung beim Hochhauswettbewerb des Online-Architekturmagazins *eVolo* erhielt. Der Wettbewerb, der seit 2006 jährlich Hunderte von Einsendungen erhält, sucht nach spekulativen, zukunftsweisenden Ideen, die die architektonische Form des Hochhauses im Spiegel aktueller technischer, gesellschaftlicher und ökologischer Herausforderungen hinterfragen. Der Entwurf basiert auf einem modularen System mit quaderförmigen Blöcken, das sich an die genetische Evolution in der Biologie anlehnt. Er ist eine Kritik an der allgemein statischen Natur von Architektur, die in ihrem Aufbau nicht auf Veränderungen in der Umwelt reagieren kann. Als Alternative schlagen die chinesisch-amerikanischen Architekten vor, Hochhäuser als eine bewegliche Struktur, ähnlich einem lebenden Organismus, zu verstehen. Die Geno-Matrix bezieht ihren Namen vom biologischen Begriff des Genotyps, der die Erbanlagen – also die genetischen Grundlagen – eines Lebewesens beschreibt. Auf Basis eines Genotyps können unterschiedliche Ausprägungen, sogenannte Phänotypen, entstehen. Tang & Yang untersuchten biologische Analogien zwischen Architektur, Städtebau und Paläontologie auch in ihrem Buch *Urban Paleontology: Evolution of Urban Forms* (2008).

Der Entwurf bedient sich „diskreter" quaderförmiger Objekte, auch Voxel genannt, die innerhalb eines gigantischen Raumfachwerks beliebig angeordnet werden können. Ähnlich Molekülen können einzelne Würfel im System verschoben werden, wodurch eine fast unendliche Anzahl an verschiedenen Anordnungen möglich ist. Einheiten können auch untereinander verbunden werden und größere Voxel bilden. Auf Basis eines bestimmten Entwurfs können über genetische Auswahlprozesse weitere Generationen erschaffen werden, die die positiven Merkmale des Entwurfs weiterentwickeln. Neben der Biologie ist der Entwurf inspiriert von Baukastensystemen wie LEGO, mit deren Hilfe auf ähnliche Art und Weise aus vielen gleichen Einzelteilen ein Ganzes zusammengesetzt werden kann. Computerspiele wie Minecraft oder Block'hood haben diese Idee dreidimensionaler Bausätze in den letzten Jahren auch ins Digitale übertragen. In ihrer Gesamtheit verändert die Anordnung einzelner Einheiten der Geno-Matrix die Erscheinung des gesamten Hochhauses, die das soziale Gefüge und die Beziehungen zwischen den

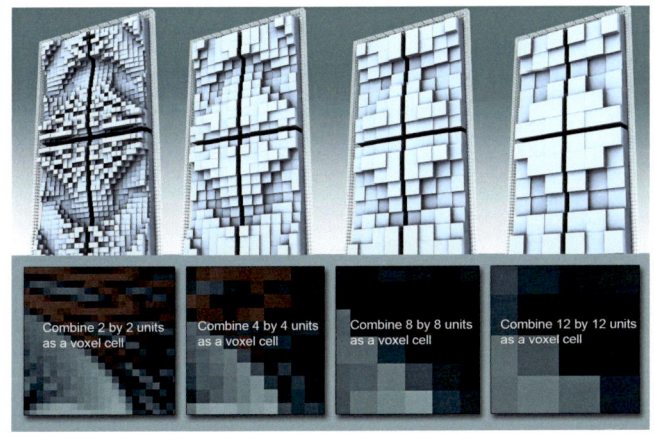

I   Rendering eines fiktiven Hochhauses
II Größenwachstum der Voxel
III Zwei verschiedene Lösungen für die Anordnung einzelner Elemente

Einheiten verbildlicht. Diese Organisations-
schemas können auch genutzt werden, um
gemeinschaftlich und symbolisch über die
Fassade mit der Umwelt zu kommunizieren.—*Teresa Fankhänel*

„Geno-Matrix", in: *eVolo*, 15.12.2009, www.evolo.us/geno-matrix (10.2.2020). ●
Tang, Ming / Yang, Dihua: „Geno-Matrix", Wettbewerbsbeitrag, 2007.

Kapitel 3
Der Computer als Medium des Geschichtenerzählens

Sehen nach Zahlen.
Eine kurze Geschichte des
Computerrenderings

Roberto Bottazzi

Die Geschichte des Verhältnisses zwischen Darstellungstechniken und digitalem Design ist komplex und leicht irreführend, da sie sich vordergründig betrachtet für eine recht lineare Darstellung eignet. Künstliche Intelligenz oder digitale Simulationen markieren einerseits einen klaren Bruch mit vordigitalen Methoden; andererseits präsentiert sich die Digitalisierung räumlicher Darstellung als direkte Übernahme früheren Wissens. Die Mathematik perspektivischer Konstruktion ist weitgehend die seit Beginn des 15. Jahrhunderts kodifizierte, jedoch mit einer wesentlichen Veränderung: Digitale Hilfsmittel haben all diese Prozesse viel einfacher gemacht. Geschwindigkeit ist eine grundlegende Eigenschaft der Digitalität, und quantitative Veränderungen sind die Voraussetzung für qualitative Sprünge. Mühelos konstruierte perspektivische Ansichten ermöglichen Gestaltern, direkt im dreidimensionalen Raum zu arbeiten und dabei den traditionellen Designprozess zu umgehen, der sich von einfacheren orthografischen Darstellungen zu dreidimensionalen entwickelt.

Diese Verlagerung von orthografischen Darstellungen zugunsten von 3-D-Darstellungen basiert auf der der Digitalität zugrunde liegenden Logik, dem Basiscode von Binärzahlen, auf dem Daten und Algorithmen aufbauen. Die Möglichkeiten der Bildmanipulation weiten sich daher stark aus, da Nutzer mit einem breiten Spektrum an Bearbeitungswerkzeugen und mit einer Fülle von integrierten oder durch digitale Bilder generierten Metadaten spielen können. Bei der Erörterung des Stellenwerts digitaler Bilder bemerkte die deutsche Künstlerin Hito Steyerl scharfsinnig, dass es im digitalen Zeitalter wichtiger ist, *wie* wir sehen, als das, *was* wir sehen; die Macht der digitalen Geräte kann nicht mehr als „neutral" betrachtet werden, sondern hat in vollem Umfang teil am Erstellen digitaler Bilder. Die dicke und oft unzugängliche Schicht von Algorithmen trennt Nutzer und Maschine sowie den Raum, in den Architekturideen und Gestaltungsdarstellungen eingefügt werden können aufgrund der numerischen, systematischen und letztlich abstrakten Logik des Digitalen.[1] Diese Schicht ist nicht neutral, da sie stillschweigend den Bereich dessen absteckt, was man sich vorstellen kann. Diese anfänglichen Ausführungen deuten bereits darauf hin, dass wir uns zur Zusammenfassung der Geschichte computergenerierter Bilder

(CGI) – der Gegenstand dieses Beitrags – mit der Architektur der Computerisierung beschäftigen sollten, da deren Logik Veränderungen auf diesem Gebiet vorangetrieben hat. Um nachzuzeichnen, wie technische Informationen Ideen von Gestaltern beeinflusst haben, müssen wir auch anerkennen, dass dies keine Aufgabe ist, die wir der technischen Literatur überlassen können. Der Einfluss von CGI auf Architektur kann nur wahrgenommen werden, wenn man anerkennt, dass Design komplex und ein Hybrid ist, das technische, historische, intellektuelle und materielle Aspekte und Ansprüche in Einklang bringt. Es herrscht in der Tat eine Kluft zwischen den Erwartungen an CGI, bei denen das Streben nach Realismus und kommerzieller Profitabilität die Entwicklung steuert, sowie den konzeptuellen und ästhetischen Kriterien, welche die Struktur digitaler Hilfsmittel prägen. Ersteres verschleiert Letzteres: CGI bilden nicht nur ein klares Forschungsfeld, sondern stellen auch eine der Quellen der Kreativität für Digitaldesigner dar.

Genau wie bei vielen anderen Aspekten des CAD beziehen Zeichenwerkzeuge Inspiration aus der Natur; Rendering-Tools zum Beispiel sind nach der Physiologie des Sehens gestaltet. Solch ein Mechanismus gliedert sich allgemein zwischen dem Wahrnehmen räumlicher Information (das Äquivalent des Auges) und seiner Umwandlung durch Algorithmen (das Gehirn), um das endgültige Bild zu bilden. Die Geschichte des digitalen Sehens ist ein langwieriger Versuch, diese beiden komplementären Aktivitäten zu perfektionieren, die auf Spekulationen basieren, wie das Paar Auge – Gehirn funktioniert. Die Sprache der Mathematik brachte Fortschritte in der Wissenschaft des Sehens hervor (Mathematisierung von Realität). Dies wiederum brachte Techniken und Prozesse hervor, die beides darstellen: die Werkzeuge der Digitaldesigner ebenso wie – in unserem Zusammenhang – genau den Standort, von dem aus man das Verhältnis zwischen CGI und Design kritisch untersuchen kann. Von Interesse sind hier die Möglichkeiten, die diese Prozesse hervorrufen, wie etwa dass Künstler und Architekten Aspekte der Realität erfassen können, die dem menschlichen Auge sonst verborgen bleiben.

Dies ist der Fall bei Wireframe-Visualisierungen oder Voxel-Renderings, die nicht nur Bilder generieren, indem sie von dem natürlichen Modell des Auges abweichen, sondern auch neue Darstellungs- und Designformen schaffen. CAD ist deshalb in ein komplexes, dynamisches Netz verstrickt, das durch verschiedene Techniken, Konzepte und Disziplinen verwandelt wurde. Genau wie sich die Mathematik der Bilderzeugung verändert, ist dies auch für die Bandbreite von Dingen der Fall, die wir darstellen können. Von solch einem Blickwinkel aus können wir mit größerer Genauigkeit den Einfluss von CGI auf Architektur beurteilen, von Leon Battista Albertis *Prospectiva artificialis* bis hin zu voxelbasierten volumetrischen Darstellungen. Gleich ob diese Innovationen nur von CAD übernommen wurden oder digitalen Ursprungs sind, erlangen sie nur dann Relevanz, wenn sie in der Lage sind, Annahmen zur Natur von Design und seinem Prozess zu verdrängen. Die Formalisierung des Sehens durchlief zwei aufeinanderfolgende Erfindungen: mathematische Hilfsmittel und Objekte, die buchstäblich mathematische Regeln zu technischen Apparaturen übertrugen. Diese beiden Entwicklungslinien wurden durch digitale Computer zusammengeführt, was die Vereinigung zweier Probleme zur Folge hatte: jenes der Geometrie, indem man genaue Regeln fand, um untersuchte Objekte, Gebäude und sogar Landschaften zu rekonstruieren, und jenes der Behandlung von Licht, Schatten und Farben durch Raycasting.

Invarianten und Variablen: Zahlen und Geometrie

Die Geschichte des Computerrenderings hat ihre Grundlage in der Erfindung der mathematischen Perspektive in der ersten Hälfte des 15. Jahrhunderts. Interpretiert nach den Kriterien der modernen CAD-Kultur, könnten wir bei den in Albertis *De pictura* (1435) eingeführten Techniken von Vorrichtungen zur Speicherung und Berechnung räumlicher Daten zur Konstruktion perspektivischer Ansichten sprechen. In vielen Fällen waren solche Techniken Maschinen, die geometrische Regeln in verschiedene technische Vorrichtungen übertrugen. Im Fall von Jacopo Barozzi da Vignola besteht die Maschine aus dem Jahr 1583 aus zwei verschiedenen Teilen, welche die Auge-Hirn-Trennlinie genau abbilden; durch diesen klaren Bruch zwischen Beobachtung und Verarbeitung

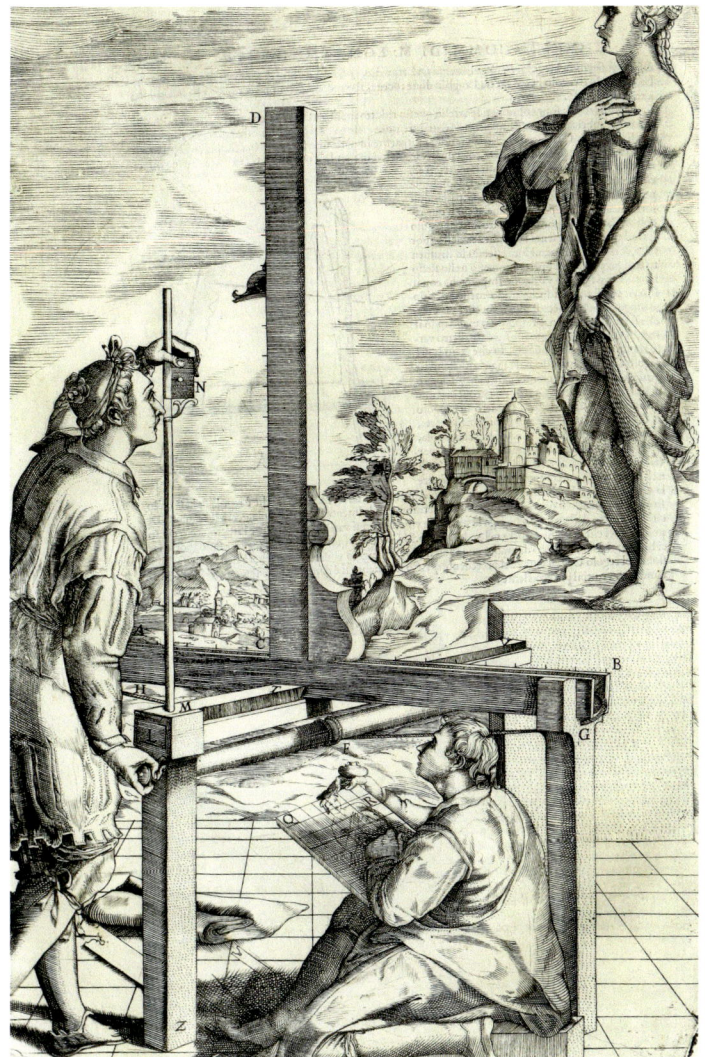

l   Kupferstich mit Vignolas Perspektivmaschine, veröffentlicht in: Jacopo Barozzi da Vignola, *Le due regole della prospettiva*, hrsg. von E. Danti, 1583

konnte Vignolas Perspektivmaschine ganze Landschaften vermessen ▶ Abb. l. Neue Bilder wie etwa orthografische Zeichnungen konnten von Ansichten abgeleitet werden, indem man mathematische Regeln auf die Neuberechnung der Ausgangsdaten anwandte. Diese Technik wurde auch unmittelbar für militärische Zwecke eingesetzt, da sie es ermöglichte, durch einfache Beobachtung Pläne von Festungen zu erhalten.

Konzeptionell relevanter waren Albertis Beobachtungen zur Macht der Mathematik bei der Darstellung der Realität, da sie die Erzeugung von abstrakten Ansichten, die den menschlichen Sinnen verborgen sind, ermöglichte, indem sie die Umrisse von nicht direkt sichtbaren Profilen von Objekten zeigte. In der heutigen digitalen Sprache bezeichnen wir solche Bilder als Wireframe-Visualisierungen, ein üblicher Bestandteil jeder CAD-Software. Im ersten Buch von *De pictura* warnte Alberti den Leser, dass seine Herangehensweise an die Malerei die eines Künstlers und nicht die

1   Aden Evens, *Logic of the Digital*, New York/London 2015, S. 5–30.

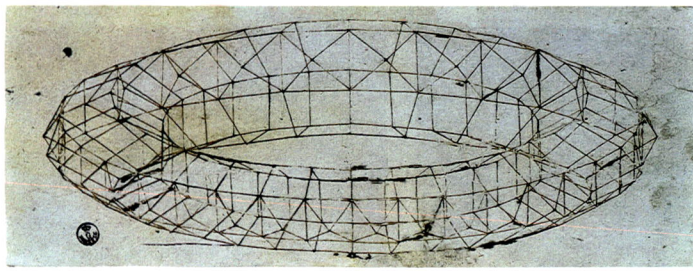

II   Paolo Uccello, perspektivische Studie des *mazzocchio*,
15. Jahrhundert

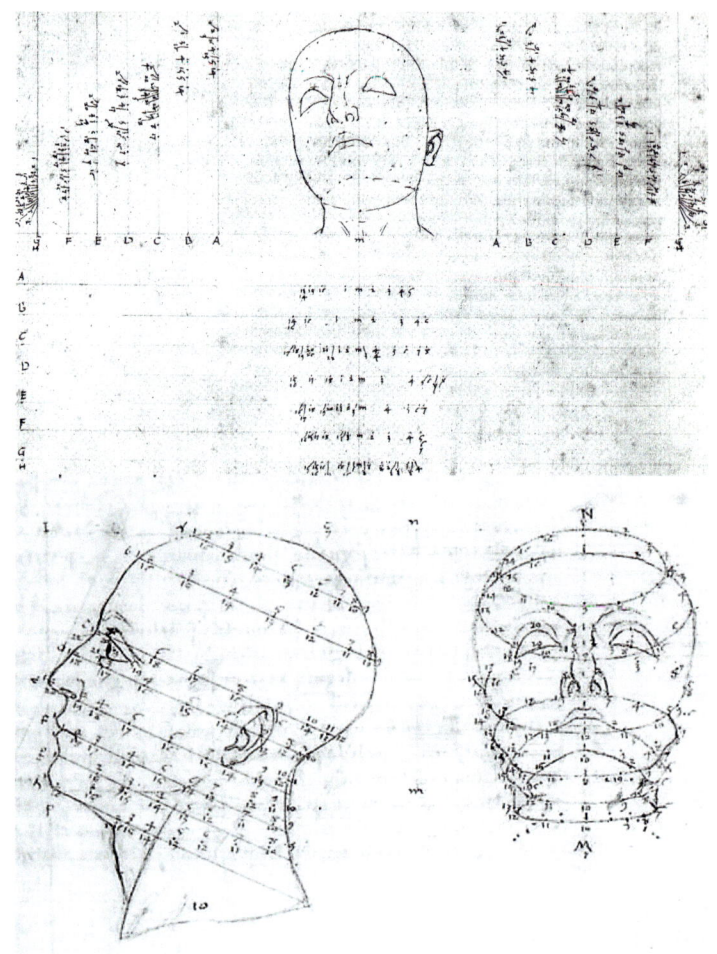

III   Untersicht eines menschlichen Kopfs von Piero della
Francesca, veröffentlicht in: *De prospectiva pingendi*,
15. Jahrhundert

eines Mathematikers sei, denn dieser „messe[ ] allein mit dem Verstand die Formen der Dinge, losgelöst von allem Stofflichen".[2] Es ist jedoch genau diese Fähigkeit, Dinge jenseits ihrer Darstellung in der Realität als intellektuelle Konstruktionen zu sehen, die die Produktion von Objektzeichnungen ermöglicht, bei denen alle Kanten dargestellt sind. Dies ist bei den Zeichnungen des *mazzocchio* der Fall, eines Hutaccessoires, das gewöhnlich in der Renaissance getragen wurde und häufig ein beliebtes Objekt von virtuosen perspektivischen Konstruktionen war ▶ Abb. II.

Wireframe-Ansichten sind intellektuelle, auf strenger Mathematik fußende Konstruktionen, die Zeichnungen die Fähigkeit verleihen, über die Realität hinauszugehen und zu Mitteln der Spekulation und Invention zu werden. Unter vielen Beispielen des kreativen Einsatzes von Wireframe-Visualisierungen im Design findet sich OMA (Office for Metropolitan Architecture), die sich dieser Methode seit den 1980er-Jahren bedienen, und zwar erstmals für den Wettbewerbsbeitrag für den Parc de la Villette in Paris (1982), bei dem diese Technik das Designkonzept, das auf verschiedenen, sich überlagernden programmatischen Ebenen basierte, steigerte. Wireframe-Visualisierungen wurden mit noch stärkerer Betonung beim Entwurf der Konzerthalle Casa da Música in Porto (1999–2005) erkundet, bei dem das in Rotterdam ansässige Büro durch das Übereinanderlegen aller Pläne überwältigend schöne Wireframe-Ansichten des endgültigen Gebäudes herstellte.

Die technische Fähigkeit, Objekte im Hintergrund einfach auszublenden, stellt einen der Eckpfeiler der Computergrafik dar. Durch die Erfindung des Hidden-Line-Algorithmus von Lawrence G. Roberts 1963 konnten nicht nur Teile verdeckter Objekte ausgeblendet werden, sondern es war auch der Moment, in dem mithilfe der Mathematik Dinge direkt „wie gesehen" gezeichnet werden konnten, womit Albertis Hauptkritik an der mathematischen Sicht der Realität aufgehoben wurde.

Albertis Polemik eröffnete zwei separate Forschungsstränge, die lange Zeit parallel verliefen, bevor sie unter der abstrakten Logik der binären Datenverarbeitung digitaler Computer zusammengeführt wurden. Der erste befasst sich mit mathematischen und geometrischen Ideen zur Erzeugung neuer Zeichnungen mittels einer Reproduktion – oder besser Neuberechnung – gesammelter

Datensätze. Alberti selbst hatte einige dieser Techniken für seine in der *Descriptio urbis Romae* (1450) festgehaltene Vermessung der Stadt Rom entwickelt. Erst mit Piero della Francescas *Altro modo* („andere Methode") (um 1470–1480) können wir den kreativen Einsatz der Mathematik für das Zeichnen vollkommen erkennen. Egal, ob jemals von Piero angewandt, schlug seine Methode eine Vorabversion von Gaspard Monges darstellender Geometrie vor, um eine bestimmte Anzahl von Punkten, die von Objekten abgenommen worden waren, neu zu projizieren, ohne dass sie an ihre ursprünglichen Maße gebunden waren. Piero führt verschiedene Beispiele für diese Methode an, doch das überzeugendste ist die Anwendung auf die Darstellung des menschlichen Kopfes anhand von 128 Messpunkten. Durch das Experimentieren mit dieser Methode war Piero letzten Endes in der Lage, die erste Untersicht eines menschlichen Kopfs anzufertigen ▶ Abb. III. Hier erlaubte die Mathematik eine vollständige Trennung zwischen der Wahrnehmung des Objekts und der Zeichnung, die eine geistige Neuinterpretation der Daten war.

Darüber hinaus können wir sehen, dass die Mathematik eine Trennung zwischen gesammelten Daten, die zu Invarianten werden, und ihrem Ausdruck durch Mathematik (Algorithmen) erlaubt, die als Variable fungiert. So funktioniert CAD immer noch: Wenn wir

$$R_x(\theta) = \begin{bmatrix} 1 & 0 & 0 \\ 0 & \cos\theta & -\sin\theta \\ 0 & \sin\theta & \cos\theta \end{bmatrix}$$

$$R_y(\theta) = \begin{bmatrix} \cos\theta & 0 & \sin\theta \\ 0 & 1 & 0 \\ -\sin\theta & 0 & \cos\theta \end{bmatrix}$$

$$R_z(\theta) = \begin{bmatrix} \cos\theta & -\sin\theta & 0 \\ \sin\theta & \cos\theta & 0 \\ 0 & 0 & 1 \end{bmatrix}$$

zum Beispiel den Betrachtungswinkel in einer Perspektive wechseln, werden die originalen Koordinaten, welche die Eckpunkte der Objekte beschreiben, durch eine Matrix geleitet; diese gibt die neuen Positionen der Punkte auf dem Bildschirm aus und spielt weiterhin mit Invarianten und Variablen. Die CAD-Software machte sich für Modellierungsvorgänge wie Skalieren, Bewegen oder Drehen ebenfalls diese Techniken zu eigen und demonstrierte, wie die grundlegende numerische Logik der Digitalität Übertragungen, Generalisierungen und Verschmelzungen von Werkzeugen förderte (in diesem Fall durch die Kombination von Darstellungs- und Bearbeitungsbefehlen) ▶ Abb. IV. Es lässt sich nicht nur erkennen, dass numerische, quantitative Verwandlungen letztlich qualitative wurden, sondern auch, dass das bloße Streben nach Realismus bei CGI Gelegenheiten zu ergiebigeren Fragestellungen bietet, die disziplinäre, narrative und ästhetische Überlegungen umfassen.

Albertis Werk zur mathematischen Perspektive deutete auch die Möglichkeit an, den Vermessungsvorgang zu automatisieren und den Vermessungstechniken mathematisches Wissen beizugeben. Albrecht Dürers Holzschnitt mit der Vermessung einer Laute zeigt einen Prozess, bei dem fast automatisch perspektivische Ansichten von Objekten ohne menschliches Zutun gezeichnet werden ▶ Abb. V. Dieser Holzschnitt nutzt nicht nur explizit einige der Prinzipien, die bereits Alberti dargestellt hatte, sondern steht am Beginn einer langen Reihe von Erfindungen und Maschinen zur Automatisierung des Zeichnens, die sich mit dem Aufkommen der Fotografie im 19. Jahrhundert drastisch veränderten. Die Digitalität führt diese beiden Experimentierfelder durch die Entwicklung von Scannern und die Automatisierung der Fotogrammetrie zusammen.

Jenseits der Perspektive: Zahlen und Licht

Die Entwicklung von Techniken zur Berechnung von Licht und Schatten ist gleichermaßen lang und komplex. Genau wie bei unseren Überlegungen zur Geometrie soll hier in den Vordergrund gestellt werden, wie die Digitalität quantitative in qualitative Veränderungen verwandelt hat. Die glatte, elegante Ebene binärer

IV   Mathematische Matrizen zur Ansichtsrotation im CAD

Berechnung ermöglichte die Übertragung jeglicher Medien in Zahlen sowie deren Bearbeitung mittels logischer Operationen. Wenn die Digitalität einerseits das Wissen reduzierte, das nötig war, um mit Bildern interagieren zu können, eröffnete sie andererseits tiefgründige Fragestellungen zur Rechtmäßigkeit und Lesbarkeit von Bildern, die sich spürbar über die Architektur hinaus auf die Gesellschaft auswirkten.

Diese komplexe Geschichte erfuhr ihre erste größere Veränderung mit Roberts' Hidden-Line-Algorithmus, der eine lange Phase der Entdeckungen einleitete, die durch akademische Forschung angetrieben wurde; diese beeinflusste zunächst die Filmindustrie und fand erst später in andere Designdisziplinen Eingang. Die 1960er-Jahre waren das Jahrzehnt, in dem der Begriff „Computergrafik" durch William Fetter bei Boeing geprägt wurde, als er die erste Software für Flugsimulation entwickelte. Parallel dazu machten sich neue Programme die Verwandlung des Bildes von einer chemischen Spur auf einem Foto hin zu einem numerischen Feld auf einem Bildschirm in vollem Umfang zunutze: zunächst SuperPaint, entworfen von Richard Shoup mit einem Team von Experten, darunter auch Alvy Ray Smith (der später der Mitbegründer von PIXAR wurde), und dann viel später das allgegenwärtige Photoshop, das von Thomas und John Knoll 1987 vorgestellt wurde. Die University of Utah führte unter der Leitung von Ivan

2   Leon Battista Alberti, *Über die Malkunst*, herausgegeben, eingeleitet, übersetzt und kommentiert von Oskar Bätschmann und Sandra Gianfreda, Darmstadt 2002, S. 67.

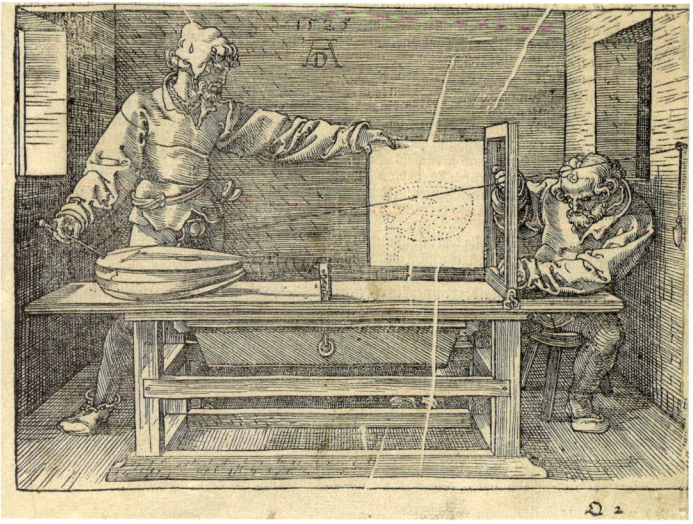

V   Albrecht Dürer, *Underweysung der Messung, mit dem
    Zirckel un Richtscheyt*, 1525

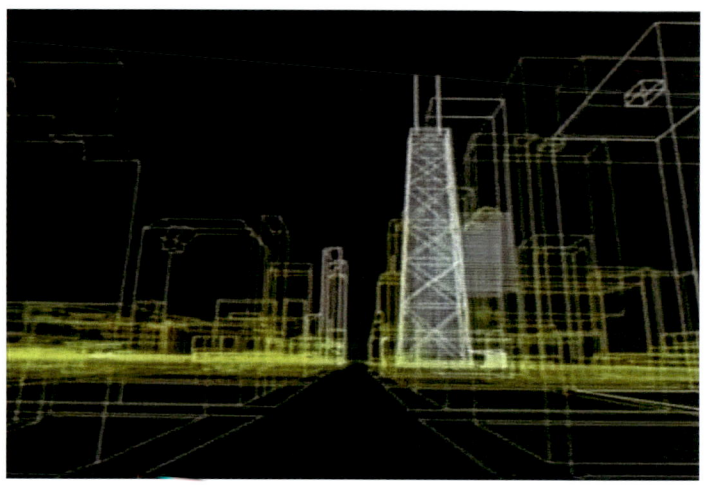

VI   Standbild aus der Animation *9 Cities* von Skidmore,
     Owings & Merrill, 1984

Sutherland die Forschung zu Algorithmen zur Berechnung von Reflexion und Brechung von Licht auf Objekten an; die meisten dieser Algorithmen werden noch immer verwendet und wurden nach ihren Erfindern benannt. Der französische Computerwissenschaftler Henri Gouraud entwickelte den ersten Algorithmus zur Glättung der Flächen gekrümmter Oberflächen, der danach von Edwin Catmull, James Blinn und schließlich Bui-Tuong Phong verbessert wurde. Blinn war auch der Erfinder des Bumpmappings, das eine Reihe von Werkzeugen einführte, um die Möglichkeiten der Bildbearbeitung (eingeführt in Software wie Photoshop) auf dreidimensionales Modellieren zu erweitern. Architekten sollten dieses Terrain erst in den 1990er-Jahren betreten, als eine junge Generation von Gestaltern mit Geräten zu arbeiten begann, die Programme unterstützten, mit denen man komplexe Geometrien modellieren und rendern konnte. Innerhalb eines Jahrzehnts entwickelte sich die Architekturdarstellung von Wireframe-Visualisierungen des Büros SOM für das Projekt 875 Third Avenue in Manhattan (1981) hin zu vollständig farbigen Renderings von Frank Gehrys Villa Olímpica (1989–1992) in Barcelona ▶ Abb. VI.

Im Fall des Bumpmappings lässt sich die Kombination von Eigenschaften erkennen, die normalerweise zu Bildbearbeitungssoftware und Flächenmodellierprogrammen gehören. Die vereinheitlichende Abstraktion von binärer Datenverarbeitung ermöglicht die Neukombination von Elementen und – was hier vielleicht noch wichtiger ist – ihre Nutzung durch Algorithmen. Diese haben ihre eigenen Regeln, die festlegen, was wie berechnet wird. Algorithmen sind daher aktive Komponenten, die aus dem gleichen Datensatz grundsätzlich unterschiedliche Bilder extrahieren können. Diese neue Voraussetzung ist eine Folge von Turings Aufbau, bei dem Hardware, Software und Daten mit einer einzigen Logik behandelt werden, nämlich dem binären System. Das komplexe Wechselspiel zwischen Invarianten und Variablen kann aus diesem Grund stattfinden und führt dazu, dass nicht nur der Status von Bildern und Objekten radikal infrage gestellt wird, sondern auch der Begriff der Kreativität selbst.

Als Carlo Sini solche automatischen Prozesse untersuchte, wandte er sich Nietzsches Schilderung zu, wie Wissen entsteht, indem man etwas aus dem Bereich des Unbekannten oder Fremden in den Bereich des Bekannten oder Vertrauten verschiebt.[3] Ein solcher Prozess hat Ähnlichkeiten mit dem algorithmischen Verständnis und ist nützlich, um die Interaktion zwischen digitalen Bildern und Design zu verstehen. Zwei Schritte charakterisieren ihn: die „Auswahl" von Daten und die Interpretation der jeweiligen Maßeinheit. Mit dem ersten Schritt identifiziert Sini das Entnehmen eines bestimmten Datensatzes aus der Gesamtheit oder dem Fluss der Daten – ein Differenzierungsprozess zwischen dem, was berechnet wird, und dem, was nicht berechnet wird. Der zweite Vorgang basiert auf Algorithmen, die einen Datensatz entsprechend den in ihnen programmierten Anweisungen interpretieren. Dieser Prozess liefert schließlich ein neues Bild des ursprünglichen Datensatzes. Bei Pieros Beispiel sind 128 Punkte aus der Gesamtheit der möglichen Messpunkte ausgewählt, und diese werden dann algorithmisch neu berechnet, um unendlich viele neue Zeichnungen des menschlichen Kopfes aus den Daten und nicht etwa anhand des originalen Modells zu erzeugen.

Trotz des großen Zeitunterschieds fanden ähnliche Gespräche im Nationalen Institut für Standards und Technologie der USA statt, wo Russell A. Kirsch 1957 den ersten digitalen Scanner entwickelte. Bei ihrer Arbeit an diesem Projekt war das von Kirsch angeführte Team mit der neuen numerischen Natur digitaler Bilder konfrontiert, als sie einen entsprechenden algorithmischen Prozess programmieren mussten, der mit dem nicht perspektivischen Charakter eines durch einen Scanner erzeugten Bildes umgehen konnte. Das Bild (ein Foto von Kirschs Sohn) ergab sich nicht durch Geometrie, sondern durch die Energie eines Lichtstrahls. Das Bezugsmodell war immer noch das menschliche Sehen, jedoch war es nicht mehr das „Auge", sondern das „Gehirn" (das heißt der Algorithmus), auf das sich die Bemühungen des Teams richteten. Aus Erkenntnissen der Kognitionswissenschaften heraus entwickelte Kirsch für seinen Algorithmus ein Modell, das neuronale

VII Richard Voss, *Changing Fractal Dimension*, 1983

Aktivitäten einer binären Darstellung gleichsetzte. Das Ergebnis konnte nur aus einer Reihe von Schwarz-Weiß-Bildpunkten bestehen, die sofort übermäßig vereinfacht erschienen. Das Problem war nicht nur rein technisch, sondern auch intellektuell. Der Algorithmus war nicht ausreichend entwickelt zur Einrichtung entsprechender Prozesse von „Auswahl" und Vermessung.[4]

Die Interpretation von Daten durch Algorithmen hat auch Auswirkungen auf CGI. Unter den vielen hervorragenden Beispielen finden sich die von Richard Voss in den frühen 1980er-Jahren produzierten Renderings verschiedener Gebirgslandschaften, die durch Fraktale generiert wurden. Schrittweise Veränderungen in den Parametern der Algorithmen ließen trotz des Umstands, dass sie alle auf dem gleichen Datensatz basierten, deutlich unterschiedliche Landschaften entstehen ▶ Abb. VII.

Computerrenderings:
Entwerfen in einem Zahlenfeld

Die geballte Wirkung dieser Entwicklungen aus vorcomputerzeitlichen und digitalen Innovationen führt uns zur Rolle der CGI in zeitgenössischen Designdiskursen und zu einer Untersuchung, was dies Gestaltern ermöglicht. Obwohl diese Effekte verschiedene unzusammenhängende Designbereiche beeinflussen können, werden sie durch die gemeinsame Fähigkeit geeint, sich auf mehr als nur technische Entwicklungen auszuwirken und Gestaltern die Möglichkeit zu geben, ihre Ergebnisse und Arbeitsmethoden zu überdenken.

Wie bereits erwähnt, bot die Computerarchitektur des CAD die Möglichkeit, Techniken zusammenzuführen, die über mehrere Jahrhunderte parallel gelaufen sind. Computerrenderings vereinen naturwissenschaftliche Techniken wie Vermessung, Optik und darstellende Geometrie, die zwischen dem 15. und dem 18. Jahrhundert eine Schlüsselrolle spielten, mit der Fotografie und deren Fähigkeit, Licht und Farbe zu erfassen, sowie dem Kino, welches das Konzept der Zeit einführte. Heute stellen die meisten CAD-Pakete Werkzeuge bereit, die nahtlos Techniken aus all diesen Bereichen verschmelzen, und liefern zusätzlich noch Bearbeitungswerkzeuge,

die auf Algorithmen basieren. Dies schafft eine neue ästhetische Voraussetzung, unter der Gestalter mühelos mit mindestens vier verschiedenen künstlerischen Disziplinen interagieren, Anleihen nehmen und sie auf ihre Arbeit anwenden können.

Dies erstreckt sich auch auf die Art der Betrachtung solcher Artefakte, die nicht mehr an den Bildschirm gebunden sind: Virtual und Augmented Reality ermöglichen Gestaltern volumetrische und Echtzeitinteraktionen mit den modellierten Objekten. Ein solches technologisches Zusammenspiel erlaubt es Designern, simultan mit Daten, Algorithmen und Raum zu arbeiten und sich in die Darstellung schwer fassbarer Qualitäten von Raum hineinzuwagen, einschließlich architektonischer Elemente wie Beleuchtungseffekte, Transparenzen und Lichtdurchlässigkeit sowie vergänglicher Elemente, die nur unter bestimmten geskripteten Bedingungen erscheinen. Ebenso verschieben AR und VR den Blickwinkel des Gestalters (und später des Nutzers) im digitalen Raum, der entweder als Simulation eines wirklichen Raums oder als ein eigenständiges Endprodukt interpretiert werden kann.

Dieses technologische Zusammenspiel ist ein charakteristisches Merkmal des digitalen Zeitalters wie auch unserer gegenwärtigen Kultur allgemein: Es können nicht nur synästhetische Eigenschaften heraufbeschworen werden, sondern sie können in der Formbarkeit algorithmischen Denkens eine ergiebige Grundlage für individuelle Darstellungen finden. Die Leichtigkeit, mit der Gestalter einen komplexen dreidimensionalen Raum formen, hat auch verändert, wie sie ihre Rolle in der Stadt interpretieren. Viele Parameter können in den Einstellungsmenüs von Renderingprogrammen geändert werden, um unterschiedliche Lichtverhältnisse zu prüfen und verschiedene Umgebungen zu simulieren, mit denen ein Objekt oder ein Gebäude zukünftig konfrontiert sein könnte. Und noch grundsätzlicher bieten diese Systeme ein ideales Versuchsgebiet zur Erfassung der flüchtigen und wahrnehmungsbezogenen Qualitäten von Architektur, die die formalen Eigenschaften

3   Friedrich Nietzsche, *Sämtliche Werke. Kritische Studienausgabe in 15 Bänden*, Bd. 12: *Nachgelassene Fragmente 1885–1887*, München/New York 1980.
4   Roberto Bottazzi, *Digital Architecture Beyond Computers. Fragments of a Cultural History of Computational Design*, New York/London 2018, S. 112.

VIII Marjan Colletti, Ausschnittsvergrößerung
(3.13–6.40 % ohne Auflösungsverlust) eines
Vektorfelds einer 2½-D-Zeichnung, 2000–2004

der Architektur sowohl übertreffen als auch ergänzen können. Ein typisches Beispiel sind die Renderingtechniken von Jean Nouvel, der diese Werkzeuge gezielt nutzte, um von den Standards der Architekturdarstellung abzuweichen. Zum Beispiel sind orthografische Zeichnungen seiner Gebäude in extremeren, subtileren und mit anderen Worten weniger normativen Bedingungen verortet wie etwa der Nacht, um die ephemere, komplexe Interaktion zwischen Gebäuden und Städten hervorzuheben. Seinen Worten zufolge „sollten wir in der Lage sein, aus der entstehenden poetischen Dimension von Technik einen Nutzen zu ziehen. Es ist lächerlich zu sehen, dass in der Lehre Gebäude immer noch durch die Herstellung von Schatten im 45°-Winkel untersucht werden. [...] Für mich ist es auch wichtig, ein Gebäude zu untersuchen, wie es im Nebel, bei Regen oder in der Nacht wirkt [...]. Meiner Ansicht nach sind die farbigen roten Lichter und Schilder einer Geschäftsstraße eines der erstaunlichsten Architekturschauspiele."[5] Was Computerrenderings hier infrage stellen, ist die Stabilität und Beständigkeit von Architektur, die zunehmend untergraben wird, indem Gebäude als dynamische Objekte in dynamischen Umgebungen unter Einfluss verschiedener Lichtverhältnisse oder sich verändernder technischer und sozioökonomischer Eigenschaften ihres Kontexts dargestellt werden.

Von einem streng technischen Standpunkt aus finden CGI in zwei verschiedenen digitalen Räumen statt: Objekte werden im Vektorraum des CAD modelliert, wohingegen Renderings als Ansammlungen von Bildpunkten zustande kommen, die in einem Gitter im Rasterraum des Bildschirms angeordnet sind. Der Vektorraum ist per Definition eine maßstabslose Umgebung: Objekte werden durch Koordinaten dargestellt, und Veränderungen werden von mathematischen Verfahren wie der Addition oder Multiplikation von Vektoren getragen. Die Ansammlung von Objekten, die in einem solchen Raum verortet sind, ist eine Invariante bezüglich der Entscheidungen, die Nutzer treffen, um sie zu visualisieren. Aktionen wie Zoomen oder Drehen des Blickpunkts verändern die Objekte im Raum nicht, sondern berechnen einfach ihre Position auf dem Bildschirm neu. Andererseits ist der Raum des Bildschirms an seine Auflösung und somit an Skalierungsfragen gebunden; die Veränderung der Auflösung hat konkrete Auswirkungen auf das, was erzeugt wird oder sichtbar ist.

In ihrer Arbeit konnten Michael Hansmeyer und Marjan Colletti beide Räume zur Schaffung formaler Kompositionen verschränken, welche die Grenzen des Rasterraums untersuchen und umgehen, indem sie an der vektoriellen (formalen) Auflösung ihrer Designs arbeiten. In Collettis Arbeit werden diese Möglichkeiten in zweidimensionalen Zeichnungen, 3-D-Kompositionen und animiertem Raum erkundet. Die räumliche Komplexität der endgültigen Komposition ist dergestalt, dass das Fragment nicht mehr als eine Vereinfachung des Ganzen erscheint ▶ Abb. VIII. Durch Ausnutzung der Eigenschaften des Vektorraums strebt seine Designästhetik nicht mehr Reduktion an, da sie nicht mit dem potenziellen Auflösungsverlust durch die Rasterdarstellung konfrontiert werden muss. In ihrer Gesamtheit betrachtet, kann die Komposition im Anschluss ein erstaunliches Maß an Komplexität erreichen, indem sie eine hohe Fülle von Information frei von der Beschäftigung mit Top-down-Reihenfolge und Lesbarkeit ausnutzt ▶ Abb. IX.

Um die innovativen Eigenschaften der Rastermanipulation des Raums in der Architektur besser zu verstehen, ist es hilfreich, Collettis Arbeit mit der von Richard Voss zu vergleichen, die auf fraktalen Algorithmen basierte. Die Möglichkeit, eine unveränderte hohe Auflösung beizubehalten, wenn man vom Ganzen zum Teil übergeht, ruft Ideen von Fraktalen und Selbstähnlichkeit hervor. Der Vergleich geht jedoch keinen Schritt weiter, da Colletti, ausgestattet mit exponentiell stärkeren Maschinen, Räume evoziert, die nicht mehr an vorgegebene Ordnungsbegriffe, ja nicht einmal an Selbstähnlichkeit gebunden sind. Die technologischen Möglichkeiten des CAD-Vektorraums erlauben es Gestaltern, Objekte morphologisch endlos zu gliedern, indem die Lücke zwischen Daten und Form geschlossen wird, um Verbindungen und wechselseitige Veränderungen zwischen den beiden herzustellen.

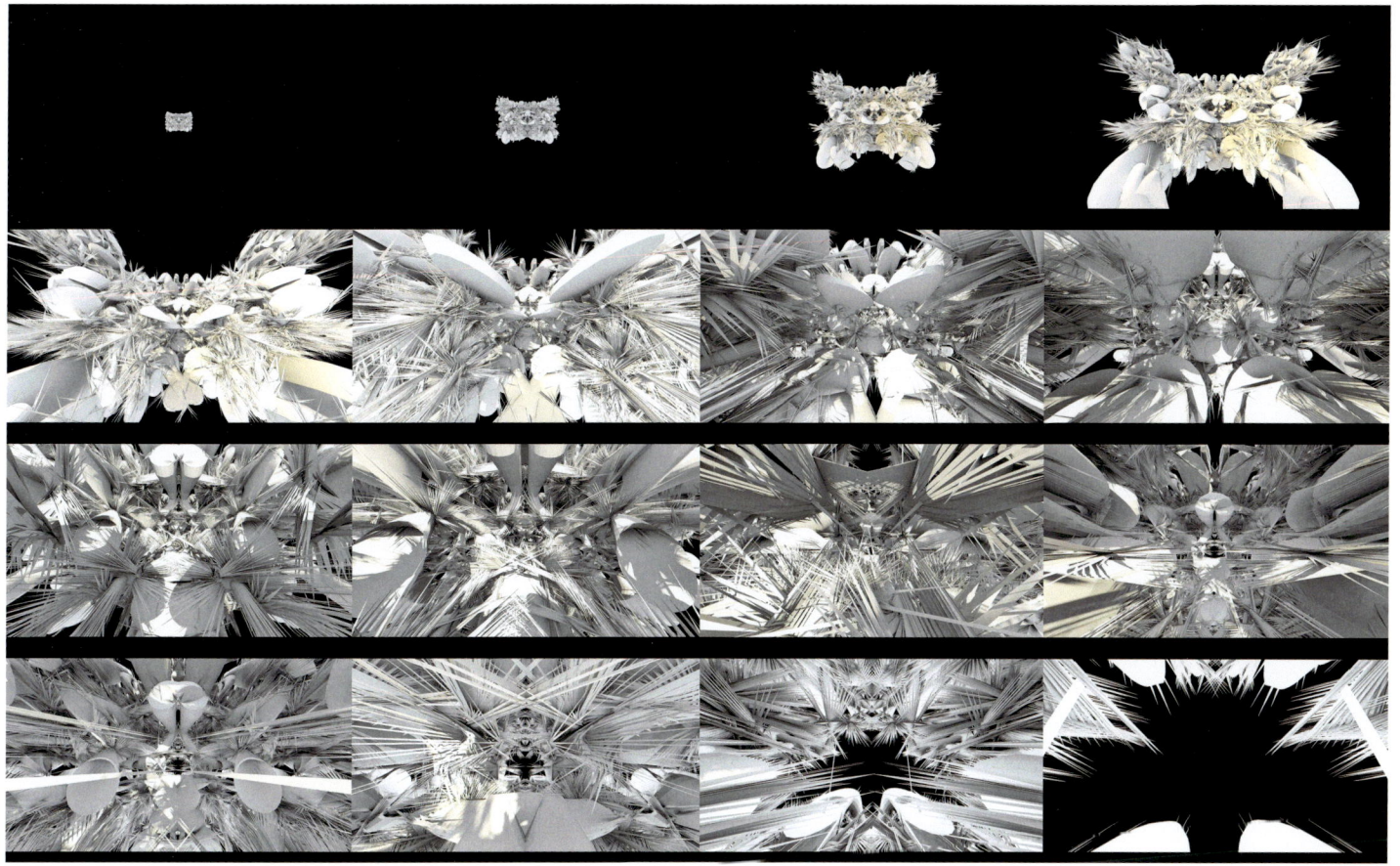

IX Marjan Colletti, Screenshots eines Flugs durch das
Vektorfeld eines 3½-D-Modells, 2014–2019

Ein neuartiger Aspekt dieser Forschungsrichtung ist die Fähigkeit, die Genauigkeit digitaler Datenverarbeitung mit originär digitalen Wahrnehmungseffekten zu verbinden. Die unmittelbarste Referenz für eine solche Vorgehensweise wäre die Barockarchitektur, doch dies wäre auch einschränkend: Wenngleich Barockarchitekten häufig ähnliche kulturelle Bedenken zum Ausdruck brachten, indem sie Spiralen – eine offene, richtungslose geometrische Figur ohne Anfang oder Ende – in ihren Gebäuden einsetzten, ist es hier die Ausnutzung der Eigenschaften von Software-Modeling- und Renderingprogrammen, die es Gestaltern heute ermöglichen, übernommene Ordnungsmodelle zu überwinden.

Schlussendlich verdrängt die Digitalisierung von Bildern durch ihre numerische Umwandlung das visuelle Paradigma der modernen Perspektive und die dahinterstehende Kultur des menschlichen Sehens. Die Computervision erfährt einen entscheidenden Wendepunkt mit der Erfindung des digitalen Scanners, der im Nationalen Institut für Standards und Technologie der USA von Russell A. Kirsch 1957 entwickelt wurde. Diese Erfindung, die am Ende von fast 100 Jahren Forschung stand, verschob den Bilderfassungsprozess über mechanische (Perspektivmaschinen) und chemische (Fotografie) Paradigmen hinaus, da sie elektrische Signale zum Scannen und zur Datenübertragung verwendete. Wie dargelegt, unterschied sich dies zum Beispiel von Pieros „anderer Methode" und der neuen Rolle, die Algorithmen in diesem Prozess übernahmen. Das „Sehen nach Zahlen" stellt, wie in der Einführung ausgeführt, ein neues Paradigma dar, in dem die Art und Weise, wie wir sehen, zunehmend mit dem übereinstimmt, was wir sehen

– ein entscheidender Unterschied zu den historischen Vorgängern. Kirschs Team erlebte aus erster Hand einen Zustand, mit dem wir jetzt alle konfrontiert sind. Die zentrale Bedeutung von Algorithmen wird heute ganz besonders deutlich und definiert völlig neu, was Sehen bedeutet: Militärdrohnen, die Computervision einsetzen, „sehen" Menschen nicht als Geometrien, sondern als Wärmefelder (durch Heatmaps) und umgehen dabei die visuelle Semantik. Architekten vermessen zunehmend Städte oder Landschaften mit LIDAR-Scannern, die mittels eines Laserstrahls „sehen". Es gibt keine Linsen, und deshalb ist es auch nicht erforderlich, dass Licht als Vermittler für die Aufzeichnung auf ein Medium dient.

Indem die Perspektive als eine „symbolische Form" aufgegeben wird, übernehmen andere mathematische Techniken das synthetische Erfassen der Realität, die den Menschen nicht mehr direkt zugänglich ist, sondern die vielmehr durch Algorithmen interpretiert wird. Aufgrund ihrer allgegenwärtigen Anwendung stellt die Computervision die Grenze digital erzeugter Bilder dar, die Verflüssigung des Mediums in Zahlenfelder, die durch Algorithmen interpretiert werden. Auf dieser Ebene werden Architekten und Designer generell eine neue Form digitaler Kompetenz entwickeln müssen, die weitgehend wie der hier präsentierte historische Überblick aussehen kann – also die Aufführung einer komplexen Choreografie zwischen Geschichte und Technik, um kreative Chancen herauszukitzeln und auszunutzen.

5 Alejandro Zaera-Polo, „Incorporating with Jean Nouvel", in: El Croquis. Jean Nouvel 1987–1994, Nr. 65–66 (1994), S. 35.

Bewegung, Zeit, Architektur

Teresa Fankhänel

„Die Computergrafik wächst rapide; nur die Computeranimation wächst schneller."[1] So begann die zweite Auflage des Buchs *Computer Animation. Theory and Practice*, dem ersten umfassenden Leitfaden für Computeranimation von Nadia Magnenat Thalmann und Daniel Thalmann, der erstmals 1985 erschien. Als die überarbeitete und erweiterte Ausgabe fünf Jahre später herauskam, standen animierte Filme kurz vor ihrem kommerziellen Durchbruch. 1991 kamen zwei Filme in die Kinos, die zu Meilensteinen der digitalen Filmgeschichte wurden: *Terminator II* und Disneys *Die Schöne und das Biest*. Beide nutzten bahnbrechende Verfahren: *Terminator II* machte die Öffentlichkeit mit Morphing und Texture Mapping vertraut. Und *Die Schöne und das Biest* war der erste Spielfilm mit farbigen computererzeugten 3-D-Bildern.[2] Vier Jahre später kam *Toy Story* (1995) heraus, der erste komplett digital erstellte Spielfilm. Die Techniken, die in den Forschungslaboren nordamerikanischer Universitäten und den Subunternehmen der Filmindustrie erfunden worden waren, haben jedoch nicht nur traditionelle Film- und Animationstechniken aus ihrer Vormachtstellung vertrieben, sondern Designberufe wie den des Architekten erheblich beeinflusst. Viel war zwischen 1957, dem Jahr, in dem Russell Kirsch das erste computergenerierte Rasterbild mit nur 176 × 176 Pixeln scannte, und der Veröffentlichung von *Toy Story* passiert. In den 1960er-Jahren wurde es erstmals möglich, zwei- und später dreidimensionale Zeichnungen mit Computern zu erstellen und schließlich gefüllte Körper zu modellieren. Fast zeitgleich gab es neue Programme, um diese Objekte zu kolorieren, zu texturieren und mit natürlichen Lichteffekten zu beleuchten, um eine realistischere Erscheinung zu erlangen. In der Architektur machte es der Computer erstmals möglich, Zeit und Bewegung digital aufzuzeichnen und sowohl für den Entwurf als auch für die Präsentation und das Erleben von architektonischen Räumen einzubeziehen. Virtuelle Objekte begannen sich zu bewegen und nach festgelegten Parametern zu verformen. Heute sind digitale Modelle begehbar geworden und können bewegte Geschichten erzählen.

Eine Frage der Technik

Frühe Computerhardware war lange Zeit nicht in der Lage, komplexe Formen visuell überzeugend darzustellen oder zu speichern. Oszilloskope waren die ersten Bildschirme, die an Computer angeschlossen wurden. Basierend auf Vektorendisplays, die erstmals 1897 von Ferdinand Braun erfunden worden waren und auf Experimenten aus der Mitte des 19. Jahrhunderts beruhen,[3] kamen diese runden Bildschirme Ende der 1950er-Jahre für Radaraufzeichnungen des US-Militärs zur Verwendung. Auch Ivan Sutherlands berühmtes Programm Sketchpad, die erste CAD-Software, lief auf einem TX-2 Computer mit einem solchen Cathode-Ray-Tube-Display (CRT), einer sogenannten Kathodenstrahlröhre.[4] Das Problem dieser Bildschirme war, dass sie keine statischen Bilder zeigen konnten und stattdessen Linien permanent auffrischen mussten, um den Eindruck von Beständigkeit zu erwecken. Dies konnte jedoch nicht darüber hinwegtäuschen, dass das Blinken der Bildschirme weit entfernt davon war, ein stabiles Bild wiederzugeben. Erst Ende der 1960er-Jahre kamen Displays wie die der Firma Tektronix mit einer Direct-View-Storage-Tube auf den Markt, die statische Zeichnungen direkt im Bildschirm speichern und damit ruhigere Bilder erzeugen konnten.[5] Diese Terminals waren die ersten Geräte, die mit weniger als 10.000 US-Dollar auch für Architekturbüros attraktiv wurden.[6] Wie die früheren Displays waren auch diese Bildschirme auf grünlich leuchtende Vektorenzeichnungen beschränkt und konnten nur jeweils ein statisches Bild anzeigen; danach musste der ganze Bildschirm neu gezeichnet werden. Mit der Erfindung von Framebuffern in den frühen 1970er-Jahren – lokalen, in den Bildschirm integrierten Speichereinheiten – wurde es möglich, mehr als ein Bild (engl. *frame*) zu speichern und damit endlich auch Sequenzen von Bildern zu zeigen.[7] Wenige Jahre später wurden diese Framebuffer mit Raster-Scan-Farbbildschirmen verbunden, die Rasterpunkte und 3-D-Farbschattierungen anstelle von Vektoren darstellen und so realistische dreidimensionale Bilder erzeugen konnten.[8] Bis in die 1980er-Jahre hinein war das grundlegende Problem digitaler Computer jedoch noch immer nicht gelöst, denn bewegte digitale Bilder hatten neben ihrer Sichtbarmachung auf Displays ein

II Solid Model mit Wireframe-Ästhetik

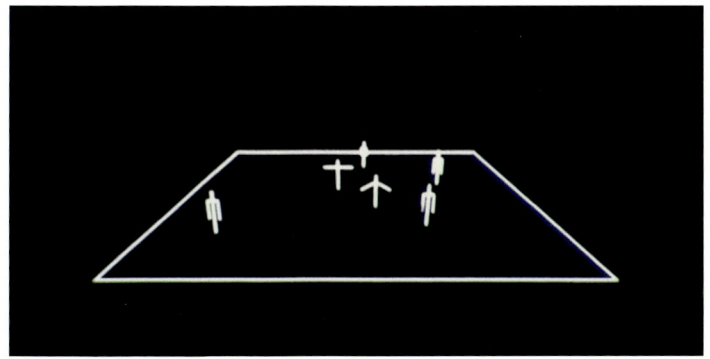

I Computer-Generated Ballet von Michael Noll, 1965

weiteres Speicherproblem. Die einzige Möglichkeit, ein bewegtes Bild aufzuzeichnen, war das Abfilmen einzelner Bilder vom Display mit einer Filmkamera, die individuelle Frames aufnehmen konnte. Hierzu gab es unterschiedliche Gerätschaften, die erfunden wurden, um eine analoge Kamera immer dann automatisch auszulösen, wenn ein weiteres digitales Bild vom Computer fertig berechnet und auf dem Display sichtbar war.[9] Oftmals dauerte es Stunden und viele Nachtschichten an Mainframe-Computern mit der nötigen hohen Rechenleistung, um wenige Minuten Film auf diese Art zu erzeugen. Das Ergebnis war ein analoger Film aus digital programmierten Einzelbildern. Dieses Verfahren war nicht nur langwierig, sondern aufwendig und kostspielig. TRON (1982) war der erste und gleichzeitig der einzige längere Spielfilm, der, mit dieser Methode erstellt, ungefähr zwanzig Minuten spektakuläre computergenerierte Bilder beinhaltete.[10]

Das Speicherproblem änderte sich erst mit der Erfindung von Speichermedien, die genug Platz hatten, um die großen Datenmengen von bewegten Bildern digital aufzubewahren und abzuspielen. Bis in die 1970er-Jahre wurden die digitalen Daten für Animationen über Lochkarten in den Computer eingespeist, die in ihrer abstrakten, binären Logik ein früher Speicher für auszuführende Anweisungen an den Computer waren. Diese Technik stammte aus dem 19. Jahrhundert und war ursprünglich für Webrahmen und andere analoge Automaten wie Charles Babbages Analytical Engine verwendet worden.[11] Auch für digitale Computer wurde dieses Kartensystem, oft mit dem Namen Hollerith nach ihrem Erfinder Herman Hollerith bezeichnet, verwendet. Magnetbänder und -trommeln übernahmen die Speicherung von Daten in den 1960er-Jahren, und Floppy Disks und Hard Drives übertrugen diese Technik auf tragbare und günstigere Speichermedien. Erst in den 1980er-Jahren kamen jedoch optische Speichermedien wie CDs und DVDs auf den Markt, die größere und interaktive Datensätze wie Filme und Programme digital wiedergeben können.

Von der Linie zum Körper

Ivan Sutherlands Vektorzeichenprogramm Sketchpad, die erste CAD-Software, wurde im Jahr 1963 am Massachusetts Institute of Technology (MIT) entwickelt, um technisches Zeichnen zu erleichtern. Das Neue an diesem Programm war, dass es auf grafische Weise dem Benutzer dabei half, Linien und Formen direkt auf einem CRT zu zeichnen, und damit ein sofortiges visuelles Überprüfen des Entwurfs möglich machte. Das Programm erlaubte außerdem, eine begrenzte Anzahl an programmierten Veränderungen an dem gezeichneten Objekt vorzunehmen, darunter das Skalieren oder Drehen von Formen. Darüber hinaus konnte es bereits gezeichnete Formen aufbewahren und bei Bedarf hervorholen, was sich immer wiederholende Vorgänge enorm vereinfachte. Während das erste Programm zweidimensional war, kam ein Jahr später eine 3-D-Version heraus, die es erstmals ermöglichte, digital Objekte zu schaffen, ohne Programmiersprachen zu lernen, welche bis dahin die frühe Computerkunst dominiert hatten. In beiden Versionen waren die gezeichneten Objekte nur über ihre Kanten, als sogenannte Wireframes, dargestellt. Es gab keine Füllung, und die Körper blieben durchsichtig. Das Programm ermöglichte es jedoch erstmalig, in Echtzeit eine Darstellung des Geschaffenen auf einem Bildschirm zu erhalten.

Nur ein Jahr nach Sutherlands Sketchpad wurde der erste Film mit computeranimierten zweidimensionalen Wireframe-Figuren,

1 Nadia Magnenat Thalmann und Daniel Thalmann, Computer Animation. Theory and Practice, London 1990, S. vii.
2 Tom Sito, Moving Innovation. A History of Computer Animation, Cambridge (MA) 2013, S. 232.
3 Jon Peddie, The History of Visual Magic in Computers, London 2013, S. 294.
4 Siehe Projekttext zu Sketchpad in diesem Buch, S. 34–37.
5 Peddie 2013 (wie Anm. 3), S. 321–322.
6 Ebd., S. 323.
7 Ebd., S. 325.
8 Ebd., S. 333.
9 Susan Doubilet, „The Big Picture", in: Progressive Architecture, Mai 1984, S. 144.
10 Sito 2013 (wie Anm. 2), S. 163–164.
11 George Fierheller, Do Not Fold, Spindle or Mutilate. The „Hole" Story of Punched Cards, Markham 2014, S. 14.

das *Computer-Generated Ballet*, von Michael Noll am Bell Lab in New Jersey mit dem Computer Graphic 1 geschaffen ▶ Abb. I. Noll benutzte die firmeneigene Software BFLEX, um eine „Bühne" sowie mehrere Strichfiguren zu zeichnen, die eine einfache Tanzchoreografie aufführten.[12] Mit der Erfindung von Volumenmodellierung, dem sogenannten „Solid Modeling", das erstmals als Teil der Software SynthaVision 1967 auf den Markt kam, wurde es kurz darauf möglich, dreidimensionale Objekte zu schaffen, bei denen alle aus der Betrachterperspektive verborgenen Kanten ausgeblendet werden konnten. Damit wurde das sogenannte Sichtbarkeitsproblem der frühen Wireframes durch eine Verdeckungsberechnung gelöst ▶ Abb. II.[13] Wenig später ließen sich auch Materialien auf der Außenhaut dieser Körper repräsentieren. An der University of Utah, wo Sutherland nach seinem Weggang vom MIT als Professor lehrte und die eines der Zentren der Forschung zur Computergrafik in den 1960er- und 1970er-Jahren war, machten Jim Blinn und Martin Newell 1976 eine weitere bahnbrechende Erfindung: das Texture Mapping.[14] Diese Technik erlaubte es, digitale fotografische Bilder auf eine dreidimensionale Form zu projizieren, die dem Objekt den Anschein von Materialität und also von größerem Realismus gab. Das Hinzufügen von Texturen und Materialien – das, was man heute als Rendering bezeichnet – war allerdings nicht der einzige realistische Aspekt. Auch der Einfluss von Licht und Schatten sowie Reflexionen auf den Oberflächen von Objekten stellten einen wichtigen Schritt auf der Suche nach fotorealistischen Abbildungen dar ▶ Abb. III. Dieser Realismus war es denn auch, der auf die Entwicklung neuer Animationstechniken in der Filmindustrie enormen Einfluss nahm.[15]

Morphing: Körper verformen

Traditionell von Hand ausgeführte Animationen basierten, seit animierte Zeichentrickfilme Anfang des 20. Jahrhunderts erfunden und später von Walt Disney berühmt gemacht wurden, auf dem Erstellen von jeweils leicht veränderten Bildern, die bei schnellem Abspielen den Eindruck von Bewegung simulieren. Die einzelnen Bilder wurden in rapider Folge von ausgebildeten Trickzeichnern erstellt, die die Zwischenschritte zwischen Schlüsselbildern, sogenannten Keyframes, aus ihrer Vorstellung heraus zeichneten und vorgestellte, dreidimensionale Objekte in 2-D umwandelten.[16] Mit dem Aufkommen des Computers wurde diese Arbeit durch eine Technik, die den Namen der analogen Trickfilme übernahm, wesentlich vereinfacht: „Interpolation" oder „Inbetweening". Das englische Wort „Inbetweening", was so viel heißt wie „etwas dazwischenschieben", beschreibt den Arbeitsvorgang perfekt: Der Computer kalkuliert alle einzelnen Zwischenschritte zwischen den Keyframes. Diese Technik basierte anfangs nur auf zweidimensionalen Vektorenzeichnungen, da der Computer im Gegensatz zum menschlichen Gehirn große Schwierigkeiten hatte, komplexe bewegte Objekte von 3-D in 2-D umzuwandeln. Die erste frei verfügbare zweidimensionale Software, die sich an Architekten und Künstler wandte, war das Graphics Symbiosis System (GRASS) von Thomas DeFanti (1974), das einfache Bewegungen, Farbwechsel und Rotationen ausführen konnte.[17] 1978 kam eine 3-D-Version unter dem Namen ZGRASS heraus. Eine weitere Möglichkeit, bewegte Bilder zu produzieren, war das Scripting eines Bewegungsablaufs, das allerdings Kenntnisse in Programmiersprachen voraussetzte, die nur wenige Architekten besaßen. Eines der bekanntesten Programme war ASAS, mit der viele der Sequenzen in *TRON* animiert wurden.[18] In den 1980er-Jahren kam der heute gebräuchliche Begriff „Morphing" auf, der die gleiche Bedeutung wie die älteren Namen hatte, allerdings ließen sich auf Basis von Polygonnetzen nun komplexere Transformationen

12 Michael Noll, „Computers and the Visual Arts", in: *Design Quartely*, Nr. 66/67, S. 65–71.
13 Ray Hill, „Synthavision: How a Computer Produces Movies", in: *Popular Science*, November 1973, S. 108–109.
14 Wayne E. Carlson, *Computer Graphics and Computer Animation. A Retrospective Overview*, Columbus o. J., S. 610–611, PDF, https://ohiostate.pressbooks.pub/graphicshistory/ (28.2.2020).
15 John Hollar, *Oral History of Edwin Catmull. 2013 Computer History Museum Fellow*, Emeryville 2013, S. 8, CHM Reference number: X6771.2013.
16 Sito 2013 (wie Anm. 2), S. 218.
17 Carlson o. J. (wie Anm. 14), S. 105.
18 Ebd., S. 236.

III Reflexionen und Verzerrungen auf dreidimensionalen
   Körpern von J. Turner Whitted, 1979

IV Morphing-Szene aus *Terminator II*, 1991

durchführen. Die früheste Demonstration eines solchen Vorgangs fand auf der SIGGRAPH-Konferenz im Jahr 1982 statt.[19] Der Film *Terminator II* (1991) machte diese Technik unter Verwendung der Software Alias einem weltweiten Publikum bekannt. In mehreren Szenen verwandelt sich der Terminator T-1000, ein menschenähnlicher Roboter, nahtlos von einer menschlichen Figur in flüssiges Metall und zurück ▶ Abb. IV.

Während frühe Computeranimationen wie Michael Nolls tanzende Strichmännchen auf einfachen, zweidimensionalen und später auch dreidimensionalen Formen beruhten, machte es die Entdeckung neuer geometrischer Berechnungsarten möglich, auch komplexe, mehrfach gekrümmte und nichteuklidische Formen wie NURBS-Kurven am Bildschirm darzustellen. Diese Entwicklung auf dem Gebiet der Topologie, einer Richtung der Mathematik, die sich mit dem Verhalten von Oberflächen unter Deformation beschäftigt, fand auf beiden Seiten des Atlantiks in der Autoindustrie statt, wurde von General Motors mit der Erfindung von B-Splines vorangetrieben und von der Luftfahrtindustrie mit der Erfindung von NURBS-Kurven weiter ausgebaut.[20] In der Filmbranche wurden diese Verfahren und darauf aufbauende Softwareapplikationen genutzt, um beispielsweise glattere, besser kontrollierbare Oberflächen für komplexe 3-D-Objekte oder die Haut der Gesichter von Lebewesen zu erstellen. *Toy Story* war der erste Spielfilm, der diese Technik mit großem Effekt einsetzte. Das runde Gesicht der Hauptfigur Woody, dem Sheriff im Kinderzimmer, konnte damit nahezu lebensecht modelliert werden und selbst kleinste Muskelbewegungen zeigen. Erst mit dem Film *Geri's Game* (1997) und neuen Techniken für „Subdivision Surfaces", also Polygonflächen, die in unendlich kleine Unterabschnitte unterteilt werden konnten, um den Anschein einer stetigen Fläche zu erwecken, wurde es jedoch möglich, vollkommen glatte Oberflächen ohne Kanten zu erzeugen.[21]

Die 1980er-Jahre markieren den Anfang von Computervisualisierungen, Morphing und Animationen in der Architektur, die auf den technischen Entwicklungen der vorangegangenen Jahrzehnte aufbauten und erstmals bisher unmögliche Simulationen erstellen konnten. Neu war, dass Architektur sich nicht mehr der traditionellen Darstellung in Grundriss, Aufriss und Schnitt bediente, sondern als 3-D-Modell existierte, das in jeder beliebigen

Ansicht betrachtet werden konnte. Außerhalb der Filmbranche waren Kunst- und Architekturschulen unter den Ersten, die Computer und kommerzielle Software installierten und Studenten Zugang zu Experimenten mit den neuen Animationsprogrammen boten. Die erfolgreichsten Programme Anfang der 1990er-Jahre waren die kanadische Software Softimage (1988) sowie Alias (1985) und später Maya (1998), die die Verformung von dreidimensionalen Körpern anhand von vorgegebenen Parametern und Konzepten wie beispielsweise der Strömungsdynamik zwischen Keyframes ermöglichten. Auf dieser Grundlage entstand in den 1990er-Jahren eine völlig neue Architektursprache, die sich zunehmend nichteuklidischer Formen bediente, welche über Morphingprozesse entstanden waren. Der Blob ist darunter sicherlich die bekannteste dieser digital erfundenen Formen ▶ Abb. V.[22] Sie alle hatten eines gemeinsam: ihre Entstehung im Computer. Einzelne Formen wurden als 3-D-Modelle erstellt und dann über einen begrenzten Zeitraum hinweg gestreckt, gestaucht, gedreht oder anderweitig verformt. Bezeichnenderweise nannte Greg Lynn, einer der Pioniere dieser Bewegung, seine erste publizierte Werkübersicht *Animate Form* (1999), animierte Form. Diese neue Entwurfsmethode war jedoch nicht ohne ihre ganz eigenen Probleme. Eine der Hauptfragen, die Architekten beschäftigte, war, wann man den Morphing-Prozess für einen Entwurf anhalten sollte, auch als „Stopping-Problem" bezeichnet.[23] Denn trotz Software waren es immer die Architekten, die am Ende einen Entwurf – einen Keyframe – aus der Vielzahl der möglichen Optionen, die über einen bestimmten Zeitraum erstellt worden waren, auswählten und finalisierten.

Animation: Körper bewegen

Digital geschaffene Körper wurden in den 1980er-Jahren aus ihrer statischen Existenz befreit und begannen, sich zu bewegen. Bewegungspfadanimation erlaubte es erstmals, einfache Objekte wie Kuben, Säulen oder sogar Autos anhand einer vorgegebenen Strecke eine genau definierte Bewegung wie anhand eines Drehbuchs durchzuführen zu lassen ▶ Abb. VI. Dies war ein Novum, das

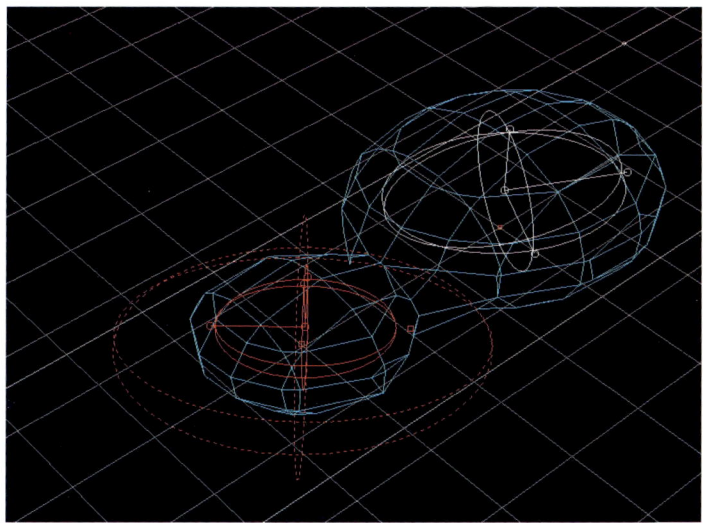

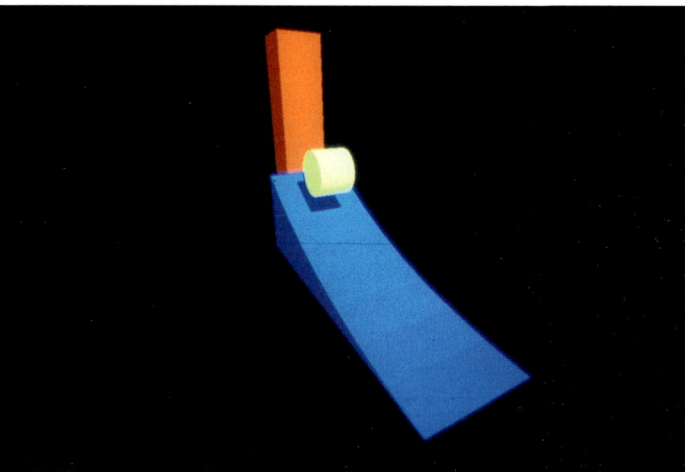

V Bubble-Mastergeometrie von Bernhard Franken,
1991–1999

die Gelegenheit bot, kurze Animationen mittels digitaler Modelle zu produzieren. Entscheidend für eine möglichst realistische Darstellung war, dass die bewegten Körper physikalischen Gesetzen gehorchten und deren Auswirkungen auf dreidimensionale Körper in vereinfachter Form simulierten, wie in der Animation *Rigid Body Dynamics Simulations* von James Hahn (1987), in der zwar die Bewegung der fallenden Objekte simuliert wird, allerdings keine dadurch verursachten Deformationen erkennbar sind.[24] Frühe Computeranimationen in der Architektur wie Skidmore, Owings & Merrills *9 Cities* oder *Cornell in Perspective* von Donald Greenberg hatten das bereits erwähnte Problem, dass es keine hinreichenden digitalen Speichermedien gab, weshalb sie als Einzelbilder direkt vom Bildschirm abgefilmt wurden. Der Anschein von Bewegung entstand erst auf dem 16-mm-Film.

Dies änderte sich in den 1990er-Jahren mit dem Aufkommen von Programmen, die sowohl die Formen selbst animieren als auch auf vorgegebenen Routen mit einer virtuellen Kamera in und um Körper herum Bilder aufnehmen konnten. Ein früher Höhepunkt dieser neuen Erzählform waren die Beiträge für das Eyebeam Center in New York (2001), einem der ersten Architekturwettbewerbe, bei dem eine Animation als Teil der Entwürfe ausdrücklich gefordert war.[25] Viele dieser frühen Animationen bedienten sich einfacher Flüge um ein Modell herum oder durch dessen Innenräume. Oft nutzten sie die Option, in der Realität unmögliche Bewegungen auszuführen und beispielsweise durch die Außenhaut des Gebäudes zu dringen oder durch Wände und Decken zu fliegen. Andere, wie Greg Lynn, benutzten Animationen, um den Entstehungsprozess einer gemorphten Form zu illustrieren und so das Entwurfskonzept des Gebäudes verständlich zu machen. Allen gemein ist, dass die Architekten selbst als Regisseure durch die Wahl der digitalen Kamerastandpunkte die Entscheidung treffen konnten, was gezeigt werden sollte.

Die vierte Dimension: neue Welten

Die Möglichkeit, virtuelle Modelle zu erschaffen, die realistisch gerendert und realitätsgetreu ein Objekt wiedergeben können, gibt Architekten nicht nur ein Werkzeug, um eine digitale Vorschau ihrer Arbeit auf dem Bildschirm zu erhalten, sondern um ein vollkommen neues Genre der Architekturvisualisierung zu schaffen. Erstmals ist es möglich, ein Gebäude noch vor seiner Umsetzung mit Leichtigkeit und großem Detailgrad digital zu betreten und sich darin zu bewegen. Aufgrund ihrer Komplexität waren Lebewesen lange Zeit am schwierigsten zu modellieren und zu animieren. Die Animation dreidimensionaler Darstellungen von Menschen war und bleibt die Königsdisziplin innerhalb der Animation, bedingt durch die hohe Anzahl an Freiheitsgraden und unabhängigen Bewegungen einzelner Gelenke und Muskeln. William Fetter war der Erste, der ein 3-D-Computermodell eines sitzenden menschlichen Körpers, den Boeing Man, zeichnete ▶ Abb. VII.[26] Weitere bahnbrechende Arbeiten auf dem Weg zur Animation eines menschlichen Körpers folgten. 1972 erstellten Edwin Catmull und Fred Parke eine computeranimierte und texturierte Hand, die zusammen mit einem rotierenden, digitalen Gesicht im Science-Fiction-Film *Futureworld* (1976) verwendet wurde und einzelne Finger bewegen konnte.[27] David Zeltzer und Donald Stredney schufen Mitte

19 John McCann und Alessandro Rizzi, *The Art and Science of HDR Imaging*, Chichester 2012, o. S.

20 Alastair Townsend, „On the Spline", in: *International Journal of Interior Architecture + Spatial Design*, 3, 2014, S. 48–59.

21 Tony DeRose et al., „Subdivision Surfaces in Character Animation", in: *SIGGRAPH '98: Proceedings of the 25th Annual Conference on Computer Graphics and Interactive Techniques*, Juli 1998, S. 85–94.

22 Greg Lynn, „Blobs, or Why Tectonics Is Square and Topology Is Groovy", in: *ANY*, Nr. 14, 1996, S. 58–61.

23 Richard Garber, „Building Information Modeling", in: Mario Carpo (Hrsg.), *The Digital Turn in Architecture 1992–2012*, Chichester 2013, S. 226–239, hier S. 232.

24 James Hahn, „Realistic Animation of Rigid Bodies", in: *Computer Graphics*, 22, Nr. 4, August, 1988, S. 299–308.

25 Siehe Text zu Eyebeam Center in diesem Buch, S. 142–146.

26 Peddie 2013 (wie Anm. 3), S. 101.

27 Sito 2013 (wie Anm. 2), S. 64, 154.

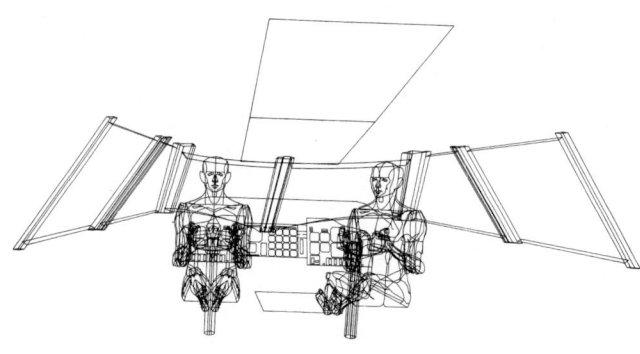

VII Boeing Man von William Fetter, 1966–1969

der 1980er-Jahre eine Animation, bei der ein menschliches Skelett einige wenige Bewegungen wie Laufen und Springen flüssig ausführen konnte.[28] Auch am New York Institute of Technology wurde ein ähnliches Programm mit dem Namen BBOP von Garland Stern entwickelt, mit dem man interaktiv Gelenke kontrollieren konnte und das Bewegungen zwischen Keyframes interpolieren konnte.[29] Woody und Buzz Lightyear, die Hauptfiguren im Film *Toy Story*, waren unter den ersten digitalen Wesen, deren Erscheinung und Bewegung der Realität nahekamen. Woody war so komplex, dass er Hunderte einzelne Bewegungsregler hatte, darunter fast dreihundert für sein Gesicht. Lange Zeit blieb es trotz detaillierter digitaler Modelle unmöglich, menschliche Blickpunkte in bewegten Computermodellen einzunehmen. Im Jahr 1957 hatte der Architekt Gordon Cullen den Begriff „Serial Vision" geprägt, der eine Abfolge von sieben Bildern beschrieb. Diese stellte dar, was eine Person sieht, wenn sie sich durch einen Raum bewegt.[30] Erst als es für die Filmfigur Woody möglich wurde, sich in digitalen Räumen zu bewegen, konnte man auch in anderen 3-D-Modellen mittels eines digitalen Kamerastandpunkts oder eines Avatars einen neuen Blickpunkt aus der Fußgängerperspektive einnehmen und Räume betreten, die aufgrund ihrer Geometrie oder ihrer statischen Beschaffenheit in der gebauten Realität unmöglich sind. Diese virtuellen Realitäten vermitteln dabei den Eindruck einer räumlichen Erfahrung, die nur im digitalen Raum des Bildschirms oder der VR-Brille möglich ist. Ein frühes Beispiel dafür ist der Entwurf für eine Online-Zweigstelle des Guggenheim Museum (1999–2001) von Asymptote, in dem das digitale Gebäude ständig seine Form verändert und Räume beinhaltet, durch die man sich nur über ein Interface bewegen konnte ▶ Abb. VIII.[31]

Für viele andere Architekten, die sich für alternative Räume interessieren, liegen die Grundlagen für diese neue Sichtweise in Entwicklungen, die wiederum außerhalb der Architektur stattgefunden haben: in Albert Einsteins Quantentheorie und der Chaosforschung. In loser Interpretation dieser Konzepte wird Raum nicht mehr als statisch und fest angesehen, wie er seit Descartes und dem kartesianischen Koordinatensystem betrachtet worden war, sondern als polymorph, veränderbar und beweglich.[32] Raum, nach dieser Sichtweise, ist relativistisch, und Zeit wird zu einer wichtigen Dimension in der Erfahrung von Architektur. Bewegung, Zeit und Architektur beeinflussen und bedingen sich gegenseitig in dieser virtuellen Architektur. Seit den 1990er-Jahren ermöglicht es diese digitale, bewegte Architektur so, mithilfe neuer Technologien Geschichten, Räume und Erfahrungen zu schaffen, die erst durch den Computer vollends möglich geworden sind und die stark an den virtuellen Raum erinnern, den Michael Benedikt 1991 in seinem Buch *Cyberspace. First Steps* beschrieben hat: „Cyberspace: Die Schreibtafel wurde zum Blatt, welches zum Bildschirm wurde, welcher eine Welt wurde, eine virtuelle Welt. Überall und nirgendwo, ein Ort, an dem nichts vergessen wird und sich dennoch alles ändert."[33]

28 Charles Csuri und David Zeltzer, „Goal-Directed Movement Simulation", in: *Proceedings of the 7th Canadian Man-Computer Communications Conference*, Waterloo (Ontario) 1981, S. 271–280.

29 Carlson o. J. (wie Anm. 14), S. 237.

30 Madis Pihlak, „Revisiting Animation", in: *Landscape Architecture Magazine*, 92, Nr. 3, März 2002, S. 48.

31 Hani Rashid und Lise Anne Couture, *Asymptote. Flux*, New York 2002.

32 Gregory More, „Animated Techniques: Time and the Technological Acquiescence of Animation", in: Architectural Design, 71, April 2001, S. 20–27.

33 Michael Benedikt (Hrsg.): *Cyberspace. First Steps*, Cambridge (MA) 1991, S. 1.

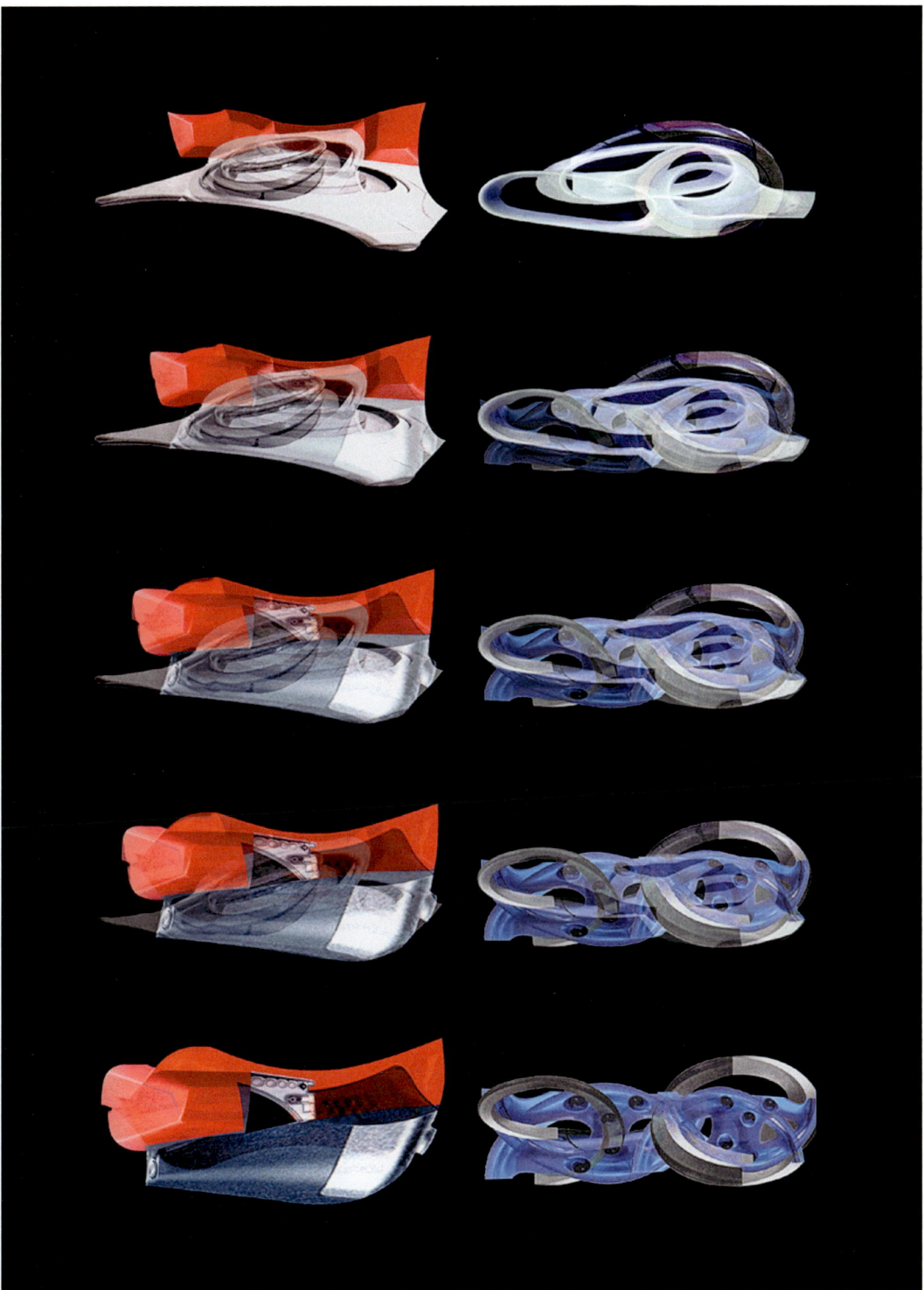

VIII Bewegte Architektur des Guggenheim Virtual Museum, 2001

Cornell in Perspective

Donald P. Greenberg, Studenten des Cornell University College of Architecture, Art, and Planning

1969 — 1972

HARDWARE
Farb-TV-Bildschirm

VERWENDUNGSZWECK DER SOFTWARE
3-D-Modellierung und Rendering

Cornell in Perspective war einer der ersten virtuellen Spaziergänge durch ein digitales Architekturmodell und wurde am Cornell University College of Architecture, Art, and Planning von Donald P. Greenberg und seinen Studenten entwickelt. Das Video ist 18,5 Minuten lang und zeigt die Entwicklung des Arts Quadrangle in Cornell von 1865 bis 1875, wobei alle Gebäude vollständig gerendert und texturiert wurden. Greenberg begann in den 1960er-Jahren, mit dem Computer zu arbeiten, und nahm 1965 in Cornell die Lehre von computergestütztem Design auf. 1968 in Ingenieurwissenschaften promoviert, ist er heute Direktor des Program of Computer Graphics an der Cornell University. Für *Cornell in Perspective* schrieb Greenberg seine eigenen Programme und nutzte nachts die Computereinrichtungen des nahe gelegenen General Electric Visual Simulation Laboratory an der Syracuse University, um die Bilder zu rendern. Alle programmierten Daten mussten mit IBM-Lochkarten eingelesen werden, und es dauerte 45 Sekunden, um ein einzelnes Bild zu rendern. Das 3-D-Modell basierte auf Algorithmen zur Verdeckungsberechnung, mit denen verdeckte Ebenen vom Hintergrund zum Vordergrund aufgebaut wurden, wobei

jede folgende Schicht je nach Betrachterstandpunkt verdeckte Kanten verbarg. Es gab 64 verfügbare Farbwahlmöglichkeiten für jeden Frame. Die gerenderten Bilder wurden auf einem Farb-TV-Bildschirm dargestellt – eine Technik, die vom Visual Simulation Laboratory für Astronauten entwickelt worden war, die für Andockmanöver im Weltraum trainierten. Der Spaziergang über den Platz entstand, indem man einen Anfangs- und einen Endpunkt sowie die Anzahl von Einzelbildern pro Sekunde festlegte, wonach der Computer die ganze Sequenz generieren konnte. Der fertige 16-mm-Film wurde Bild für Bild direkt von dem Fernsehbildschirm aufgenommen.

Greenbergs Arbeit kann im Kontext damals aktueller Entwicklungen in der Bearbeitung von computergenerierten Bildern gesehen werden, einschließlich Halbtonbildern, Shading und Beleuchtungstechniken. Das Projekt war eine Vorschau und ein Versuchsfeld für die Verwendung von Farbbildern als architektonisches Hilfsmittel zur Visualisierung von Entwürfen aus verschiedenen Blickwinkeln. Bewegung sollte mehr Realismus durch eine simulierte Erfahrung von geplanten Bauten im städtischen Raum schaffen. Greenberg demonstrierte diesen

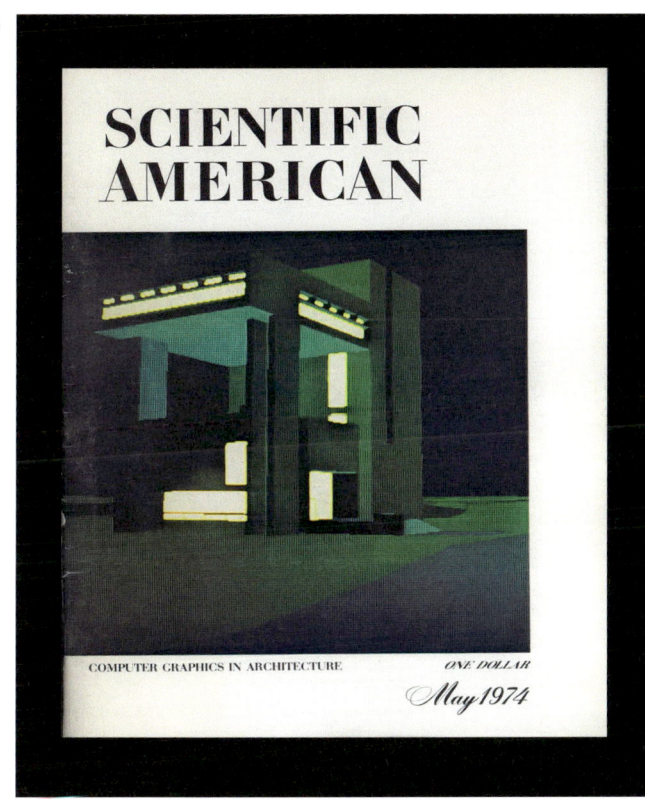

I   Arts Quadrangle der Cornell University
II–III Digitales Modell des Herbert F. Johnson Museum of Art von I. M. Pei
IV   Donald Greenberg mit Evans und Sutherlands Picture System I

Effekt, indem er das von I. M. Pei geplante Herbert F. Johnson Museum of Art rund um den Platz bewegte, um das Potenzial der neuen Technik zu zeigen. — *Teresa Fankhänel*

Greenberg, Donald: „Computer Graphics in Architecture", in: *Scientific American* 230, Nr. 5 (Mai 1974), S. 98–107. ● Greenberg, Donald: „Computers and Architecture", in: *Scientific American* 264, Nr. 2 (Februar 1991), S. 104–109.

Skeleton Animation System

*David Zeltzer, Donald Stredney,
Judy Sachter (Umgebungsmodell)*

1983—1984

SOFTWARE
Skeleton Animation System,
geschrieben in C in einer Unix-Umgebung

HARDWARE
VAX-11/780-Computer

VERWENDUNGSZWECK DER SOFTWARE
Animation

Das Skeleton Animation System ist eine frühe digitale Animation einer menschlichen Figur, die sich durch eine Landschaft und eine Architekturkulisse bewegt. Die Animation verwendet „George", ein dreidimensionales Skelett, das von Donald Stredney und David Zeltzer im Rahmen der Computer Graphics Research Group an der Ohio State University entwickelt wurde, die der Computerkünstler Charles Csuri 1971 gegründet hatte. In den 1980er-Jahren basierten Animationen auf der traditionellen 2-D-Technik des „Tweening", bei der sich verändernde Formen zwischen Keyframes im Kopf des menschlichen Animators interpoliert und anschließend von Hand gezeichnet werden. Computer waren zu dieser Zeit noch nicht in der Lage, das Erscheinungsbild sich bewegender oder drehender dreidimensionaler Formen in zweidimensionalen Darstellungen zwischen Keyframes korrekt zu berechnen. Deshalb blieben Bewegungen in Computeranimationen unbeholfen und zeitaufwendig.

Um eine neue Lösung zu finden, entwickelte Zeltzer eine 3-D-Software namens Skeleton Animation System, die sich auf die Animation von Bewegungen komplexer Figuren mit unabhängigen Beinen konzentriert, die sich auf nichtlineare, unterschiedliche Weise fortbewegen. Indem er Tiere studierte, um mehr über Bewegungssteuerung zu erfahren, zerlegte Zeltzer diese komplexen Handlungen in kleinere Schritte und griff auf klinisch dokumentierte Gelenkbewegungen gehender Menschen zurück; so erstellte er eine Reihe von motorischen Vorgaben für George. Das 3-D-Modell des Skeletts basierte auf den Abmessungen eines realen menschlichen Skeletts, die Zeltzer und Stredney von einem Bestatter erhalten hatten, der das Exemplar George genannt hatte. Mithilfe von Zeltzers Software konnte die Figur einem festgelegten Bewegungsskript folgen. In einigen Animationen kann man George sehen, wie er durch ebenes und unebenes Terrain, Landschaften und vollständig texturierte und gerenderte Architekturkulissen läuft und springt. Seine Bewegungen wurden nach ihrem Ablauf beschrieben: Einzelne Gelenke konnten sich also im Verhältnis zu allen anderen Teilen des Skeletts bewegen, woraus eine realistischere Bewegung resultierte. Zeltzer schloss seine Dissertation zu *Representation and Control of Three Dimensional Computer Animated Figures* 1984 ab und führte später seine Forschung zu animierten 3-D-Modellen innerhalb der Computer Graphics and Animation Group am MIT weiter. — *Teresa Fankhänel*

I   Standbilder des springenden und laufenden George
II   Sich drehender George

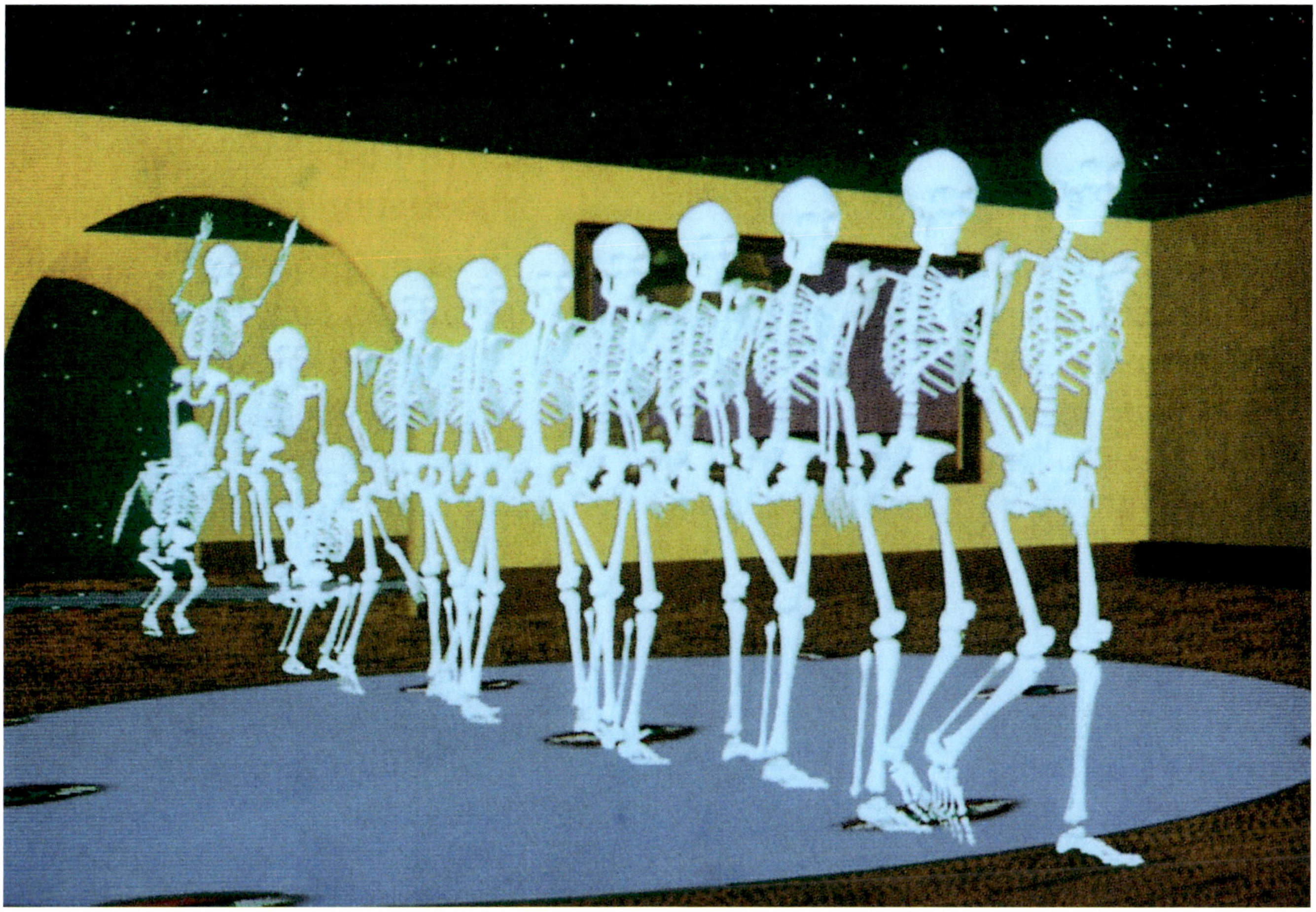

Csuri, Charles / Zeltzer, David: „Goal-Directed Movement Simulation", in: *Proceedings of the 7th Canadian Man-Computer Communications Conference*, Waterloo (ON) 1981, S. 271–280. ● Hammond, Allen: „A Palette for Computers", in: *Mosaic*, November/Dezember 1982, S. 35–40. ● Jones, Angie / Oliff, Jamie: *Thinking Animation. Bridging the Gap between 2D and CG*, Independence (KY) 2006, S. 123. ● Carlson, Wayne: *History of Computer Graphics and Animation*, https://ohiostate.pressbooks.pub/graphicshistory/chapter/4-4-the-ohio-state-university/ (27.1.2020).

9 Cities

Skidmore, Owings & Merrill,
Robert Abel / William Kovacs Inc.

1984

SOFTWARE
DRAFT

HARDWARE
DEC-PDP-11/70-Minicomputer,
Tektronix-4014-Terminal

VERWENDUNGSZWECK DER SOFTWARE
3-D-Modellierung, Animation
eines Flugs durch das Modell

9 Cities war als Marketinginstrument gedacht, um mehrere bekannte Gebäude von Skidmore, Owings & Merrill (SOM) an einem der Standorte ihrer neun Zweigstellen in den frühen 1980er-Jahren in einem Flug durch ein Wireframe-Modell zu zeigen. Als einer der Pioniere in diesem Bereich begann SOM bereits 1963, Computer für technische Berechnungen zu verwenden. Da damals keine kommerzielle Software verfügbar war, entwickelte das Büro seine eigenen Lösungen zur Bewältigung von zeitintensiven Aufgaben wie etwa Kostenschätzungen und statische Berechnungen. Zur Kalkulation von Quadratmeterzahl und Kosten für die O'Hare Plaza in Chicago entwickelten Neil Harper und David Sides 1967 zunächst das sogenannte Building Optimization Program (BOP), das auf IBM-1130-Terminals lief. Da sich der Bauherr nur für den höchstmöglichen Investitionsgewinn interessierte, basierte die Software auf der Kostenberechnung von vier Aspekten – Konstruktion, Außenhülle, Mechanik und Fahrstühlen –, um die wirtschaftlichste Version ausfindig zu machen. Das textbasierte Programm wurde bis 1990 auf alle folgenden Gebäude angewendet.

Bis 1980 war die Computergruppe innerhalb des Büros so angewachsen, dass sie mehr als 100 Computerterminals in verschiedenen Zweigstellen umfasste. Die Softwareentwicklung hatte ihren Hauptsitz in Chicago. Eine Vielzahl von Programmen wurde selbst geschrieben, um Lösungen für das Projektmanagement, den Entwurf und die Baustatik zu finden. Unter diesen fanden sich auch Vorläufer heutiger BIM-Software, neben BOP zum Beispiel Storage and Retrieval of Architecture Programming Information (SARAPI) und Architecture and Engineering Services (AES). Unter den Programmen, die in den 1970er- und 1980er-Jahren geschrieben wurden, waren auch einige Zeichenprogramme, so etwa eine frühe 3-D-Modellierungssoftware namens DRAW3D von Nicholas Weingarten, einem ehemaligen Studenten von Donald Greenberg an der Cornell University, und DRAFT von Mirsante und Huebner. Jahrzehntelang pflegte SOM eine enge Forschungspartnerschaft mit der Firma IBM, die 1986 schließlich AES aufkaufte.

Während alle Gebäude in *9 Cities* unter Anwendung der von SOM entwickelten Softwarelösungen entworfen wurden, zeigt das Video sie als einfache Massenmodelle in ihrer städtischen Umgebung. Alle Linien der Wireframe-Modelle – selbst die normalerweise verdeckten – sind deutlich sichtbar.

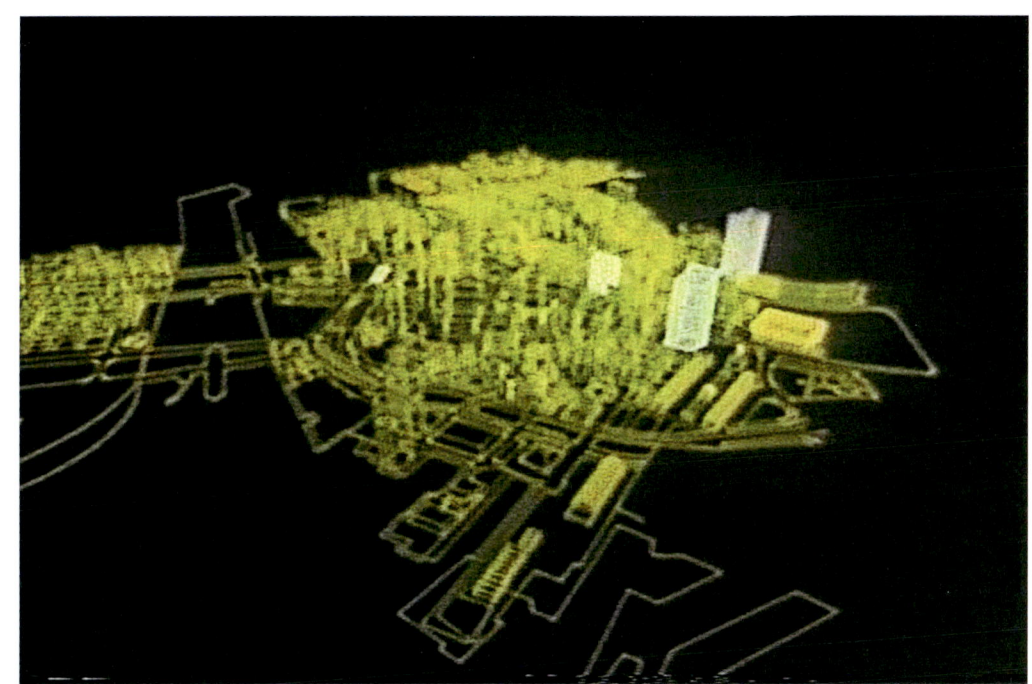

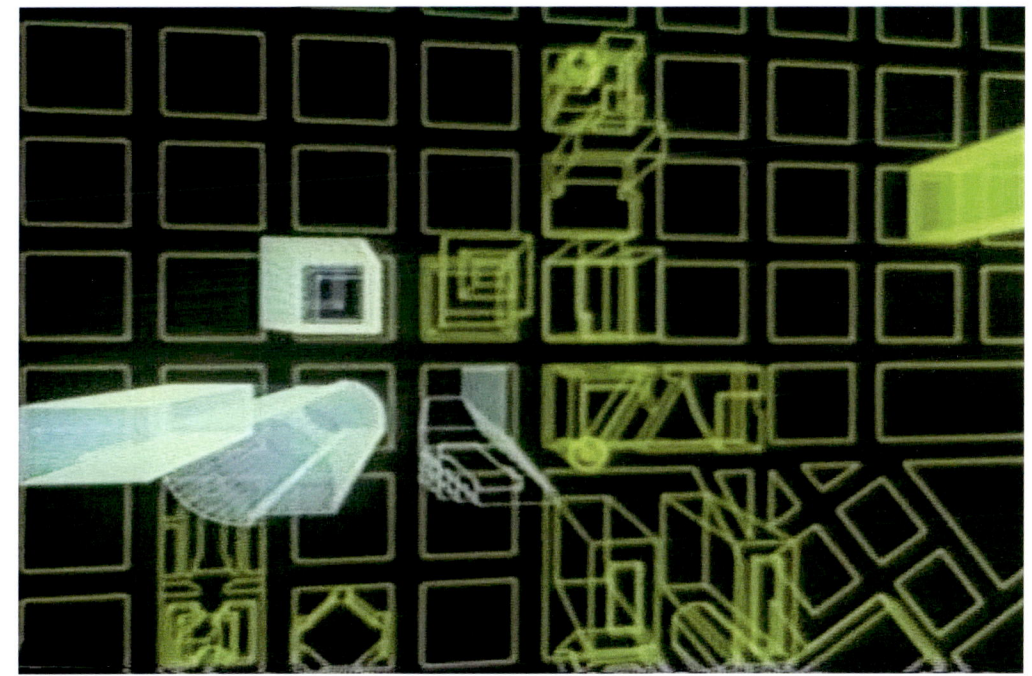

I Filmstill aus *9 Cities*, Boston
II Filmstill aus *9 Cities*, Houston

In ihrer Ästhetik erinnert die Animation an die Simulation einer Kontrollanzeige in einem Flugzeug im Anflug auf New York im Film *Die Klapperschlange* (1981). Trotz seines futuristischen Erscheinungsbilds wurde *9 Cities* als eine Abfolge von Einzelbildern von einem Tektronix-Display mit einer 16-mm-Kamera gefilmt und mit der Titelmusik von *Superman* unterlegt. — *Teresa Fankhänel*

Doubilet, Susan: „The Big Picture", in: *Progressive Architecture*, Mai 1984, S. 140–145. ● Fallon, Kristine: „Early Computer Graphics Developments in the Architecture, Engineering, and Construction Industry", in: *IEEE* 20, Nr. 2, 1998, S. 20–29. ● Adams, Nicholas: „Creating the Future (1964–86)", in: MacKeith, Peter (Hrsg.): *SOM Journal 8*, Berlin 2013. ● Lui, Ann: „Data Dreams: The Computer Group and Architecture by Spreadsheet, 1967–1984", in: Allen, Laura / Pearson, Luke (Hrsg.): *Drawing Futures*, London 2016, S. 224–233.

IV

```
DRAW3D  SYSTEM
┌──────────┬──────────────────────────────────────┐
│SKETCH3D  │ DIGITIZER INPUT                       │
├──────────┼──────────────────────────────────────┤
│DUAL3D    │ DUAL DIGITIZING PAIRS OF DRAWINGS     │
│          │        OR PHOTOGRAPHS                 │
├──────────┼──────────────────────────────────────┤
│TEXT3D    │ LABELING, DIMENSIONING AND TITLING    │
├──────────┼──────────────────────────────────────┤
│GROUP3D   │ GROUPING, EXTRUDING, ROTATING AND     │
│          │        REPEATING OF ELEMENTS          │
├──────────┼──────────────────────────────────────┤
│GLOBAL3D  │ GLOBAL SCALING, ROTATING, TRANSLATING │
│          │        AND DELETING OF ELEMENTS       │
├──────────┼──────────────────────────────────────┤
│AREA3D    │ CALCULATIONS OF AREA, PERIMETER AND   │
│          │        ANGLE                          │
├──────────┼──────────────────────────────────────┤
│POLY3D    │ SCALING, ROTATING, TRANSLATING, DELETING │
│          │        AND REVERSING OF POLYGON ELEMENTS │
├──────────┼──────────────────────────────────────┤
│MATH3D    │ LINE/LINE, LINE/PLANE, AND CIRC/CIRC  │
│          │        INTERSECTIONS & OTHER MATH FUNCTIONS │
├──────────┼──────────────────────────────────────┤
│CURVE3D   │ CIRCLES, CIRCULAR ARCS, SPIRALS, LOFTS, │
│          │        B-SPLINES, PATCHES & LOFTED SURFACES │
├──────────┼──────────────────────────────────────┤
│PLOT3D    │ PLOT AND HIDDEN LINE OUTPUT FILES     │
└──────────┴──────────────────────────────────────┘
```

V

III Wireframe-Modell eines geplanten Gebäudes der Kuwait Insurance
     Company, 1984
IV Subprogramme für DRAW3D, einen Vorläufer von DRAFT
V   Gerendertes Bild eines geplanten innerstädtischen Bauprojekts aus der
     Fußgängerperspektive, 1984

Locomotion Studies / Evolved Virtual Creatures

Karl Sims

1987 / 1994

SOFTWARE
Custom Inverse Kinematics und in PL/1 programmierte Bewegungssoftware (*Locomotion Studies*); evolutionäre Algorithmen in der Programmiersprache C (*Evolved Virtual Creatures*)

HARDWARE
PDP11-Computer (*Locomotion Studies*); Connection Machine CM-5 (*Evolved Virtual Creatures*)

ZWECK DER SOFTWARE
interaktive Entwicklung animierter Formen

Als Meilensteine in Animationsdesign und evolutionären Algorithmen zeigen *Locomotion Studies* (1987) und *Evolved Virtual Creatures* (1994) dreidimensionale „entwickelte" Wesen, die durch genetische Algorithmen mit begrenztem menschlichem Eingreifen entstanden sind. Karl Sims machte seinen Bachelorabschluss in Life Sciences am Massachusetts Institute of Technology (MIT). 1984 verließ er die Hochschule, um als Gastkünstler bei der Thinking Machines Corporation (TMC) zu arbeiten. Dieser Hersteller von Hochleistungsrechnern, spezialisiert auf künstliche Intelligenz, war gerade einmal ein Jahr zuvor von seinen MIT-Kollegen Sheryl Handler und Daniel Hillis gegründet worden, die die Connection Machine (CM) entwickelten. Nach seinen Erfahrungen am TMC kehrte Sims ans Media Lab des MIT zurück, setzte seine Forschung zu Grafik und Animation fort und machte 1987 seinen Masterabschluss in Visual Studies. Seitdem arbeitet er als digitaler Medienkünstler und Softwareentwickler für visuelle Effekte.

Seine Animationen veranschaulichen neuartige Systeme zur Visualisierung von Bewegung. Sie zeigen tierähnliche Kreaturen, die sich durch einen simulierten dreidimensionalen Raum bewegen. In *Evolved Virtual Creatures* basieren Sims' Kreaturen auf künstlicher Evolution, einem System, das sie auf Grundlage ihrer Fähigkeiten, verschiedene Aufgaben zu meistern, auswählt, verändert und weiterentwickelt. In Analogie zu Darwins Theorie der biologischen Evolution funktioniert eine Gruppe von Algorithmen wie ein Genotyp, der einen bestimmten Phänotyp darstellt – in Sims' Fall quaderförmige Kreaturen mit unterschiedlichen Gliedern und Bewegungsfähigkeiten, röhrenartige Raupen oder Strichfiguren mit bis zu sechs Beinen. In einer Hügellandschaft oder im Wasser platziert, müssen sie sich bewegen und der Schwerkraft oder anderen Widerständen entgegenwirken. Sie springen, rollen, schwimmen, schlurfen, humpeln und kriechen, mitunter machen sie Jagd auf einen roten Punkt, der ihre Lichtempfindlichkeit testet. Einige Phänotypen erweisen sich als erfolgreich, andere nicht. Und genau wie in der Natur werden zum Erhalt der Population die Überlebenden reproduziert und ihre algorithmischen Genotypen zufällig gemischt – und das Experiment beginnt wieder von vorn.

Locomotion Studies zeichnet sich durch einen Soundtrack aus, der wahrscheinlich

I   Zwei virtuelle Kreaturen konkurrieren um einen grünen Klotz.

auf einem Synthesizer der frühen 1980er-Jahre produziert wurde. *Evolved Virtual Creatures* beinhaltet einen beschreibenden, einfühlsamen Off-Kommentar mit einer tiefen männlichen Stimme – ein kecker Verweis auf TV-Tierdokumentarfilme. Beide Soundtracks kennzeichnen die Animationen – musikalisch oder verbal – als historisch klar erkennbare Schritte in der Geschichte der algorithmischen Gestaltung und Erzählkunst. —*Sina Brückner-Amin*

Sims, Karl: „Interactive Evolution of Equations for Procedural Models", in: *Visual Computer*, 1993, S. 466–476. ● Sims, Karl: „Evolving Virtual Creatures", in: *Siggraph '94 Conference Proceedings. Computer Graphics*, New York 1994, S. 15–22. ● Casti, John / Karlqvist, Anders (Hrsg.): *Art and Complexity*, Amsterdam 2003, S. 23–24. ● Wünsche, Isabel / Wiebke Gronemeyer (Hrsg.): *Practices of Abstract Art. Between Anarchism and Appropriation*, Newcastle upon Tyne 2016, S. 152–153.

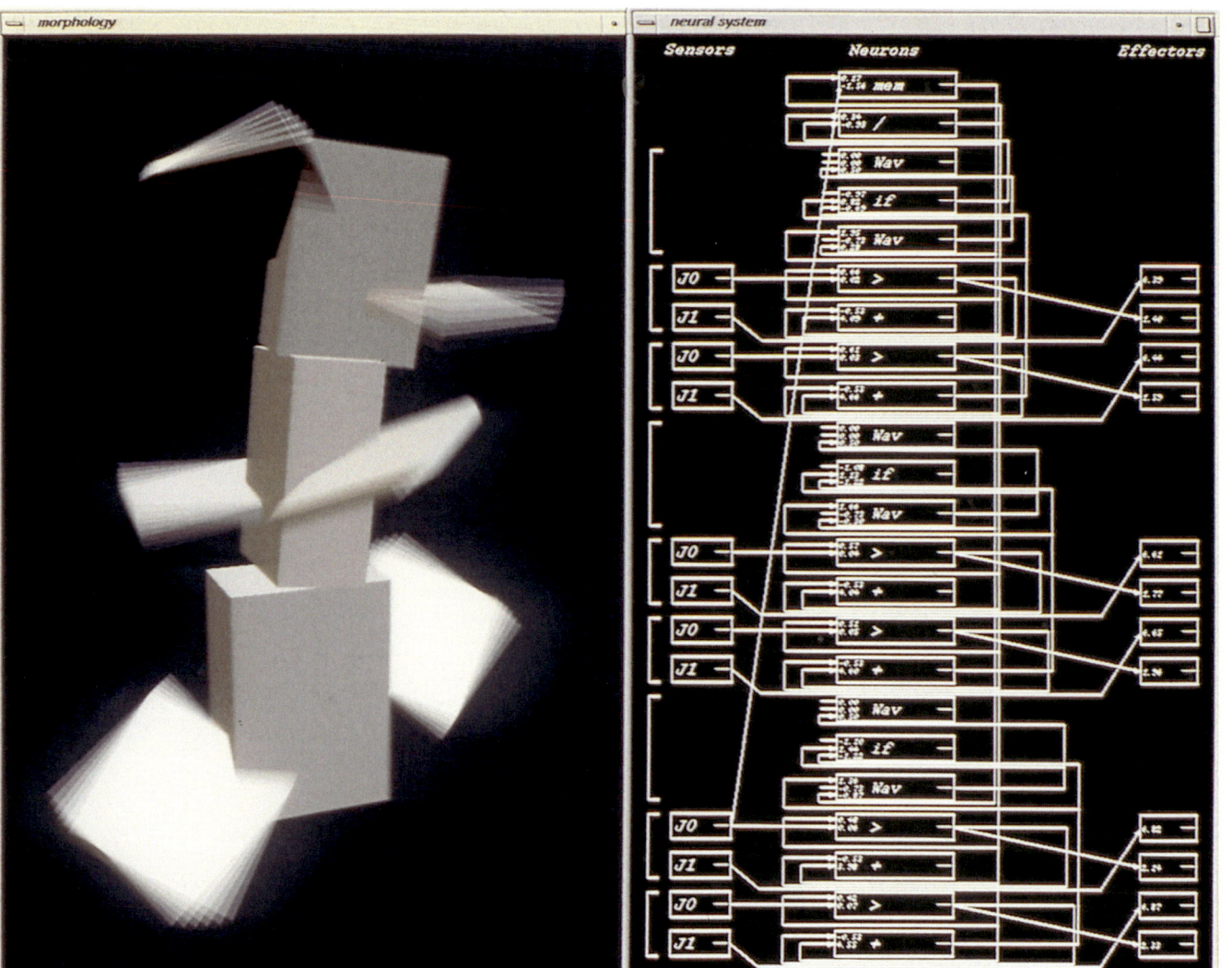

II Morphologie links und neurales System des Phänotyps rechts
III Springende und laufende Strichmännchen in *Locomotion Studies*

Eyebeam Atelier

Architecture Research Office,
Asymptote Architecture,
David Chipperfield Architects,
Diller + Scofidio,
Foreign Office Architects, Gluckman
Mayner Architects, Greg Lynn FORM,
Leeser Architecture, MVRDV,
Neil M. Denari Architects, Preston
Scott Cohen, Reiser + Umemoto,
Rogers Marvel Architects,
Steven Holl Architects, UNStudio

2000—2001

SOFTWARE
(Leeser Architecture): Quicktime, form·Z, Discreet,
Photoshop, After Effects, Premiere, Radiosity

ZWECK DER SOFTWARE
Rendering, Animation

Der Wettbewerb für das neue Eyebeam Atelier war eines der ersten Großprojekte, bei dem in der Auslobung die Abgabe von Animationen gefordert war. Eyebeam war ein Museum für Kunst und Technologie an der West 21st Street in New York City, das der Filmemacher John S. Johnson 1996 gegründet hatte. 30 internationale Büros waren 2000/01 zur Teilnahme an einem dreistufigen Wettbewerb eingeladen. Das Ziel war, einen neuartigen Museumstyp zu durchdenken, der auf die Präsentation neuer Medien, die Verbindung zwischen virtuellen und realen Räumen und die Kurzlebigkeit digitaler Inhalte ausgerichtet war. Die Entwürfe sollten die grundsätzlich statischen Gegebenheiten von Galerieräumen infrage stellen, die nun zeitbasierten, sich ständig verändernden digitalen Kunstwerken gegenüberstanden. Das Museum sollte Künstlerateliers, Unterrichtsräume, Büros, Ausstellungs- und Vorführräume und einen Museumsshop umfassen. Viele der Einreichungen basierten auf der Idee von gefalteten und geschichteten Bändern zur Visualisierung des Programms. Für die zweite und dritte Stufe des Wettbewerbs mussten kurze Animationen eingereicht werden. Sie sollten die Bewegung durch die Räume sowie die Entwicklung der formalen und organisatorischen Struktur des Gebäudes demonstrieren. Diller + Scofidio wurden Anfang 2002 als Gewinner bekannt gegeben. Infolge der Anschläge am 11. September 2001 wurde das Museumsprojekt jedoch aufgegeben.

Viele der Einreichungen verwendeten Durchflüge und einfache Bewegungen rund um das Gebäude. Die Arbeit von Leeser Architecture ist exemplarisch für den bahnbrechenden Einsatz von bewegten Bildern. Für ihre endgültige Animation montierten sie mehrere Ebenen in ein Video von Lower Manhattan mit den Twin Towers des World Trade Center im Hintergrund. Das Modell des Gebäudes wurde in form·Z erstellt und in Discreet, einem Vorläufer von 3ds Max, gerendert und animiert. Das Rendering blieb ein mühsames Unterfangen; es dauerte zehn Stunden, um ein HD-Bild zu erzeugen. Die Animationen von Leeser Architecture waren von Filmen wie auch von Musikvideos inspiriert. Bei ihrem endgültigen Video verwendeten sie „Keepin' It Steel" von Amon Tobin als Soundtrack.—*Teresa Fankhänel*

Muschamp, Herbert: „Art/Architecture: An Elegant Marriage of Inside and Outside", in: *New York Times*, 21.10.2001, S. 34. ● Kristal, Marc: „Measuring the Competition", in: *Metropolis*, November 2002. ● Meissner, Irene: „Projekt Eyebeam Museum of Art and Technology, New York", in: Nerdinger, Winfried (Hrsg.): *Exemplarisch. Konstruktion und Raum in der Architektur des 20. Jahrhunderts*, München 2002, S. 164–165. ● Turner, Grady / Johnson, John: *Bomb Magazine*, 9.2.2004, https://bombmagazine.org/articles/john-johnson/ (20.11.2019) ● Canadian Centre for Architecture (Hrsg.): *Preston Scott Cohen, Eyebeam Atelier Museum*, Montreal 2017.

I

II

I   Anfangsbild von Leeser Architecture
II Standbild aus der Animation von Leeser Architecture

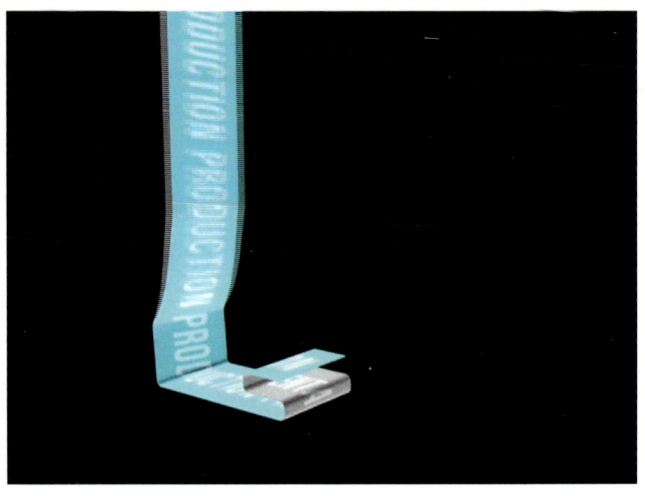 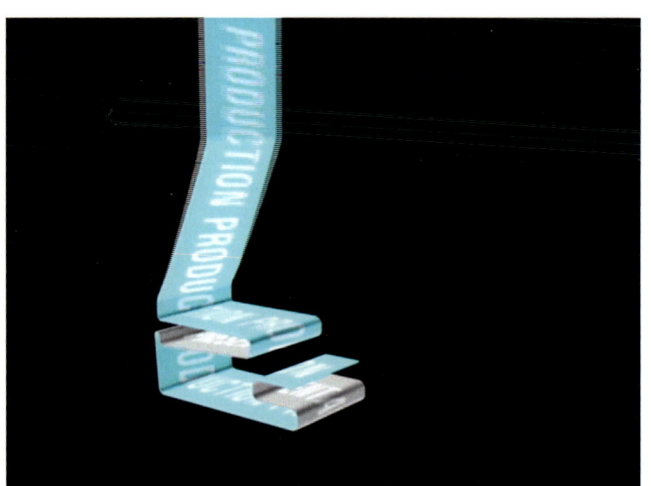

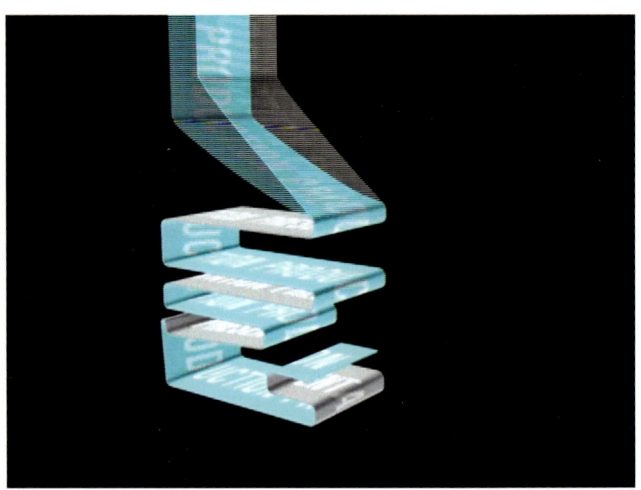 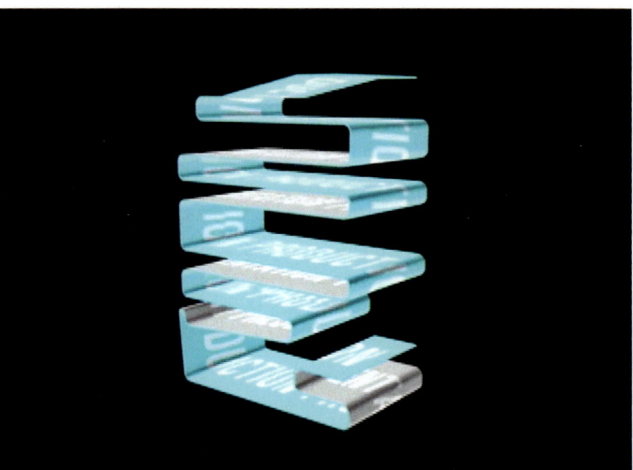

III Standbilder aus der ersten Animation von Diller + Scofidio
IV Flug durch die animierte Fassade von Reiser + Umemoto

Arctic

Lucia Frascerra

2014

SOFTWARE
3ds Max, V-Ray, Photoshop

HARDWARE
Laptop

ZWECK DER SOFTWARE
Rendering

Die italienische Architektin Lucia Frascerra betrachtet Visualisierungen als einen Weg, Emotionen durch die Erschaffung fotorealistischer Kunstwerke auszudrücken. *Arctic* wurde zuerst auf der Online-Plattform *CG Architect* vorgestellt und 2015 als *Pro of the Week* ausgezeichnet. Die Arbeit erhielt außerdem einen CG Architect 3D Award. Frascerra gelang mit dieser Visualisierung ihr professioneller Durchbruch, und dies nicht zuletzt durch deren weite Verbreitung im Internet. Ihre Herangehensweise bei der Anfertigung von Architekturvisualisierungen ist ähnlich strukturiert wie bei anderen Architekturschaffenden auch. Den ersten Schritt stellte die Online-Recherche dar, bei der nach passenden Referenzen für die Bildkomposition, die Lichtsituation und die Stimmung gesucht wurde. Sobald die ausschlaggebenden Bildreferenzen gefunden waren, erstellte Frascerra Skizzen mit Grafit oder Bleistift, was unter anderem hilfreich war, um die gewünschte Perspektive auszurichten. Die Skizzen sind erste Studien und lassen sich in der Herangehensweise mit der der Malerei vergleichen. Dieser Zwischenschritt war der einzige analoge, manuelle Zwischenschritt vor der digitalen Phase. In der darauffolgenden Raw-Render-Phase wurde das Volumen mit einem 3-D-Computergrafikprogramm modelliert. Die Bildszenerie wurde plastisch aufgebaut, und es wurde dabei den Fragen nach Lichtquellen, der Lichteinwirkung, der Perspektive und der Bildkomposition nachgegangen. In Kombination mit dem Bildbearbeitungsprogramm Photoshop wurden die generierten Bilder weiterbearbeitet und erste Stimmungen produziert. Um eine möglichst interessante Geschichte zu erzählen, wurden Szenen für Vorder- und Hintergrund ausgearbeitet. In diesem Fall wurde eine Bilddatei für das Himmelsmotiv als Hintergrundkulisse hinter den Baukörper gestellt, und Objektoberflächen im 3-D-Modell wurden mit unterschiedlichen Materialien belegt. Jedes Material kann – wie in der Realität – unterschiedliche physikalische Eigenschaften aufweisen, sodass Transparenz, Relief, Reflexionsgrad, Glanz oder Lichtbrechung der Materialoberflächen individuell eingestellt werden müssen. In der letzten Phase, der Postproduktion, kam wiederum das Bildbearbeitungsprogramm Photoshop zum Einsatz. In diesem Beispiel wurde das rohe Bildmaterial der Wasseroberfläche mit den Eisschollenmotiven verwoben. Um das Bild lebendiger zu machen, fügte man Staffage wie Personen, einen Vogelschwarm, Berge oder den Schriftzug am Bau

I *Arctic*
II Workflow für *Arctic*

hinzu. Frascerra versuchte eine möglichst dramatische Szene zu erzeugen und verwendete hierzu Filter, mit denen sie Helligkeitsverläufe erzeugte, um eine entsprechende Stimmung hervorzurufen. Ein weiteres Stilmittel, das sich in der Arbeit der Architektin wiederholt, ist die Verwendung einer Vignettierung. Darunter versteht man in der Fotografie das Abdunkeln an den Rändern eines Fotos. Eine Vignette lenkt das Auge des Betrachters zum Zentrum des Bildes und schwächt Unwesentlicheres auf dem Bild ab. Das vollendete Bild hat immer einen darstellerischen Charakter, da der Entwurfsprozess bei der Fertigstellung der Visualisierung in der Regel schon abgeschlossen ist. —*Lluis Dura*

„Lucia Frascerra", in: *Autodesk Area*, 24.8.2017, https://area.autodesk.com/gallery/featured-story/lucia-frascerra (20.12.2019)

Villa R

Dyvik Kahlen

2015—2020

SOFTWARE
Rhinoceros

HARDWARE
iMac, 3.2 GHz Intel Core i5

ZWECK DER SOFTWARE
Entwurf, Repräsentation, Kommunikation

Das Londoner Architekturbüro Dyvik Kahlen, das 2010 von Christopher Dyvik und Max Kahlen gegründet wurde, entwickelt für seine Architekturprojekte Serien von Perspektiven, die den Weg durch das Gebäude abbilden und dadurch helfen, komplexe Entwurfsideen zu entwickeln und kommunizieren. Die Villa R ist Teil eines neuen Gebäudeensembles im niederländischen Arnhem. Sie baut sich auf einem rechteckigen Grundraster aus drei mal drei Räumen auf, wobei der zentrale Raum in der Mitte als Innenhof fungiert. Den mittleren Räumen auf jeder Seite kommt so eine besondere Bedeutung zu, während die Eckräume als Privatzimmer dienen. Das Gebäude nimmt die Topografie der Landschaft auf, sodass jeder Raum auf einem anderen Niveau liegt und über Stufen mit dem nächsten Zimmer verbunden ist. Die Perspektiven – Screenshots aus dem Virtual-Reality-Rundgang – bilden diese kreisförmige Bewegung ab und machen den Entwurf als „Filmstills" erlebbar. Dyvik Kahlen verwenden diese Bilder sowohl für den Entwurfsprozess als auch für die Kommunikation mit dem Bauherrn. Die Renderings entstehen daher, auf schnellen Handskizzen aufbauend, schon im frühen Entwurfsstadium und dienen unter anderem zur Überprüfung der Raumproportionen und der Lage der Fensteröffnungen. Interessiert an einer schnellen und praktikablen Darstellungsart, werden die Perspektiven in Rhinoceros gerendert und weder nachbearbeitet noch um Farben oder Materialien ergänzt. Die Reduktion der Farbpalette auf Grautöne erkennt alle Elemente des Gebäudes – Wand, Boden, Decke und Tür, aber auch Möblierung, Pflanzen, Objekte und Landschaft – als Teil der Architektur an und vereint diese zu einem Bild, das Abstraktion vermeidet und dadurch die Entwurfsidee direkt und unmittelbar veranschaulicht.—*Anna-Maria Mayerhofer*

I   Villa R, Außenperspektive

II–IV Villa R, Innenperspektive

Prinz-Claus-Brücke

Mir Studio (Visualisierung),
Powerhouse Company (Entwurf),
Miebach (Ingenieurbüro)

2015

SOFTWARE
Photoshop

ZWECK DER SOFTWARE
Rendering

Das Panorama der niederländischen Hafenstadt Dordrecht mit einer noch unrealisierten Brücke scheint zwischen Vergangenheit und Zukunft zu changieren. Komposition und Ästhetik der Visualisierung mit dem bewegten, wolkenverhangenen Himmel und dem dramatischen Lichteinfall erinnern stark an die Ölgemälde der niederländischen Meister des 17. Jahrhunderts und stellen gleichzeitig ein Architekturdenkmal in den Fokus, das noch nicht existiert. Diesem Spannungsverhältnis sieht sich auch der Entwurf für die zukünftige Prinz-Claus-Brücke gegenüber, den das niederländische Architekturbüro Powerhouse Company gemeinsam mit dem deutschen Ingenieurbüro Miebach für einen internationalen Wettbewerb entwickelte. Der Ort der Brücke ist geschichtsträchtig, und doch ist die Konstruktion selbst ikonisch in ihrer Einfachheit: eine 130 Meter lange Fußgänger- und Radwegbrücke aus Holz und Stahl, die das Viertel Stadswerven direkt mit dem historischen Zentrum von Dordrecht verbindet und gleichzeitig ein neues Tor zur Stadt schaffen soll. Die Hafenstadt nahe Rotterdam wurde von vielen niederländischen Malern besucht. Aufgrund ihres malerischen Stadtbilds am Wasser ist sie als Gegenstand zahlreicher Kunstwerke

bekannt, wie das Meisterwerk *Ansicht von Dordrecht* (1644–1653), das der niederländische Maler Jan van Goyen in unterschiedlichen Varianten malte, oder Aelbert Jacobsz. Cuyps Gemälde *Ein Blick auf die Maas bei Dordrecht* (ca. 1650) zeigen. Als Reminiszenz nehmen Mir Studio für ihr Rendering, das nach einem Entwurf von Powerhouse Company entstand, Stilelemente und die ästhetische Sprache der Alten Meister auf. Anders als in herkömmlichen Renderings wurde die gesamte Ansicht in Photoshop digital „gemalt" und basiert nicht auf einem zuvor erstellten 3-D-Modell. Die Brücke dient hierbei als zentrales, fortdauerndes Verbindungselement – konkret zwischen zwei Orten und abstrakt zwischen den Zeiten. Das Rendering vereint einzelne Momentaufnahmen der Stadt Dordrecht zu unterschiedlichen Augenblicken in einem Bild und spannt dabei einen Bogen zwischen den unterschiedlichen Epochen.—*Myriam Fischer*

I

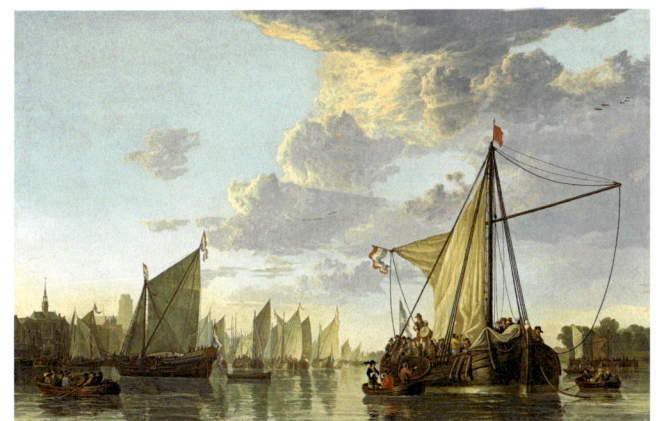

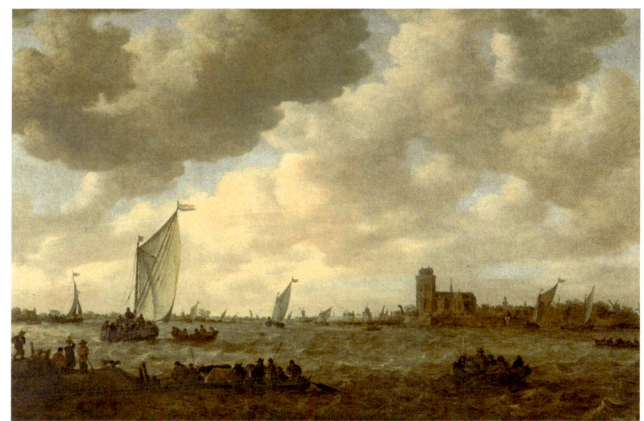

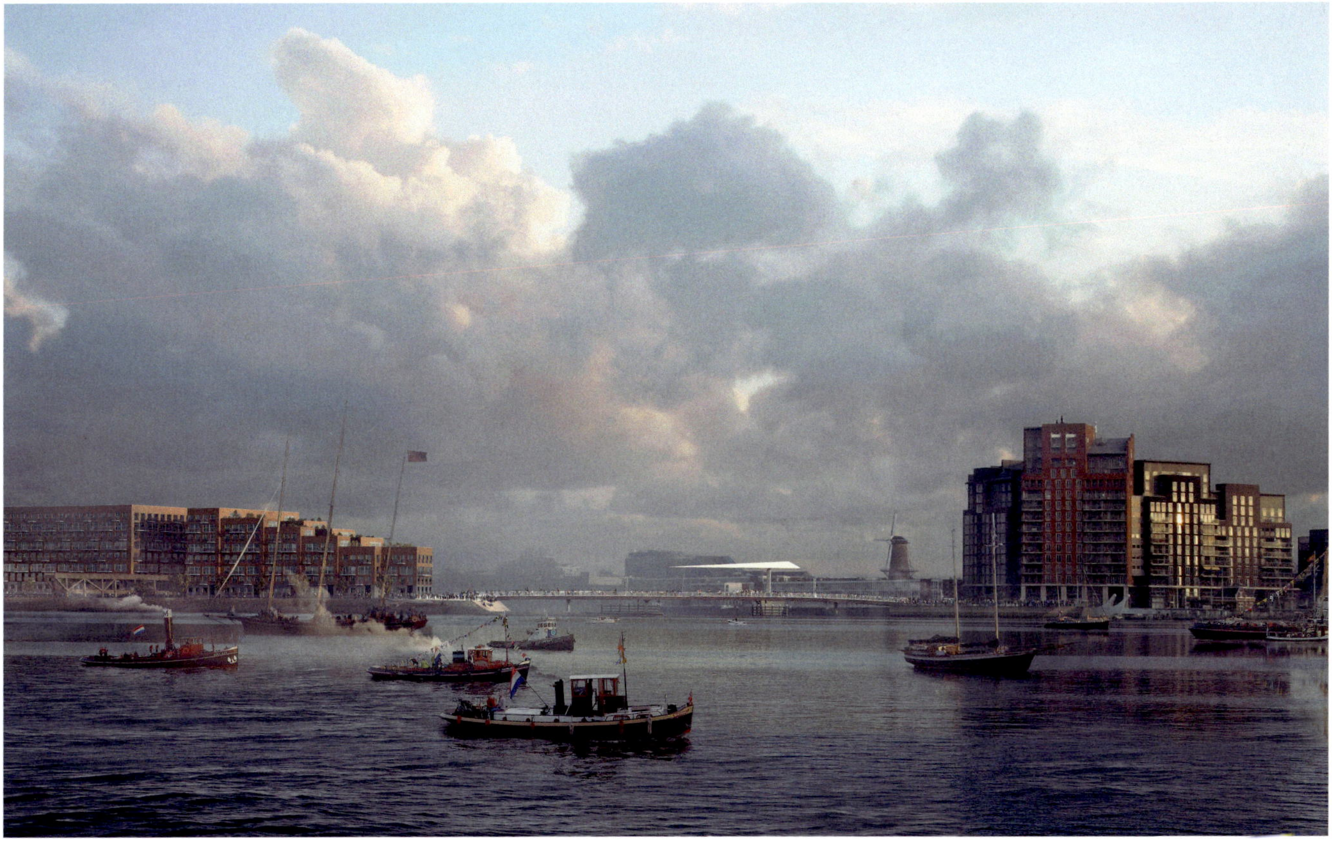

II

III

I Visualisierung der Prinz-Claus-Brücke in Dordrecht
II Aelbert Cuyp, *Ein Blick auf die Maas bei Dordrecht*, ca. 1650, Öl auf Leinwand, National Gallery of Art, Washington, D. C.
III Jan van Goyen, *Ansicht von Dordrecht*, 1644–1653, Öl auf Leinwand, Musées royaux des Beaux-Arts, Brüssel

The Elephant and the Corsair

Dennis Allain

2017

SOFTWARE
Cinema 4D, Photoshop

HARDWARE
Windows 10 64-bit-Version, Boxx Apexx 2,
Intel Core i7 Mikroprozessor

ZWECK DER SOFTWARE
Zeichnung, Rendering

Die digitalen Arbeiten von Dennis Allain zählen zu den Pionierwerken der digitalen Architekturdarstellung. 1990 schloss er sein Studium der Architektur und der Ingenieurwissenschaften am Wentworth Institute of Technology in Boston, Massachusetts, ab und arbeitete für mehrere Architektur- und Designbüros, darunter zehn Jahre bei Elkus Manfredi Architects. Im Jahr 2004 gründete er sein eigenes Büro und erschafft seitdem Visualisierungen und Illustrationen für zahlreiche Firmen wie Disney, LEGO oder Universal Studios Hollywood sowie zahlreiche eigene Werke, die vielfach publiziert wurden.

The Elephant and the Corsair ist eine freie Arbeit von Allain, die mit Photoshop und Cinema 4D entstand. Mit der Anwendung des Bildbearbeitungsprogramms Photoshop beschäftigte er sich bereits Mitte der 1990er-Jahre zur digitalen Bearbeitung gescannter Handzeichnungen. Seit es möglich ist, Werke direkt in Photoshop zu erstellen, dient ihm das Programm zur vollständigen Erschaffung seiner digitalen Bildwelten. Vor allem um Zeit zu sparen, begann Allain im Jahr 2000, dreidimensionale Formen mit Cinema 4D zu entwickeln. Die Kombination beider Programme ermöglichte es ihm, die grafische Gestaltung nahezu gleichzeitig mit der erzählerischen Bildwelt zu entwerfen. Vereinzelt unterstützen Handskizzen den Entstehungsprozess und vereinfachen kompositorische Entscheidungen. Am Anfang jedes Renderings steht für Allain eine erzählerische Absicht, die auf einem Ort, historischen Zeitpunkt oder Objekt basieren kann.

Im Fall von *The Elephant and the Corsair* ist es die Szenerie einer antiken Tempelstruktur in einer Wüstenlandschaft, der eine technoide Struktur aus Stützen, Stäben und polygonalen Formen entwächst. Die Anordnung der dargestellten Objekte verrät kaum etwas über ihre Zeitlichkeit, wie ein Palimpsest liegen die Strukturen übereinander. Die antike Architektur ist umgeben von einer verfallenen Grenze aus Stacheldraht und Wachtürmen, auf denen Hirschfiguren thronen; ein gut ausgeleuchtetes Schiffswrack zeugt von einer erst kürzlichen Verwüstung. Das futuristische Gestänge scheint im Entstehen zu sein, vielleicht aber auch in seiner Auflösung begriffen. Belebt wird die rätselhafte Darstellung einzig durch die Karawane bestehend aus Kamelen, geschmückten Elefanten und aufgeschlagenen Zelten – Zeichen von Menschenleben in einer fast posthumanen Umgebung. Eine weißblaue Lichtquelle aus dem Inneren der Tempel-

I   Finales Rendering
II Vorentwurf Handskizze
III 3-D-Struktur integriert in Photoshop
IV Digitale Vorversion mit Kompositionsskizzen in Photoshop
V Digitale Vorversion mit detaillierter Ausgestaltung des Himmels in Photoshop

ruine prägt das gesamte Blatt und taucht die postapokalyptisch anmutende Szene in eine geheimnisvolle Stimmung. Das Licht scheint der Ursprung der himmelstrebenden Struktur zu sein, die mit verworrener Statik die Landschaft überragt. Sie ist der Ausdruck des Digitalen, der Maschine, die eine architektonische Gestalt der Zukunft transportiert, und verweist so auf ihr eigenes Entstehungsmedium. In den Vorversionen der Arbeit zeigen sich der kompositorische Prozess sowie die konzeptuelle Nähe zum kunsthistorischen Capriccio. Nicht zuletzt durch die aufwendige Gestaltung des Himmels, die auf digitalem Weg an das höchstanaloge Phänomen der Patina erinnert, verschwimmt in Allains Arbeit die Grenze zwischen Vergangenheit und Zukunft, zwischen Handarbeit und Computerrendering, und es bleibt rätselhaft, was von beidem zuerst existierte. — *Franziska Stein*

Schillaci, Fabio / Burelli, Augusto Romano: *Architectural Renderings, Construction and Design Manual, History and Theory, Studios and Practices*, Berlin 2009. ● Fankhänel, Teresa: *Examining a Creative Process*, unveröffentlichtes Interview mit Dennis Allain, 20.10.2019.

Hilma af Klint Museum, A Temple for the Pictures

Jana Čulek

2017

SOFTWARE
Rhinoceros, AutoCAD, Illustrator, Photoshop

HARDWARE
Windows 10, AMD FX(tm)-8120 Eight-Core-Prozessor, NVIDIA-GeForce-GTX-770-Grafikkarte, ASUSTeK M5A97

ZWECK DER SOFTWARE
Zeichnung, Rendering, Entwurf

Die kroatische Architektin Jana Čulek kreiert mit ihren perspektivischen Bildern Fantasieszenen und idealisierte Versionen der entworfenen physischen Realität. Sie haben keinen Anspruch auf volumetrische Richtigkeit, sondern vermitteln Eindrücke von der räumlichen Umgebung und erzählen dabei an erster Stelle eine Geschichte. Als Beitrag für den Architekturwettbewerb „A Temple for the Pictures" – ein Museum für Werke von Hilma af Klint – erstellte sie vier digitale Illustrationen (Kindheit, Jugend, Erwachsenenalter und Alter), welche nach Gemälden der abstrakten Künstlerin die vier Lebensetappen repräsentieren. Die Bilder fungieren dabei nicht nur als Darstellungsmethode, sondern als Entwurfsinstrument. Čulek sieht das perspektivische Bild als Werkzeug, das entgegen klassischen Renderings „räumliche Manipulationen, Ergänzungen und Übertreibungen zulässt". Ihre Perspektiven zeigen einen subjektiven Blick auf die Umgebung des Betrachters. Sie sind frei von der objektiven, präzisen Realität des Entwurfs, wie man sie in Schnitten oder Grundrissen erwarten würde, und daher fähig, den Kern des Projekts zu vermitteln.

Bei der Erstellung der Bilder verwendete Jana Čulek diverse Softwareprogramme, welche sie sowohl zur Entwicklung der architektonischen Formen als auch zu deren Darstellung nutzte.

Beginnend mit geschriebenen Texten und Skizzen, fertigte sie zum Aufbau der Perspektive zuerst ein Volumenmodell mit Rhinoceros an, wobei dieses das entworfene Gebäude nicht exakt abbildete. Dimensionen von Objekten und deren Entfernungen veränderte sie zugunsten einer spannungsvollen Perspektive. In AutoCAD bearbeitete und verfeinerte sie die Szenen weiter, ergänzte kleinere Objekte, Umgebungen und Schatten. In die exportierten Linienzeichnungen setzte sie mit Illustrator auf Paletten Farben, die auf af Klints Gemälden basierten, und fügte Figuren sowie die von der Künstlerin genutzte Vegetation ein. Schließlich finalisierte sie das Bild mit Photoshop, erweiterte es um Texturen und Farbverläufe, um den flachen Oberflächen eine gewisse Tiefe zu verleihen. Mit ihrer Arbeit gewann sie den Editor's Choice Award 2017.—*Anna-Maria Mayerhofer*

Allen, Laura / Pearson, Luke Caspar (Hrsg.): *Drawing Futures. Speculations in Contemporary Drawing for Art and Architecture*, London 2016. ● Wilson, Rob, et al. (Hrsg.): *Archifutures. Vol. 3: The Site. A Field Guide to Making the Future of Architecture*, Barcelona 2016. ● Frausto, Salomon (Hrsg.): *Lexicon No. 2 Agency – Advocacy – Authorship*, Selbstverlag The Berlage 2016.

I

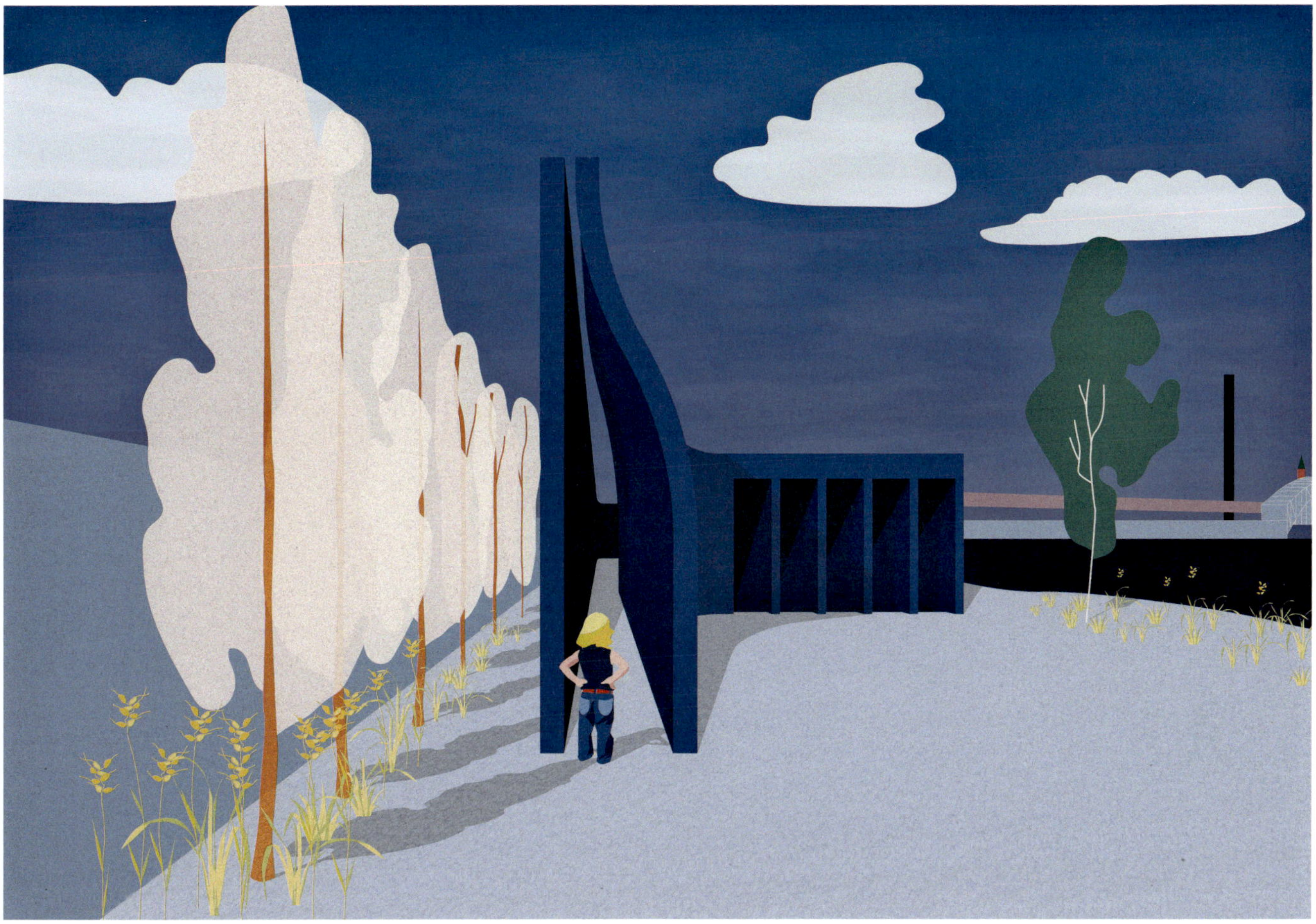

II

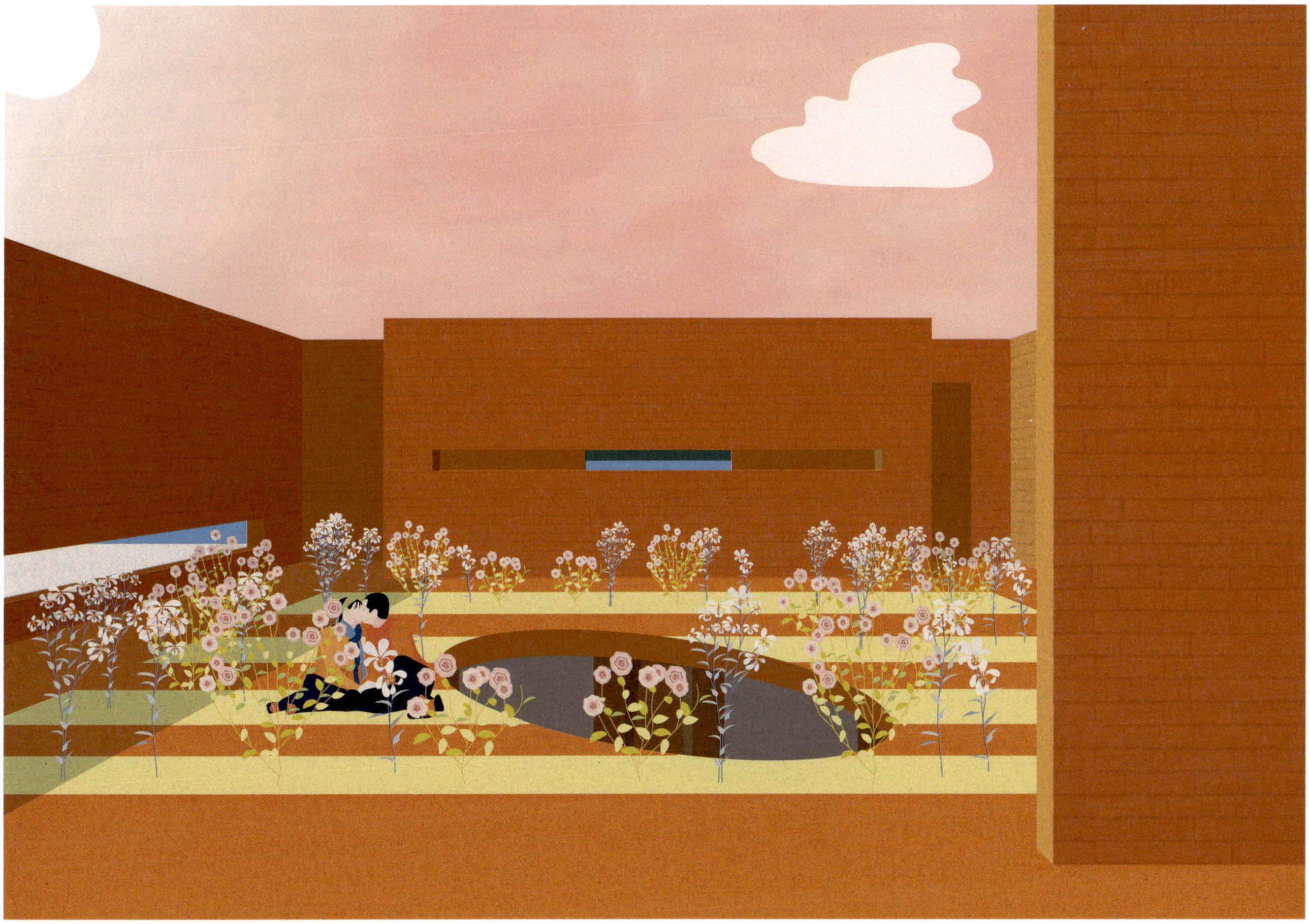

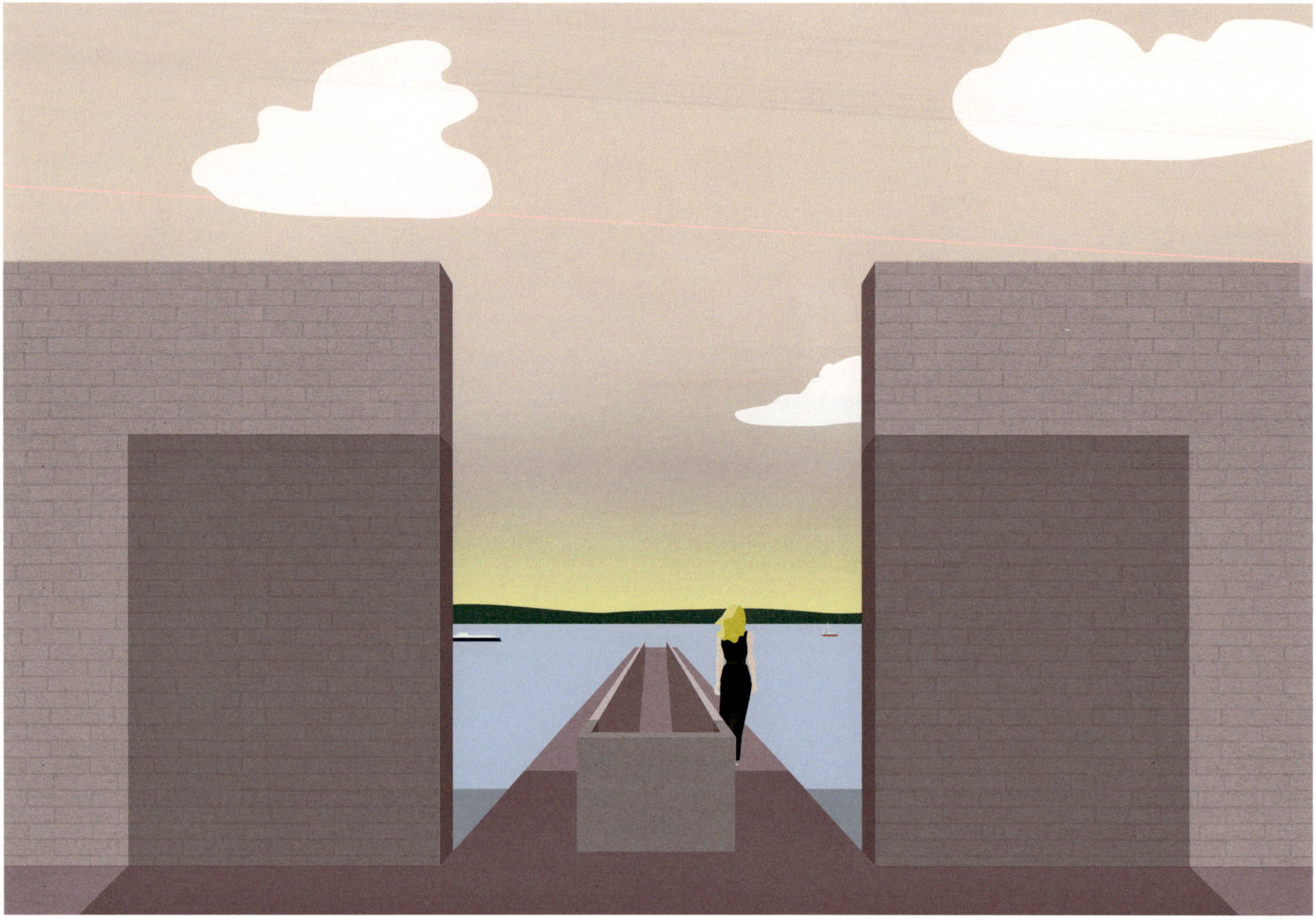

III

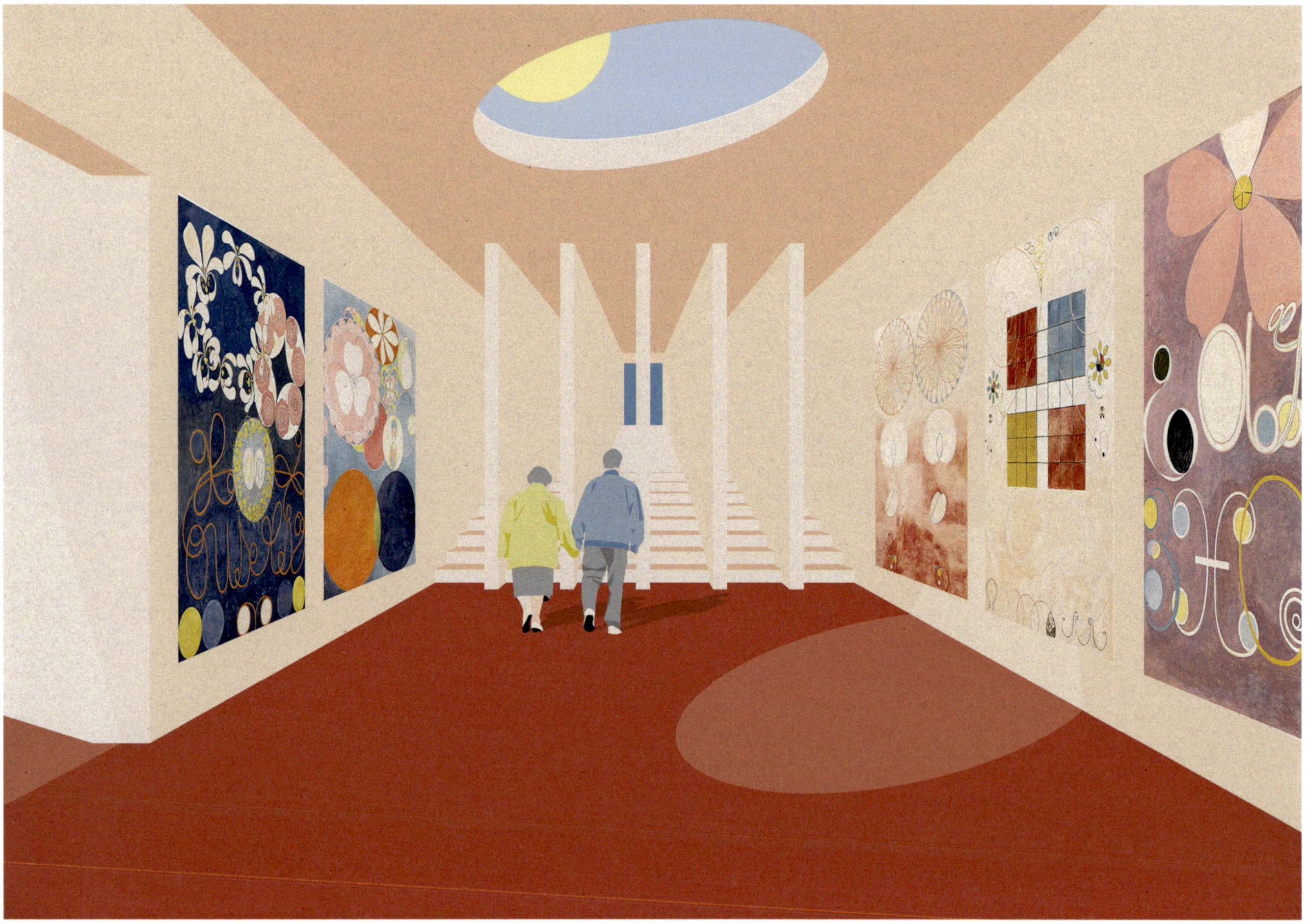

IV

I–IV Vier Renderings: Kindheit, Jugend, Erwachsenenalter, Alter
V Farbpalette für Čuleks Erwachsenenalter: Group IV, The Ten Largest,
   No. 7, *Adulthood*, Hilma af Klint, 1907

Sørli Visitor Center

Brick Visual Solutions (Visualisierung), Saaha AS (Entwurf), Asplan Viak AS (Landschaftsarchitekten)

2018

SOFTWARE
3ds Max, V-Ray, Forest Pack, Photoshop

ZWECK DER SOFTWARE
Rendering

Die Renderings von Brick Visual Solutions zeigen das Unmögliche: bewohnte Architektur, noch bevor der Grundstein des Gebäudes gelegt ist. Ruhig und idyllisch mitten in einem Wald in Østmarka nahe Oslo liegt der historische Bauernhof, der als zukünftiges Besucherzentrum für Kinder und Jugendliche zu neuem Leben erweckt werden soll. Leuchtende Sonnenstrahlen, die dicke Wolken durchdringen, hüllen die Szenerie in ein atemberaubendes Lichtspiel. Kleine Gruppen, unterschiedliche Charaktere und einzelne Nuancen erwecken die Komposition zum Leben. Brick Visual zeigt Architekturdarstellungen einmal anders: Im Fokus steht die Kommunikation von Architektur. Eingebettet in diesen naturgetreuen und lebensechten Kontext, scheint das Bauwerk fast in den Hintergrund zu treten. Unüblich für Visualisierungen, steht hier nicht die Präsentation eines Gebäudes im Mittelpunkt, sondern vielmehr die Vermittlung von Emotionen, im Speziellen der starke Gemeinschaftssinn, der den Architekten und Bauherren besonders wichtig ist. Durch diese visuelle Art des Geschichtenerzählens, die Ideen in Bilder übersetzt, wird das zukünftige Leben auf dem Hof erlebbar gemacht. Die Architekten ergänzten den unter Denkmalschutz stehenden Kleinbetrieb um zwei neue Gebäude. Die Infrastruktur des Grundstücks wurde jedoch beibehalten, sodass das bestehende Haus und der davor liegende Bereich als Ankunfts- und Treffpunkt für die Besucher dienen und die bestehenden und renovierten Ställe für die Tierhaltung genutzt werden können. Als Vorlage für die Bildvisualisierung dienten Architekturmodelle des Architekturbüros Saaha AS, die den Entwurf für das zukünftige Sørli Visitor Center lieferten. Für die Darstellung der Architektur bedienen sich Brick Visual Solutions uralter künstlerischer Prinzipien – Komposition, Perspektive, Stimmungen, Kontrast und Farben –, die mithilfe modernster Techniken visualisiert werden. Lebensechte Charaktere und interaktive Szenerien illustrieren das zukünftige Leben und die Gemeinschaft an diesem besonderen Ort.—*Myriam Fischer*

I   Ein Blick in die Zukunft des Sørli Visitor Center
II Visuelles Geschichtenerzählen durch die detailgenaue Darstellung kleiner Szenen

Playing Architect.
Mit Computerspielen entwerfen

Felix Torkar

I   Ein Megastruktursimulator mit autonomen ökonomischen und ökologischen Kreisläufen, *Block'Hood*, 2017

Ob als Stadtplaner in *SimCity*, zeitreisender Architekturhistoriker in *Assassin's Creed* oder Klötzchenweltenbauer in *Minecraft*: Computerspiele ermöglichen neue Formen architektonischer Aneignung und Darstellung ▶ Abb. I. Auch wenn ihre Entwickler in den meisten Fällen nur eine kreative Form der Unterhaltung schaffen wollen, verändern Computerspiele den Zugang zur Architektur. Sie ermöglichen dabei jedem Spieler virtuell eine Handlungsmacht, zu der sonst nur ein eng gefasstes professionalisiertes Umfeld privilegiert ist. Virtuelle Entwurfsprozesse sind von physischen und ökonomischen Einschränkungen befreit. Doch die Spielewelten spiegeln mit ihren Regeln immer auch die Blickweise ihrer Schöpfer wider und lenken dadurch die möglichen Kreationen.

Architekt spielen

Die Idee, architektonisches Entwerfen in Spielform umzusetzen, reicht weit zurück. Das erste pädagogisch-didaktische Baukastensystem mit dezidiert architektonischem Anspruch wurde in den 1870er-Jahren von den (heute eher für ihre Flugexperimente berühmten) Brüdern Gustav und Otto Lilienthal entwickelt und ab 1880 durch den Unternehmer Friedrich Adolf Richter als *Anker Steinbaukästen* vertrieben ▶ Abb. II.[1] Die Sets bestehen aus Steinklötzchen in verschiedenen Formen und Farben. Begleithefte zeigen perspektivische Ansichten und Grundrisse nachzubauender Architekturmodelle, die nicht real existierende Vorbilder, sondern archetypische Bauformen darstellen. Die Bausteine ruhen ohne ineinandergreifende Verbindungen aufeinander und bilden so die architektonischen Urprinzipien der Tektonik ab. Gleichzeitig sollten die Vorlagen Grundlagen der klassischen Baustilkunde vermitteln. Bis auf wenige wiedererkennbare Elemente wie Rund- oder Spitzbögen ermöglichen die Steine Entwürfe, die nicht fest an Architekturstile gebunden sein müssen. Die vermeintliche Gestaltungsfreiheit ist bei genauerer Betrachtung dennoch gelenkt. Die größtenteils quaderförmigen Bausteine legen konventionell rechtwinklige Mauerverbände und traditionelle Lochfassaden nahe. Ohne die Möglichkeit, die Bestandteile wie zum Beispiel bei Legosteinen kraftschlüssig zu verbinden, sind überkragende

Situationen kaum möglich. Was zunächst wie eine weitgehend wertfreie Sammlung von Grundformen erscheint, transportiert so traditionelle architektonische Wertvorstellungen des ausgehenden 19. Jahrhunderts. Ästhetische Neutralität ist unmöglich. Es entsteht eine Dichotomie zwischen freiem Spiel und geleitetem Lernen. Dieses Konzept der gelenkten spielerischen Architekturerfahrung bildet auch im Kontext von Computerspielen einen Kerngedanken. Entgegen der Intention des *Anker Steinbaukastens* entstanden die meisten Spiele, die hier erwähnt werden sollen, jedoch ohne didaktischen Hintergedanken. Bei ihrer Analyse ist davon auszugehen, dass sie von ihren Entwicklern als Unterhaltungsmedien konzipiert wurden. Dass sie mitunter als Lehrmittel genutzt werden, war somit zunächst unbeabsichtigt. Gleichzeitig geben sie Spielenden eine neue architektonische Handlungsmacht. Ohne physische oder ökonomische Schranken laden sie dazu ein, mit Architektur zu experimentieren. Hier entscheiden nur die Entwickler über die Rahmenbedingungen und Regeln. Die Spielenden können sie befolgen, beugen und manchmal sogar brechen.

Das vielleicht am umfangreichsten analysierte Spiel ist *SimCity* ▶ Abb. III. Sein Erfinder Will Wright studierte einige Semester Architektur, bevor er sein Studium abbrach, um sich auf die Computerspielentwicklung zu konzentrieren. Der Grundgedanke kam ihm, als er bei der Konzeption eines Hubschrauberkampfspiels feststellte, dass es unterhaltsamer war, mit seinem selbst gebauten Level-Editor Städte zu bauen, als das eigentliche Spiel zu spielen. Die erste Version des Stadtsimulators erschien 1989, nachdem Wright zuvor erhebliche Schwierigkeiten hatte, die neuartige, konfliktfreie Spielidee bei einem Publisher unterzubringen. Nach ersten Verkaufserfolgen erschien 1993 der Nachfolger *SimCity 2000*, der bis heute trotz zahlreicher weiterer Sequels die bekannteste und einflussreichste Version bleibt. Das Grundkonzept könnte als Stadtplanungssimulation beschrieben werden. Der Spieler wird formal als Bürgermeister bezeichnet, besitzt jedoch absolute Handlungsmacht. Loses Ziel ist es, eine florierende Stadt zu errichten. Aus isometrischer Perspektive können Straßen- und Schienenraster im 90°-Winkel angelegt werden. Bebauungsflächen werden streng zoniert, in Wohn-, Geschäfts- oder Industrienutzung eingeteilt und mit Strom- und Wasserleitungen versorgt. Schulen, Polizei- und

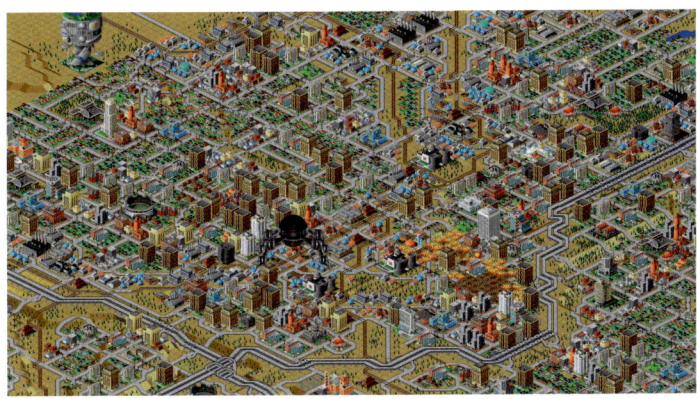

III Der wohl bekannteste Städtebausimulator fußt auf
realen Prinzipien der Stadtplanung, *SimCity 2000*, 1993.

II Der erste didaktische Architekturbaukasten,
Anker Steinbaukasten, seit 1880

Feuerwachen sowie Parks müssen so verteilt werden, dass es nirgends zu Brennpunkten kommt. Der Haushalt muss mit auszubalancierenden Steuersätzen bestritten werden. Je attraktiver die Stadt ist, desto mehr Einwohner und Unternehmen siedeln sich in den vordefinierten Zonen an und erwecken die Viertel zum Leben. Die Versorgungslage kann mit grafisch-analytischen Überblendungen visualisiert werden. Was zunächst nach einer ziemlich trockenen Wirtschaftssimulation klingt, begeistert Millionen Spieler dank charmanter Wuselgrafik und eines Spielflusses, der nie an ein Ende kommt und dazu motiviert, immer weiterzubauen und zu verbessern.

Wie der Architekturtheoretiker Daniel G. Lobo analysiert, lassen sich einige zugrunde liegende Einflüsse auf Wrights Architekturstudium zurückverfolgen.[2] Der MIT-Professor Jay Forrester veröffentlichte 1969 seine Idee der *System Dynamics*, ein Computermodell für Variablen in der Stadtplanung.[3] *SimCitys* Ansichtsmodi zu Kriminalitätsraten und Grundstückswerten stehen dazu in direkter Tradition. Im Umkehrschluss ähnelt *SimCity* Geographic-Information-Systems-Programmen, die seit den 1990er-Jahren tatsächlich in der Stadtplanung eingesetzt werden. Beide können als Erben von Forresters System Dynamics gesehen werden. Der Stadtplaner Christopher Alexander befürwortete eine aufgelockerte Art der Zonierung, in der verschiedene Bereiche kleinteilig miteinander verschränkt werden können – ein Modell, das *SimCitys*

Grundregeln zumindest nahelegt.[4] Die planerischen Grundbedingungen des Spiels – Stadtneugründungen mit rechtwinkligem Straßenraster in zuvor unbebauten Landschaften – fußen zuletzt auch auf kolonialer, insbesondere US-amerikanischer Stadtplanung, wie sie vor allem im mittleren Westen (z. B. Salt Lake City) und an der Westküste zu finden sind. Bei all diesen Tendenzen ist es jedoch wichtig zu betonen, dass Will Wright diese vereinfachenden Grundlagen nicht notwendigerweise als das beste System der Stadtplanung propagieren wollte. Vielmehr waren dies die ihm vertrauten Grundlagen, die zudem vergleichsweise einfach in einem Spiel zu implementieren und zu erklären sind und die ein unterhaltsames Spielerlebnis bieten.

Bereits seit den frühen 1990er-Jahren werden SimCity und seine nachfolgenden Versionen als Lehrmittel an Schulen und Universitäten verwendet, um die Grundlagen von Stadtplanung und Kommunalpolitik zu vermitteln – eine Nutzung, die nie von Wright intendiert war. So verwendete David Lublin, Professor an der American University in Washington, D. C., SimCity beispielsweise, indem er Studenten virtuelle Städte bauen und im Anschluss die zugrunde liegenden Theorien analysieren ließ.[5] Aufgrund seiner großen Verbreitung wird des Öfteren behauptet, dass SimCity einen breiteren Einfluss als jedes Buch zum Thema hatte.[6]

Dass das Spiel aber auch zu ganz anderen Kreationen führen kann, zeigt das Projekt MagnaSanti (2007–2009) des damaligen Architekturstudenten Vincent Ocasla ▶ Abb. IV. Zwei Jahre experimentierte Ocasla in *SimCity 3000* (1999) damit, die größtmögliche Einwohnerzahl und Dichte zu erreichen. Ergebnis war eine

1   Bernd Lukasch, „Lilienthal und der Baukasten", 2018,
www.lilienthal-museum.de/olma/baustein.htm (27.11.2019).
2   Daniel G. Lobo, „Playing with Urban Life: How SimCity Influences Planning Culture", in: Friedrich von Borries et al. (Hrsg.): *Space Time Play. Computer Games, Architecture and Urbanism: The Next Level*, Basel 2007, S. 206–213.
3   Jay Forrester, *Urban Dynamics*, Cambridge (MA) 1969.
4   Lobo 2007 (wie Anm. 2), S. 208.
5   Ebd.
6   Vgl. Gerrit Vermeer, „Games: Designing Cities and Civilizations", in: Kas Oosterhuis und Lukas Feireiss (Hrsg.): *The Architecture Co-Laboratory: Game Set and Match II. On Computer Games, Advanced Geometries, and Digital Technologies*, Rotterdam 2006, S. 90–97.

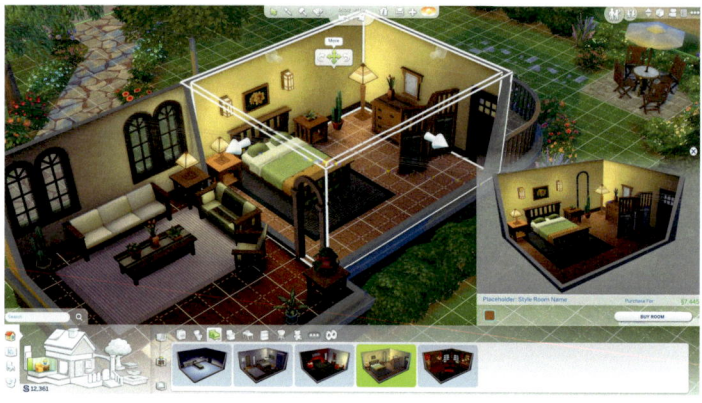

V   Virtueller Architektursimulator und Puppenstube,
    The Sims 4

IV   Aneignung durch Regelbeugung, *MagnaSanti*,
     2007–2009

dystopische Stadt mit sechs Millionen Einwohnern, die gnadenlos auf die Bevölkerungsdichte hin optimiert war. Verbreitung fand das Projekt als YouTube-Video, das die Kreation in infernalisch-dramatischem Ton in Szene setzt.[7] Die dystopische Atmosphäre verleiht *MagnaSanti* Konzeptkunstcharakter und lässt an hochverdichtete Wohnräume von Hongkong oder Singapur denken. So verwendet Ocasla ein Computerspiel als Medium, um reale Stadtplanungsparadigmen zu überspitzen und kritisch zu hinterfragen. Ocasla war zu diesem Zeitpunkt kein anerkannter Architekturtheoretiker, und Werkzeug wie auch Verbreitungsplattform waren keine etablierten Medien des Architekturdiskurses. Dennoch schaffte es das Projekt bis ins Museum of Modern Art in New York, wo es 2014 im Rahmen des kuratorischen Online-Experiments *Design and Violence* gezeigt wurde.[8] *MagnaSanti* demonstriert, wie ein neues Medium oder eine neue Plattform zu neuen Formen von Architekturkritik führen und den Stimmenkanon pluralisieren kann.

Auf *SimCitys* Grundidee aufbauend, erschienen über die Jahre hinweg immer komplexere Stadtsimulatoren, die teils auf bestehende Kritikpunkte wie das stark vereinfachte rechtwinklige Raster eingehen und das Kernkonzept weiterentwickeln, teils aber auch mit der bekannten Formel experimentieren und sie neu kontextualisieren. Als erfolgreichster zeitgenössischer *SimCity*-Erbe erweitert *Cities: Skylines* (2015) die Grundidee um zahlreiche Systeme wie Abfall- und Abwassermanagement oder detaillierte Verkehrsmodelle und erlaubt anstatt rechtwinkliger Straßenraster auch freiere Kurven. Durch ein Add-on-System können Spieler zudem Gebäude- und Pflanzenmodelle erstellen und teilen. Die Vielfalt der Möglichkeiten führte zu einer Community, die – Modelleisenbahnenthusiasten nicht ganz unähnlich – riesige Stadtbauprojekte auf sich

nehmen und beispielsweise daran arbeiten, eine möglichst akkurate virtuelle Kopie Berlins zu schaffen. In *Tropico* (2001) wird das *SimCity*-Prinzip hingegen auf eine nicht näher definierte Insel verlegt und der Spieler kurzerhand zum Diktator befördert. Der „Bananenrepubliksimulator" basiert auf einem detaillierten Modell verschiedener Regierungsformen und Bevölkerungsdynamiken mit Aufständen und Putschversuchen. Der satirische Blick entmystifiziert bei genauerem Hinsehen prägnant politische und wirtschaftliche Zwänge von Inselökonomien und Kleinstaaten. Reale Handlungsmuster und die daraus resultierenden Konsequenzen werden in Spielform zum Experimentierfeld, das es dem Spieler ermöglicht, sich in die planerischen Herausforderungen hineinzudenken. Will Wright blieb während der 1990er- und 2000er-Jahre die einflussreichste Figur dieses Spielgenres. In *The Sims* (2000) verlagerte sich der Fokus seiner Spielereihe auf suburbane Eigenheime ▶ Abb. V. Das Spiel wurde als eine Art digitale Puppenstube erdacht. Neben den damit spielbaren Lebenswegen der Sims avancierte jedoch bald insbesondere der Baumodus zur Hauptattraktion. Dieser erlaubt es, sowohl die Inneneinrichtung als auch das gesamte Haus in vielen Details selbst zu kreieren. Der große Katalog verschiedener Baustile und Einrichtungsgegenstände, ob postmodern, neomodern, mediterran, viktorianisch oder neoklassizistisch, ähnelt tatsächlichen Katalogen für suburbane Einfamilienhäuser. Wright sah sein Spiel dabei eigentlich als Satire der vornehmlich weißen, konsumeristischen Lebensart in den Vorstädten der USA. Dem ursprünglichen Konzept nach sollte das Spiel sogar als eine Art Architektursimulator funktionieren, in dem die virtuellen Bewohner nur passiv die Tauglichkeit des Entwurfs testen sollten.[9] Den wichtigsten theoretischen Einfluss bildet der 1977 erschienene Bestseller *A Pattern Language: Towns, Buildings, Construction* von Christopher Alexander, Sara Ishikawa und Murray Silverstein.[10] Mit ihrer Mustersprache versuchten die Autoren eine partizipative Architektur zu ermöglichen, die von ihren Bewohnern (mit-)gestaltet wird. Durch die spielerische Durchdringung architektonischer Probleme wird *The Sims* zu einem Testfeld, das die Spielenden in die Lage versetzt, Einzelhausarchitektur als veränderbaren Raum zu erfahren. Mit bis dato 175 Millionen verkauften Kopien (von zahllosen Raubkopien ganz zu schweigen) eröffnet das Spiel neue Möglichkeiten architektonischen Experimentierens. Die Spielenden befassen sich so mit der Frage, was ein gutes Eigenheim ausmacht. Wie schon *SimCity* zuvor, operiert auch *The Sims* wieder in einem speziellen örtlichen Bezugssystem – hier dem der traditionellen amerikanischen Suburbs. Dennoch wird die traditionelle Rollenverteilung zwischen Architekt und Kunde infrage gestellt.

Es ist vielleicht kein Zufall, dass diese Verschiebung auch in der Architektur von Selbstbauprojekten aktuelle Impulse setzt. Die *WikiHouse*-Initiative (2011) befördert den Bau von Wohnhäusern durch frei erhältliche Baupläne mit Creative-Commons-Lizenz.[11] Ziel ist es, ressourcenschonende, einfach zu errichtende Häuser aus Komponenten wie Sperrholz zu verbreiten, die von den Bewohnern selbst nach den bereitgestellten Anleitungen errichtet werden können. Alejandro Aravenas *Elemental*-Häuser in Iquique, Chile (2004) basieren auf der Idee, den Slum Quinta Monroy durch Sozialwohnungsbau aufzuwerten. Um den Bewohnern, die nur mit einem äußerst geringen Budget planen konnten, die Möglichkeit einer langfristigen Weiterentwicklung zu geben, entwarf Aravena einfache „halbe" Häuser mit dem Notwendigsten, die von den Bewohnern im Selbstbau nach und nach zu einem größeren Haus erweitert werden konnten.[12] Was in *The Sims* virtuell geschieht, findet sich so in realen Bauprojekten wieder. Bewohner eignen sich hier architektonisches Denken wieder zunehmend selbst an.

Während gebaute Architektur in Will Wrights Simulationen stets von Beginn an ein Kernaspekt war, spielte sie im Konzept von *Minecraft* (2009) zunächst kaum eine Rolle Dennoch avancierte *Minecraft* in den letzten zehn Jahren zum vielleicht einflussreichsten architektonischen Werkzeug auf Basis eines Computerspiels. Sein schwedischer Erfinder Markus Persson hat keine persönlichen Verbindungen zur Architekturwelt, sondern einen Hintergrund als Programmierer. *Minecraft* begann als Abenteuerspiel, in dem man erkundet, Rohstoffe und Gegenstände sammelt und einfache Behausungen errichtet, um sich vor drohenden Gefahren zu schützen. Die distinktive Blockästhetik, die die Spielwelt aus 1 × 1 × 1 Meter großen Würfeln verschiedener Materialien generiert, erinnert an Legobausteine. Bereits früh erkannten die Entwickler das Potenzial eines Kreativmodus, der ohne Gefahrenelemente

zum virtuellen Klötzchenbau einlädt. Doch das Spiel sollte schon bald als Open-Source-Baukastensystem, in dem kollaborativ riesige Bauprojekte entstehen, weit über seine Ursprungsidee hinausgehen. Von Hochhäusern bis zu ganzen Städten oder Miniplaneten kreieren Spieler zusammen Spielwelten, die mit selbst gemachten und frei untereinander geteilten Texturen, Bauteilen und Anleitungen einen eigenen Mikrokosmos darstellen. Wie schon bei *The Sims* lassen sich hier wieder Verbindungen zu den DIY-Architekturen von Aravena oder *WikiHouse* herstellen. Die Strukturen erlauben es Laien, Architektur selbst zu entwerfen und gestalten und sich dabei untereinander zu vernetzen und unterstützen. Zudem vermittelt *Minecraft* quasi nebenbei den Umgang mit digitalen Entwurfswerkzeugen. Cody Sumter vom MIT Media Lab stellte 2012 hierzu fest: „[Persson] hasn't just built a game. He's tricked 40 million people into learning to use a CAD program."[13] Entwicklungstools wie Level-Editoren und Renderingumgebungen wie *Maya* werden in ihrer Funktionsweise Architektursoftware wie *Revit* immer ähnlicher.[14]

In *Second Life* (2003), das die Grenzen zwischen Spiel und Onlinecommunity verschwimmen lässt, bekommt virtuelle Architektur erstmals einen Marktwert. Spieler durchschreiten mit selbst gestalteten Avataren virtuelle Welten, die von den Mitspielern geschaffen werden. Dabei entstehen Geschäfte, Wohnhäuser und ganze Städte. In einer virtuellen Ökonomie, die an reale monetäre Gegenwerte gekoppelt ist, können Spieler mit selbst kreierten Gegenständen wie

7   www.youtube.com/watch?v=NTJQTc-TqpU (24.11.2019)
8   Paola Antonelli und Jamer Hunt, *Design and Violence*, New York 2015, S. 74–77.
9   Jon Astbury, „Playing the Architect: Why Video Games and Architecture Need Each Other", in: *Architectural Review*, 2014, www.architectural-review.com/essays/playing-the-architect-why-video-games-and-architecture-need-each-other/8664135.article (29.11.2019).
10 Christopher Alexander et al., *A Pattern Language. Towns, Buildings, Construction*, New York 1977.
11 www.wikihouse.cc (29.11.2019).
12 Alejandro Aravena und Andrés Iacobelli, *Incremental Housing and Participatory Design Manual*, Ostfildern 2012, S. 85.
13 Tom Cheshire, „Want to learn computer-aided design (CAD)? Play Minecraft", in: *Wired*, 2012, www.wired.co.uk/article/minecrafted (27.11.2019).
14 Astbury 2014 (wie Anm. 9).

Kleidung oder ganzen Häusern handeln. So ist es möglich, sein virtuelles Eigenheim von *Second-Life*-Architekten zu kaufen. Das Angebot spiegelt dabei in erstaunlichem Maße tatsächliche architektonische Moden und Vorlieben wider. So kann jeder seine Traumvilla im Richard-Meier-Stil oder sein Wunschschloss erwerben und beziehen. In dieser Umgebung wird Architektur zum virtuellen Wirtschaftsgut und bildet reale ökonomische Prozesse ab.

Nachdem in den 1990er- und 2000er-Jahren die Entwicklung von Computerspielen durch die rasant wachsenden technischen Möglichkeiten immer komplexer und damit teurer wurde, haben neue, zugänglichere Entwicklungsumgebungen im letzten Jahrzehnt eine Renaissance kleinerer Spiele hervorgerufen. Diese sogenannten Indie-Spiele öffnen die Spieleszene für neue Stimmen und Projekte, die nicht immer unter dem Gesichtspunkt der Gewinnmaximierung entstehen müssen (auch *Minecraft* begann als ein solches Hobbyprojekt, bevor es 2014 für 2,5 Milliarden US-Dollar von Microsoft gekauft wurde). Einige dieser Spiele zeigen einen neuen, kritischeren Umgang in ihrer Reflexion architektonischer Realitäten. Beispielhaft hierfür ist das von dem Architekten und Spieleentwickler Jose Sanchez ersonnene Spiel *Block'Hood* (2017). In einer Mischung von *SimCity* und *SimTower* (Will Wright, 1994) baut der Spieler eine vertikale Mixed-Use-Megastruktur, eine Art autarke Stadt in einem Gebäude. Neu ist hierbei die Betonung von Aspekten wie Nachhaltigkeit, Umweltbelastung, Ressourcenverbrauch, Abfallvermeidung und sozioökonomischen Faktoren als zentrale Bestandteile des Gameplays. Wie alle Spiele offenbart auch *Block'Hood* einen bestimmten Handlungsrahmen. Ästhetische Anleihen an Kengo Kumas Holzgitterwerke und metabolistische Ideen austausch- und erweiterbarer Baumodule geben den Rahmen für eine Art der Planung, die, wie Sanchez schreibt, an die DIY-Mentalität des *Whole Earth Catalog* angelehnt ist.[15] Im Gegensatz zu den bisher erwähnten Spielen nimmt hier der Entwickler wieder eine didaktische Rolle ein. Aufbauend auf dem eigentlich zuvor eher zufällig entdeckten architektonischen Potenzial von Computerspielen nahm Sanchez bewusst diese Systeme als Ausgangspunkt für die Spielerfahrung. Hier geht es nun absichtlich um eine nachhaltige, partizipative Planungspraxis. All diese Spiele haben gemeinsam, dass sie ihre Spieler dazu befähigen, zu entwerfen und ihre eigenen Welten zu bauen. Auf diese Art aktivieren sie die Vorstellungskraft und eröffnen Laien eine Vielzahl neuer Erfahrungsräume, die verschiedenste Arten architektonischen Denkens ermöglichen.

Spielende Architekten

Spiele beeinflussen gleichfalls Architekturstudenten und Architekten. Hier lohnt sich ein kurzer Rückblick auf historische Baukastensysteme. Verschiedene Konstruktionsspiele spiegelten wie schon beschrieben seit jeher die Architekturauffassung ihrer Zeit wider. In der Umkehr beeinflussten sie Generationen von Architekten. Frank Lloyd Wright beschrieb, wie wichtig seine Erfahrung mit Fröbel-Bauklötzen in seiner Kindheit für seine spätere Architektursprache war.[16] So stellt sich die Frage, wie der Wandel von physischen zu digitalen Baukastenspielen zukünftige Generationen von Architekten beeinflussen wird. Computerspiele lösen physisches Spielzeug dabei keineswegs gänzlich ab. In den meisten Kinderzimmern stehen neben der Spielkonsole weiter LEGO-Baukästen und bilden einen wichtigen frühen Kontaktpunkt und Einfluss. Digitale Bild- und Spielwelten schaffen jedoch einen neuen Referenzrahmen für Architekten, die mit Computern aufwachsen.

Sowohl Computerspiele als auch Architektursoftware erfüllen den Zweck, Räume für ihre Nutzer zu schaffen. Level-Editoren und CAD-Software ähneln sich in Aufbau und Funktion darin, wie sie dreidimensionale Umgebungen planen können. 3-D-Software wird in Spielen dazu genutzt, plastische Objekte zu generieren und texturieren, eine Art der virtuellen Gestaltung, die auch aus dem Architekturentwurf nicht mehr wegzudenken ist. Eine einschneidende Veränderung ist hierbei die veränderte Entwurfsperspektive. Insbesondere die Ichperspektive ermöglicht eine radikal neue Entwurfserfahrung. Im Gegensatz zu traditionellen Entwurfspraktiken zwischen Papierentwurf und Modellbau führt sie zu einem verkörperlichten Zugang, der bereits in frühen Entwicklungsstadien unmittelbarere Erfahrungen zulässt. Die zunehmend aufkommenden VR-Technologien intensivieren diese neuen Darstellungsformen weiter. Es bleibt abzuwarten, inwiefern sich dadurch konkret die

VI   Der Markusdom im Venedig des späten 15. Jahrhunderts
     virtuell nachempfunden, *Assassin's Creed II*, 2009

Entwürfe von traditionell geplanten Projekten unterscheiden. Denkbar sind hier beispielsweise intensivierte Auseinandersetzungen zu Aspekten von räumlicher Wahrnehmung und Atmosphäre. Bereits Anfang der 2000er-Jahre experimentierte Elwin Koster mit VR-Technologien in der Ausbildung.[17] Mit virtuellen Rekonstruktionen historischer Stadtgefüge untersuchte er mit Studenten städtebauliche Entwicklungen. Mit *Disentanglement and Gates* (2012) entstand am Savannah College of Art and Design ein Spiel, das sich mit dem Übergang vom Architekturstudium in die Praxis befasst.[18] Insbesondere die Umstellung vom kreativen zum technisch-planerischen Arbeitsschwerpunkt wurde dort als Problem für Berufsanfänger identifiziert. Anhand von nachgebildeten Entscheidungsprozessen, Akteuren, Aufgabenfeldern und sozioökonomischen Faktoren entstanden Szenarien, die Studenten auf die praktische Arbeit in Architekturbüros besser vorbereiten sollen. Dieses Projekt zeigt, wie sich Fakultäten für die Architektenausbildung nicht nur bestehender Computerspiele zur Vermittlung bedienen, sondern diese auch selbst entwickeln können.

In den letzten Jahren führten die Spiele der Reihe *Assassin's Creed* das Potenzial historischer Nachbildungen eindrucksvoll weiter ▶ Abb. VI. In diesen Action-Adventures steuert der Spieler einen Avatar, der sich frei durch die belebten Rekonstruktionen historischer Städte bewegen kann. Parcourselemente machen das Erklimmen und Beklettern der Architektur zu einer zentralen Spielmechanik. Mithilfe von Architekturhistorikern schaffen die Entwickler eine authentische Atmosphäre mit akribisch nachgebauten berühmten Baudenkmälern, darunter der Markusdom in

Venedig. Historische Stadtgefüge werden dabei jedoch zugunsten des Spielflusses geschrumpft, Proportionen von Bauwerken unmerklich verändert. So wurde die Kuppel des Florentiner Doms etwas verkleinert, das daneben liegende Baptisterium unterschlagen und die Rialtobrücke etwas näher zum Markusplatz gerückt. Spielbarkeit steht hier vor hundertprozentig akkuraten Nachbildungen. Entscheidend sind jedoch die Atmosphäre und das Novum, sich in grafisch eindrucksvoller Aufmachung belebten Repliken historischer Epochen frei bewegen zu können. Mehr noch erlaubt der Aspekt der akrobatischen Durchschreitung der Bauwerke einen neuen, in der Realität ebenfalls unerfüllbaren Modus der Architekturerfahrung. Was in diesem Fall einmal mehr als reine Form der Unterhaltung begann, fand nach und nach wiederum Einzug in die Lehre.[19] Das Potenzial wurde in jüngster Vergangenheit auch vom Entwicklerteam erkannt. So bieten die zwei neuesten Titel konfliktbefreite Spielmodi, die virtuelle Rundgänge durch die Athener Akropolis oder die Pyramiden von Gizeh zur Zeit ihrer Erbauung erlebbar machen. Mit wachsendem Verkaufserfolg zählt die Serie inzwischen zu den größten Blockbustern, die in ihrem

15 Jose Sanchez, *The Blindspot Initiative. Design Resistance and Alternative Modes of Practice*, New York 2019, S. 130.
16 Robert McCarter, *Frank Lloyd Wright*, London 2006, S. 18 f.
17 Elwin Koster, „How VR Can Help Studying Urban History", in: Oosterhuis/Feireiss 2006 (wie Anm. 6), S. 582–587.
18 Astbury 2014 (wie Anm. 9).
19 Justin Porter, „Assassin's Creed Has a New Mission: Working in the Classroom", in: *New York Times*, 16.5.2018, www.nytimes.com/2018/05/16/arts/assassins-creed-origins-education.html (27.11.2019).

Entwicklungsbudget großen Hollywoodproduktionen in nichts nachsteht. Selbst wenn virtuelle Nachbildungen immer mehr von Museen und Bildungseinrichtungen eingesetzt werden, ist ihnen dies nie in diesem Maßstab, mit acht- bis neunstelligen Budgets, möglich. Populäre Computerspiele sind von ökonomischen Zwängen der Kultur- und Bildungseinrichtungen entkoppelt und können die Frage beantworten, wie das Limit des technisch Möglichen aussieht. Auf diese Weise wächst die heutige Generation von Archäologen und Architekturhistorikern mit neuen, unmittelbareren Erfahrungen auf, welche den Zugang zu ihren Forschungsgegenständen verändern und erweitern.

Bereits seit den 1990er-Jahren entstanden auch Bauten, die sich durch Interaktivität und Transformierbarkeit auszeichnen. Frühe Beispiele von Lars Spuybroek oder Marcos Novak verstehen die Benutzer der Architektur als interaktiven Bestandteil. So ermöglichte es Spuybroek in seinem *Freshwater Pavilion* (1997) den Besuchern, dynamisch die Licht- und Tonumgebung zu verändern. Novaks algorithmische Kompositionen kreieren sogenannte Transarchitekturen, die ähnlich wie viele Spielwelten prozedural generiert werden und Sensoren wie auch mechanische Elemente einbetten. Neuere partizipative Architekturprojekte beziehen sich ganz explizit auf Computerspiele oder bauen direkt auf ihnen auf. Das Londoner Studio You+Pea nutzt Videospielentwicklungssoftware, um interaktive Architekturerfahrungen zu schaffen. Mit dem Projekt *Projectives* (2018) kreierten sie für die Ausstellung *Disappear Here: On Perspective and Other Kinds of Space* im Royal Institute of British Architects in London ein Spiel, bei dem vier Spieler jeweils einen anderen Blickpunkt – Perspektive, Aufriss, Grundriss und Bildersammlung – steuern. Das Ziel besteht darin, gemeinsam eine Renaissanceansicht zusammenzupuzzeln, die an Hans Vredeman de Vries' Kompositionen erinnert. In *Everyone is Architecture* (2019) werden in Anlehnung an Hans Holleins *Alles ist Architektur* Menschen selbst zu Architekturbausteinen. Spieler können an vorgegebenen öffentlichen Orten mithilfe einer Augmented-Reality-App zu Bauteilen wie einer Säule, einer Treppe oder einem Fenster werden und durch ihre Positionierung zueinander virtuelle räumliche Architekturassemblagen kreieren. In ihren Projekten verschmelzen You+Pea so Videospielästhetik mit zeitgenössischer Architekturtheorie. Mit *Kaisersrot* (2001–2010) entwickelte auch die ETH Zürich ein flexibles Planungswerkzeug. Mithilfe der Partizipation der Bewohner ermöglicht die Software die räumliche Organisation von Häusern bis hin zu ganzen Stadtteilen. Anhand verschiedener Präferenzen wie Raumangebot, Stadtlärm oder Nähe zu Gebäuden wie Kirchen entstehen algorithmisch generierte Konfigurationen. Die Benutzeroberfläche erinnert dabei nicht ganz zufällig an *SimCity* und ermöglicht einen niedrigschwelligen Zugang für alle Beteiligten. Das Werkzeug wurde im Zeitraum von neun Jahren in mehreren konkreten Planungsprojekten erfolgreich angewandt. So mussten beispielsweise bei der Kehlbachsiedlung in Oberösterreich Flutopfer neu angesiedelt werden. Um landwirtschaftliche Nutzung und neue Wohnhäuser gleichsam für Neuankömmlinge und bestehende Anwohner verträglich zu verteilen, wurden mithilfe der Software räumliche Konfigurationen erarbeitet, die den Wünschen aller so gut wie möglich nachkommen.[20] Obwohl *Kaisersrot* zumindest spielähnlich ist, gelingt es damit jedoch nicht immer, die vielleicht größte Barriere in partizipativen Modellen der Architekturplanung zu durchbrechen. Die zumeist von Architekten initiierte Kooperation findet in den seltensten Fällen wirklich auf Augenhöhe statt. Die ungleichen Vorbedingungen – auf der einen Seite die Experten, auf der anderen die Laien – ersticken nach wie vor manche Impulse im Keim.

Wie das Architekturbüro BlockWorks zeigt, kann hierfür eine mögliche Lösung wiederum der Einsatz von Computerspielen sein.[21] Mit über 60 Mitarbeitern konzipiert BlockWorks interaktive Architekturumgebungen mithilfe von *Minecraft*. Für die britische Denkmalschutzbehörde wurden Burgen nachgebaut, um sie für Besucher virtuell erfahrbar und veränderbar zu machen. Das Museum of London gab eine virtuelle Kopie der Innenstadt vor und nach dem Großbrand von 1666 in Auftrag. Doch auch kommunale Bauplanung kann mit diesem System vorangetrieben werden. Das ambitionierteste Projekt entstand zusammen mit UN Habitat, dem Programm der Vereinten Nationen für Siedlungsbau. Um öffentliche Räume in Entwicklungsländern zu gestalten, baute BlockWorks im Projekt *Block by Block* vorhandene Situationen nach. Anwohner können damit Ideen und Vorschläge visualisieren. So wird es möglich, nicht nur auf funktionaler Ebene („wir brauchen schattige Sitzgelegenheiten"), sondern direkt gestalterisch zu argumentieren („so stellen wir uns vor, wie es aussehen soll"). Wichtiger Punkt ist hier, dass *Minecraft* keine Architektursoftware ist. Möglicherweise haben einige Beteiligte sogar einen Wissensvorsprung gegenüber den Architekten, mit denen sie diskutieren. *Block by Block* baut damit auf einen weniger ungleich verteilten gemeinsamen Erfahrungsschatz aller teilhabenden Parteien. Auf diese Weise ist es möglich, das Erfahrungsgefälle der Diskussionspartner zumindest teilweise anzugleichen. Architekten und Anwohner können auf einer neutraleren Plattform eher auf Augenhöhe kollaborieren, was dazu führt, dass der Diskurs vielfältiger und pluralistischer geführt werden kann. Dass insbesondere Heranwachsende und junge Menschen dieses Werkzeug schneller erlernen, stärkt diese Stimmen zusätzlich.

Computerspiele schaffen narrative Erlebnisräume. Wenn Spieler in *SimCity* Welten bauen und Architekten mit Software wie *Kaisersrot* neue, hiervon beeinflusste Methoden entwickeln, nähern sie sich einander an. Beide kreieren räumliche Entwürfe gebauter Umgebungen. In gewisser Weise ist es nur konsequent, dass *The Sims* ursprünglich als Architektursimulator gedacht war und heute mitunter trotz seiner Neuausrichtung als Lebenssimulator von Spielern wieder zum Entwurfsspiel umfunktioniert wird. So haben Spiele die Fähigkeit, neue Blicke und Zugänge auf Architektur zu ermöglichen. Studios wie BlockWorks verdeutlichen, wie Spieler und Architekten mit denselben Systemen umgehen. Sie werden als architektonisches Experimentierfeld für Utopien und als Diskussionsplattformen genutzt. Dabei ist Scheitern im Spiel inhärent erwünscht und erlaubt einen freien Umgang mit Was-wäre-wenn-Szenarien.[22] Wird das Spielfeld für Architekten und Nichtarchitekten wie bei *Block by Block* geebnet, entstehen neue Möglichkeiten zur Teilhabe. Darin verborgen liegen nicht zuletzt auch neue Demokratisierungschancen. Hier entstehen neue Modelle architektonischer Repräsentation. Auch wenn *SimCity* bereits 30 Jahre alt ist, erscheint es in der Betrachtung der gegenwärtigen Entwicklungen beinahe so, als werde ihr architektonisches Potenzial erst in den letzten Jahren wirklich entdeckt, erforscht und durchdrungen. Somit stehen wir nach drei Dekaden gleichermaßen am Anfang einer neuen Generation von Wechselbeziehungen zwischen Architektur und Computerspielen.

20 www.kaisersrot.ch/kaisersrot-02/2003_Kehlbach.html (27.11.2019).
21 www.blockworks.uk (27.11.2019).
22 Luke Caspar Pearson, „Architectures of Ironic Computation: How Videogames Offer New Protocols for Architectural Experimentation", 2017, https://discovery.ucl.ac.uk/id/eprint/1550096/1/Pearson_Architectures%20of%20Ironic%20Computation%20RPS%20Upload.pdf (29.11.2019).

Eine Auswahl berechnen.
Eigenbau, Konfigurationsprogramme
und die Vorstellungswelt der Zahlen

Theodora Vardouli

I   Illustration eines digitalen Bausatzes, dessen
    Teile auf verschiedene Arten zur Herstellung
    von Open-Source-Häusern kombiniert werden

In seinem 1980 erschienenen futurologischen Kompendium *The Third Wave* sagte Alvin Toffler die Rückkehr zu einem vorindustriellen Zustand voraus, in dem die Unterteilung zwischen Konsument und Produzent scheitern und die neue Rolle des Prosumenten (*prosumer*) entstehen würde.[1] Anzeichen für das Aufkommen des Prosumenten, so seine Argumentation, seien eindeutige, jedoch konvergierende Tendenzen – von Selbsthilfebewegungen und Do-it-yourself-Trends bis hin zu computergestützten Fertigungstechniken, die Produkte „von außen nach innen" kehrten, indem sie Konsumenten an ihrer Gestaltung und Produktion beteiligten.[2] Durch die Durchmischung von Spitzentechnologie mit Idealen eines kreativen Individualismus, die seit den 1960er-Jahren die amerikanische Kultur belebten, verkörperte der „Prosument" eine Vorstellung des kreativen Konsumenten mit direktem Zugang zu seinem technischen Umfeld und dessen Kontrolle.[3] Die Vorstellung von eigenständigen Personen, die Werkzeuge und Produkte gemeinsam gestalten – was Lewis Mumford bekanntermaßen als „demokratische Technik" beschrieben hat[4] –, war von Anfang an wesentlich für die emanzipatorischen Forderungen im Zusammenhang mit dem „partizipativen Web". Dieser Begriff, auch Web 2.0 genannt, beschreibt den Wandel des World Wide Web von einer Informationsquelle zu einer interaktiven Infrastruktur, die dynamisch mit von den Nutzern generiertem Inhalt gefüllt wird.[5] Abgesehen davon, dass es selbst interaktiv und partizipativ ist, treibt das Web 2.0 indirekt Prosumption durch Onlinemasken zur Individualisierung von Produkten an und stößt Spekulationen über alternative „offene" Design- und Produktionsprozesse an.[6] Diese Vorstellungen vom Nutzer als Designer und Produzent machen das partizipative Web zu einem Werkzeug und zu einer Metapher für das Nachdenken über das Potenzial digitaler Technologien im Entwerfen von Architektur. In seinem 2011 in der Zeitschrift *Log* erschienenen Artikel „Digital Style" zum Beispiel beschwor der Architekturhistoriker Mario Carpo Theoretiker und Designer, das in Angriff zu nehmen, was er als den radikalsten Effekt des „Digitalen" identifizierte: eine „angesammelte" Architektur, die durch „viele Hände"[7] mittels Versionen, Patches und Neukonfigurationen entstanden ist. Diese Architektur, so seine Argumentation, ist das Produkt von Prozessen, die denen der

Open-Source-Softwareentwicklung ähneln. In seinen Überlegungen zu den Auswirkungen des Web 2.0 auf die Architektur legte Carpo einige zueinander in Wechselbeziehung stehende Möglichkeiten dar, darunter Architektur, die immer eine „Betaversion" bleibt,[8] die Verlagerung architektonischer Arbeit hin zur Gestaltung von Objektfamilien („Objektilen") anstatt einzelner Objekte mit geometrisch eindeutigen Formen sowie die individualisierte Massenfertigung als wirtschaftliches und technologisches Paradigma, das in die Arbeit von Architekten einfließt.

Obwohl diese Szenarien nur begrenzte Auswirkungen auf die reguläre Berufspraxis haben,[9] unterstützen digitale Bausysteme wie etwa WikiHouse von Open Systems Lab[10] und mehr als 200 digitale „Konfigurationswerkzeuge" im Wohnungsbau[11] digital gestützte Do-it-yourself-Gestaltung und Selbstbau. Konfiguratoren sind digitale Benutzeroberflächen, die Anpassungen ermöglichen – eine spezielle Art der Gestaltung, bei der ein Objekt aus einem festen Satz von Komponententypen zusammengestellt wird, die nach festgelegten Regeln zusammenpassen.[12] Das Ziel der Anpassung ist, die Komponenten so zu ordnen, dass sie einzelne Nutzerwünsche oder großmaßstäblichere Bedingungen erfüllt.[13] Diese Werkzeuge stützen sich auf die Baukastensystem-Logik des Diskreten, auf Modularität und auf Kombination, um das Entwerfen von Architektur so einfach wie das Auswählen aus einer Speisekarte zu machen ▶ Abb. I.

Die Entwicklung von Konfigurationsprogrammen ist eine der pragmatischen Grundlagen individualisierter Massenfertigung. Ein Anpassungsprozess, bei dem der Gestalter eine Infrastruktur bereitstellt, die durch die Zusammensetzung von Teilen oder

II Drei Tische, die mit der Mobiltelefon-App mTable von
Gramazio Kohler Architects gestaltet wurden

Wertzuweisungen an bestimmte Variablen konkretisiert wird, ist die übliche Art und Weise, wie man heute über das partizipative oder wechselwirkende Potenzial des Digitalen in der Architektur nachdenkt. Die Idee einer „nichtstandardisierten Architektur", wie von Frédéric Migayrou und Zeynep Mennan in ihrer Ausstellung *Architectures non standard* im Centre Pompidou 2003 beschrieben, stützte sich auf eine abstraktere Definition von Anpassung. In Projekten wie mTable von Gramazio Kohler Architects oder jenen von Patrick Beaucé und Bernard Cache im Atelier Objectile, um nur zwei herausragende Beispiele zu nennen, sind die Teile, die von Nutzern konfiguriert werden müssen, keine Gebäudekomponenten, sondern verschachtelte digitale Topologien. In dem Projekt mTable beispielsweise werden Menschen befähigt, die Form eines Designobjekts zu beeinflussen ▶ Abb. II.[14]

In diesem Essay argumentiere ich, dass die Idee des Eigenbaus und die Neufassung von Entwerfen als Anpassung sich historisch gegenseitig bedingt haben. Dies geschah im Kontext einer „partizipativen Wende", die, anders, als es Carpo skizziert hat,[15] dem Aufkommen des Web 2.0 um etwa 30 Jahre vorausging. Bei dieser früheren Wende behandelten Architekten, die mit neuen mathematischen Techniken und mit frühen Versionen digitaler elektronischer Computer arbeiteten, partizipative Gestaltung als ein Informationsproblem. Einblicke in diese Geschichte zeigen eine neuartige Offenheit, die in aktuelle digitale Werkzeuge für den Eigenbau in der Architektur eingebettet sind. Die Idee digitaler partizipativer Architektur kann historisch in ein *konfiguratives* und *enumeratives* Verständnis von Entwerfen eingeschrieben werden, das auf eine Beschäftigung der Architekten mit Abstraktion in der Nachkriegszeit zurückzuführen ist. Die Verlagerung vom Gestalten des Äußeren der Dinge hin zum Gestalten ihrer Konfiguration ist kein unerfülltes Potenzial digitaler Technologien, sondern war eine der wichtigsten Absichten, welche die anfängliche Beschäftigung von Architekten mit Computern und digitaler Datenverarbeitung unterstützten. Dieses Interesse an Konfigurationen war konzeptionell und technisch an eine historische Wende vom Erscheinungsbild zur Struktur, von der Geometrie zur Topologie, als Kern architektonischer Erfindungskraft gebunden.

Partizipation, Information und „eigenständige Entscheidungen"

In seinem Werk *The Quest for Certainty* aus dem Jahr 1929 führte der amerikanische Philosoph John Dewey, Vertreter des Pragmatismus, die tiefgreifende philosophische Trennung zwischen Intellekt und Handeln auf eine allgemeine Angst vor der Ungewissheit zurück.[16] Er argumentierte, dass Ungewissheit praktischer Tätigkeit innewohnt, weil alle Tätigkeit Veränderung beinhalte.[17] Unabhängig davon, wie gut informiert jemand ist, ist eine Vorhersage deshalb zu „prekäre[r] Wahrscheinlichkeit"[18] verdammt. Einige Jahre später machte sich der Soziologe Robert Merton daran, dieses

1 Alvin Toffler, *The Third Wave*, New York 1980, S. 282; deutsche Ausgabe: *Die dritte Welle. Zukunftschance. Perspektiven für die Gesellschaft des 21. Jahrhunderts*, München 1987.
2 Ebd., S. 290.
3 Fred Turner, *From Counterculture to Cyberculture. Steward Brand, the Whole Earth Network, and the Rise of Digital Utopianism*, Chicago 2008; Fred Turner, *The Democratic Surround. Multimedia and American Liberalism from World War II to the Psychedelic Sixties*, Chicago 2013.
4 Lewis Mumford, „Authoritarian and Democratic Technics", in: *Technology and Culture*, 5 (1964), S. 1–8.
5 Tim O'Reilly, „Web 2.0: Compact Definition?", 2005, www.radar.oreilly.com/archives/2005/10/web-20-compact-definition.html (6.1.2020); Grant Blank und Bianca Reisdorf, „The Participatory Web", in: *Information, Communication and Society*, Nr. 15 (2012), S. 537–554.
6 Carlo Ratti und Matthew Claudel, *Open-Source Architecture*, London 2015.
7 Mario Carpo, „Digital Style", in: *Log*, Nr. 23 (2011), S. 43–44.
8 Ebd., S. 44.
9 Mario Carpo, *The Second Digital Turn. Design beyond Intelligence*, Cambridge (MA) 2017, S. 144.
10 Wikihouse, www.wikihouse.cc/About (6.1.2020).
11 Paul Blazek et al., *Configurator Database Report 2016*, Wien 2016.
12 Daniel Sabin und Rainer Weigel, „Product Configuration Frameworks – A Survey", in: *IEEE Intelligent Systems*, Nr. 13 (1998), S. 43.
13 Ebd.
14 Gramazio und Kohler Architects, *mShape*, www.mshape.com (6.1.2020).
15 Carpo 2017 (wie Anm. 9), S. 131.
16 John Dewey, *The Quest for Certainty. A Study of the Relation of Knowledge and Action*, New York 1960, S. 10; deutsche Ausgabe: *Die Suche nach Gewißheit. Eine Untersuchung des Verhältnisses von Erkenntnis und Handeln*, Frankfurt am Main 2001, S. 10.
17 Ebd.
18 Ebd.

Phänomen zu systematisieren. „Unerwartete Konsequenzen", so seine Argumentation, resultieren aus Vorurteilen, Irrtümern und Wissensbegrenzungen, aber auch aus dem Einfluss der Handlung selbst, wobei sie die Situation verändert, auf deren Grundlage die Vorhersage gemacht wurde. In den 1960er-Jahren versetzte diese beunruhigende Erkenntnis die Architektur- und Planungsberufe in Aufregung. Die sorgfältig kalkulierten und gesellschaftlich visionären Entscheidungen ihrer Vorgänger zeigten in der Anwendung bedenkliche und unerwartete Auswirkungen: Bewohner von „funktionalen Häusern" lebten nicht nach „Ratgeber[n] zur Wohnungsfrage",[19] während die „funktionale Stadt" als „eine Welt gewaltigen städtischen Elends" wahrgenommen wurde.[20] Inmitten dieser umfassenden „Professionskrise"[21] versuchten einige Architekten und Planer, „Nutzer" in Theorien und Methoden einzubeziehen, um Konflikte zwischen erwarteter und tatsächlicher Anwendung aufzulösen sowie die gesellschaftlichen und umgebungsbedingten „Nebeneffekte" von Designinterventionen zu mildern ▶ Abb. III.[22]

Von Beginn seiner Popularität[23] an wurde das Konzept der Partizipation als unscharf und konfus bezeichnet.[24] In dem Bemühen, die Ideenfindung beim Entwerfen besser zu fassen, schlug der Architekturforscher Frederik Wulz einen „Passiv-aktiv-Maßstab" zur Einstufung verschiedener Partizipationsformen entsprechend der Fähigkeit des Nutzers vor, Entscheidungen zu treffen und Veränderungen am Gestaltungsergebnis vorzunehmen.[25] Auf der „passiven Seite" des Spektrums brachte Wulz Fälle unter, in denen Gestalter Fragenkataloge oder Dialoge anwandten, um Informationen über die Bedürfnisse und Wünsche der Nutzer zu sammeln. In der Mitte listete er Formen der Zusammenarbeit zwischen Entwerfern und Nutzern auf.[26] Auf der „aktiven Seite" positionierte Wulz „Selbstentscheidung",[27] die er vage als einen Prozess beschrieb, bei der der Architekt die „Sicherheitsbedürfnisse"[28] sicherstellte, jedoch die Kontrolle über das endgültige Ergebnis der Gestaltung aufgab. Das „passive Nutzerverhalten" in der Partizipation tauchte in den 1960er-Jahren in der Folge der Bemühungen auf, eine antizipatorische „Designwissenschaft"[29] mithilfe von vorausschauenden Entscheidungsfindungstechniken zu entwickeln.[30] Befürworter dieser Haltung gingen davon aus, dass das Ersetzen der in der modernen Planung verwendeten statistischen Näherungswerte durch

tatsächliche Nutzerdaten eine bessere Kenntnis der Gegenwart liefern und deshalb zu besseren Voraussagen befähigen würde.[31] Das Argument für mehr und bessere Information wurde schnell als theoretisch fehlerhaft betrachtet. In ihrem maßgebenden Artikel „Dilemmas in a General Theory of Planning" postulierten der Designtheoretiker Horst Rittel und der Stadttheoretiker Melvin Webber, dass Vorhersagefehler wenig mit der Qualität von Daten zu tun hätten.[32] Stattdessen seien sie ein Resultat des spezifischen, ergebnisoffenen Charakters von Planungsproblemen, die von Natur aus „hinterhältig" seien – untrennbar verbunden mit Ungewissheiten und unerwarteten Ergebnissen. Abgesehen davon, dass die „passive Partizipation" fehlerhaft sei, argumentierte man auch, dass sie ethisch fragwürdig sei. Das bezeichnete Sherry Arnstein als „leeres Ritual",[33] das nur vollzogen werde, um die Entscheidungen der Entscheidungsträger zu legitimieren, anstatt den Nutzern die Wahl zu lassen.

„Mitentscheidungsmodelle" von Partizipation wurden entwickelt, um diese Defizite zu umgehen, indem man Architekten und Planer als „Vermittler" anstatt als Steuerer der Gestaltung positionierte. Dieses Modell nahm verschiedentlich die Form von Verhandlungsstrukturen,[34] Spielen und Simulationen[35] oder auch leistungsabhängigen Techniken[36] an. Mitentscheidungsansätze strebten danach, die Definition des Problems sowie die Entscheidungsfindung zu verbessern, indem sie verschiedene Standpunkte und Kompetenzen in einem argumentativen Prozess kombinierten. Eine Annahme, die dieser Herangehensweise zugrunde lag, war, dass das Verhandeln von Perspektiven Parameter ans Licht befördern würde, die für eine Einzelperson unerreichbar sind. Die Teilnahme an der Ausarbeitung eines Plans steigerte das Engagement und das Bekenntnis zu seiner Ausführung[37] und verringerte damit die Möglichkeit künftiger Diskrepanzen oder Konflikte. Die meisten der Mitentscheidungsmethoden blieben jedoch nicht verschont von Kontroversen um die Autorität des Architekten bei der „Übertragung" der Pläne oder Entscheidungen der Nutzer in tatsächliche Entwürfe.[38]

Die radikalere Idee der „Selbstentscheidung" beanspruchte für sich, diesem Problem Abhilfe zu verschaffen, indem die Steuerung der Gestaltung, innerhalb „sicherer Grenzen", an den Nutzer

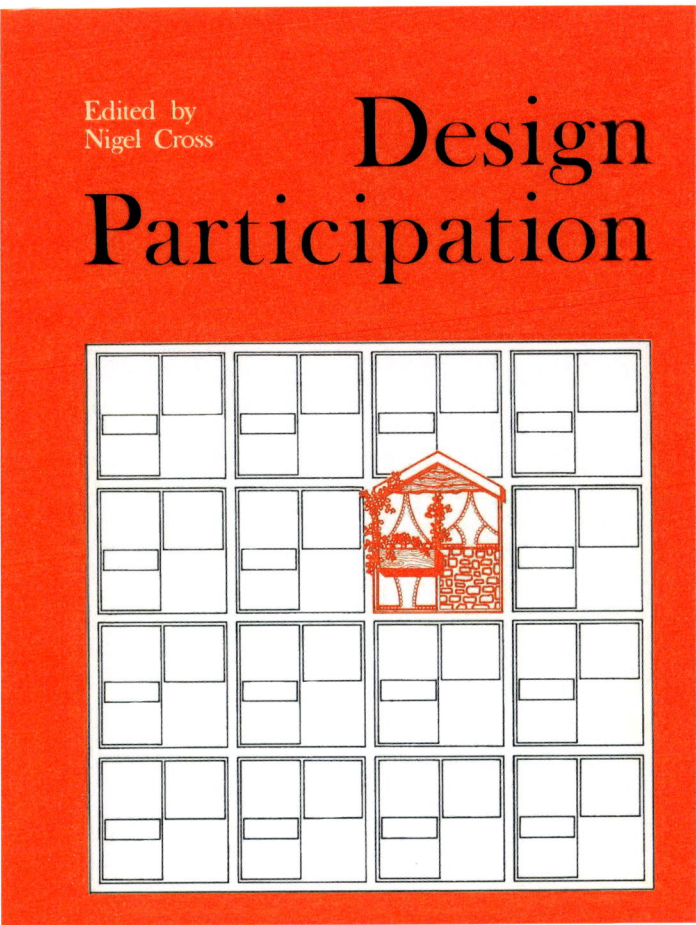

III Cover des Tagungsbands der ersten Design Research
Society International Conference zum Thema „Design
Participation"

übertragen wurde.[39] „Selbstentscheidungsformen" von Partizipation, die in den 1960er-Jahren aufkamen, stellten die Kategorien
„Unvorhersehbarkeit", „Ungewissheit" und „Unbekanntes" in den
Mittelpunkt. Diese partizipativen Designtheorien erklärten, den in-
härenten Widerspruch zwischen Nutzerfreiheit und von den Gestaltern auferlegten Beschränkungen zu regeln, indem sie argumentierten, dass diese Einschränkungen einen notwendigen und
unveränderlichen strukturellen Aspekt der gebauten Umwelt erfassten, der jede realisierbare Entscheidung entsprechen musste.
Diejenigen, die diese Theorien steuerten, versuchten, die Ungewissheit der lokalen Nutzungsebene anzupassen und sicherzustel-
len, dass „das Unvorhergesehene" auf globaler Ebene der gebauten Umwelt „absorbiert" werden könne.[40]

Infrastrukturen und Kombinatorik

Eine maßgebende Herangehensweise an die „Selbstentscheidungs-
partizipation" war das „Träger- und Wand-System", für das der hol-
ländische Architekt und Designtheoretiker John Habraken 1961 den
Weg bereitete. Das System nahm für sich in Anspruch, Wahlfrei-
heit und Wandelbarkeit zu fördern. Habraken entwarf Gruppen
von vorgefertigten Elementen, die „unzählige Wohnungstypen"

19 Le Corbusier, *Towards a New Architecture*, New York 1986, S. 122; deutsche
Ausgabe: Hans Hildebrandt (Hrsg.), *Kommende Baukunst*, Berlin/Leipzig
1926. Zit. nach: Fondation Corbusier (Hrsg.), *1922 – Ausblick auf eine Architektur*, Basel 2014, S. 99.

20 William J. Nuttall, „How to Use Technology", in: Nigel Cross (Hrsg.), *Design
Participation. Proceedings of the Design Research Society's Conference,
Manchester, September 1971*, London 1972, S. 19–20, hier S. 19.

21 Reyner Banham, „Alternative Networks for the Alternative Culture?", in: ebd.,
S. 15–18, hier S. 16.

22 Nigel Cross, „Here Comes Everyman", in: ebd., S. 11–14, hier S. 11.

23 Einer der einflussreichsten Artikel, der für Partizipation in der Planung plä-
dierte, war Paul Davidoff, „Advocacy and Pluralism in Planning", in: *Journal of
the American Institute of Planners*, Nr. 31 (1965), S. 331–338.

24 J. Johnson, „A Plain Man's Guide to Participation", in: *Design Studies*, Nr. 1
(1979), S. 27–30.

25 Frederik Wulz, „The Concept of Participation", in: *Design Studies*, Nr. 7 (1986),
S. 155, 162.

26 Ebd., S. 158.

27 Ebd., S. 159.

28 Ebd., S. 161.

29 Sydney Gregory (Hrsg.), *The Design Method*, London 1966.

30 Geoffrey Broadbent, *Design in Architecture. Architecture and the Human
Sciences*, London 1988, S. XVII.

31 Michael Batty, „Limits to Prediction in Science and Design Science", in: *IPC
Business Press*, Nr. 1 (1980), S. 153–159, hier S. 157.

32 Horst Rittel und Melvin M. Webber, „Dilemmas in a General Theory of
Planning", in: *Policy Sciences*, Nr. 4 (1973), S. 155–169.

33 Sherry Arnstein, „A Ladder of Citizen Participation", in: *Journal of the
American Planning Association*, Nr. 35 (1969), S. 216–224, hier S. 216.

34 Werner Kunz und Horst Rittel, „Issues as Elements of Information Systems",
Working Paper Nr. 131, Institute of Urban and Regional Development, University of California at Berkeley, 1970.

35 Henry Sanoff, *Community Participation Methods in Design and Planning*,
Hoboken (NJ) 1999.

36 Lawrence Halprin, *The RSVP Cycle. Creative Processes in the Human
Environment*, New York 1969; Lawrence Halprin und Jim Burns, *Taking Part.
A Workshop Approach to Collective Creativity*, Cambridge (MA) 1975.

37 Peter Stringer, „A Rationale for Participation", in: Cross 1972 (wie Anm. 20),
S. 26–29.

38 Charles Eastman, „Adaptive-Conditional Architecture", in: Cross 1972 (wie
Anm. 20), S. 51–57, hier S. 52; Nicholas Negroponte, *Soft Architecture
Machines*, Cambridge (MA) 1975, S. 108.

39 Wulz 1986 (wie Anm. 25), S. 161.

40 John Habraken, *Supports. An Alternative to Mass Housing*, London 2011,
S. 74.

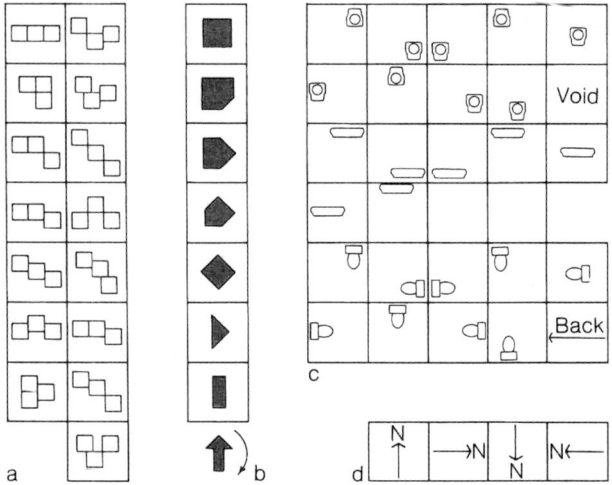
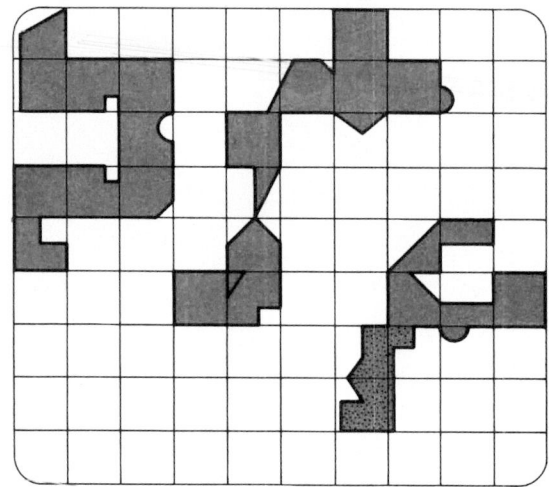

IV Einige der kombinatorischen Möglichkeiten des FLATWRITER,
    die sich durch die Untersuchung grundlegender räumlicher
    Anordnungen, Formen, der Platzierung der Ausstattung und
    der Gebäudeelemente ergeben

ausbildeten,[41] um den Vorlieben des Nutzers zu entsprechen. Unterstützt wurde dies von „wachsenden, sich entwickelnden und verändernden" Strukturen,[42] um der Struktur des darin enthaltenen „lebenden Organismus" zu entsprechen.[43] Der Widerspruch zwischen der Standardisierung von räumlichen Modulen oder Bauteilen und unberechenbaren individuellen Vorlieben wurde durch das Argument ausgeglichen, dass Kombinationen dieser Raum- oder Gebäudeeinheiten „unzählige" Wahlmöglichkeiten erzeugen könnten.[44]
Der ungarisch-französische Utopist Yona Friedman äußerte in den späten 1950er-Jahren ähnliche Argumente zu den Wahlbeschränkungen in seinen Plänen zu seiner Raumstadt *ville spatiale* – einem dreidimensionalen Raster, das sich über Natur- und Stadtlandschaften ausdehnte und eine grenzenlose Mobilität von Wohneinheiten je nach sich verändernden gesellschaftlichen Strukturen ermöglichte. In einer Reihe von Artikeln im Laufe der 1960er-Jahre, die 1971 in sein Buch *Pour une architecture scientifique*, eine Art Handbuch für die *ville spatiale*, mündeten, entwickelte Friedman ein informationelles Modell für Auswahl und Entscheidungsfindung. Er stellte sich dies unterstützt durch eine schreibmaschinenähnliche Maschine vor, die er FLATWRITER nannte ▶ Abb. IV. Als eine Art Urkonfigurationsprogramm forderte diese spekulative Maschine den Nutzer auf, Raummodule, Ausstattung und Gebäudeteile mithilfe einer Tastatur mit einer festen Anzahl von Tasten auszuwählen; dann druckte sie das aus, was Friedman sich als ein dickes Buch[45] mit einer „Speisekarte" „aller physikalisch möglichen"[46] Kombinationen dieser Elemente vorstellte. Die Karte sollte dem Nutzer auch Zahlen zur Effizienz der jeweiligen Auswahl für seine eigenen täglichen Gewohnheiten und für die Gesamteffizienz der städtischen Versammlung, in die jede Auswahl eingefügt würde, präsentieren.
Habrakens und Friedmans Vorschläge für Bausysteme auf Selbstentscheidungsbasis wurden auf die existierende Praxis des Massenwohnungsbaus und der Nachkriegsplanung hochgerechnet. Die französische Regierung zum Beispiel realisierte in den späten 1960er-Jahren eine experimentelle Wohnungsbaumethode, die unter dem Begriff *habitat évolutif* (evolutionäres Wohnen) als Reaktion auf den standardisierten Massenwohnungsbau der *grands ensembles* bekannt wurde.[47] Die *habitat-évolutif*-Experimente basierten auf der Idee, dass eine Kombination standardisierter Elemente einen Weg aus der Wiederholung und Monotonie des Massenwohnungsbaus bot, indem sie den Nutzern die Möglichkeit einer personalisierten Kombination innerhalb einer begrenzten Menge von vorgefertigten Komponenten gab. Als Antwort auf die *habitat-évolutif*-Experimente, bei denen Experten einzelne Nutzer durch die Kombination von Elementen leiteten, bewarb Friedman den FLATWRITER als Möglichkeit für Einzelpersonen, das System verschiedener Auswahlprozesse selbst zu steuern.

Die Vorstellungswelt der Zahlen

Friedmans Theorien inspirierten die frühe Arbeit der Architecture Machine Group des MIT – der ersten Datenverarbeitungsstelle des Instituts für Architektur – an computergestütztem partizipativem Design. Die Architecture Machine Group arbeitete mithilfe eines Stipendiums von der National Science Foundation mit Friedman zusammen, um seine partizipativen Methoden in ein System für eine *architecture-by-yourself* zu implementieren.[48] In seiner Beschreibung des Einflusses von Friedmans Methoden auf die Arbeit der Architecture Machine Group warnte ihr Gründer Nicholas Negroponte die Leser vor den theoretischen Mängeln des „speziell französischen Begriffs einer ‚banque de données' oder dessen, was er [Friedman] als ‚repertoire' bezeichnet"[49] bei der Konzeptualisierung der Auswahl. Friedmans Theorie, so Negropontes Argumentation, gehe über die Kombination der üblichen vorgefertigten Elemente bei Beispielen des *habitat évolutif* oder in Habrakens „Träger- und Wand-System" hinaus.

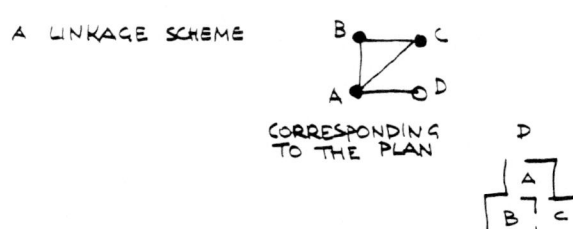

A LINKAGE SCHEME

CORRESPONDING TO THE PLAN

CAN BE WRITTEN AS A MATRIX (ADJACENCY MATRIX)

1 → ADJACENCY
0 → NON·ADJACENCY

	A	B	C	D*
A	0	1	1	1
B	1	0	1	0
C	1	1	0	0
D*	1	0	0	0

WHICH CAN BE WRITTEN AS WELL AS A SEQUENCE

0111·1010·1100·(*)1000

* DENOTES A LABEL DIFFERENT FROM THE OTHERS (EXTERIOR SPACE)

V   Screenshot aus dem auf Graphen basierenden Raumplanungssystem, das für das Architecture-by-yourself-Projekt der Architecture Machine Group eingeführt wurde

Das Problem bei diesen Methoden, erklärte er, sei, dass „die Angebote eines Lösungsmenüs offensichtlich nicht das kombinatorische Produkt der Teile (das sehr groß sein könnte) übertreffen können".[50] Negroponte argumentierte, dass Friedman diese Beschränkung umging, indem er in seinem Repertoire „Topologien, die keine Metrik haben", einschloss.[51] „Es ist das Hinzufügen dieser Metrik durch den Nutzer", so schloss er, „das die grenzenlose Vielfalt ermöglicht"[52] ▶ Abb. V.

Der FLATWRITER basierte auf einer mathematischen Konfigurationstheorie, die sich auf die Darstellung architektonischer Grundrisse durch ihre zugrunde liegenden Topologien – mittels ihrer Graphen – stützte. Um diese Graphen zu konstruieren, platzierte man einen Punkt in die Mitte eines jeden im Plan gezeigten Raums und zog dann eine Linie zwischen den Räumen, die durch eine Tür miteinander verbunden waren. Diese Darstellung, die auch als „Adjazenzgraph" bekannt ist, ermöglichte es einem, alle möglichen Grundrissgestaltungen auszuführen; man musste einfach nur alle möglichen Verbindungen zwischen den Punkten der Graphen zählen. Diese routinemäßige kombinatorische Handlung war eine genau definierte mathematische Verknüpfung und konnte von Computern leicht durchgeführt werden, zumindest für eine kleine Zahl von Räumen. Unter Anwendung von Theoremen aus der Graphentheorie konnte man auch nichtplanare Graphen (Graphen mit sich kreuzenden Linien) ausschließen, die nicht als Grundrisse mit einer Ebene gelöst werden konnten und deshalb eine vertikale Erschließung erforderten ▶ Abb. VI.

Aus der Perspektive der verwendeten mathematischen Techniken betrachtet, lag Friedmans partizipative Theorie auf einer Linie mit einem Forschungsgebiet, das die frühe Arbeit im Bereich Architektur und digitaler Datenverarbeitung beherrschte. Diese Arbeit lief unter der Bezeichnung „Konfigurationsstudien" oder „Planmorphologien". Eine zentrale Idee bei diesen Studien war die „dimensionslose" Darstellung von Architekturplänen,[53] bei der jeder im Grundriss gezeigte Raum zu einer diskreten Rasterzelle wurde, die die gleiche Dimension wie die anderen Rasterzellen hatte und die gleiche Information beinhaltete, wie sie mit diesen verbunden war. Die Form und metrischen Eigenschaften eines Objekts – in diesem Fall der Grundriss – wurden durch die zugrunde liegende Struktur, ihre Topologie, ersetzt.

In seinem Essay „Graph-Theoretic Representation of Architectural Arrangement" aus dem Jahr 1973 unterschied der Architekturforscher Philip Steadman zwischen einer „heuristischen" und einer „enumerativen" Methode der Anwendung von Graphen zur Darstellung von Grundrissen. Die „heuristische" Methode kam zu einem Grundriss, der für eine bestimmte Reihe von Beschränkungen zulässig war, wohingegen die „enumerative" Methode allumfassend war. „Alle möglichen Lösungen", so seine Argumentation, könnten „ein für alle Mal"[54] ermittelt, und ihr Datensatz könnte in Buchform veröffentlicht werden. Steadman argumentierte, dass solche enumerativen Prozesse neue Forschung veranlassen könnten wie etwa das Finden einer „präzisen" Korrelation von

41 Ebd.
42 Ebd., S. 94.
43 Ebd., S. 81, 86.
44 Ebd., S. 74.
45 *Yona Friedman Regarding the Machine That Invents Flats*, Videoaufzeichnung, 1969, www.fresques.ina.fr/europe-des-cultures-en/fiche-media/Europe00061/yona-friedman-regarding-the-machine-that-invents-flats.html (29.2.2020).
46 Yona Friedman, *Toward a Scientific Architecture*, Cambridge (MA) 1975, S. 10.
47 Kenny Cupers, *The Social Project. Housing in Postwar France*, Minneapolis 2014.
48 Guy Weinzapfel und Nicholas Negroponte, „Architecture-by-Yourself: An Experiment with Computer Graphics for House Design", in: *Proceedings of the 3rd Annual Conference on Computer Graphics and Interactive Techniques*, New York 1976, S. 74–78, doi.org/10.1145/563274.563290.
49 Ebd., S. 115.
50 Negroponte 1975 (wie Anm. 38), S. 115.
51 Ebd.
52 Ebd.
53 Philip Steadman, *Architectural Morphology. An Introduction to the Geometry of Building Plans*, London 1983.
54 Philip Steadman, „Graph-Theoretic Representation of Architectural Arrangement", in: Lionel March (Hrsg.) *The Architecture of Form*, London 1976, S. 94–115, hier S. 103 (Hervorhebung im Original).

staatlich festgelegten Wohnstandards (in Bezug auf Größe und andere Faktoren) und der „Vielzahl zulässiger Plantypen"[55] oder die Untersuchung des Verhältnisses zwischen Vorfertigungssystemen und räumlichen Anordnungsmöglichkeiten. Viele der frühen Arbeiten am computergestützten Entwerfen kreisen um die Entwicklung von Algorithmen zur Aufzählung möglicher Konfigurationen,[56] abgeleitet von dieser ersten topologischen Beschreibung einer dimensionslosen Form. Architekten manipulierten Objektile, lange bevor sie über Objektile sprachen.

Das Erkennen der Wirkung einer enumerativen und konfigurativen Vorstellung auf ein mathematisches Objekt, eine Zeichnung, ist wesentlich. Dies liegt nicht nur daran, dass das Zählen von Linienkombinationen (Beziehungen) zwischen unveränderlichen Punkten (Objekten) einen visuellen Überblick über eine bestimmte Vorstellung von Offenheit gibt, die Partizipation definiert, sondern auch daran, dass sie eine kritische Heuristik zur Bewertung der Einschränkungen dieser Definition darstellt. In Theorien partizipativer Architekturgestaltung wurde der Graph als eine objektive Struktur propagiert, die das Ausmaß zulässiger Auswahlmöglichkeiten festlegt und Überlagerungen von subjektiven Bedeutungen und ästhetischen Auswahlmöglichkeiten unterstützt. Dies deckt sich mit dem „Träger- und Wand-" oder „Infrastruktur"-Designmodell: Der Gestalter entwickelt ein eigenschaftsloses Gerüst, eine Infrastruktur, die die Auswahlmöglichkeiten der Nutzer begrenzt. Dieses Gerüst ist entweder eine Topologie, die sich durch die Zuordnung metrischer Eigenschaften durch den Nutzer oder einen Satz von Bauteilen konkretisiert, die spezielle Kombinationsregeln haben. Durch das Unterwerfen von Wahlmöglichkeiten und Optionen unter eine abstrakte, unveränderliche Struktur zähmten Graphen diese durch die Logik eines kombinatorischen Universums, in dem Topologie (der abstrakte Bereich von Strukturen) vor und über der Geometrie (der Fläche von Erscheinungsbildern) kam. Anstatt die Kontrolle des Architekten aufzuheben, verdrängte die Partizipation-als-Konfiguration sie in den Bereich, den Nachkriegsarchitekten als Hauptstätte von Theorie und Darstellung betrachteten: das Organisationsdiagramm der Architektur, ein informationelles Gerüst, das durch das mathematische Objekt des Graphen sichtbar und einsatzbereit gemacht wurde.

Fazit

Als der Medientheoretiker Lev Manovich 1996 über „virtuelle" (das heißt digitale) Welten schrieb, erkannte er eine „Verschiebung von der Kreation hin zur Selektion" als Grundlage ihrer Ästhetik. „Das moderne Subjekt", schrieb er, „schreitet durch das Leben, indem es aus zahlreichen Menüs und Katalogen von Gegenständen auswählt." Manovich argumentierte, dass diese Verschiebung in die Subjektivität – was Toffler treffend als „das konfigurative ‚Ich' oder das modulare ‚Ich'" bezeichnet hat[57] – auch Auswirkungen auf die Kreativität mit sich brachte. „Der großartige Text der Kultur, aus dem der Künstler sein eigenes einzigartiges ‚Gewebe von Zitaten' schuf, brodelte und schimmerte irgendwo unter dem Bewusstsein", warnte Manovich, und wurde durch digitale Menüs zur Steuerung der kreativen Prozesse „veräußerlicht" und somit „in hohem Maß reduziert".

Man könnte viel zum Demokratisierungspotenzial der „Digitalität" für die Architektur sagen – ein Potenzial, das sich genau aus der Qualität des Digitalseins ergibt: ein Bausatz diskreter kombinierbarer und wieder neu kombinierbarer Teile, der auf Logiken (im Plural) basiert; den Logiken von vielen Einzelpersonen und in ihrer Gesamtheit. Gleichzeitig entsteht jedoch ein irritierendes Gefühl dadurch, dass konfigurative Entwurfsmethoden – indem sie feststehende digitale oder physikalische Teile zusammensetzen – ein begrenztes Verständnis von Offenheit propagieren; genau deshalb begrenzt, weil sie voraussetzen, dass alle Gestaltungsmöglichkeiten aufzählbar sind, bevor irgendeine Handlung stattfindet. In diesem Essay habe ich den Ideen für das partizipative und interaktive Potenzial des Digitalen eine spezifische visuelle und konzeptuelle Metapher gegeben: den Graphen. Dieser stellt sowohl die Grundlage für die Konfigurationsmethoden dar, die dieses Potenzial auszuschöpfen versuchen, und die Grenzen der Vorstellungswelt der Zahlen, auf der er beruht. Wir können dann beginnen, die Grenzen von „angesammelten", kombinatorischen, modularen Vorstellungen von Partizipation zu betrachten und darzulegen, dass sie die Architektur nicht demokratisieren, sondern Möglichkeiten innerhalb einer sehr speziellen strukturellen Abstraktion von Architektur, seinem skelettartigen Diagramm,

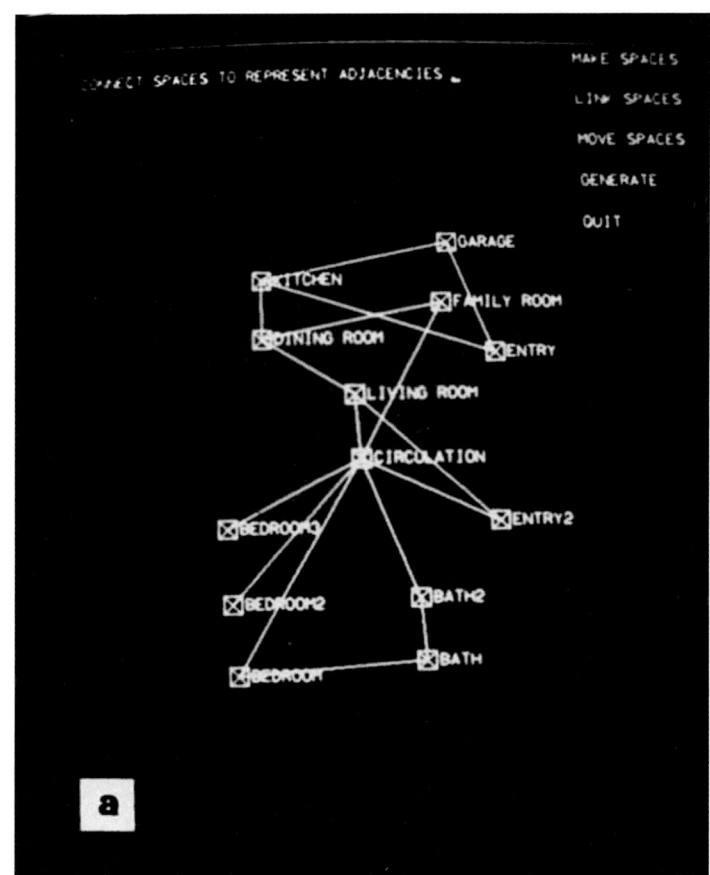
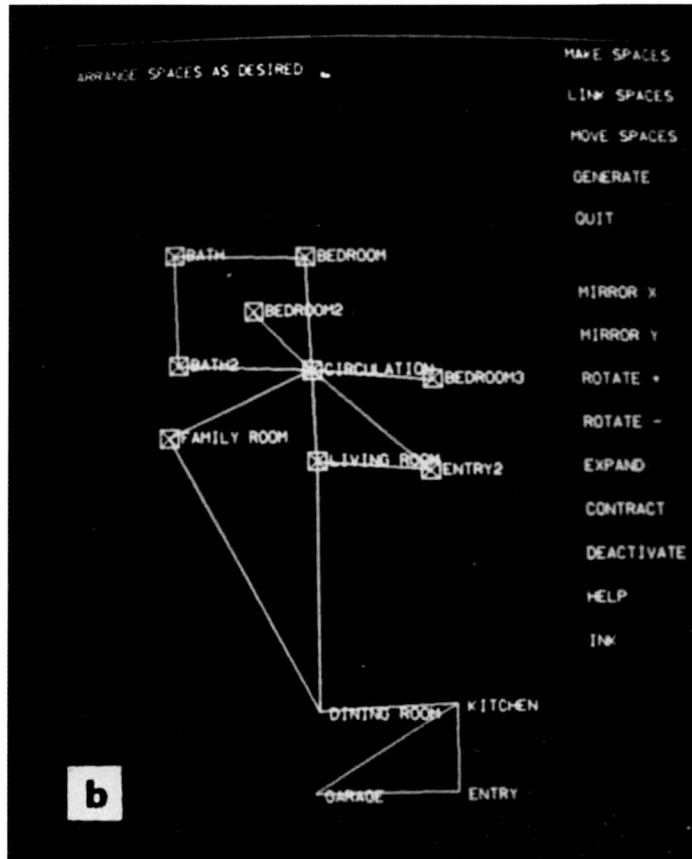

VI Ein schematischer Grundriss, der erst in einen Graphen
und dann in eine Adjazenz-Matrix und einen Binärcode
übertragen wurde

begrenzen. Wir können dann auch beginnen, über alternative Vorstellungen einer Demokratisierung zu spekulieren, die andere Perspektiven, persönliche Standpunkte und Sichtweisen umfassen, anstatt sich auf kombinatorische Verknüpfungen von physikalischen oder digitalen Teilen zu verlassen.

Eine Möglichkeit könnte sein, die fast schon spirituelle Forderung des britischen Philosophen Owen Barfield nach einem Eintauchen in die Welt der Wahrnehmungsoberfläche – oder „Partizipation", wie er es bezeichnete – als eine Bereicherung des eigenen Entdeckungsdrangs zu betrachten. Statt einer passiven Auswahl aus vorgegebenen Möglichkeiten postuliert diese Art der Partizipation eine auf der Wahrnehmungsebene stattfindende Beschäftigung mit dem Entwurfsprozess oder mit dem Wohnen als

emanzipatorische Praxis. Wie man Partizipation und ihr Verhältnis zur digitalen Datenverarbeitung in der Architektur neu theoretisieren kann, muss an anderer Stelle geklärt werden. Um aber überhaupt mit diesen Fragen anfangen zu können, muss man sich der historischen und technischen Besonderheit des komplizierten Verhältnisses von Partizipation zum Entwerfen als digitalem, diskretem, blockhaftem Prozess bewusst sein.

55 Ebd., S. 105.
56 Charles Eastman, „Through the Looking Glass – Why No Wonderland? Computer Applications to Architecture in the USA", in: *Computer-Aided Design*, Nr. 6 (1974), S. 119–124.
57 Toffler 1980 (wie Anm. 1), S. 405.

URBAN 5

*Nicholas Negroponte,
Architecture Machine Group*

1967

SOFTWARE
URBAN 5 (programmiert in FORTRAN)

HARDWARE
IBM 2250, Modell 1 Graphics Display Unit,
IBM-360/67-Großrechner

ZWECK DER SOFTWARE
Entwurf, Interaktion zwischen Mensch und
Computer

Das Computerprogramm URBAN 5 war ein frühes Experiment im gemeinsamen Entwerfen zwischen Mensch und Maschine. Seine Schöpfer verwarfen es letztlich und betrachteten es als Misserfolg. Eines der Hauptinteressen der Architecture Machine Group bestand darin, ein Computerprogramm zu entwickeln, das denken, lernen und kommunizieren können sollte. Es war nicht als ein rein grafisches Werkzeug konzipiert, sondern vielmehr sollte es in der Lage sein, neue Fähigkeiten zu erwerben und eigenständig zu gestalten. URBAN 5 basierte auf 3 × 3 Meter großen Würfeln, die auf einem Bildschirm platziert und dreidimensional verändert werden konnten. Jeder Kubus hatte bis zu zehn verschiedene Eigenschaften wie etwa Transparenz oder Begehbarkeit, die vom Nutzer reguliert werden konnten. Verschiedene Darstellungsmodi versetzten den Nutzer in die Lage, Arbeitsvorgänge wie etwa das Verändern der Topografie oder anderer gebauter Elemente auszuführen. Außerdem konnte das Programm Wachstumsszenarien simulieren. Ein bedeutender Teil des Projekts bestand in der Idee der Individualisierung. URBAN 5 sollte das Verhalten und die Entwurfsmethodik des Nutzers beobachten. Die Kommunikation zwischen Mensch und Maschine sollte auf zwei Arten funktionieren: grafisch durch das Zeichnen mit einem Leuchtstift auf dem Bildschirm sowie durch die Eingabe von englischen Sätzen über die Tastatur. Das Ergebnis war als Dialog gedacht, der informell funktionierte und sogar unerfahrenen Nutzern das Gestalten ohne Vorkenntnisse erlaubte. In einem nächsten Schritt sollte das Programm aus diesen Interaktionen gewonnene Informationen sammeln und zusätzliche Fähigkeiten zur Unterstützung des Gestalters erwerben, indem es Vorschläge machte oder Widersprüche im Design darstellte. In Wirklichkeit war das Programm jedoch nicht in der Lage, von seinen vorgegebenen Voraussetzungen abzuweichen, da seine Parameter auf unveränderlichen Annahmen zum Entwerfen basierten. Es konnte sich nicht aus sich selbst weiterentwickeln, und seine Reaktionen gründeten auf einem vordefinierten Antwortenkatalog. — *Franziska Mühlbauer*

Negroponte, Nicholas: *The Architecture Machine*, Cambridge (MA) 1970. ● Llach, Daniel Cardoso: „Inertia of an Automated Utopia: Design Commodities and Authorial Agency 40 Years after ,The Architecture Machine'", in: *Thresholds* 39, 2011, S. 39–44. ● Steenson, Molly Wright: *Architectural Intelligence. How Designers and Architects Created the Digital Landscape*, Cambridge (MA) 2017. ● Vrachliotis, Georg: „Architekturmaschine, Individualisierungssysteme", in: *Arch+*, Dezember 2018, S. 36–43.

l   Computerterminal für URBAN 5: Schalter für unterschiedliche Modi, Bildschirm
    zum Zeichnen mit einem Leuchtstift und Tastatur für einen sprachbasierten Dialog

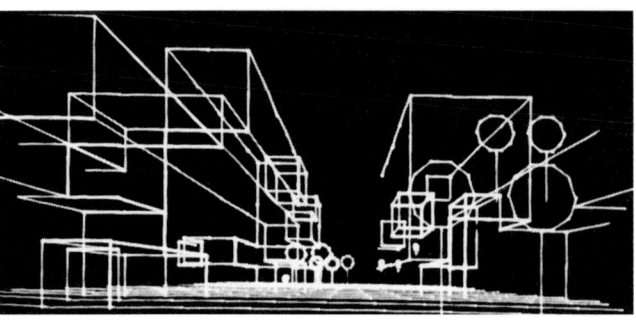
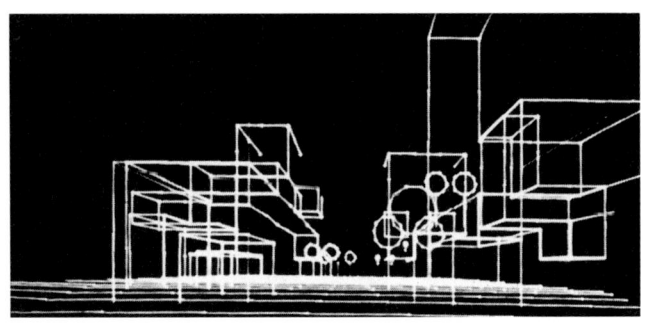
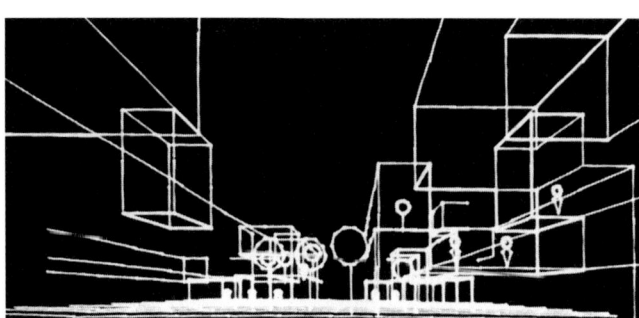

URBAN5

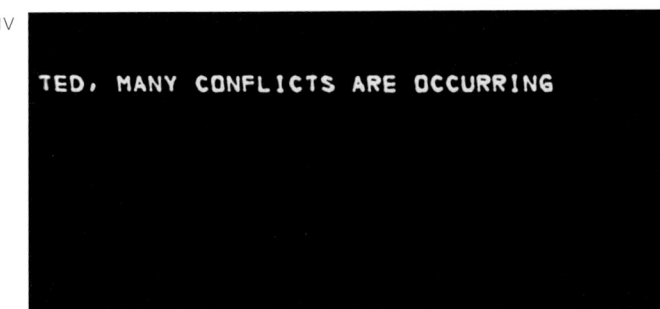

graphical

START	TOPO.	DRAW	SURF.
0	1	2	3

contextual

initial.	qualify	assign	calcul.		display
4	5	6	7	8	9

operational

circul.	uses	social	activ.	site	elem.
10	11	12	13	14	15

symbolic

1	2	3	4	5	6
16	17	18	19	20	21

S Y M B O L S

therapeutic

	DICT.	JURY	HIST.	DUMP
23	24	25	26	27

procedural

OUTP.	RESTA.	STORE	STOP
28	29	30	31

IBM

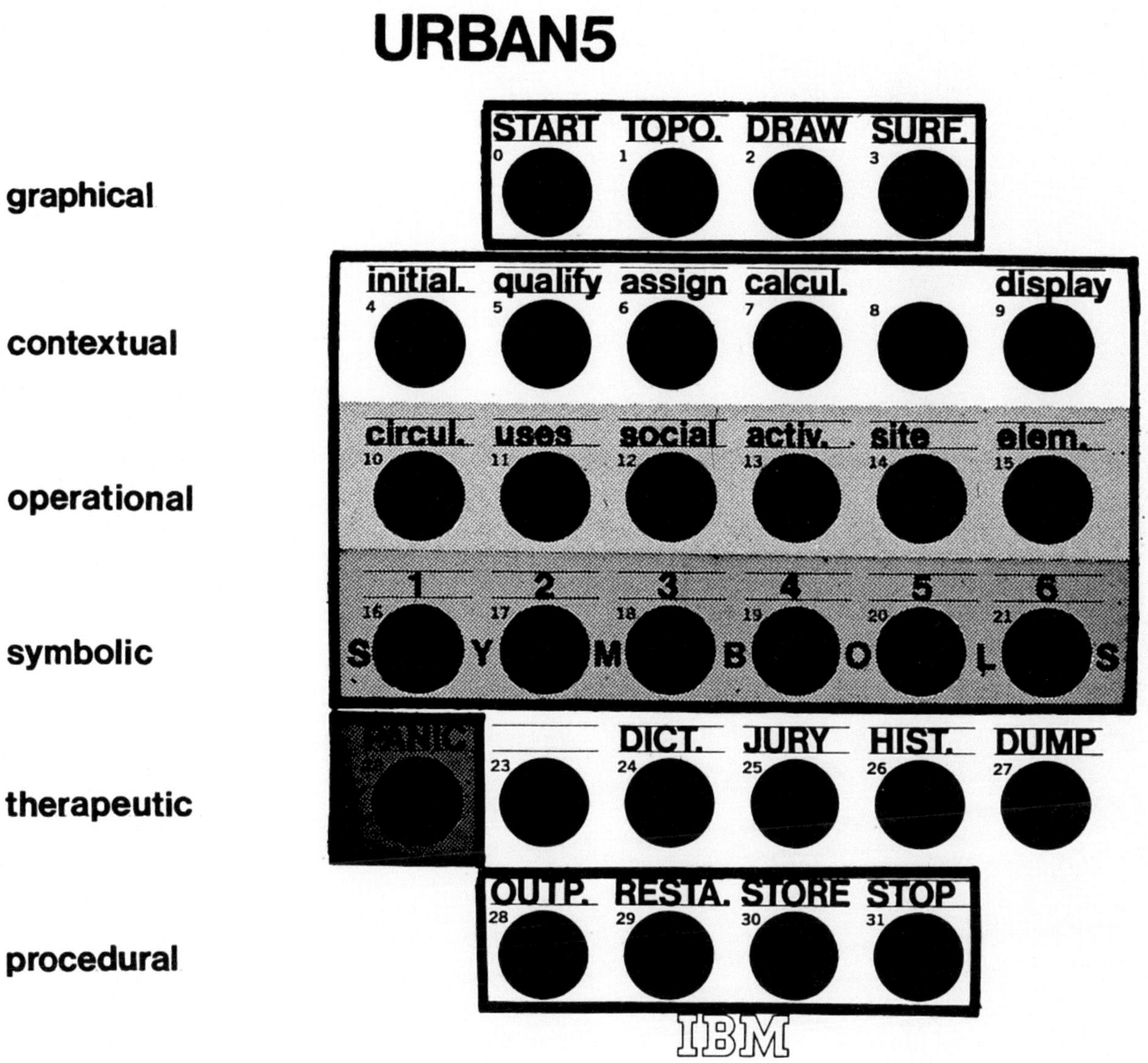

IV

TED, MANY CONFLICTS ARE OCCURRING

II   Screenshots einer Straßenansicht in URBAN 5
III   Bedienfeld für die Auswahl verschiedener Gestaltungsmodi
IV   Das Programm macht den Nutzer auf Gestaltungsprobleme aufmerksam.

Aspen Movie Map

Michael Naimark, Peter Clay,
Bob Mohl, Architecture Machine Group

1978—1980

SOFTWARE
Ramtek 9000 Series Graphic Display System,
Quick and Dirty Animation System (QADAS)

HARDWARE
CD-ROM und Player (MCA Corporation),
Touch-CRT-Monitor (Elographics)

ZWECK DER SOFTWARE
interaktive Bildwiedergabe

Als eines der ersten Hypermediasysteme ermöglichte Aspen Movie Map eine vom Nutzer gesteuerte virtuelle Reise auf einem Touchscreenmonitor durch die Stadt Aspen in Colorado. Michael Naimark und Bob Mohl waren 1978 Doktoranden am MIT, als der Student Peter Clay vorschlug, die Korridore des MIT mithilfe einer 16-mm-Filmkamera zu „kartieren" und das Filmmaterial Bild für Bild auf eine CD-ROM zu übertragen. Zusammen mit einem Computerprogramm, das die Geschwindigkeits- und Richtungssteuerung in dem digitalisierten Korridor ermöglichte, entstand daraus der Prototyp der Aspen Movie Map.

Im gleichen Jahr stellten Nicholas Negroponte, der Leiter der Architecture Machine Group, und Andrew Lippman als Projektverantwortlicher die Finanzierung durch das Cybernetics Technology Office der Defense Advanced Research Projects Agency (DARPA) zur Entwicklung einer umfangreicheren virtuellen Karte sicher, um Soldaten beizubringen, wie sie sich schnell und realistisch mit einem neuen Terrain vertraut machen können. Während der Herbst- und Wintermonate 1978/79 fuhren eine interdisziplinäre Gruppe des Fachbereichs „Architecture Machine" sowie Doktoranden, ein Tierfilmer und ein Psychologe durch Aspen, um Daten- und Bildmaterial zu sammeln. Vier Kameras, die auf dem Dach eines Jeeps montiert waren, machten alle drei Meter Aufnahmen und erfassten so die Straßen und Fassaden der Stadt. Damals konnte eine CD-ROM einen 30-minütigen Film fassen, was 54.000 Einzelfotos entspricht. Für die Movie Map hackte das Team die Hardware, damit man beliebig auf jedes einzelne Foto zugreifen konnte: Der Nutzer konnte seinen eigenen Weg wählen. Die Fassaden und das Bergpanorama wurden mittels Texture Mapping auf ein virtuelles, in QADAS programmiertes 3-D-Modell übertragen. Das Modell diente auch als „lokale" Benutzeroberfläche für Multimediadaten, auf die man durch Hyperlinks zugreifen konnte. Historische Fotografien, statistische Daten und Kurzvideos konnten gezeigt werden, wenn der Nutzer einige Gebäude „erreichte".

Die Movie Map wurde erstmals 1979 am MIT ausgestellt. Dort wurde sie projiziert und von zwei Röhrenbildschirmen ergänzt. Die Nutzer konnten, in einem Klubsessel von Eames sitzend, auf der Karte mit einem Joystick navigieren, der später durch den Touchscreenmonitor ersetzt wurde.—*Sina Brückner-Amin*

I   Mittels Texture Mapping dargestellte Häuser im virtuellen 3-D-Modell

Naimark, Michael: „A 3 D Moviemap and a 3 D Panorama", in: *SPIE Proceedings*,
Bd. 3012, 1997. ● Naimark, Michael: „Aspen the Verb: Musings on Heritage and
Virtuality", in: *MIT Presence Journal 15*, Nr. 3, 2006, S. 330–335. ● Naone, Erica:
„Déjà View", in: *MIT Technology Review* 111, Nr. 5, 2008, www.technologyreview.
com/s/411453/d-j-view/ (16.1.2020).

III

IV

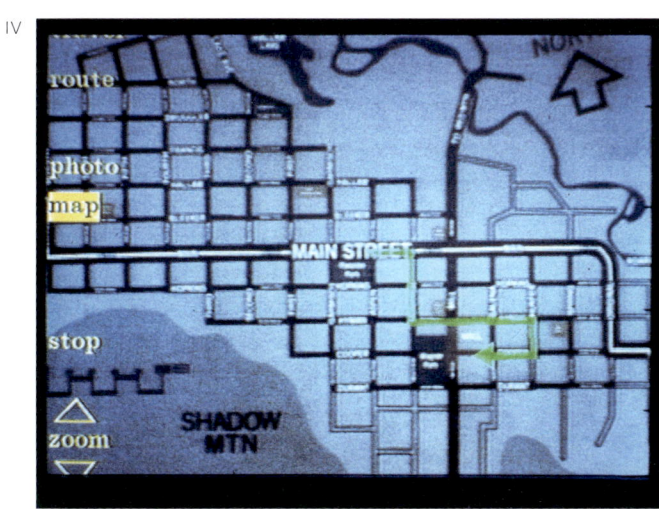

II Aspen Movie Map und Benutzeroberfläche
III Straßenansicht mit eingeblendeter Benutzeroberfläche
IV Interaktive Karte von Aspen

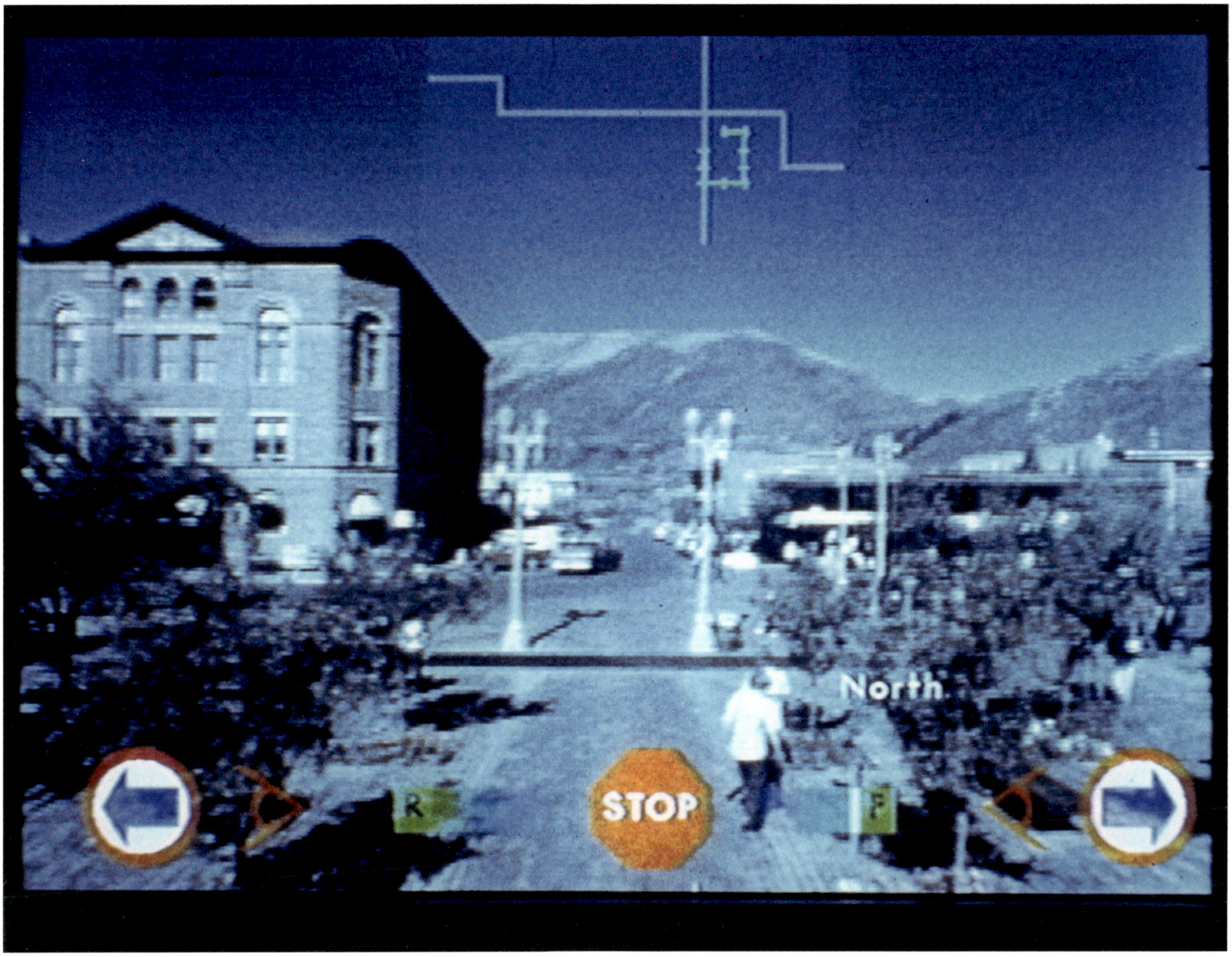

The Walter Segal Model

John Frazer, Julia Frazer, John Potter

1982

SOFTWARE
Shape Processor Language (John Frazer, Julia Frazer, Paul Coates, Anne Sott), Scansoftware geschrieben in BASIC

HARDWARE
Grundplatte mit maschinenlesbaren Steckverbindungen, 32k Commodore PET

ZWECK DER SOFTWARE
Selbstbaudesignkasten

Das Projekt *The Walter Segal Model* war ein mit einem Modell verknüpftes Computerprogramm für Laien, das Entwürfe auf einem Bildschirm darstellen und auf ihre Realisierbarkeit überprüfen konnte. Mit den Selbstbauhäusern der frühen 1980er-Jahre schuf Walter Segal seine bekanntesten und einflussreichsten Wohngebäude. Materialkosten und handwerklicher Aufwand beim Bau waren bei diesen einfachen Holzhäusern auf ein absolutes Minimum reduziert, sodass die zukünftigen Bewohner sie in kürzester Bauzeit errichten konnten. Die ein- bis zweigeschossigen Einfamilienhäuser wurden in kleinen Gruppen von etwa zehn Häusern auf städtischen Grundstücken im Londoner Stadtteil Lewisham errichtet. So entstanden Nachbarschaftsgruppen, die einander beim Bau halfen. Waren die Häuser ursprünglich als geförderte Mietwohnungen konzipiert, konnten viele ihre Häuser später als Eigentum erwerben. Segals einfaches Bausystem, bei dem ein Holzskelett mit Sperrholzplatten in Standardformaten ausgefacht wurde, bot den Selbstbauern die Möglichkeit, ihr Haus auf Basis der verwendeten Module selbst zu entwerfen. Segal hatte hierfür ein Steckmodell erdacht, das den Entwurfsprozess für die beteiligten Laien intuitiv und anschaulich gestaltete.

Hier setzten John und Julia Frazer an, als sie 1982 gemeinsam mit John Potter eine elektronische Version des Steckmodells entwickelten: ein Modell, dessen Konfiguration durch elektronische Steckkontakte an ein Computerprogramm übermittelt wurde, das die Position aller Bauteile auslas und den Entwurf auf seine Realisierbarkeit sowie auf Flächen- und Kostenwerte überprüfte. Selbst die zum Bau benötigten Pläne konnten automatisch generiert werden. Die Frazers hatten sich bereits seit Jahren mit der Idee beschäftigt, physische Modelle als Benutzeroberfläche und Eingabegerät zu verwenden. Der Reiz dieser Idee lag auf der Hand, wenn man bedenkt, wie schwierig es damals war, Volumenkörper in Echtzeit auf einem Bildschirm anzuzeigen. Im Gegensatz dazu bot das Steckmodell einen intuitiven Zugang und eine direkte Passung zwischen Eingabegerät und Entwurfsgegenstand. Segals modulare Holzbauten waren für ein solches Modell-Interface ein ideales Fallbeispiel. Eine überschaubare Anzahl von Modulen konnte in einer Vielfalt von Konstellationen auf einer Grundplatte angeordnet werden. Damit erinnert das Modell konzeptionell an frühe Schachcomputer, die zur gleichen Zeit entwickelt wurden und bei denen auf

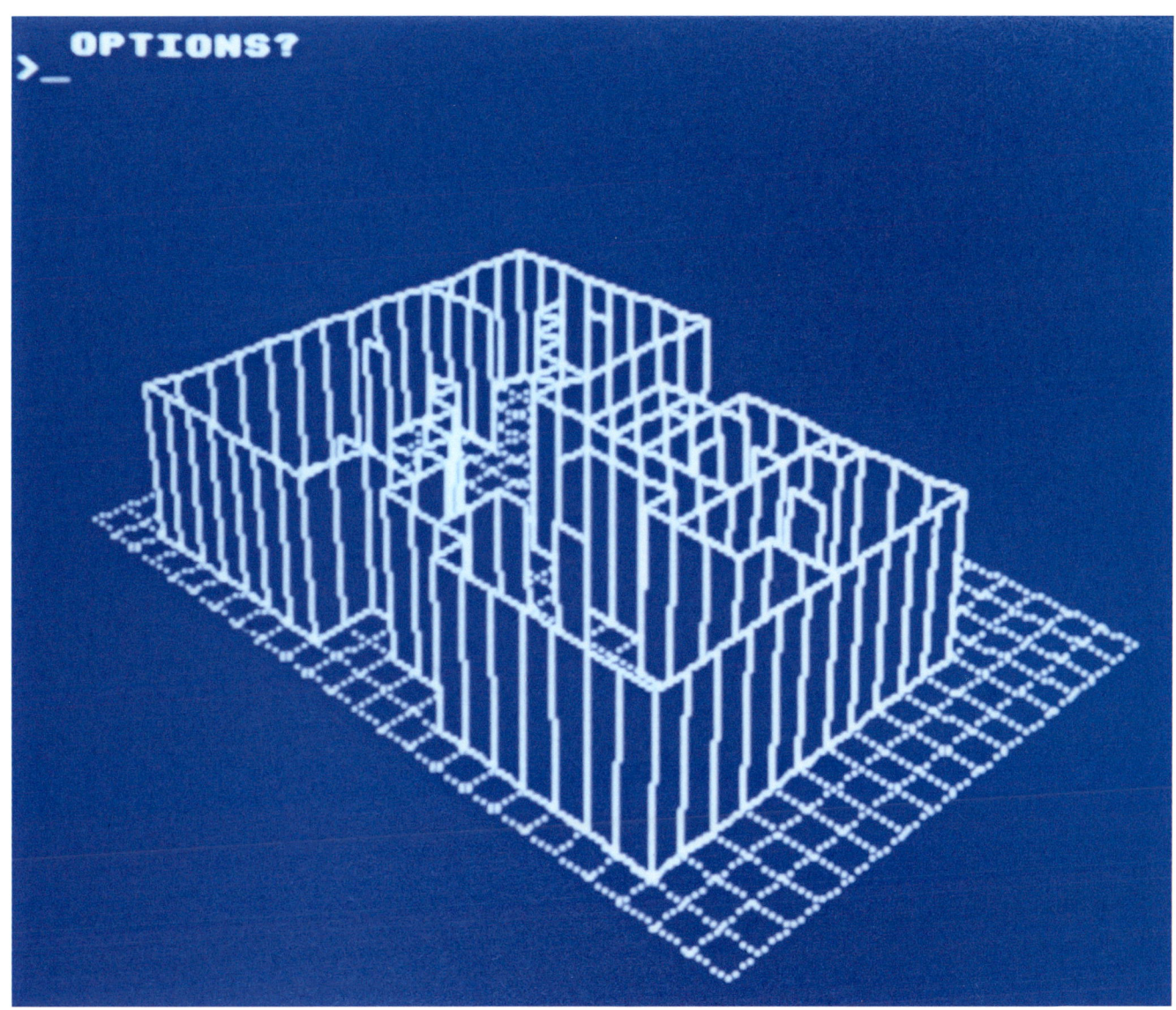

OPTIONS?
>_

| Virtuelles Modell, erzeugt auf Basis der ausgelesenen
Daten des realen Modells

ähnliche Weise Konstellationen physischer Spielfiguren auf einem Schachbrett ausgelesen und analysiert wurden. Es überrascht dann auch nicht, dass beim Segal-Steck-modell das Spielerische im Vordergrund stand. Als Entwurfswerkzeug bot es Anregung zum Ausprobieren und zur Kreativität. Seine Stärken lagen vor allem in Bedienspaß, Anschaulichkeit und einfacher Handhabung. —*Johannes Müntinga*

McKean, John: *Learning from Segal. Walter Segal's Life, Work and Influence*, Basel 1989. ● Frazer, John: *An Evolutionary Architecture*, London 1995. ● Graham, Alice: *Walters Way and Segal Close*, Zürich 2017.

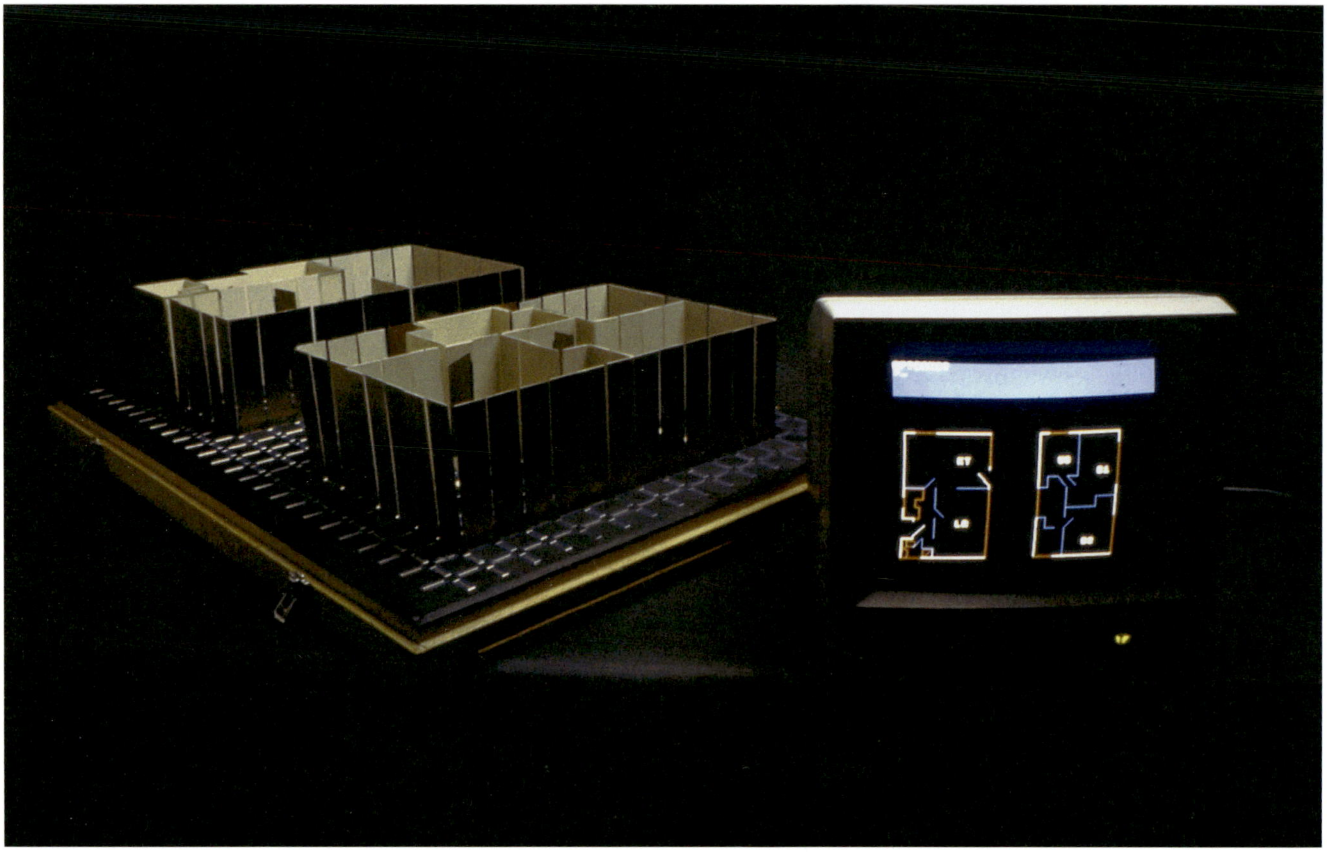

II

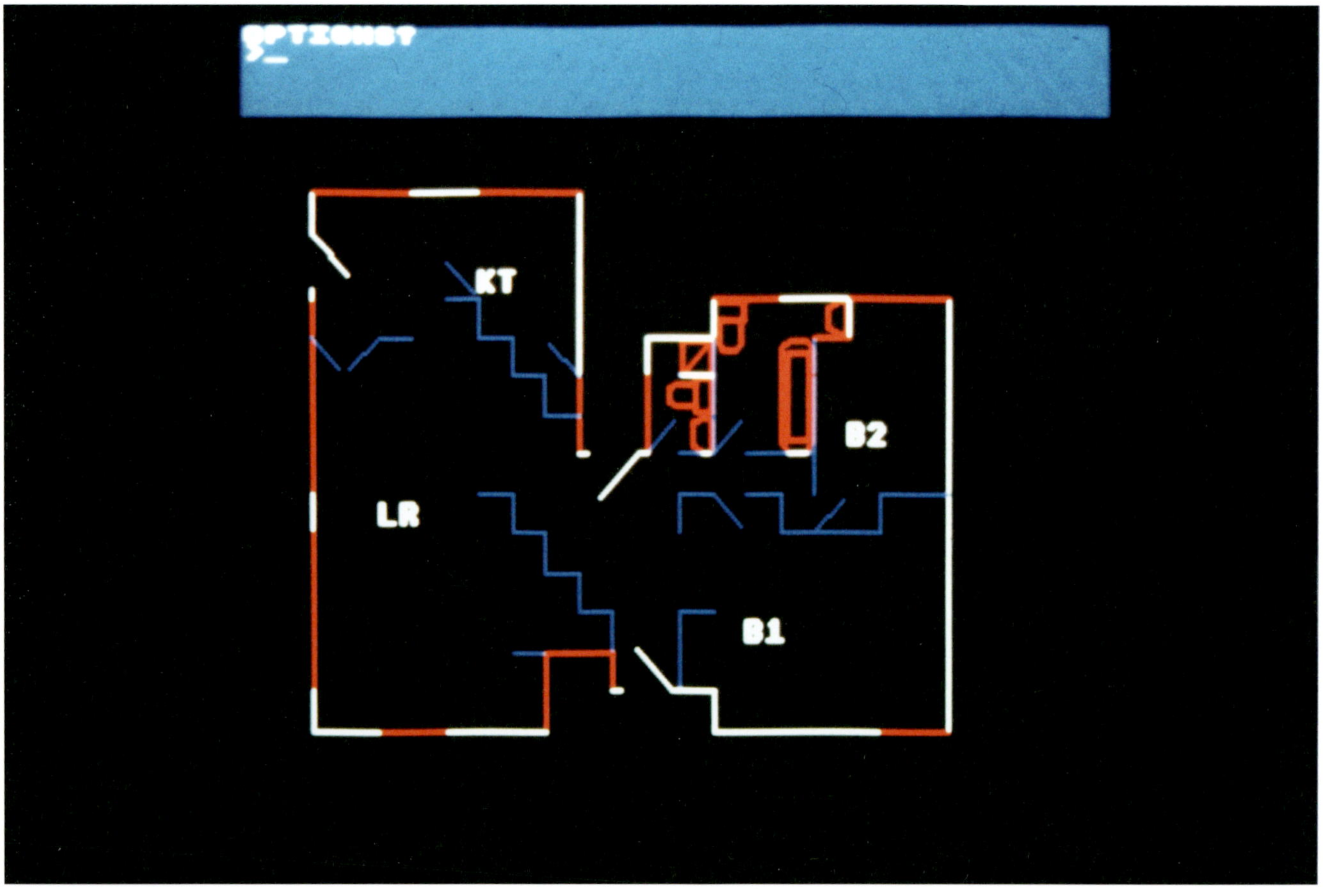

III

WALLS		
TYPE OF WALL	NO.	COST £
Facing brick / cavity / blockwork	2	£ 88.32
Facing brick / cavity insulation / blockwork	9	£ 447.12
Facing brick / cavity / thermal block	10	£ 469.20
Facing brick / cavity insulation / thermal block	6	£ 314.64
Steel frame / cladding & insulation	4	£ 220.80
Timber stud with plasterboard and skin both sides	6	£ 149.04
Lightweight concrete block plastered both sides	9	£ 223.56
Total :	46	£ 1912.68

Press a key to continue

V

II Steckmodell im Gebrauch, angeschlossen an einen Computer
III Durch das Computerprogramm generierter schematischer Grundriss
IV Tabelle der computergenerierten Kostenschätzung: Elementtyp,
    Stückzahl und -preis
V   Steckmodell im Bau

ARMILLA

Fritz Haller, Jupp Gauchel,
Christoph Mathys, Ludger Hovestadt,
Angelika Drach, Volkmar Hovestadt,
Peter Raetz

1982—heute

SOFTWARE
ARMILLA, programmiert mit Knowledge Craft
(LISP), Byron (für Gebäudeverwaltung)

HARDWARE
Unix-Computer

ZWECK DER SOFTWARE
Building Information Modeling, Gebäudeverwaltung

ARMILLA stellte einen frühen Versuch dar, eine Software für Building Information Modeling durch die Integration von Raum, Konstruktion und Haustechnik in einem digitalen Modell zu entwickeln. Die Software wurde nach einer fiktiven Stadt in Italo Calvinos Roman *Die unsichtbaren Städte* aus dem Jahr 1972 benannt, die ausschließlich aus Rohrleitungen besteht: „[Armilla] hat nichts, was es als Stadt erscheinen ließe, mit Ausnahme der Wasserleitungen, die senkrecht aufsteigen, wo die Häuser stehen müßten, und sich verzweigen, wo die Stockwerke sein müßten: ein Wald von Leitungen, die in Hähnen, Duschen, Siphons, Gullys enden."[1] Genau wie in Calvinos Stadt macht Hallers Software die zumeist verborgenen technischen Installationen sichtbar und autonom.

ARMILLA wurde von Fritz Haller und seinem Team an der Universität Karlsruhe als Planungsinstrument für Hallers modulares Bausystem MIDI entwickelt und bei Projekten wie der Kantonsschule Solothurn angewandt (1993). Haller hatte eine Reihe von Konstruktionssystemen verschiedenen Maßstabs entwickelt, die von ganzen Städten bis zu Gebäuden reichten (MINI, MIDI und MAXI) sowie bis hin zu seinem berühmten USM-Möbelsystem. Das Stahlkonstruktionssystem MIDI integrierte Rohrleitungen für Wasser, Luft und Elektrizität visuell in einem Bodengerüst von einem Meter Höhe und war für mehrgeschossige „technische" Gebäude wie Schulen, Bürogebäude, Labore und Krankenhäuser gedacht. Unter Vorwegnahme von erwarteten Veränderungen in ihrem Gebrauch wurden Ideen von Flexibilität und Effizienz bei der Planung, Vorfertigung und Montage von Bauteilen aufgenommen.

ARMILLA wurde als Antwort auf dieses modulare Bausystem entwickelt und folgte seiner Rasterlogik, die alle Einzelelemente verband. Anstatt Rohrleitungssysteme als letzten Schritt im Entwurfsprozess hinzuzufügen, integrierte ARMILLA sie in die Struktur des Gebäudes und machte sie folglich unabhängig von dem spezifischen Projekt. Haller erkannte schon frühzeitig das Potenzial der Entwicklung von ARMILLA als digitales Instrument zur Planung der Haustechnik. Die sich überlagernden analogen Zeichnungen, die auf vorgegebenen Regeln basierten, wurden in eine Kombination aus CAD-Visualisierungstechniken und Programmierung mithilfe künstlicher Intelligenz übertragen. Ziel der ARMILLA-Software war es nicht nur, die Entwurfsentscheidungen des Planers auszuführen, sondern auch bei der

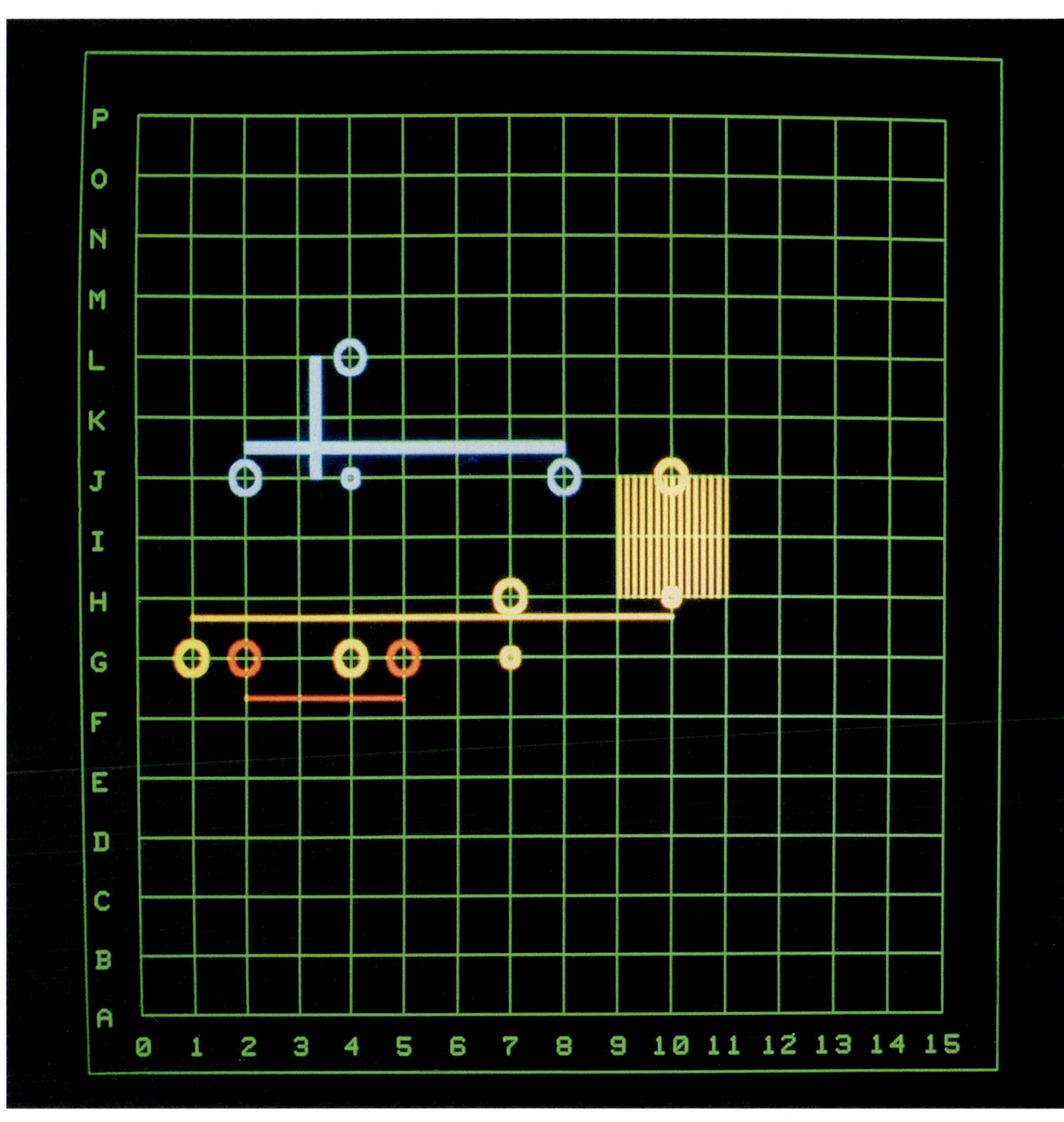

I Frühe Version von ARMILLA, basierend auf einem digitalisierten Raster

Gestaltung zu helfen, zum Beispiel durch das Ermitteln von kollidierenden Rohrleitungswegen. Spätere Versionen entwickelten sich in unterschiedliche Richtungen, von einem Plugin für Vectorworks über eine „naive Benutzeroberfläche" bis hin zu einer vollständig digitalen Kopie des Gebäudes, mit der die technische Ausstattung nach der Fertigstellung aus der Ferne überwacht werden konnte und die den digitalen und gebauten Raum noch enger verbinden sollte. — *Gerlinde Verhaeghe*

1 Italo Calvino, *Die unsichtbaren Städte*, München 1985, S. 58. ● Wichmann, Hans: *System-Design: Fritz Haller. Bauten – Möbel – Forschung*, Basel 1989. ● Krippner, Roland: „MIDI-ARMILLA", in: Nerdinger, Winfried (Hrsg.): *Exemplarisch. Konstruktion und Raum in der Architektur des 20. Jahrhunderts*, München 2002, S. 118–121. ● Vrachliotis, Georg: „Modell, Werkzeug und Metapher. Fritz Hallers Architekturforschung", in: Stalder, Laurent / Vrachliotis, Georg (Hrsg.): *Fritz Haller – Architekt und Forscher*, Zürich 2015, S. 78–91.

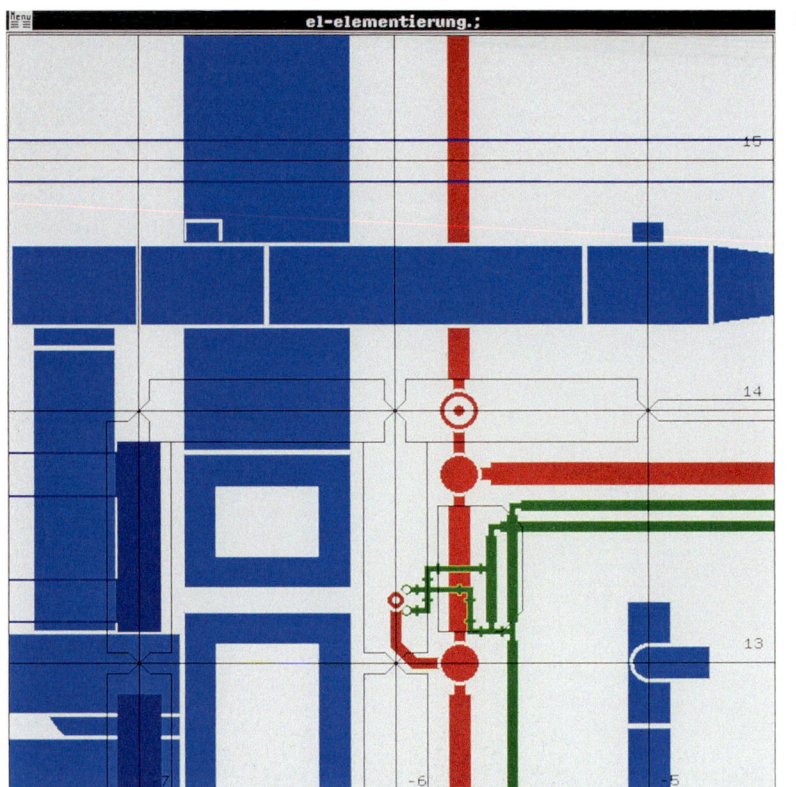

II

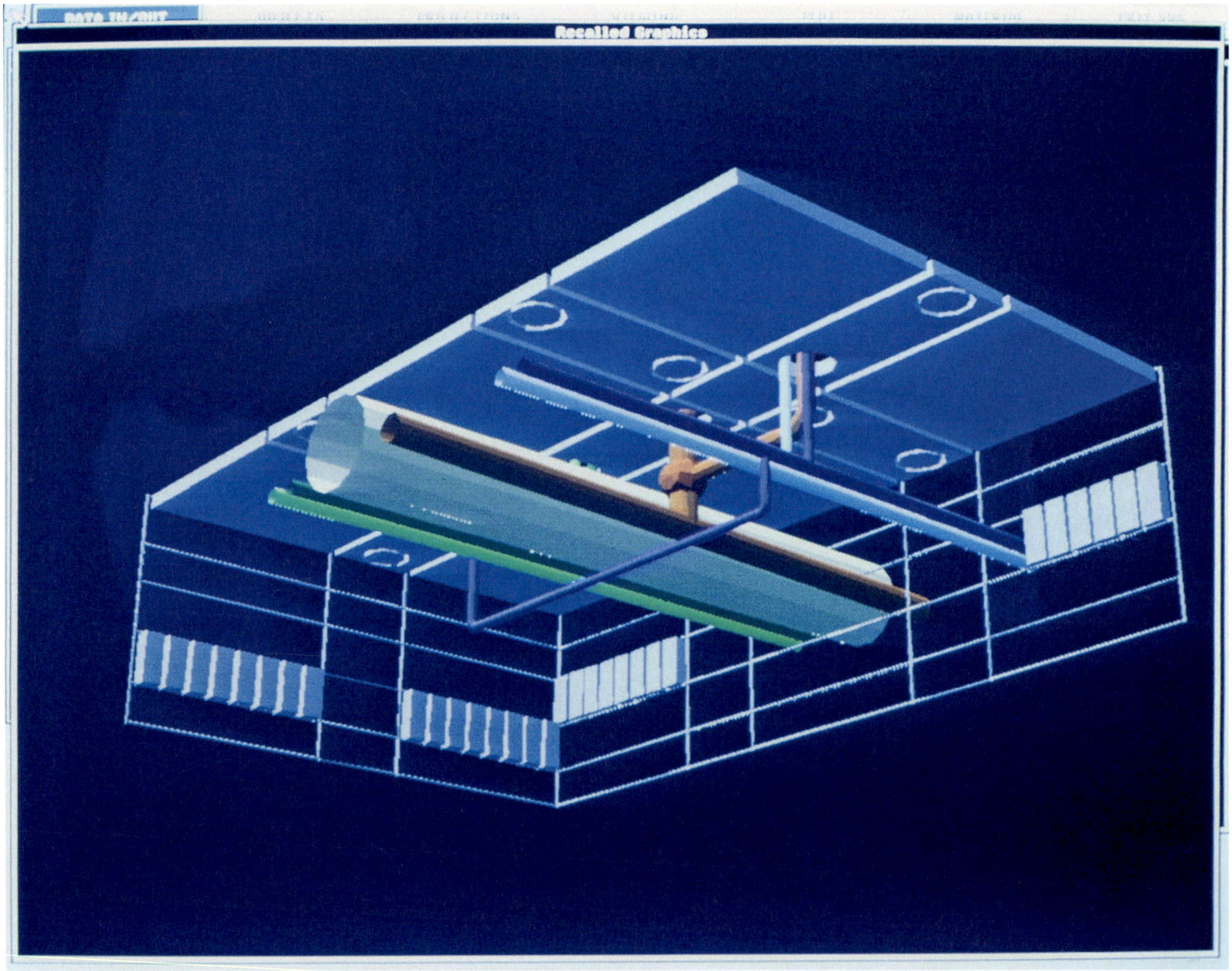

III

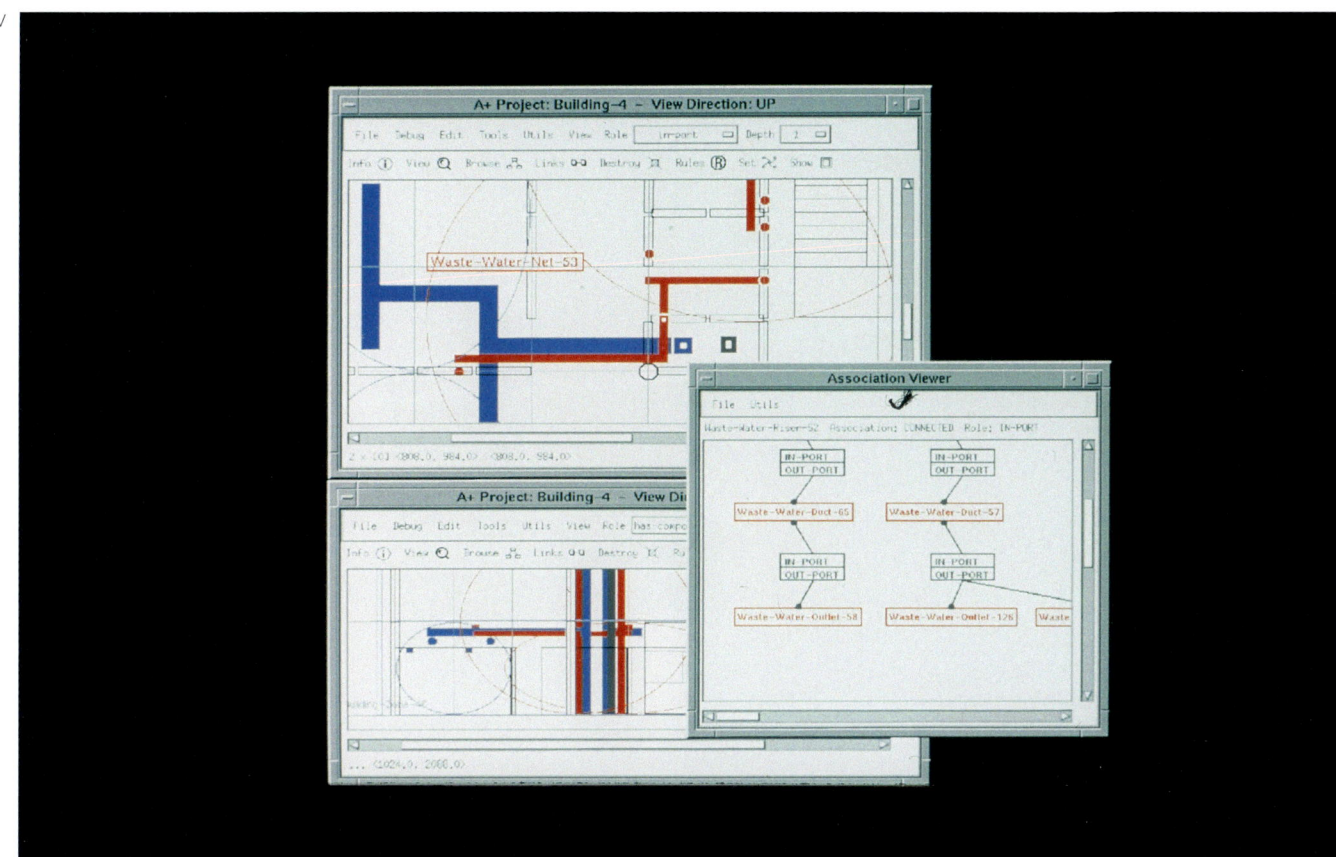

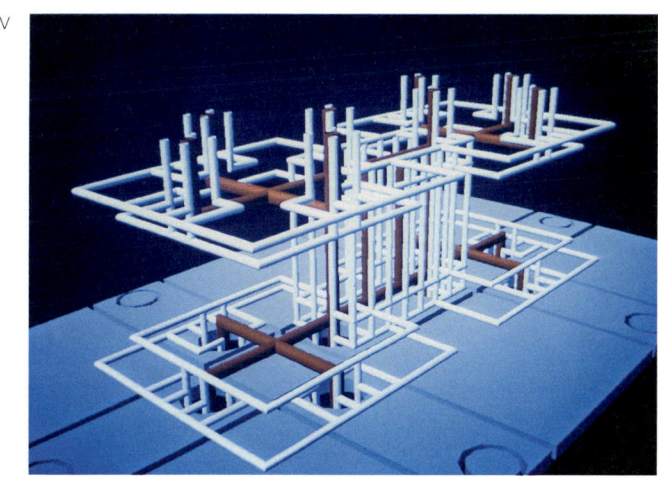

II   Spätere Version von ARMILLA
III Dreidimensionale Ansicht der Rohrleitungen
IV   Softwareinterface von ARMILLA
V   Dreidimensionales Modell eines Rohrleitungssystems für ein Gebäude

H₂Oexpo

*Lars Spuybroek, Joan Almekinders,
Peter Heymans, Maurice Nio,
William Veerbeek, Jan van der Windt
(Buro Zonneveld)*

1993—1997

SOFTWARE
AutoCAD 11, LISP

ZWECK DER SOFTWARE
Konstruktionszeichnungen, Renderings

H₂Oexpo ist Lars Spuybroeks erster Bau und ein früher Versuch, einen „liquiden", interaktiven und computergesteuerten Innenraum zu schaffen. Der Pavillon ist eines der ersten vollkommen topologisch umgesetzten Gebäude und ein digitales Experiment, das sich an die Bewegungen der Besucher anpasst. Auch „Süßwasserpavillon" genannt, steht H₂Oexpo im Deltapark Neeltje Jans, einem Freizeitpark an der Mündung der Schelde, und geht in den kleineren „Salzwasserpavillon" von Kas Oosterhuis über. H₂Oexpo ist eine 60 Meter lange Röhre, die aufgrund externer Parameter wie Windrichtung, Lage und Höhe der umgebenden Sanddünen sowie von den vorweggenommenen Bewegungen der Besucher verformt wurde. So sollte nicht nur Wasser in seinen verschiedenen Erscheinungsformen erfahrbar werden, sondern die Besucher sollten sich selbst wie Wasser in einer gekurvten Röhre bewegen. Die Form des Pavillons besteht aus einzelnen Ellipsen – kleinere an Ein- und Ausgang, größere zur Mitte –, die Spuybroek skalierte und unter Einbeziehung des leicht hügeligen Bodenniveaus verformte. So produzierte er eine Folge von unterschiedlichen Querschnitten, die in Stahl vorgefertigt, mit horizontalen Trägern verbunden und einer silberfarbe-

nen Folie überzogen den Pavillon ergaben. Als programmierte Bewegungsarchitektur ist er ein gebautes Manifest von Spuybroeks Konzept der Verschmelzung von Wahrnehmung und Handlung in der Architektur. Die Beziehungen zwischen horizontalem Tragen und vertikalem Lasten – oder, wie Spuybroek es beabsichtigte, zwischen Handeln in der Horizontalen und Wahrnehmen in der Vertikalen – sind durch die vollständige Kurvatur aufgehoben. Wie ein Wassertropfen durch eine doppelgekrümmte Röhre fließt, soll auch die Besucherin durch die Anregung ihres Bewegungs- und Wahrnehmungsapparats mit dem Pavillon interagieren. Dahinter steckt Spuybroeks neurologisch begründetes Konzept vom Körper als flexiblem Wahrnehmungsapparat, der sich in ständiger Umorganisation befindet. Dieses grundlegende Merkmal teilen sich, so der Architekt, topologisch aufgefasste Architektur und der menschliche Körper. Spuybroek arbeitete intensiv an der Flexibilisierung von Materialien der Architektur, um den metaphysischen Gehalt seines Konzepts in sich im Raum entfaltende Formen, quasi als gefrorenen Zustand von Bewegung, zu übertragen. Ziel war eine „motorische Geometrie", bei der die abstrakte Bewegung von H₂Oexpo mit der

I   Besucher in der Installation

tatsächlichen Bewegung der Besucher in Bezug steht.[1] Die durch Bewegungssensoren ausgelösten Lichter, Töne und Bilder wie ein virtueller, ins Wasser fallender Stein sowie das Wasser in Form von Quellen, Brunnen und Geysiren stellen eine komplexe Raumprogrammierung dar, die auf die Besucher reagiert. Spuybroek, der zunächst noch mit der Hand entwarf, ging während der Projektphase dazu über, mit AutoCAD zu arbeiten.

Die digital erzeugten Grundrisse, Schnitte und Modelle dienten der Ausführungsplanung des Gebäudes und der Übertragung der Maße an die Stahlbaufirma. — *Regine Heß*

1 Spuybroek 2004, S. 36. *HtwoOexpo, Greg Lynn in Conversation with Lars Spuybroek*, Montreal 2015 (= Archaeology of the Digital, 10), www.cca.qc.ca/en/events/34443/h2oexpo (3.3.2020). ● Heß, Regine: *Emotionen am Werk. Peter Zumthor, Daniel Libeskind, Lars Spuybroek und die historische Architekturpsychologie*, Berlin 2013 (= Reihe Neue Frankfurter Forschungen zur Kunst, 12). ● Spuybroek, Lars: *NOX. Machining Architecture, Bauten und Projekte*, München 2004.

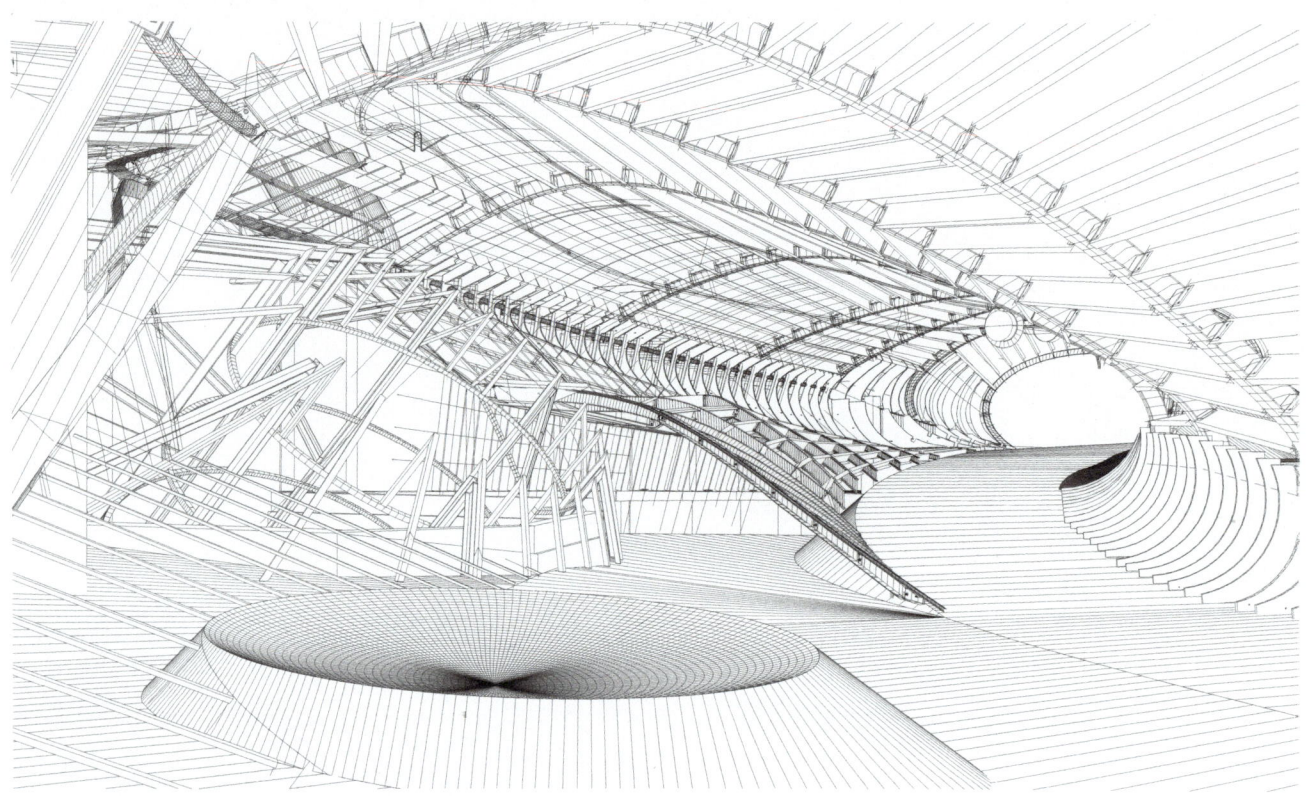

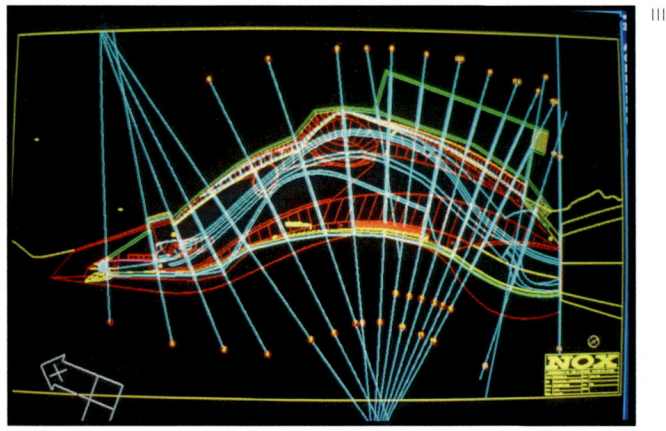

III

II   Wireframe-Perspektive des Innenraums
III 2-D-Zeichnung in AutoCAD
IV   Innenraum mit Besuchern, Buntstift auf bedrucktem Papier, 1994

The-Virtual-House-Wettbewerb

ANY, mit FSB—Franz Schneider Brakel GmbH + Co KG

1997

ARCHITEKTURBÜROS
Eisenman Architects, Herzog & de Meuron Architekten, Toyo Ito & Associates, Studio Daniel Libeskind, Ateliers Jean Nouvel, Foreign Office Architects

PHILOSOPHEN
John Rajchman, Gilles Deleuze, Éric Alliez, Erik Oger, Elizabeth Grosz, Paul Virilio

JURY
Akira Asada, Kurt Forster, Rebecca Horn

Der Wettbewerb zum virtuellen Haus ist ein Paradebeispiel für die von der Anyone Corporation geförderte Verknüpfung von Architektur und Philosophie, verbunden mit einer Euphorie für das Digitale. Die Anyone Corporation wurde 1990 in New York von der Redakteurin Cynthia C. Davidson, ihrem Ehemann Peter Eisenman sowie den Architekten Arata Isozaki und Ignasi de Solà-Morales Rubió als Netzwerk von Architekten und Theoretikern zur Förderung eines interdisziplinären Architekturdiskurses gegründet. Die Zeitschrift *ANY* erschien zwischen 1993 und 2000. Die Wettbewerbsbeiträge der sechs eingeladenen Architekturbüros wurden vom 20. bis 21. März 1997 in Berlin vorgestellt und später in der *ANY*-Doppelausgabe 19/20 publiziert. Heft 19 widmete sich dem Virtuellen in der Philosophie, mit dem französischen Theoretiker Gilles Deleuze im Zentrum. Heft 20 präsentierte die Entwürfe des virtuellen Hauses. Das Konzept des Wettbewerbs entwickelte der Philosoph John Rajchman. Da Deleuze in *L'actuel et le virtuel* (1995) schrieb, dass jedes Aktuelle von Virtuellem umgeben sei, das heißt von noch nicht gedachten alternativen Ausbildungen, die sich unvorhersehbar im Denken aktualisieren können, forderte Rajchman ein Haus, das offen für das Unvorhersehbare

sei. Gleichzeitig gab es jedoch präzise Anforderungen: Das Gebäude sollte maximal 200 m^2 groß sein, ein bis vier Personen sowie ein Haustier beherbergen, Raum umschließen, Schutz bieten und realisierbar sein.

Die teilnehmenden Architekturbüros verstanden Virtualität sehr unterschiedlich. Herzog & de Meuron verorteten das Virtuelle im Digitalen und Imaginativen, indem sie eine Webseite mit Fotografien erstellten, die eines ihrer Architekturprojekte begleitet hatten. Eisenman Architects verstanden Virtualität als ein Potenzial, aus dem neuartige Formen entstehen. Sie entwickelten ein digitales Kräftefeld mit sich beeinflussenden Vektoren, die zwei Raster unvorhersehbar verformten. Dem lag die Vorstellung zugrunde, dass nur ein Computerprogramm ohne subjektive Zielvorstellungen unbekannte Formen hervorbringen könne. Foreign Office Architects deuteten Virtualität als ein Aufbrechen von Konventionen – so sollte eine möbiusbandartige Struktur die Trennungen in funktionale Raumeinheiten sowie zwischen Figur und Grund aufheben – und als ein Anders-Werden der äußeren Erscheinungsform, die sich durch die digitale Generierung eines Camouflagemusters an eine gegebene Landschaft anpassen sollte.

I Präsentationsrendering von Foreign Office Architects' virtuellem Haus in einem Schwarzwald-Setting

Die Jury entschied sich gegen eine Preisvergabe, bewertete aber unter anderem das Projekt von Eisenman Architects als erfolgreich. Kritik übte sie in Abwesenheit der Architekten an Herzog & de Meurons Webseite, die nicht als ein virtuelles Haus interpretiert werden könne. Das daraus resultierende Missverständnis ist im Hinblick auf die Wahrnehmung der Anyone Corporation als selbsternannte Architekturelite besonders interessant. Herzog & de Meuron meinten im Nachgang, dass ihr Entwurf übergangen und verspottet worden sei: „Die ANY-Jury benützt damit die Virtualität einfach als Mittel zur Führung und Vermarktung einer bestimmten architektonischen Haltung auf Kosten anderer Architekten."[1]—*Frederike Lausch*

1 FSB (Hrsg.), *Das virtuelle Haus*, Köln 1998, S. 156. ● „The Virtual House", *ANY*, Nr. 19/20, September 1997. ● FSB (Hrsg.): *Das virtuelle Haus*, Köln 1998. ● Deleuze, Gilles: „Das Aktuelle und das Virtuelle", in: Gente, Peter / Weibel, Peter (Hrsg.): *Deleuze und die Künste*, Frankfurt am Main 2007, S. 249–253.

virtualhouse.ch
Favoriten
Verlauf
Suchen
Album
Seitenhalter
THE VIRTUAL HOUSE
a project by
Herzog & de Meuron
Architektur & CAAD ETH Zürich
etoy
Theory
Context
Keywords
ENTER
[exit]
instructions
architects
credits

II

ANY
The Virtual House
Deleuze
Rajchman
Alliez
Oger
Grosz
Virilio
Châtelet
19
ANY
the virtual house
Libeskind
Ito
Zaera-Polo
Nouvel
Herzog
Eisenman
20

III

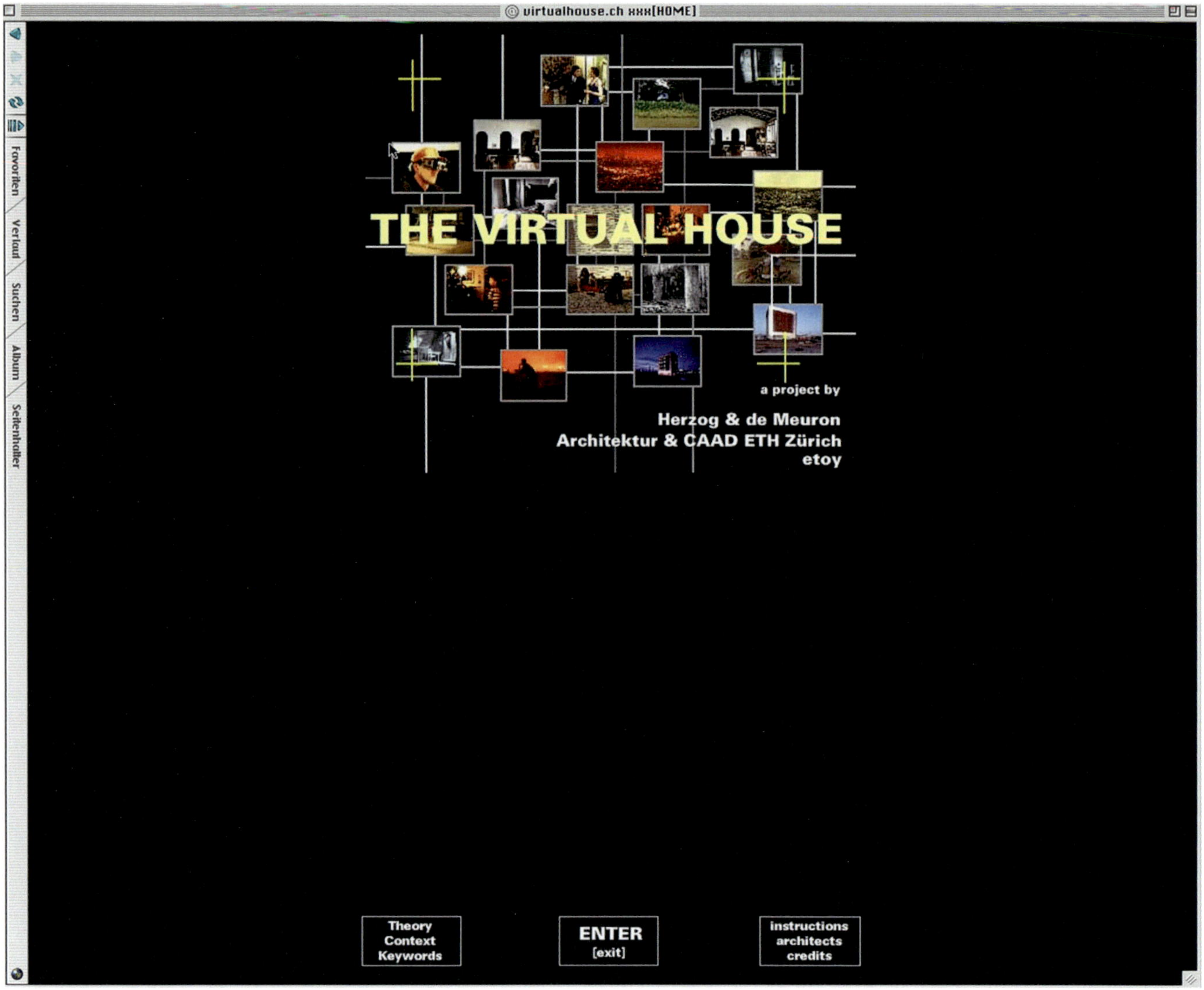

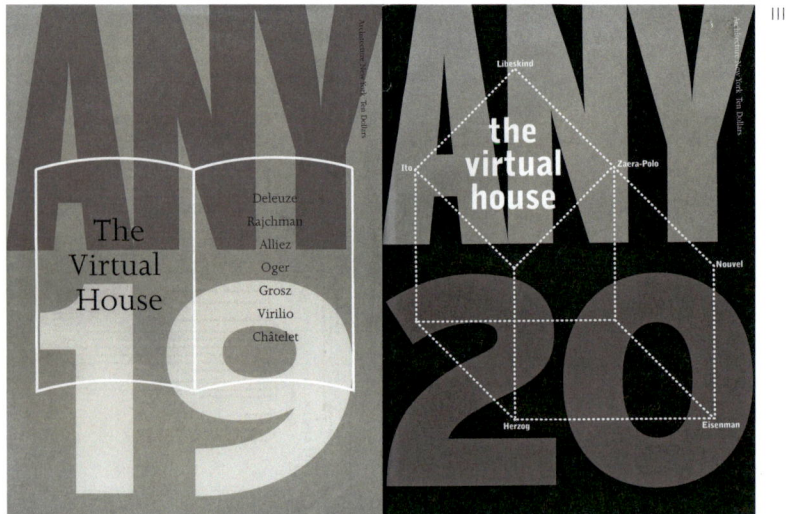

IV

	PHASE ONE	PHASE TWO	PHASE THREE	PHASE FOUR	PHASE FIVE
AXONOMETRIC					
PLAN					

II   Startseite von Herzog & de Meurons Webseite www.virtualhouse.ch
III Cover der *ANY*-Doppelausgabe Nr. 19/20
IV   Visualisierungen des Entwurfsprozesses von Eisenman Architects

The-Virtual-House-Wettbewerb   203

Guggenheim Virtual Museum

Asymptote Architecture

1999—2001

SOFTWARE
Alias|Wavefront, Maya, Cosmo VRML, Photoshop,
Premiere, Macromedia Flash

HARDWARE
Silicon Graphics RealityEngine

PURPOSE OF SOFTWARE
Morphing, Formfindung, Konstruktion virtueller
Architektur

Das virtuelle Guggenheim Museum war der erste Versuch, einen interaktiven, immersiven architektonischen Raum für ein Museum im Internet zu schaffen. Es wurde 1997 von der Bohen Foundation als Teil eines expandierenden Netzwerks globaler Guggenheim-Filialen unter dem umstrittenen Direktor des Guggenheim, Thomas Krens, in Auftrag gegeben. Das Projekt wurde mit einer Million Dollar aus einem Programm zur Förderung und Ausstellung interaktiver, digital erzeugter Kunst unterstützt. Das erste Kunstwerk, das präsentiert wurde, war *Brandon* von der Medienkünstlerin Shu Lea Cheang. Für das Design nahmen Hani Rashid und Lise Anne Couture die Architektur der bestehenden Guggenheim-Museen als Ausgangspunkt zur Schaffung von sich ständig verändernden Formen: Frank Lloyd Wrights Guggenheim Museum in New York wurde in Rot verformt und Frank Gehrys Guggenheim Museum in Bilbao in Blau. Genau wie in ihrem digitalen Skizzenbuch *I-Scape*, für das sie gefundene Bilder von Schuhen, Autos und Gebäuden sampelten, schufen sie Formen, die fortwährend ineinander übergingen. Obwohl das virtuelle Museum ein herkömmliches Programm für seine Räume verwendete – einschließlich eines Atriums und Galerien –, wich seine Architektur von früheren Versuchen ab, einen kartesischen Raum online zu erzeugen. Hier waren die abstrakten, dreidimensionalen Formen nicht mehr feststehend, sondern veränderten sich, wenn sich der Nutzer in ihnen bewegte. Die Innenräume bestanden aus einer farbenfrohen Collage, darunter mit Texture Mapping behandelte Oberflächen, Text und digitale Kunst. Das Museum bot Zugang zu den Inhalten der Guggenheim-Standorte Berlin, Bilbao, New York und Venedig sowie zu einem breiten Spektrum digitaler Medien. Computerbildschirme waren die Tore, durch welche die Besucher Zugang zu den virtuellen Räumen erhielten. Bewegung wurde durch Scrollen, Drehen, Zoomen und Klicken simuliert. Das Museum sollte sowohl im Internet als auch von einem Terminal im Guggenheim Center for Art and Technology in SoHo zugänglich sein.

Neben der virtuellen Galerie schuf Asymptote auch die ambitionierte Webseite www.guggenheim.com, über die man zu der virtuellen Ausstellung, zu Reproduktionen von Kunstwerken aus den Sammlungen der Guggenheim-Museen und zu einigen internationalen Partnern gelangen sollte wie auch zu kommerziellen Funktionen

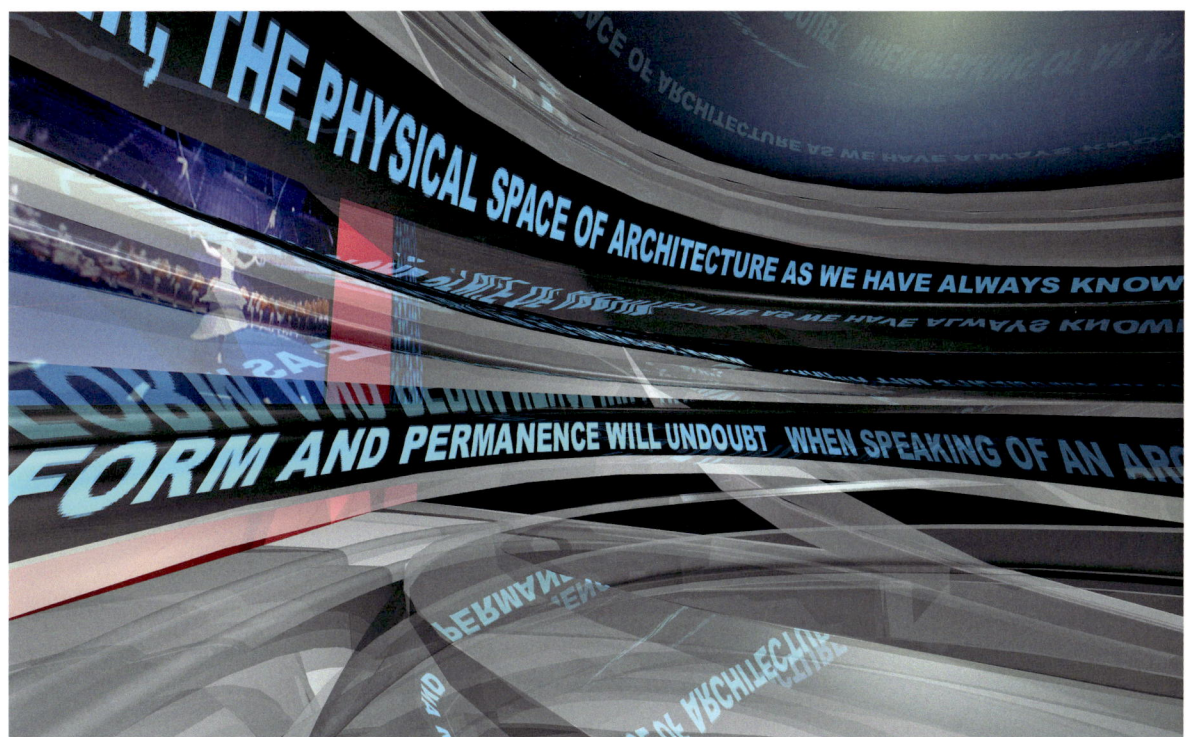

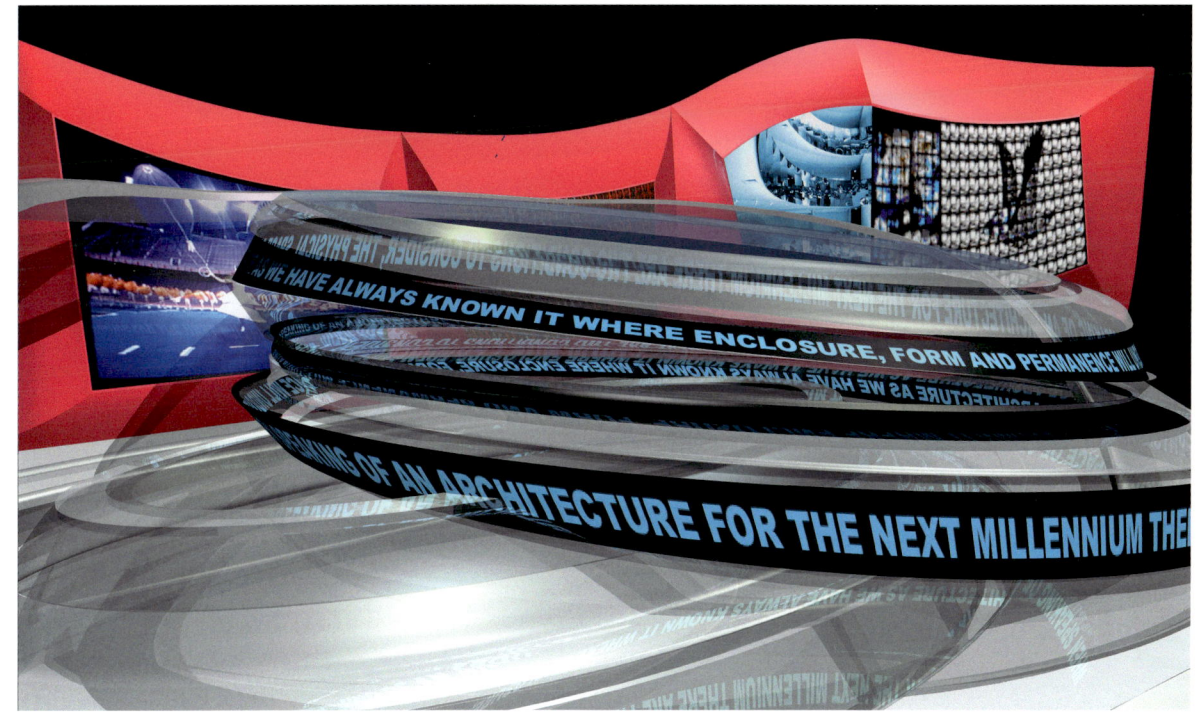

I–II Ansicht des Atriums

wie Souvenirshop und Lehrmaterial. Es war
geplant, die Webseite im September 2001
freizuschalten, dies wurde jedoch nach dem
11. September abgesagt.—*Teresa Fankhänel*

Rashid, Hani / Couture, Lise Anne: *Asymptote. Flux*, New York 2002. ● Rashid,
Hani: „Learning from the Virtual", in: *eflux. Post-Internet Cities*, www.e-flux.com/
architecture/post-internet-cities/140714/learning-from-the-virtual/ (4.11.2019).

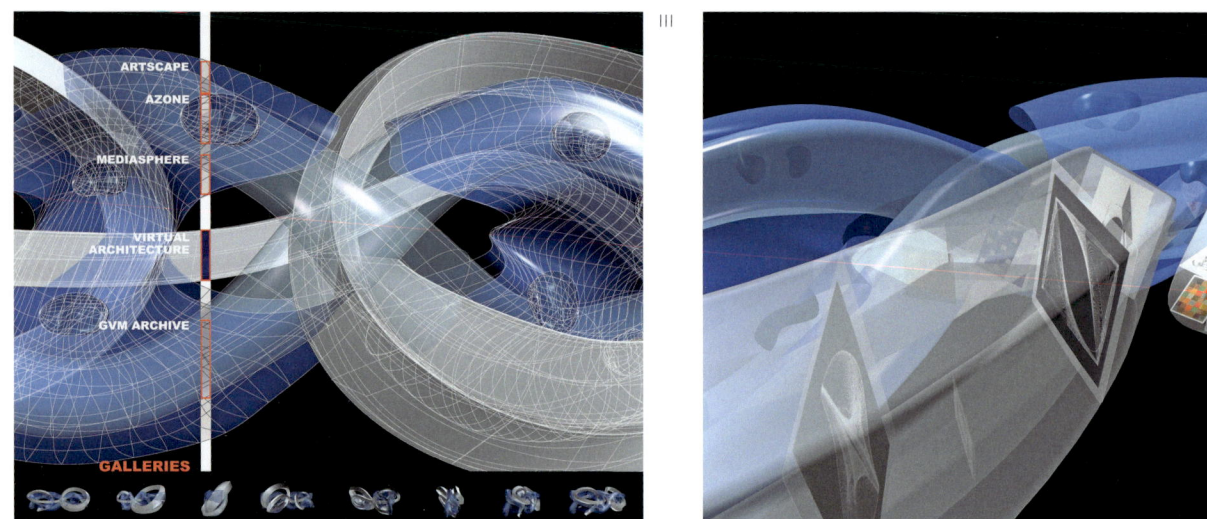

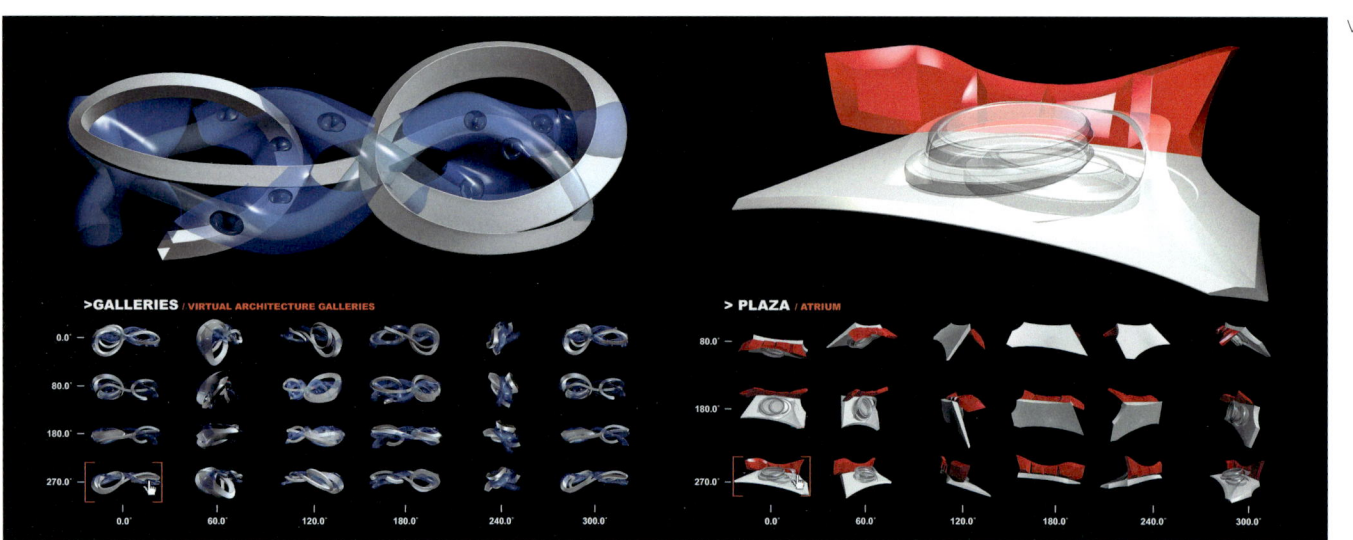

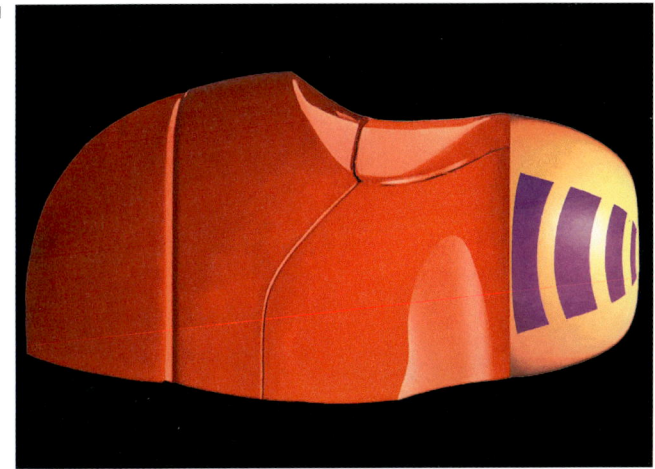
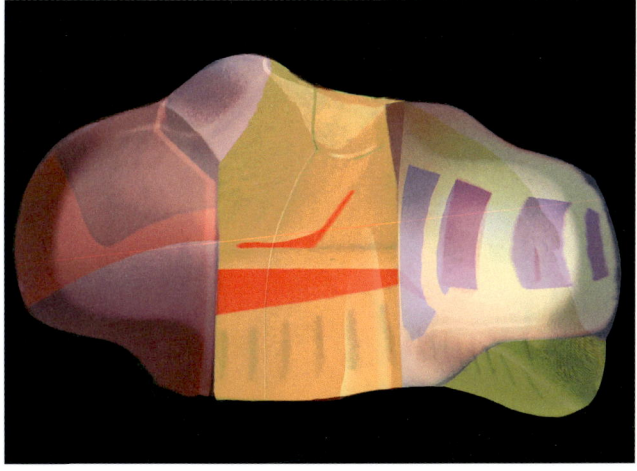
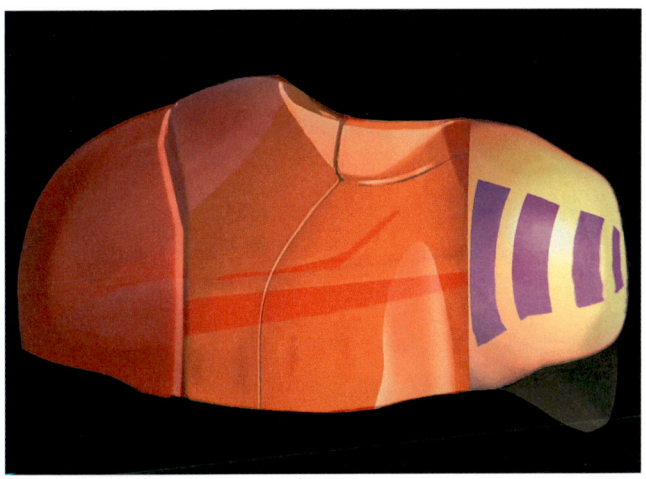
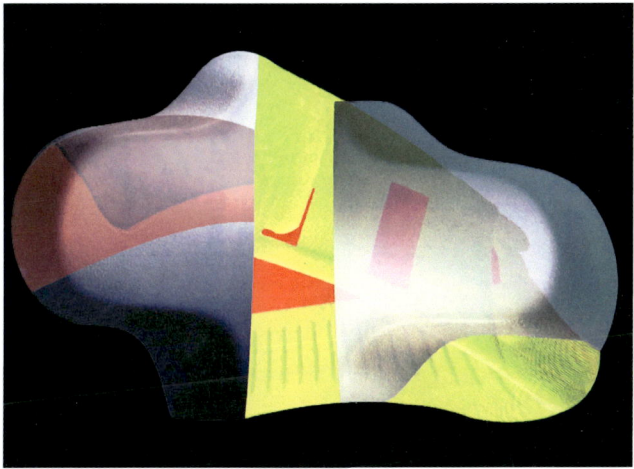
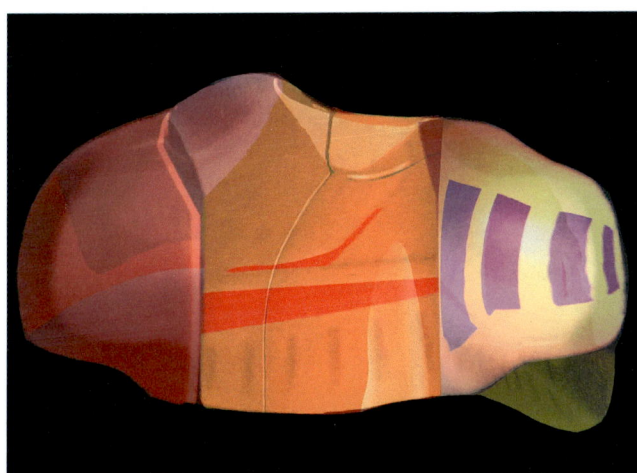

III   Benutzerinterface zur Navigation durch das virtuelle Guggenheim Museum
IV   Kunstwerke in der virtuellen Galerie
V   Benutzerinterface zum Drehen und Navigieren durch die Galerien und die Lobby
VI   Standbilder Texture Mapping und Morphing der Formen

Barclays Center

*SHoP Architects (Entwurf),
Hunt Construction Group (Ausführung),
Ellerbe Becket / AECOM (ausführender
Architekt), Thornton Tomasetti (Statik)*

2009—2012

SOFTWARE
Grasshopper, CATIA 3DEXPERIENCE,
Navisworks, SigmaNEST

HARDWARE
PC, Microsoft Windows

VERWENDUNGSZWECK DER SOFTWARE
3-D-Modellierung, Fertigung, Fortschritts-
verfolgung

Mit dem Bau des Barclays Center demonstrierten SHoP Architects, wie eine effektive Kommunikation mittels Apps neue Wege eröffnet, um Auftraggebern Konzepte oder Projektfortschritte zu vermitteln. Die New Yorker Firma SHoP Architects wurde 1996 von Gregg Pasquarelli, Christopher Sharples, Coren Sharples, Kimberly Holden und William Sharples gegründet. Ihre unkonventionelle Herangehensweise an die Praxis bedient sich unternehmerischer Initiative und Techno-logien mit dem Ziel, die Kluft zwischen Ent-wurf und Konstruktion zu überbrücken. SHoP setzte diese Philosophie um, als man an sie herantrat, um die Pläne von Ellerbe Becket für das Barclays Center, eine Arena für das Basketballteam Brooklyn Nets, weiterzuent-wickeln. SHoP konzipierte das finale Design in einem virtuellen, auf Modellen basieren-den Prozess. Nachdem die Geometrie unter Anwendung der 3-D-Programme Rhinoceros und CATIA festgelegt worden war, wurden die Fertigungsanweisungen für jedes der 12.000 Einzelfassadenelemente direkt von dem Modell ausgegeben. Das Ergebnis ist ein skulpturales Gebäude, dessen Fassade in drei die Form des Gebäudes umgebende Bänder unterteilt ist. Ein Glasstreifen trennt die beiden Bänder aus einer verwitterten Stahlgitterkonstruktion, die eine Verbindung zwischen dem Gebäude und den traditio-nellen rötlich braunen Sandsteingebäuden von Brooklyn herstellt. Durch Transparenz entstehen im Erdgeschoss Innen-außen-Beziehungen, sodass man die Anzeigetafel der tiefer liegenden Arena von der Außenseite des Gebäudes sehen kann. Diese visuellen Beziehungen werden durch den Vorplatz noch verstärkt, dessen Kragdach ein riesiges, von LED-Bildschirmen gesäumtes Rundfens-ter ausbildet und den Platz zu einer Attrak-tion und einem Treffpunkt werden lässt.

Die Integration der Arena in ihre Umge-bung war besonders wichtig für den Erfolg des Projekts, das in Bezug auf die öffentli-che Meinung einen schwierigen Start hatte. Für die Erschließung des Bauplatzes hatten Wohnhäuser abgerissen werden müssen, das Projekt war mit wirtschaftlichen Pro-blemen konfrontiert, und Frank Gehry, der ursprüngliche Architekt, wurde aus dem Pro-jekt entlassen. Als SHoP Architects an Bord kamen, gelang es ihnen mithilfe einer App, die den Fortschritt auf der Baustelle anhand eines virtuellen Modells zeigte und jedes Element von der Fertigung bis zur Montage nachverfolgte, die bestehenden Zweifel ab-zumildern. SHoP gehörten zu den ersten

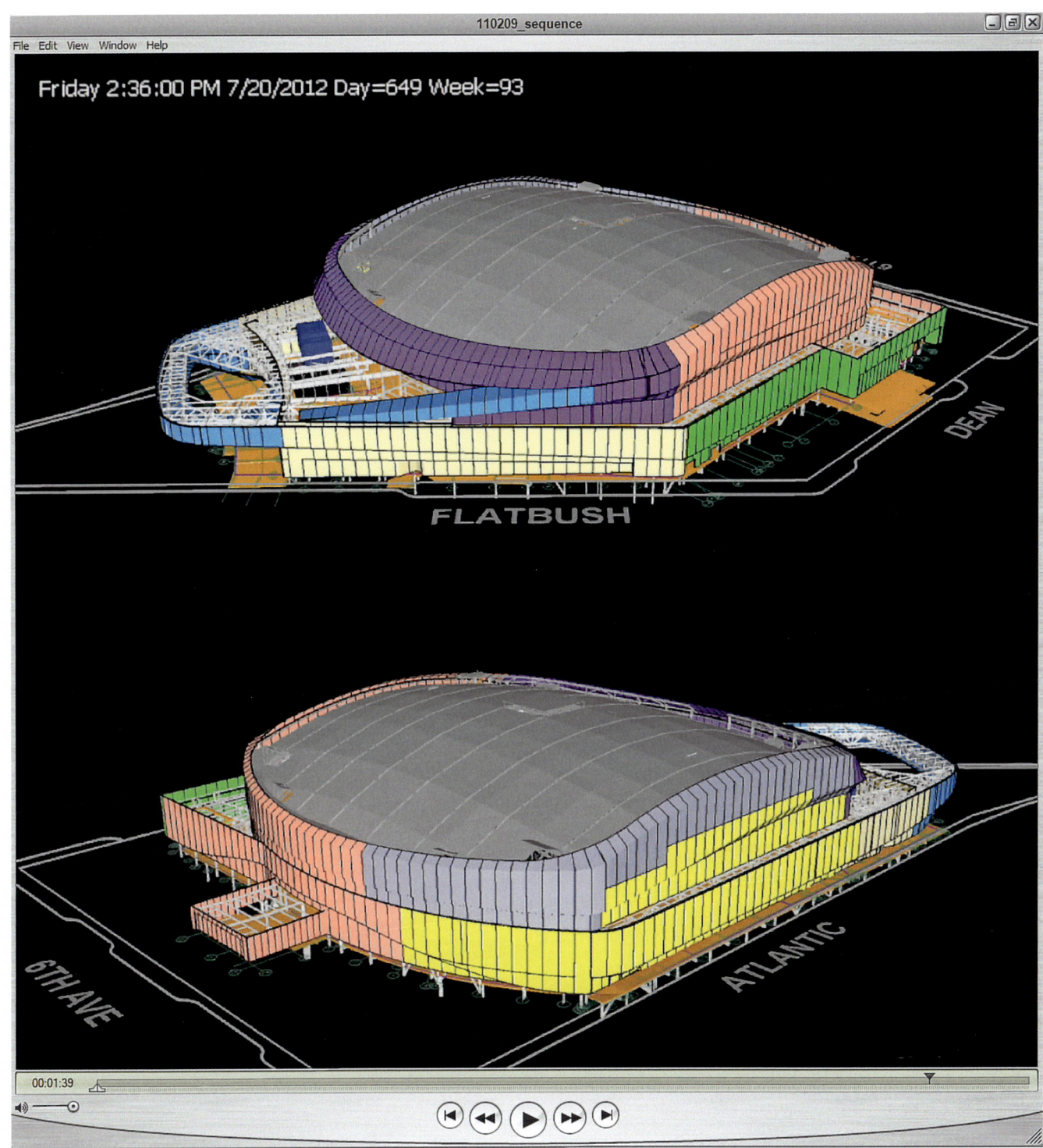

110209_sequence

File   Edit   View   Window   Help

Friday 2:36:00 PM 7/20/2012 Day=649 Week=93

DEAN

FLATBUSH

6TH AVE

ATLANTIC

00:01:39

I   Digitale Fortschrittsupdates

Architekten, die einen komplett digitalen Entwurfsprozess anwendeten, als sie 2005 die Camera Obscura im Mitchell Park bauten. In der Anwendung neuer Methoden zählen sie auch weiterhin zu den Vorreitern. Ein bemerkenswertes laufendes Projekt ist der im Bau befindliche Botswana Innovation Hub in Gaborone, Botswana, der das Barclays Center an Anzahl von Elementen und an Komplexität übertrifft. — *Tonderai Koschke*

Gonchar, Joann: „Beauty and the Behemoth", in: *Architectural Record*, Dezember 2012, S. 102–106. ● Wessner, Gregory: „Interview: Gregg Pasquarelli", Architectural League N. Y., https://archleague.org/article/interview-gregg-pasquarelli/ (25.11.2019).

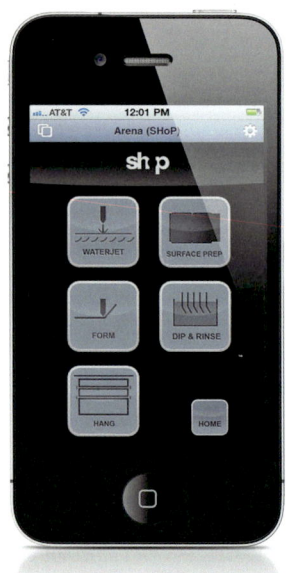

IV

II Jedes Element kann von der App nachverfolgt werden.
III 12.000 Einzelelemente
IV Riesiges Paneel aus Stahlgitterwerk

Hyper-Reality

Keiichi Matsuda

2016

SOFTWARE
After Effects, Mocha, PFTrack, Cinema 4D

ZWECK DER SOFTWARE
Augmented-Reality-Interface, Post-Production

„How do I install ad blocker?" ist der häufigste Kommentar unter Keiichi Matsudas sechsminütigem Kurzfilm *Hyper-Reality* auf dem Videoportal YouTube. Der britisch-japanische Künstler, Designer und Filmemacher entwarf 2016 zusammen mit dem kolumbianischen Studio Fractal eine sehr konkrete Zukunftsvision, die in ihrer grellen und schnellen Aufdringlichkeit zugleich fasziniert und verstört und bei näherer Betrachtung eine dystopische Medien- und Sozialkritik birgt.

Verortet in der Großstadt Medellín und erzählt aus der Perspektive der 42 Jahre alten studierten Minijobberin Juliana Restrepo, taucht der Zuschauer in die *Hyper-Reality* ein. In einem Stadtbus sitzend, schließt Juliana ein Candy-Crush-ähnliches Videospiel, um stöhnend den Anruf ihres Jobvermittlers entgegenzunehmen. Der Blick aus dem Bus bleibt versperrt, stattdessen zeigt ein virtuelles Interface Werbung und Informationen, welche Jobs warten, über ihren Rating-Point-Status, wann sie aussteigen muss und zu guter Letzt, dass die Anzahl ihrer Freunde zu gering sei. Ihre frustrierten Google-Anfragen, wer sie sei, wohin sie gehe und ob sie neu starten könne, bleiben dagegen unbeantwortet. Im Stadtzentrum das gleiche Bild: Virtuelle Werbung für Tampons und Banken schiebt sich in das

Blickfeld. Dabei wird nicht vergessen, an die realen Gefahren des Stadtverkehrs zu erinnern: über den Straßenraum geblendet der warnende Hinweis „Clear the area". Im Supermarkt Éxito kauft Juliana für einen ihrer Kunden Lebensmittel und wird dabei unterstützt von einem virtuellen, auf dem Einkaufswagen sitzenden Hund, der bellend auf Angebote, Treuepunkte und gewichtsreduzierende Produkte hinweist. Zwischen Kühlregalen für Butter und Joghurt gerät die virtuelle Welt ins Stocken, die eingeblendeten Informationen und Werbebanner beginnen zu flackern, erlöschen nach kurzer Zeit ganz, und Juliana wird von der elektronischen Einkaufsberaterin nicht mehr erkannt. Ihr Account wurde gehackt. Verloren und um ihre Treuepunkte besorgt, steht sie in einem trostlos düsteren Supermarktgang. Nach wenigen Sekunden fährt das System wieder hoch, alles leuchtet erneut in bunten Farben. Damit ihr Account vollständig funktioniert, muss sie ihre biometrischen Informationen verifizieren lassen. Auf dem Weg dorthin wird sie von einem Straßenräuber mit einem Messer verletzt. Neben der virtuellen Welt bricht damit auch die reale Welt zusammen. Was Juliana bleibt, ist der Glaube an Gott. Auf der gegenüberliegenden Straßenseite bietet eine Marienstatue Hilfe an. Über

I–II *Hyper-Reality*

dieser ploppen von Engeln getragene Werbebanner auf: „Finde Deinen Weg!", „Beginne neu!" und „Schließe Dich dem Katholizismus an!". Es gibt kein Entrinnen. Juliana ist ein Level weiter.

Eindrucksvoll verwischt Matsuda in *Hyper-Reality* die Grenzen zwischen virtuellem und physischem Raum und zeigt eine neue urbane Welt, die sich bunt, leuchtend und interaktiv in den Nahverkehr, den öffentlichen Raum und in Supermärkte ergießt. Die Straßenansichten wurden mit einer GoPro-Kamera gefilmt, die die Aufnahmen durch ihren Weitwinkel noch weiter verfremdet. War

das 2012 der Grund für die Angst vor Google Glass, oder ist es tatsächlich die Zukunft der Augmented Reality? Medellín ist jedenfalls der perfekte Ort für *Hyper-Reality*. Seit den 1990er-Jahren findet hier alljährlich die Alumbrado navideño statt, eine aus Millionen LED-Leuchten geschaffene Weihnachtswelt aus blinkenden Blumen, Tieren, Häusern und Weihnachtsmännern. Alles ganz real.
—*Philipp Sturm*

Peleschak, Kevin: „Making the Wildly Successful Dystopian Augmented Reality Short, ‚Hyper-Reality'", in: *Motionographer*, 15.8.2016, https://motionographer. com/2016/08/15/making-the-wildly-successful-dystopian-augmented-reality-short-hyper-reality/ (6.1.2020).

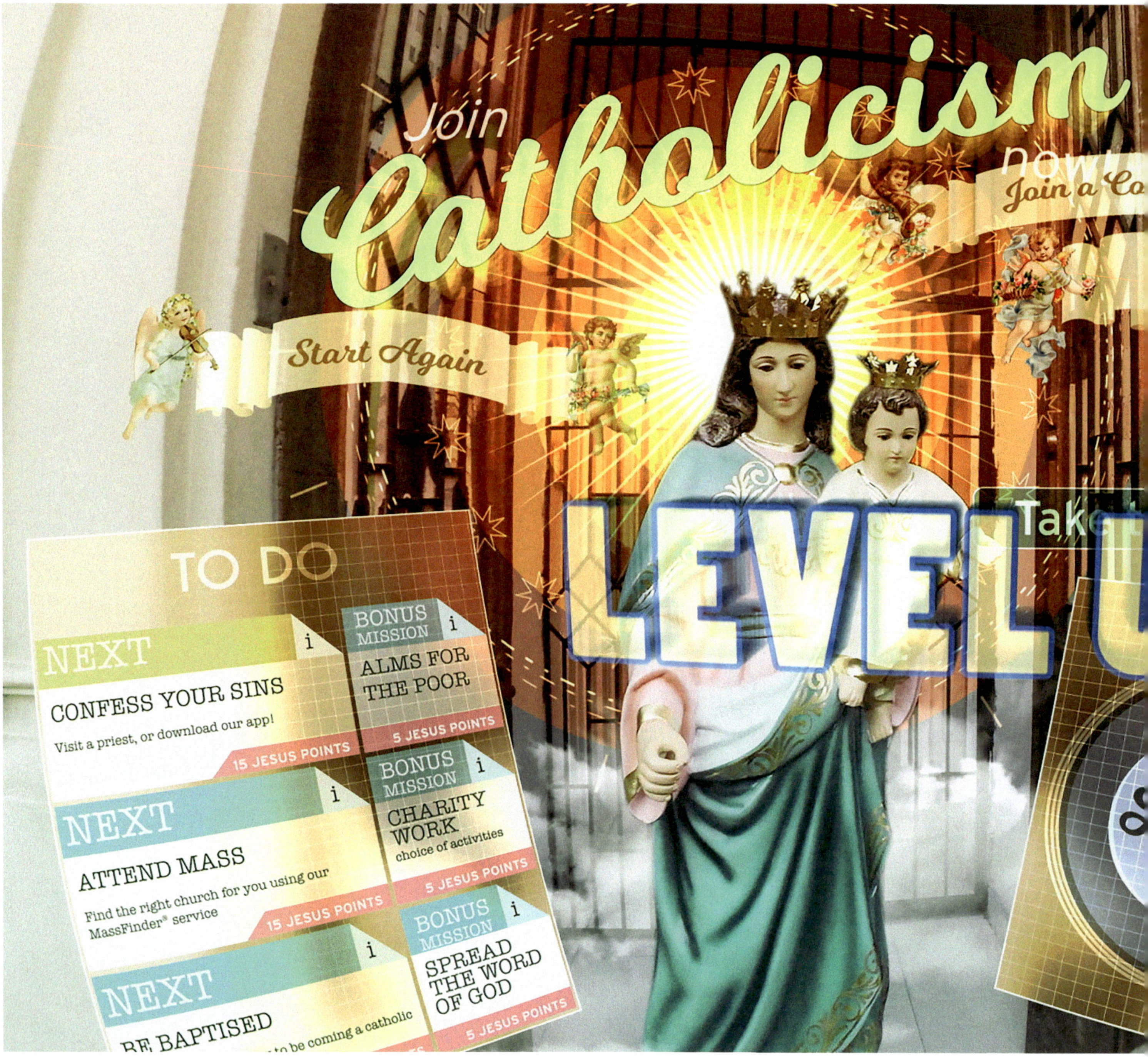
Join
Catholicism
now!
Join a Co
Start Again
LEVEL U
Take
TO DO
NEXT
CONFESS YOUR SINS
Visit a priest, or download our app!
15 JESUS POINTS
BONUS MISSION
ALMS FOR THE POOR
5 JESUS POINTS
NEXT
ATTEND MASS
Find the right church for you using our MassFinder® service
15 JESUS POINTS
BONUS MISSION
CHARITY WORK
choice of activities
5 JESUS POINTS
NEXT
BE BAPTISED
BONUS MISSION
SPREAD THE WORD OF GOD
5 JESUS POINTS

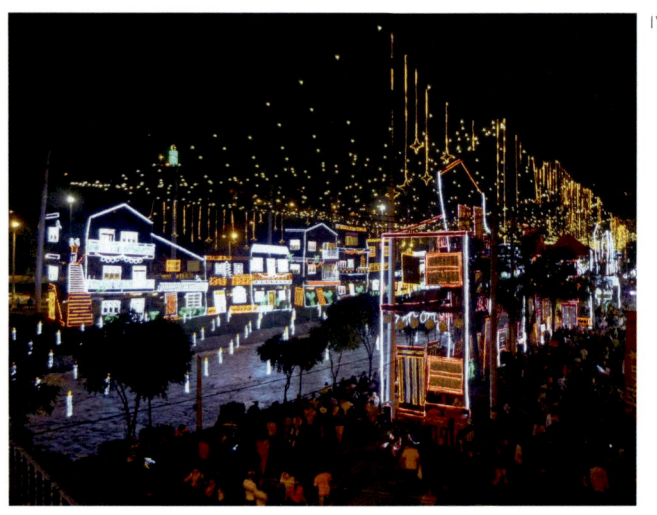

IV

III *Hyper-Reality*
IV Weihnachtsfestival *Alumbrado Navideño*, Medellín, 2013

London Developers Toolkit

You+Pea
(Sandra Youkhana, Luke Pearson)

2020

SOFTWARE
Unity, Qubicle, MagicaVoxel

HARDWARE
Windows-PC

ZWECK DER SOFTWARE
interaktives Computerspiel

Das London Developers Toolkit ist eine „satirische App", die die Skyline der Londoner Wohnhochhäuser für Superreiche thematisiert. Entwickelt wurde die App von dem britischen Architekturbüro You+Pea. Die spielerische Anwendung fordert dazu auf, „Serviettenskizzen" zu erstellen und deren Architektur zu parametrisieren, sodass Laien ihre eigene Totemstruktur erstellen können. Zu Beginn des Spiels poppt der auffordernde Satz „Press SPACE to enter the SweetieCorp London Developers Toolkit" auf. Unter musikalischer Begleitung des Songs „In Too Deep" von Genesis im 8-Bit-Chiptune-Musikstil hat man das Hauptinterface vor sich. Auf der linken Seite ist der erste Hochhausentwurf zu sehen. Die Darstellungsweise mit kolorierten 3-D-Würfeln erinnert an das Computerspiel Minecraft. Das Gebäude lässt sich auf einer Wiederholtaste zufällig variieren, wobei der sechsgliedrige Turm jedes Mal von zwei winzigen Hubschraubern umflogen wird. Eine wechselnde Aktiengrafik und blinkende Matrizen tragen zur losgelösten Stimmung bei. Drückt man auf den unübersehbaren Play-Button in der Mitte, wird man von zwei pixeligen Anzug tragenden Büsten begrüßt, den Sweetie Brothers. Man wird aufgefordert, Serviettenskizzen von weltbe-

rühmten Architektinnen und Architekten mit der gedrückten Maus nachzufahren. Dies ist der erste von drei Schritten des Hochhausgenerators. Bereits hier trifft man auf ironische Silhouetten wie die eines Walkie-Talkies – ein Hinweis auf das umstrittene Londoner Hochhaus 20 Fenchurch Street von Rafael Viñoly. Hat man dies erfolgreich absolviert, bekommt man die Aufgabe, den Turm zu parametrisieren. Die einzigen verstellbaren Parameter sind „Luxus", „Extravaganz" und „Überfluss"; man solle aber sicherstellen, in der Summe nicht 100 Prozent zu überschreiten, das sei schlichtweg zu teuer! In der letzten Stufe erhält man die Aufforderung, sich auf einer Londoner Stadtkarte die aufleuchtenden Stadtbezirke einzuprägen. Die Sweetie Brothers geben den Hinweis, dass diese Stadtteile so aussehen möchten wie Dubai. Abschließend kann man sein selbst generiertes, einzigartiges Gebäude bestaunen. Passend dazu wird mit dem Namensgenerator „name.gen/xtravagance" ein zufälliger Projektname mitgeliefert wie „Excalibur", „Zenith" oder „The Cornichon" (Das Gürkchen) – eine Anspielung auf das von dem Stararchitekten Norman Foster entworfene Hochhaus 30 St Mary Axe, das im Volksmund The Gherkin (Die Gurke) genannt wird. Nachdem alle Schritte durchlaufen sind,

216   Kapitel 4 — Der Computer als interaktive Plattform

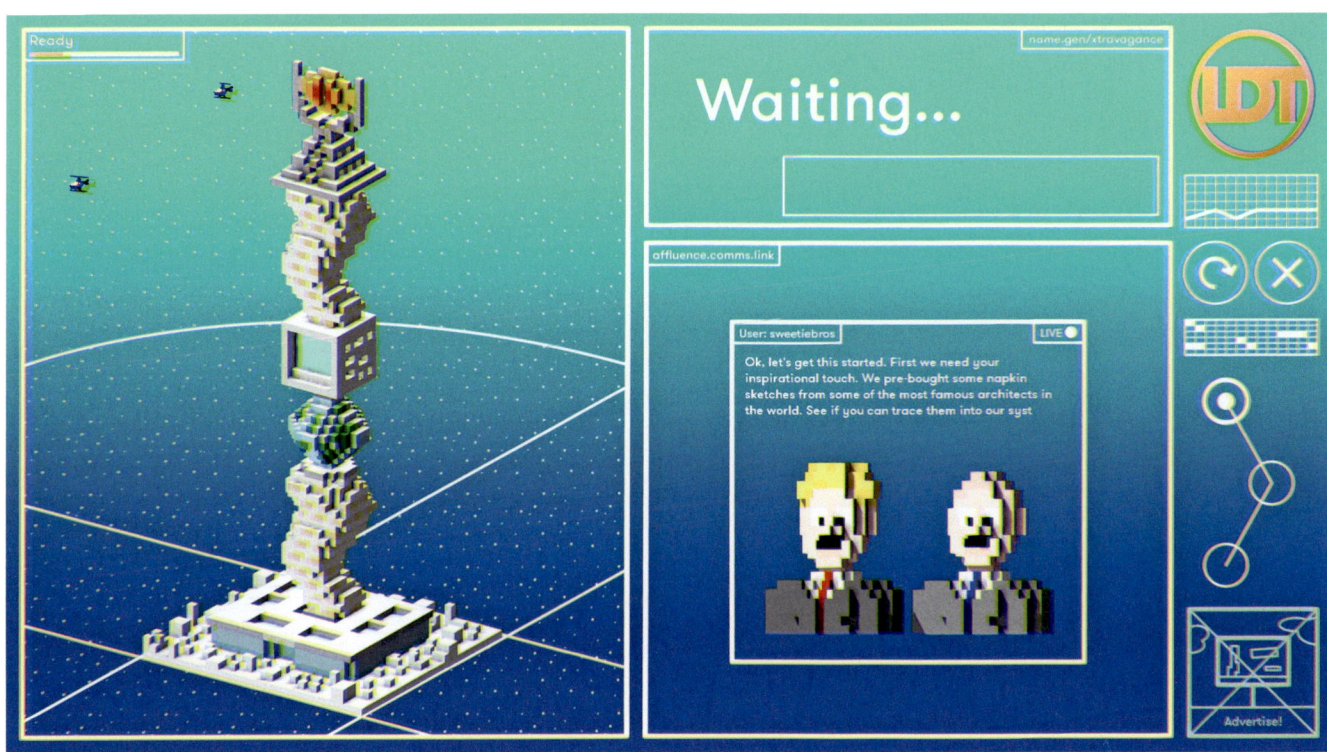

I Digitale Investoren: die Sweetie Brothers

können Werbematerialien produziert werden, um Wohlhabende anzulocken, indem man auf die freigeschaltete Schaltfläche „Advertise!" klickt. Neben der Schriftart und -farbe des Gebäudenamens lassen sich Hintergrund, baulicher Kontext, Staffagefiguren sowie visuelle Effekte einstellen. Klickt man auf die Schaltfläche „Render!", erhält man eine Visualisierung der ganz persönlichen Londoner Stararchitektur! In futuristisch anmutender Manier wird die Immobilienlandschaft der englischen Hauptstadt einer harschen Kritik unterzogen. Die Spielabschnitte greifen Problematiken der ungebändigten Bauwut der Immobilienhaie auf; teilweise findet sich konkrete Kritik an einzelnen Bauwerken wieder. Der finale Schritt, der in der Bewerbung des Gebäudes besteht, persifliert – mit fliegenden Geldscheinen und Feuerwerken – dieses System. Das Spiel gaukelt eine „Scheinpartizipation" vor. Für Normalverdienende ist diese dystopische Entwicklung mit unaufhaltsam steigenden Wohnkosten längst zu einer veritablen Bedrohung gewordn. —*Lluis Dura*

„You & Pea", in: London Developers Toolkit, 26.1.2020, www.youandpea.com/london-developers-toolkit/ (25.1.2020). ● „Alephograph", in: London Developers Toolkit, 25.1.2020, www.alephograph.com/london-developers-toolkit/ (25.1.2020).

II

III

IV

II   Hochhausstadt London
III Das Ende des Spiels: „Advertise!"
IV   Hochhausbauteile

Transcribed Nature

Atelier Oslo

2020

SOFTWARE
Unreal Engine, Ikinema Orion

HARDWARE
Gaming-PC, Windows, HTC Trackers, Kopfhörer

VERWENDUNGSZWECK DER SOFTWARE
3-D-Modellierung, VR

Die Installation *Transcribed Nature* ist ein soziales, multisensorisches Experiment, das für das Architekturmuseum der TUM aktualisiert und produziert wurde. Die Partner des norwegischen Architekturbüros Atelier Oslo, das 2006 gegründet wurde, sind Nils Ole Bae Brandtzæg, Marius Mowe, Jonas Norsted und Thomas Liu. Als eines von 32 Büros beteiligten sie sich an der Ausstellung im Nordischen Pavillon auf der Biennale in Venedig 2012. Im darauffolgenden Jahr wurden sie von der Architekturabteilung des Nationalmuseum Oslo mit der Schaffung von *Corporeal Room* beauftragt, einer 1:1-Installation als Teil der Ausstellung *Under 40* im Sverre-Fehn-Pavillon. Von 2015 bis 2019 war Atelier Oslo einer der drei Partner des interdisziplinären, entwurfsbasierten Forschungsprojekts „Mediascapes – Architecture Museums and Digital Design Media". Die beiden anderen Partner waren der Fachbereich Erziehungswissenschaft der Universität Oslo und das Nationalmuseum für Kunst, Architektur und Design. Finanziert wurde das Projekt vom norwegischen Forschungsrat.

Als wichtigste Fallstudie setzte Atelier Oslo 2018 das Ausstellungsexperiment *The Forest in the House. Explorations of Parallel Realities* um. Die Ausstellung lud ein bunt gemischtes Publikum zu einer multisensorischen Architekturerfahrung ein, wobei VR-Technologie sowie digitaler Ton in einer vollmaßstäblich gebauten Installation zum Einsatz kamen. Das Experiment umfasste neue Einblicke in den Zusammenhang von virtueller Realität, realen Architekturelementen, Bewegung und Wahrnehmung, sozialen Erfahrungen, dem Schaffen neuer Bedeutungen und informellem Lernen in Architekturausstellungen.

Transcribed Nature basiert auf dem vorangegangenen multisensorischen Experiment, das an den Ausstellungsraum im Architekturmuseum angepasst und für das aktualisierte Technik eingesetzt wird. Die Installation nutzt räumliche Eigenschaften aus dem Wald, die auf Architekturelemente in VR sowie auf eine gebaute Installation übertragen wurden. Die Natur wird in grundlegende Architekturelemente verwandelt: Bäume werden zu Säulen umgestaltet, der Waldboden in Terrassenstufen, während die Zweige und Blätter zu Decken mit Oberlichtern werden. Indem sie die Architekturelemente und die Natur aufeinandertreffen lassen, wollen die Architekten von Atelier Oslo eine Architektur schaffen, die abwechslungsreich und infor-

I–II *Forest in the House*, Installationsansicht, 2018

mell ist, Neugier weckt und ein Gefühl der Zugehörigkeit vermittelt.

Die Installation ist eine Zusammenarbeit zwischen Atelier Oslo, dem Nationalmuseum für Kunst, Architektur und Design (Birgitte Sauge) und dem Architekturmuseum der TUM.—*Birgitte Sauge, Thomas Liu*

Sauge, Birgitte, et al.: „Born Digital Architectural Projects: Imagining, Designing and Exhibition Practices", in: Mäkitalo, Åsa, et al. (Hrsg.): *Designs for Experimentation and Inquiry. Approaching Learning and Knowing in Digital Transformation*, London 2019, S. 87–109. ● Sauge, Birgitte, et al.: „Telling the Whole Story: Curating, Designing, and Researching Virtual Architectural Experiences in an Exhibition Experiment", in: Achiam, Marianne, et al. (Hrsg.): *Experimental Museology. Institutions, Representations, Users*, London, im Druck.

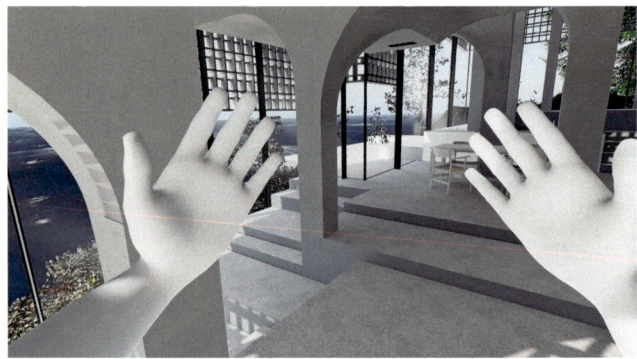

III

IV

Timeline der Architektursoftware

Philip Schneider und
Teresa Fankhänel

Zeichnen
Digitales Zeichnen, das; Erstellen einer digitalen, unbegrenzt
skalierbaren Vektorzeichnung

Das US-amerikanische Militär entwickelte in den 1950er-Jahren
Geräte zur interaktiven Bedienung von Computern, welche eine
Grundvoraussetzung für die ersten computergestützten Entwurfs-
programme (CAD) waren. Mittels eines Eingabegeräts, eines
Computerprogramms und einer grafischen Benutzeroberfläche
konnten in Echtzeit Änderungen an Zeichnungen vorgenommen
werden. 1960 begann der amerikanische Militärtechnologieherstel-
ler Itek das erste kommerzielle CAD-Programm Electronic Drafting
Machine zu entwickeln. Fast zeitgleich, von 1961 bis 1963, programmierte Ivan Sutherland am MIT das Zeichenprogramm Sketchpad
als Teil seiner Dissertation *Sketchpad. A Man-Machine Graphical
Communication System*. Dieses erlaubte es, dem Computer mithilfe
eines Leuchtstifts Zeichenbefehle zu geben, und verfügte über einfache parametrische Funktionen.
Die Flugzeugindustrie erkannte früh die Vorteile des digitalen Zeichnens. Technische Zeichnungen konnten schneller und
leichter als mit Handzeichnungen angepasst werden. Lockheed
begann 1965 mit der Entwicklung von Project Design zur Planung
von Überschallflugzeugen. Daraus entstand 1972 CADAM, dessen Novum in einem virtuellen 2,5-dimensionalen Arbeitsraum
lag, der ein rasches Erstellen von zweidimensionalen Ansichten
für die maschinengesteuerte Produktion ermöglichte. 1974 wurde
CADAM an IBM lizenziert, um es auf dem europäischen Markt
zu etablieren – mit Erfolg: Unter den ersten Nutzern befand sich
der französische Flugzeughersteller Dassault Aviation. Aufbauend auf CADAM, integrierte Dassault 1975 DRAPO (Définition et
Réalisation d'Avions Par Ordinateur) in den Konstruktionsbetrieb
zur Steuerung von Produktionsmaschinen, die automatisiert komplexe technische Bauteile mit verwinkelten Aussparungen und
doppelt gekrümmten Oberflächen für die Verkleidung von Flug-
zeugrümpfen produzierten. Auch das von Pierre Bézier für den
Autohersteller Renault entwickelte UNISURF zur präziseren digitalen Darstellung von Kurven wurde 1972 von Dassault übernommen – mit weitreichenden Folgen für die Architektur. Diese Technik

ermöglichte bahnbrechende neue Geometrien in den 1990er-
Jahren, die wohl bekannteste darunter ist die Blob-Architektur.
Während CADAM zweidimensional blieb – also beim Zeichnen von
Umrissen –, kam 1978 der Wunsch nach Dreidimensionalität auf.
Dassault entwickelte CATIA zur Erstellung von 3-D-Modellen. Neu-
entwicklungen im zweidimensionalen Zeichnen erschienen in den
1980er-Jahren, darunter AutoCAD und weitere heute allgemein
bekannte Programme wie Vectorworks oder Illustrator.

Modellieren
Modellieren, das; Erstellen und Bearbeiten von digitalen dreidimensionalen Körpern

Den Anfang der 3-D-Modellierung machten die Flugzeug-, Auto-
und Filmindustrie. MAGI (Mathematical Applications Group, Inc.)
veröffentlichte 1967 SynthaVision, das erste Programm, das mittels
Constructive Solid Geometry das Verschneiden und Kombinieren
dreidimensionaler Objekte und das Erzeugen komplexer geometrischer Formen ermöglichte. MAGIs Verdienste wurden durch
die Animationen im Disney-Film *TRON* (1982) bekannt.
Der Flugzeughersteller Dassault Aviation begann 1978 mit der
Entwicklung von CATI (Conception Assistée Tridimensionnelle Interactive) und integrierte erstmals dreidimensionale Funktionen. 1981
in CATIA umbenannt, ist das Programm bis heute eines der füh-
renden Modellierungsprogramme unter Ingenieuren. 1988 wurde
die Yost Group gegründet, zu der Tom Hudson gehörte, der zuvor
Solid States, eine Darstellungsapplikation für Wireframe-Modelle,
programmiert hatte. Die Yost Group arbeitete damals für Autodesk
an einem Vorgänger von 3ds Max unter dem Namen THUD. Zwei
Jahre später erschien 3D Studio 1, das 2006 zu 3ds Max umbenannt wurde und bis heute von Autodesk weiterentwickelt wird.
Zur gleichen Zeit begannen Architekten, das Potenzial der 3-D-
Modellierung zu entdecken. 1984 traf Peter Eisenman Christos
Yessios an der Ohio State University, der an dem 3-D-Programm
TEKTON arbeitete. Zusammen boten Yessios und Eisenman 1987
einen Kurs an, in dem der Computer und TEKTON, inzwischen
umbenannt in ARCHIMODOS, das primäre Designwerkzeug waren.
Darauf basierend, gründete Yessios 1988 AutoDesSys, das zwei

Jahre später form·Z 1.0 veröffentlichte. Das Programm war ein Void Modeler. Anstatt mit der Außenform von Objekten zu modellieren (Solid Modeling), wurde mit Leerräumen (Voids) gearbeitet – ein Werkzeug für Architekten, die sich hauptsächlich mit Räumen beschäftigen.

Ein weiteres Büro, das die 3-D-Modellierung in den frühen 1990er-Jahren maßgeblich prägte, war Frank Gehry Partners. Zur Umsetzung komplexer skulpturaler Formen suchten sie nach einer Methode, um gebaute Modelle zu digitalisieren und auf ihre Konstruierbarkeit zu überprüfen. Basierend auf diesen Anforderungen, fingen Gehry Partners zur Planung von El Peix 1992 an, mit CATIA zu arbeiten, das die nötige mathematisch exakte digitale Repräsentation bot. Heute sind 3-D-Modelle aus Architekturbüros nicht mehr wegzudenken. Durch Building Information Modeling (BIM) werden sie zur Basis von Projekten, und alle weiteren Pläne, Renderings und Animationen basieren auf ihnen.

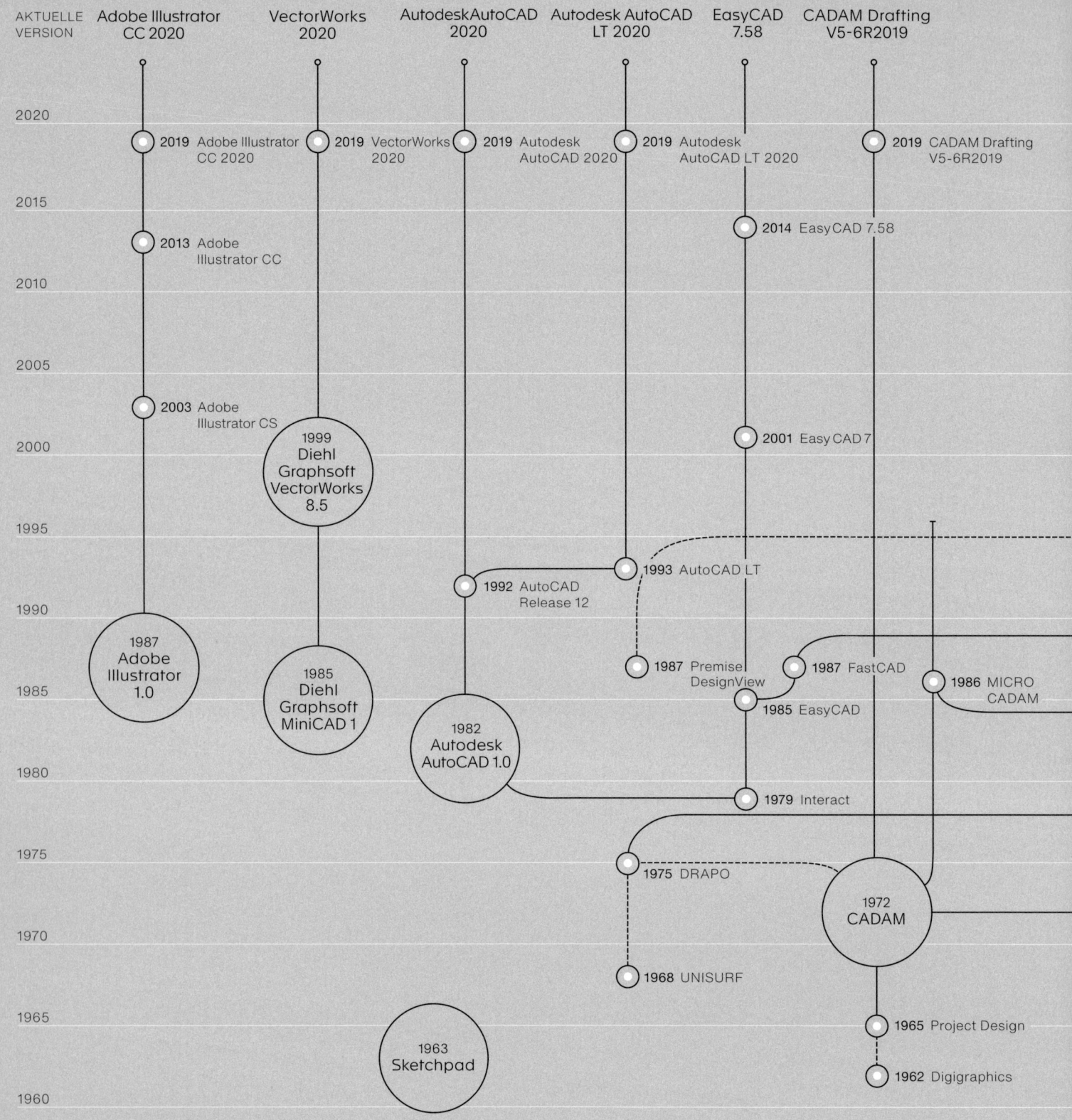

AKTUELLE VERSION

Adobe Illustrator CC 2020 | **VectorWorks 2020** | **AutodeskAutoCAD 2020** | **Autodesk AutoCAD LT 2020** | **EasyCAD 7.58** | **CADAM Drafting V5-6R2019**

2020

2019 Adobe Illustrator CC 2020
2019 VectorWorks 2020
2019 Autodesk AutoCAD 2020
2019 Autodesk AutoCAD LT 2020
2019 CADAM Drafting V5-6R2019

2015

2014 EasyCAD 7.58

2013 Adobe Illustrator CC

2010

2005

2003 Adobe Illustrator CS

2001 Easy CAD 7

2000

1999 Diehl Graphsoft VectorWorks 8.5

1995

1993 AutoCAD LT

1992 AutoCAD Release 12

1990

1987 Adobe Illustrator 1.0

1987 Premise DesignView

1987 FastCAD

1986 MICRO CADAM

1985 Diehl Graphsoft MiniCAD 1

1985 EasyCAD

1982 Autodesk AutoCAD 1.0

1980

1979 Interact

1975

1975 DRAPO

1972 CADAM

1970

1968 UNISURF

1965

1965 Project Design

1963 Sketchpad

1962 Digigraphics

1960

Zeichnen

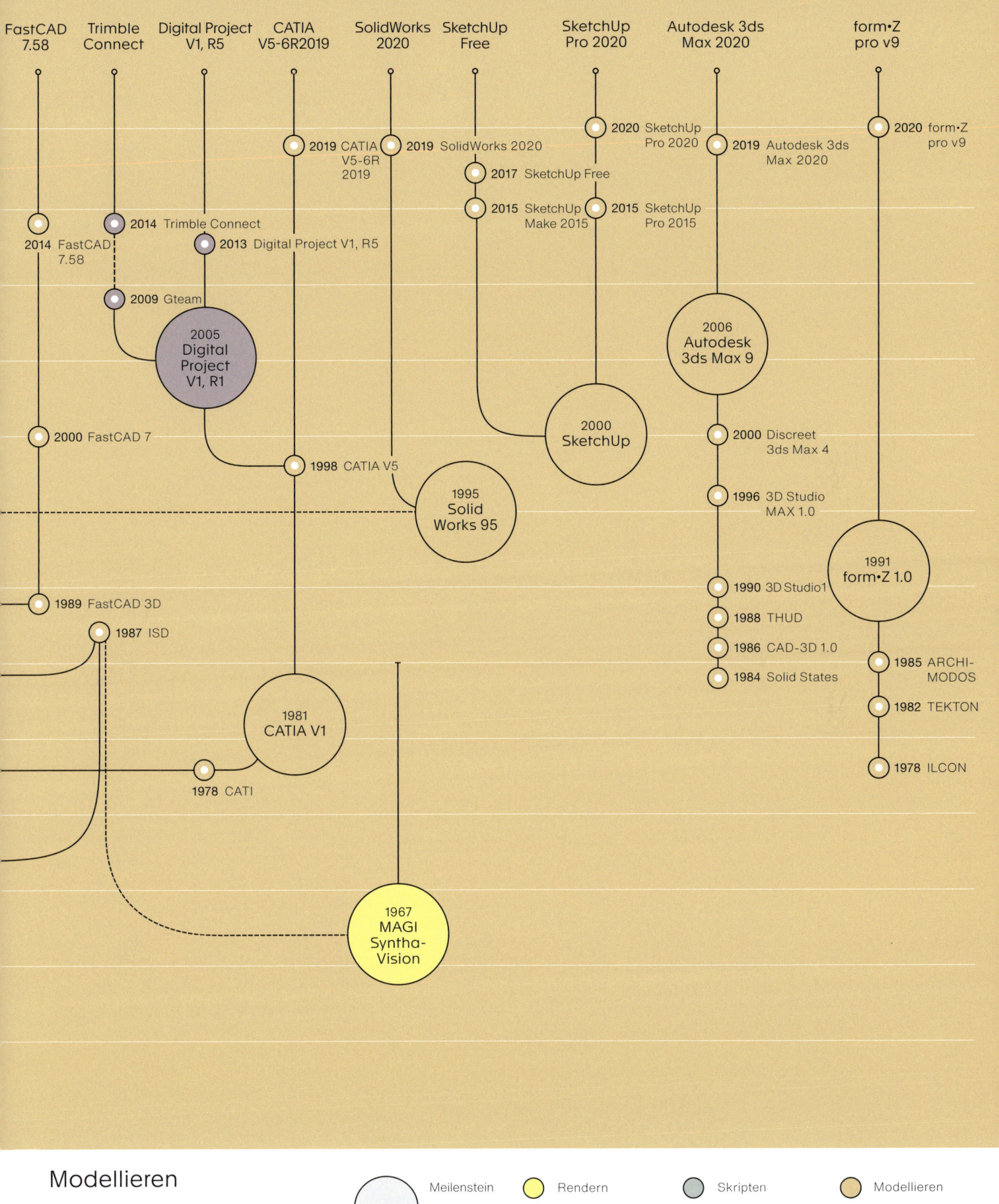

FastCAD 7.58 | Trimble Connect | Digital Project V1, R5 | CATIA V5-6R2019 | SolidWorks 2020 | SketchUp Free | SketchUp Pro 2020 | Autodesk 3ds Max 2020 | form·Z pro v9

2019 CATIA V5-6R 2019
2019 SolidWorks 2020
2020 SketchUp Pro 2020
2019 Autodesk 3ds Max 2020
2020 form·Z pro v9

2017 SketchUp Free

2014 Trimble Connect
2014 FastCAD 7.58
2013 Digital Project V1, R5
2015 SketchUp Make 2015
2015 SketchUp Pro 2015

2009 Gteam

2005 Digital Project V1, R1

2006 Autodesk 3ds Max 9

2000 FastCAD 7
1998 CATIA V5
2000 SketchUp
2000 Discreet 3ds Max 4

1995 Solid Works 95
1996 3D Studio MAX 1.0

1991 form·Z 1.0

1989 FastCAD 3D
1990 3D Studio1
1987 ISD
1988 THUD
1986 CAD-3D 1.0
1985 ARCHI-MODOS
1984 Solid States

1981 CATIA V1
1982 TEKTON

1978 CATI
1978 ILCON

1967 MAGI Syntha-Vision

Modellieren

○ Meilenstein
○ Rendern
○ Skripten
○ Modellieren
○ Zeichnen
○ Analyse
○ Animation

○ Programm
— entwickelt sich zu
---- übernommen von
⊢— eingestellt

Timeline der Architektursoftware

Rendern

Rendern, das; Simulation von Lichtreflexionen, Texturen und anderen visuellen Oberflächeneffekten zum Erstellen von Pixelbildern

Die Entwicklung der Rendering-Technologie hängt eng zusammen mit der Geschichte der Modellierungs- und Animationssoftware. Mit der Erfindung der vektorbasierten 3-D-Modellierung in den späten 1960er-Jahren wurde es möglich, modellierte Gegenstände in beleuchtete, farbige Pixelbilder – sogenannte Computer-Generated Images (CGI) – zu verwandeln, die auf handelsüblichen Bildschirmen wie Fernsehgeräten dargestellt werden konnten. Bereits 1966 entwickelte MAGI (Mathematical Applications Group, Inc.) einen Algorithmus zur Simulation von radioaktiver Strahlung, Ray Casting genannt. 1967 wurde diese Technologie in die erste Version der Software SynthaVision zur Simulation von Lichtsituationen integriert. Während Ray Casting – eine vereinfachte Variante des heute bekannten Ray Tracing – bereits zuvor existierte, gilt SynthaVision als dessen erste kommerzielle Anwendung.
Wie beim Modellieren war es auch hier die Film- und Werbeindustrie, die den Fortschritt von computergenerierten Bildern vorantrieb. Neben anderen Firmen wurde MAGI von Disney mit dem Erstellen einer 15-minütigen animierten Sequenz für den 1982 erschienenen Film *TRON* beauftragt. Das von George Lucas gegründete Filmstudio Industrial Light & Magic produzierte in den 1980er- und 1990er-Jahren nahezu fotorealistische Animationen für Filme wie *The Abyss* (1989), *Terminator II* (1991) oder *Jurassic Park* (1993). Verwendet wurden dafür Programme wie Alias – das heutige Maya – und Softimage, um animierte virtuelle Szenen so realistisch wie möglich wirken zu lassen und mit real gefilmten Szenen zu verbinden. Hier fand das von Jim Blinn und Martin Newell 1976 erfundene „Texture Mapping", die Projektion von digitalen fotografischen Bildern auf dreidimensionale Objekte, eine breite Anwendung.
Heute sind Render Engines und Texture Mapping nahezu in jede 3-D-Software integriert: 3ds Max, Cinema 4D, Maya oder Blender. Selbst Ingenieurprogramme wie CATIA verfügen über solche Möglichkeiten. Zum Rendern gehört mittlerweile nicht mehr nur das Erstellen von Pixelbildern in einer 3-D-Software. In der Architektur werden diese Bilder anschließend mit einer Bildbearbeitungssoftware, wie zum Beispiel Photoshop, nachbearbeitet. Visualisierungsstudios wie Mir aus Norwegen, Brick Visual aus Budapest oder Lucia Frascerra aus London bedienen sich dieses Workflows, um fotorealistische Abbildungen für die Präsentation von Architektur zu „rendern".

Animation

Animation, die; Programmieren von digitalen bewegten Objekten zum Erstellen von Bewegtbildern

Die Entwicklung von Animationssoftware begann mit dem Aufkommen neuer Datenträger und Bildschirme in den 1980er-Jahren, die Bildsequenzen darstellen und speichern konnten. 1982 kam *TRON* in die Kinos, der erste Film mit umfassenden Animationen, die mit dem Programm SynthaVision erzeugt wurden. Einzelne am Computer generierte Bilder wurden hierzu mit analogen Kameras vom Bildschirm abfotografiert und zu Bewegtbildern aneinandergereiht. Nur wenige Programme waren ursprünglich dafür konzipiert, Animationen herzustellen, darunter Alias, das heutige Maya: Es wurde 1985 zur besseren Darstellung von Kurven und Oberflächen in der Autoindustrie entwickelt. Nachdem Filmemacher seine Vorteile erkannt hatten, wurde Alias ab 1990 in zwei verschiedenen Varianten angeboten – Studio für Produktdesign und PowerAnimator für Animationen. Maya 1.0 war eine Kombination aus Programmen, darunter PowerAnimator und Wavefront Explorer. Die Software wird seit 2005 von Autodesk weiterentwickelt und ist heute ein Standardprogramm.
Die Entstehung von Softimage stellt eine Ausnahme dar. Das Programm wurde 1989 vom kanadischen Filmemacher David Langlois als erste komplette Animationslösung entwickelt, mit der modelliert, animiert und gerendert werden konnte. Nach dem Verkauf an Autodesk wurde die Entwicklung 2014 zugunsten von Maya und 3ds Max eingestellt. Das von George Lucas gegründete Filmstudio Industrial Light & Magic und Special-Effects-Studios wie Disney, Pixar oder Sony Pictures benutzten diese Programme für Meilensteine in der Geschichte der Animation. Seit den späten 1980er-Jahren entstanden Filme mit animierten Spezialeffekten: *Abyss*

(1989), *Terminator II* (1991), *Jurassic Park* (1993) oder *Forrest Gump* (1993). *Toy Story* war 1995 der erste Film, der komplett am Computer erstellt wurde.

Heute gibt es kaum einen Hollywoodfilm, bei dem auf die stetig wachsenden Möglichkeiten von fotorealistisch gerenderten Animationen verzichtet wird. 3ds Max, Blender, Cinema 4D und selbst architekturbezogene Programme wie ArchiCAD oder Revit bieten – integriert oder über Schnittstellen – Animationstools. In der Architektur sind Animationen seit ersten Experimenten in den 1990er-Jahren im Entwerfen mit bewegten Formen heute auch aus der Präsentation geplanter Projekte nicht mehr wegzudenken.

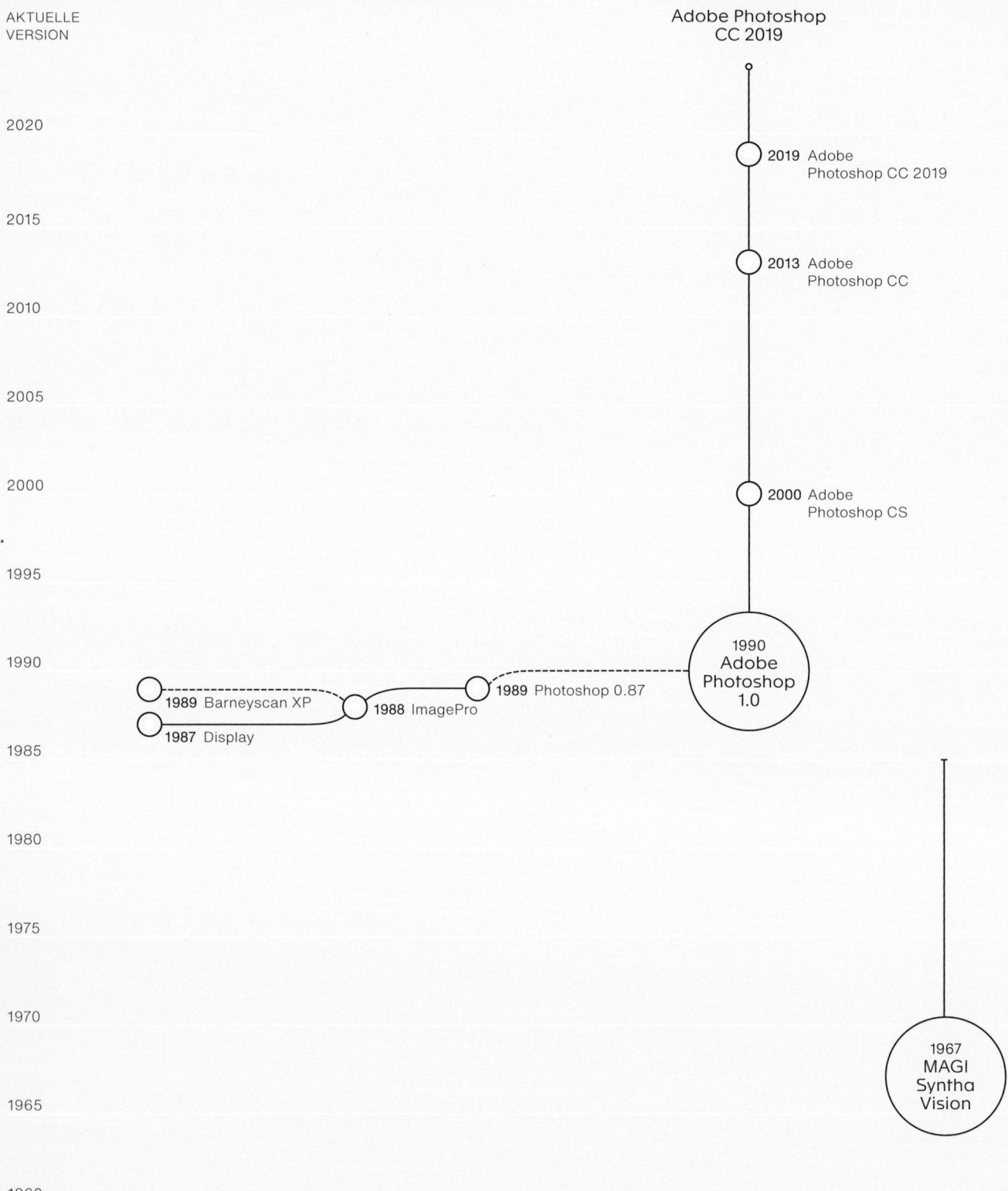

Adobe Photoshop
CC 2019

2020

2015

2010

2005

2000

1995

1990

1985

1980

1975

1970

1965

1960

2019 Adobe
Photoshop CC 2019

2013 Adobe
Photoshop CC

2000 Adobe
Photoshop CS

1990
Adobe
Photoshop
1.0

1989 Photoshop 0.87

1988 ImagePro

1989 Barneyscan XP

1987 Display

1967
MAGI
Syntha
Vision

Rendern

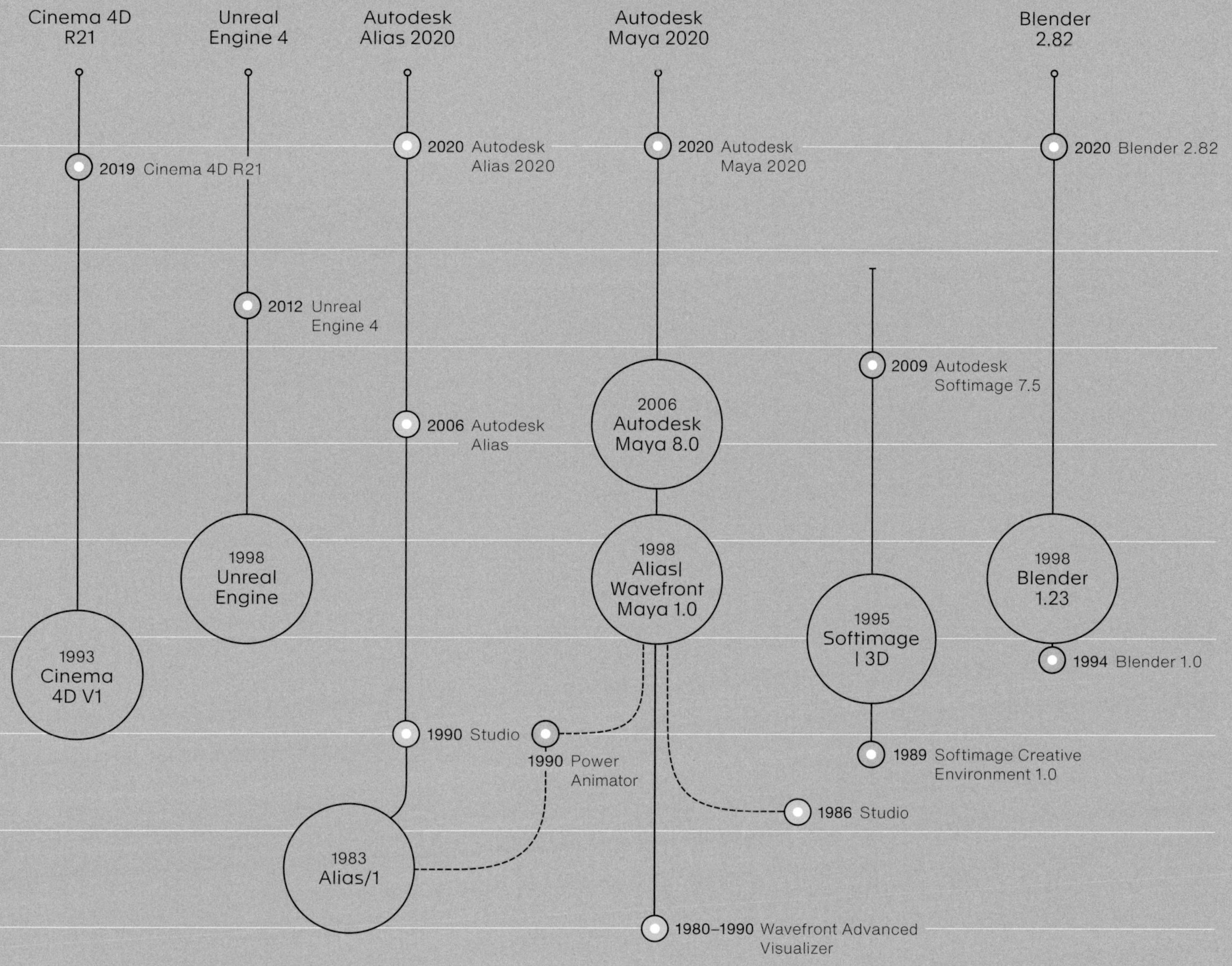

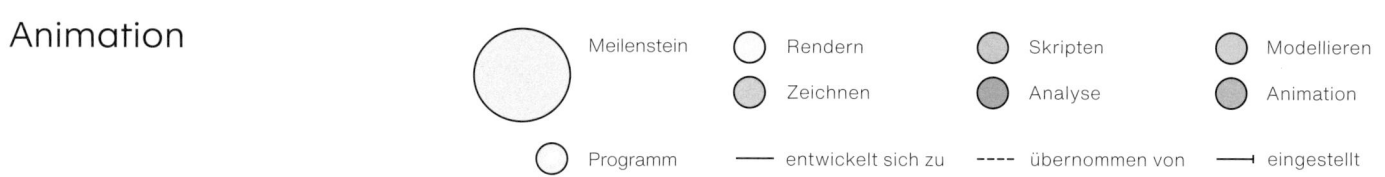

Cinema 4D
R21

Unreal
Engine 4

Autodesk
Alias 2020

Autodesk
Maya 2020

Blender
2.82

2019 Cinema 4D R21

2020 Autodesk
Alias 2020

2020 Autodesk
Maya 2020

2020 Blender 2.82

2012 Unreal
Engine 4

2009 Autodesk
Softimage 7.5

2006
Autodesk
Maya 8.0

2006 Autodesk
Alias

1998
Unreal
Engine

1998
Alias|
Wavefront
Maya 1.0

1998
Blender
1.23

1995
Softimage
| 3D

1993
Cinema
4D V1

1990 Studio

1994 Blender 1.0

1990 Power
Animator

1989 Softimage Creative
Environment 1.0

1983
Alias/1

1986 Studio

1980–1990 Wavefront Advanced
Visualizer

Animation

Meilenstein

Rendern

Skripten

Modellieren

Zeichnen

Analyse

Animation

Programm ⎯⎯ entwickelt sich zu - - - - übernommen von ⎯⏋ eingestellt

Timeline der Architektursoftware

Skripten

Skripten, das; manuelles Programmieren von komplexen digitalen Befehlen über eine Programmierschnittstelle

Das sogenannte Skripten existiert, seitdem es Computer gibt, und bedeutet „programmieren". Bis 1983, als der Apple Lisa auf den Markt kam, war Programmieren eine Grundvoraussetzung für die Bedienung von Computern. Benutzeroberflächen von Software und Betriebssystemen haben sich seither so stark weiterentwickelt, dass dies nicht mehr erforderlich ist. Für die Umsetzung von neuen, komplexen oder repetitiven Befehlsstrukturen bietet das Skripten jedoch nach wie vor die Möglichkeit der Umsetzung eigener Ideen.

Basierend auf Programmierschnittstellen, sogenannten APIs (Application Programming Interfaces), versuchen Softwarehersteller Drittanbieter oder Nutzer zur Entwicklung von Zusatzanwendungen zu ihren Programmen zu motivieren. Besonders Autodesk warb auf diese Weise und führte 1986 AutoLISP für AutoCAD ein – eine eigens für das Zeichenprogramm angepasste Programmiersprache. 3ds Max folgte diesem Trend 1997 mit der Integration von MAXScript. Maya kann seit der ersten Veröffentlichung 1998 über MEL (Maya Embedded Language) gesteuert werden.

Eine weniger anspruchsvolle Alternative bieten visuelle Programmieroberflächen. Ähnlich wie bei elektrischen Schaltkreisen verbindet man hier Programmbausteine miteinander, während das Programm automatisch im Hintergrund geschrieben wird. Die Möglichkeiten sind im Gegensatz zu einer vollwertigen Programmiersprache begrenzt, doch für architektonische Zwecke meist ausreichend. Die wohl bekannteste dieser Programmieroberflächen ist Grasshopper, das seit 2007 von David Rutten entwickelt wird und als Zusatzmodul für Rhinoceros existiert. Inzwischen wird auch für ArchiCAD eine Schnittstelle zu Grasshopper angeboten. Das Pendant Revit von Autodesk bietet mit Dynamo eine bereits integrierte Option an. Auch Architekturbüros beteiligen sich an der Entwicklung dieser neuen Technologien zum Skripten. Frühe Versuche von John Frazer an der Architectural Association legten bereits in den 1960er-Jahren den Grundstein für neue computergestützte Entwurfsmethoden. Seit den 1990er-Jahren entwickelt Frank Gehry zusammen mit seinem Büro basierend auf CATIA eigene Zusatzmodule, die mittlerweile als Digital Project kommerziell eigenständig sind. Mit dem wachsenden Interesse am parametrischen Entwerfen seit den frühen 2000er-Jahren erlebten ähnliche Ansätze einen Boom, und Büros, darunter Zaha Hadid Architects mit ZHCODE, gründeten eigene Abteilungen für im Haus entwickelte Programme.

Analyse

Analyse, die; leistungsbasierte Bewertung von digitalen 3-D-Modellen (Statik, Klima, Bauteile)

In Bezug auf Architektur versteht man unter Analyse das sogenannte BIM (Building Information Modeling), dessen Grundidee auf einem zentralisierten, virtuellen Gebäudemodell basiert. BIM hilft Architekten beispielsweise, einen Überblick über die Anzahl von Bauteilen zu erhalten oder relevante Daten an Ingenieure oder Bauteilhersteller zu übermitteln. Auch für Ingenieure werden Analysetools immer wichtiger. Durch Computersimulationen wie die Finite-Elemente-Methode können präzise Aussagen über das Tragverhalten von Bauwerken getroffen werden.

Das Recheninstitut im Bauwesen (RIB) in Stuttgart integrierte 1961 IBM-Computer zur statischen Berechnung von Brücken. In München folgte Georg Nemetschek mit seinem Ingenieurbüro und entwickelte Programme für den Eigenbedarf. Nach der Gründung der Nemetschek Programmsystem GmbH wurde 1984 Allplan veröffentlicht – ein CAD-System für Ingenieure und Architekten. Das Programm hat sich seitdem mit verschiedenen Systemlösungen, darunter Allplan Architektur und Allplan Ingenieurbau, etabliert. Etwa zeitgleich wurde im kommunistischen Ungarn 1982 GRAPHISOFT von Gábor Bojár gegründet, um eine umfassende 3-D-Lösung für Architekten zu entwickeln. Dies stellte sich wegen des Wirtschaftsembargos als kompliziert heraus, denn westliche Computer waren Schmuggelware. Dennoch wurde 1984 RADAR (Räumliche Darstellung für Architekten) für den Apple Lisa veröffentlicht. Daraus entwickelte sich ArchiCAD (1986), das inzwischen zur Nemetschek-Gruppe gehört und eines der bedeutendsten BIM-Programme auf dem europäischen Markt ist.

Seit dem Bau von El Peix in Barcelona 1992 wird in Frank Gehrys Büro CATIA zum reibungslosen Austausch von technischen Zeichnungen mit Ingenieuren und Herstellern verwendet. Das Programm verschaffte einen enormen Vorteil, da die komplexen Formen und Tragstrukturen einer akkuraten Dokumentation bedurften. Nachdem sich der digitale Workflow bewiesen hatte, wurde Gehry Technologies gegründet, das in Kooperation mit Dassault Systèmes Software wie Digital Project (2005) entwickelt. Heute wird dieses Programm für komplexe architektonische Projekte von Büros wie Zaha Hadid Architects, Ateliers Jean Nouvel, Asymptote Architecture oder Diller Scofidio + Renfro genutzt. Die allseits bekannte Software Revit folgte erst spät mit ähnlichen Entwicklungen. 2000 kam Revit 1.0 (von „Revise Instantly") auf den Markt, das 2002 von Autodesk übernommen wurde.

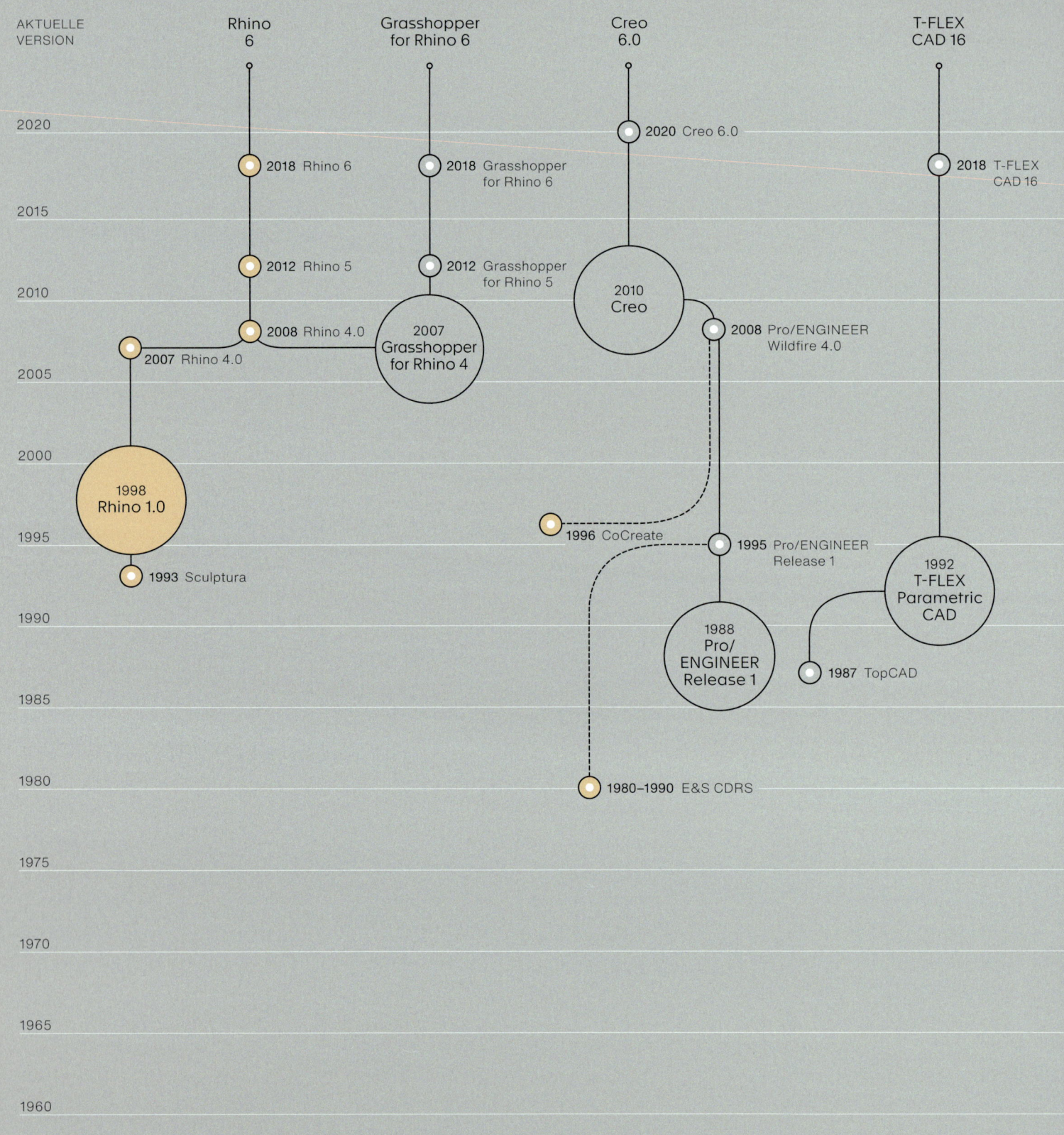

Rhino
6

Grasshopper
for Rhino 6

Creo
6.0

T-FLEX
CAD 16

2020

2020 Creo 6.0

2018 Rhino 6

2018 Grasshopper
for Rhino 6

2018 T-FLEX
CAD 16

2015

2012 Rhino 5

2012 Grasshopper
for Rhino 5

2010

2010
Creo

2008 Rhino 4.0

2008 Pro/ENGINEER
Wildfire 4.0

2007 Rhino 4.0

2007
Grasshopper
for Rhino 4

2005

2000

1998
Rhino 1.0

1996 CoCreate

1995 Pro/ENGINEER
Release 1

1995

1993 Sculptura

1992
T-FLEX
Parametric
CAD

1990

1988
Pro/
ENGINEER
Release 1

1987 TopCAD

1985

1980

1980–1990 E&S CDRS

1975

1970

1965

1960

Skripten

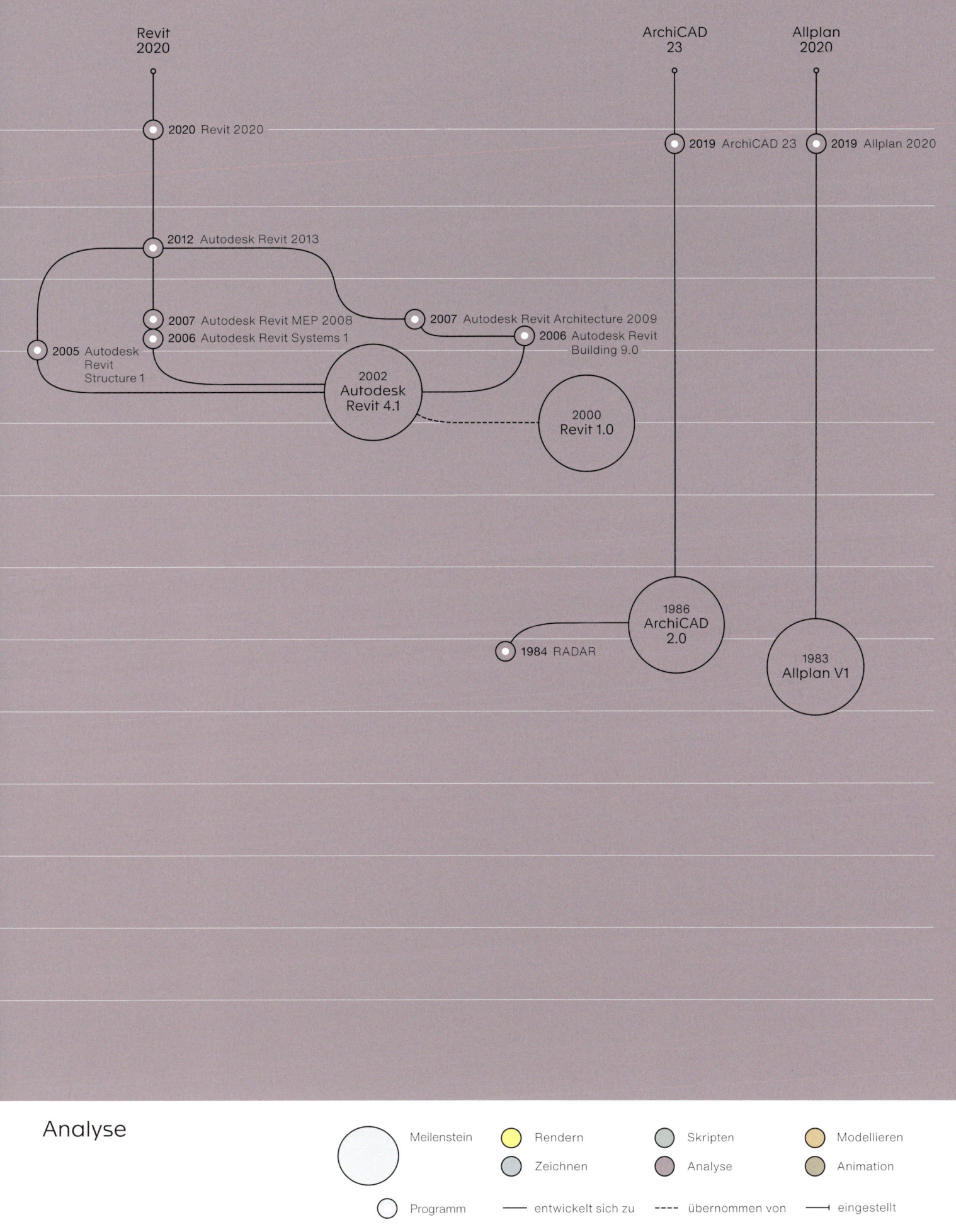

Revit
2020

ArchiCAD
23

Allplan
2020

2020 Revit 2020

2019 ArchiCAD 23

2019 Allplan 2020

2012 Autodesk Revit 2013

2007 Autodesk Revit MEP 2008

2007 Autodesk Revit Architecture 2009

2006 Autodesk Revit Systems 1

2006 Autodesk Revit
Building 9.0

2005 Autodesk
Revit
Structure 1

2002
Autodesk
Revit 4.1

2000
Revit 1.0

1986
ArchiCAD
2.0

1984 RADAR

1983
Allplan V1

Analyse

Meilenstein

Rendern

Skripten

Modellieren

Zeichnen

Analyse

Animation

Programm

——— entwickelt sich zu

------- übernommen von

⊢—— eingestellt

Appendix

Kurzbiografien

Roberto Bottazzi ist Architekt, Forscher und Dozent in London sowie Leiter des Masterprogramms Urban Design an der Bartlett School of Architecture, UCL, und Autor des Buchs Digital Architecture Beyond Computers. Fragments of a Cultural History of Computational Design (Bloomsbury, 2018). Seine Forschung zum Einfluss digitaler Technologien auf Architektur und Stadtplanung ist international aus- und vorgestellt worden.

Mollie Claypool ist Architekturtheoretikerin. Sie ist die Leiterin von Automated Architecture Ltd (AUAR), einer Design- und Tech-Beratungsfirma, und Co-Direktorin des Design Computation Lab an der Bartlett School of Architecture, UCL. 2019 war sie Fellow in Automation im South West Creative Technology Network. Sie ist Co-Autorin des Buchs Robotic Building. Architecture in the Age of Automation (Edition DETAIL, 2019).

Teresa Fankhänel ist Kuratorin am Architekturmuseum der TUM und wissenschaftliche Mitarbeiterin am Lehrstuhl für Architekturgeschichte und kuratorische Praxis an der Technischen Universität München. Sie ist die Kuratorin der Ausstellung Die Architekturmaschine.

Andres Lepik ist Professor für Architekturgeschichte und kuratorische Praxis an der Technischen Universität München und Direktor des Architekturmuseums der TUM. Zuvor war er Kurator an der Neuen Nationalgalerie, Berlin, und am Architekturdepartment des MoMA, New York, sowie Loeb-Fellow an der Graduate School of Design in Harvard.

Anna-Maria Meister ist Architektin und Professorin für Architekturtheorie und -wissenschaft an der Technischen Universität Darmstadt. Sie arbeitet an der Schnittstelle von Architekturgeschichte und -theorie mit architektonischer Praxis einerseits und Technikgeschichte andererseits. Vor ihrer Dissertation an der Princeton University erhielt sie einen Master of Science an der Columbia University und war Fellow am Max-Planck-Institut für Wissenschaftsgeschichte bei Lorraine Daston. Meister publiziert international und co-kuratiert das kollaborative Projekt „Radical Pedagogies".

Molly Wright Steenson ist Senior Associated Dean am College of Fine Arts und Associate Professor an der Carnegie Mellon University. Sie ist Autorin des Buchs Architectural Intelligence. How Designers and Architects Created the Digital Landscape (MIT Press, 2017) und Mitherausgeberin von Bauhaus Futures (MIT Press, 2019).

Felix Torkar ist Architekturhistoriker. Im Anschluss an sein Studium der Kunstgeschichte an der Freien Universität Berlin (BA/MA) arbeitete er als kuratorischer Assistent am Deutschen Architekturmuseum. Als Stipendiat der Wüstenrot Stiftung promoviert er gegenwärtig an der Freien Universität Berlin zum Thema Neobrutalismus.

Theodora Vardouli ist wissenschaftliche Mitarbeiterin an der Peter Guo-hua Fu School of Architecture, McGill University, Montreal. Ihre Forschung beschäftigt sich mit der Geschichte und aktuellen Praxis digitaler Architektur mit einem Fokus auf deren mathematische Grundlagen. Sie ist Mitherausgeberin des Buchs Computer Architectures. Constructing the Common Ground (Routledge, 2019) und Co-Kuratorin der Ausstellung Vers un imaginaire numérique (Centre de design de l'UQAM, 2020).

Georg Vrachliotis ist Kurator, Autor, Professor für Architekturtheorie und Direktor des saai | Archiv für Architektur und Ingenieurbau am Karlsruher Institut für Technologie. Er war Dekan der Architekturfakultät von 2016 bis 2019. Davor lehrte und forschte er am Institut für Geschichte und Theorie der Architektur (gta) an der ETH Zürich.

Danksagung

Nach fast zwei Jahren Forschung und Reisen, dem Besuch privater und öffentlicher Archive sowie unzähligen anregenden Gesprächen sind die Ausstellung und der begleitende Katalog ein Dokument dieser internationalen Zusammenarbeit.

Wir möchten uns an dieser Stelle ganz besonders bei den vielen Architektinnen und Architekten, Sammlerinnen und Sammlern, Forscherinnen und Forschern sowie Entwicklerinnen und Entwicklern bedanken, die großzügig ihre Türen und Festplatten geöffnet und uns freien Zugang zu ihrer Arbeit gegeben haben. Ohne ihr Wissen und ihre Bereitschaft, alle unsere möglichen und unmöglichen Fragen zu beantworten, wäre diese Ausstellung nicht zustande gekommen: Dennis Allain, Asymptote Architecture (Hani Rashid, Oscar Cuevas), Atelier Oslo (Thomas Liu), Balmond Studio (Sarah Balmond), Barkow Leibinger (Frank Barkow, Tim Berge, Polina Goldberg), Richard und Oskar Beckmann (Archiv Otto Beckmann), Ruth Berktold (Hochschule für angewandte Wissenschaften München), Brick Visual (Judit Huszár), Daniel Cardoso Llach (Carnegie Mellon University), Jana Čulek (Studio Fabula), Diller Scofidio + Renfro (Christine Noblejas), Dyvik Kahlen Architects (Christopher Dyvik, Max Kahlen), Eisenman Architects (Erdem Tuzun), Foreign Office Architects, Franken Architekten (Bernhard und Nicole Franken), Lucia Frascerra, John und Julia Frazer, Gehry Partners (Meaghan Lloyd), Werner Goehner (Cornell University), Donald Greenberg (Cornell University), Zaha Hadid Architects (Shajay Bhooshan, Nils-Peter Fischer), Herzog & de Meuron (Fabrizia Vecchione), Ludger Hovestadt (ETH Zürich), Reinhard König (Bauhaus-Universität Weimar), Ole Petter Larsen, Thomas Leeser (Leeser Architecture), Johannes Leitich, Studio Libeskind (Amanda de Beaufort), Greg Lynn FORM (Greg Lynn, Walker Hart), Keiichi Matsuda, Mir, Erika Mühlthaler (Hochschule für angewandte Wissenschaften München), MVRDV, Michael Naimark, Nicholas Negroponte, Michael Noll, Norbert Palz (Universität der Künste Berlin), Preston Scott Cohen, Reiser + Umemoto (Jesse Reiser und Nanako Umemoto, Jasmine Lee), Gilles Retsin (The Bartlett School of Architecture, UCL), Carola Scheil, Dennis Shelden (Georgia Institute of Technology), SHoP Architects (Chris Sharples, Rachel Lexier-Nagle, Nadine Berger), Karl Sims, Skidmore, Owings & Merrill (Karen Widi), Tang & Yang (Ming Tang), Bernhard Többen (Hochschule Hannover), Leila Topić (Museum of Contemporary Art, Zagreb), Heike Werner, Manfred Wolff-Plottegg, You+Pea (Luke Pearson, Sandra Youkhana), David Zeltzer.

Viele Institutionen haben uns aktiv und mit viel Geduld bei der Vorbereitung der Ausstellung unterstützt: Architectural Association School of Architecture Archive (Edward Bottoms), Canadian Centre for Architecture (Mirko Zardini, Martien de Vletter, Rafico Ruiz, Tim Klähn, Stefana Breitwieser), Deutsches Architekturmuseum (Oliver Elser, Wolfgang Welker), ETH Zürich gta Archiv (Almut Grunewald), FRAC Centre, Het Nieuwe Instituut (Floor van Ast, Elza van den Berg, Suzanne Mulder, Frans Neggers), Kunsthalle Bremen (Christine Demele, Tanja Borghardt), Leibniz-Rechenzentrum der Bayerischen Akademie der Wissenschaften (Elisabeth Mayer, Thomas Odaker, Dieter Kranzlmüller), MIT Libraries Distinctive Collections (Nora Murphy), MIT Media Lab (Jimmy Day, Alexandra Kahn, David Robertson, Ellen Hoffman), MIT Museum (Gary Van Zante, Daryl McCurdy), Museum of Modern Art (Paul Galloway, Evangelos Kotsioris), Nasjonalmuseet for kunst, arkitektur og design (Birgitte Sauge), saai | Archiv für Architektur und Ingenieurbau (Georg Vrachliotis), Siemens-Archiv (Frank Wittendorfer), Ungers Archiv für Architekturwissenschaft (Anja Sieber-Albers).

Neben den externen Partnern bedanken wir uns bei den Kolleginnen und Kollegen an der Architekturfakultät der Technischen Universität München, vor allem bei Frank Petzold, Richard Junge und den Mitarbeiterinnen und Mitarbeitern des Lehrstuhls für Architekturinformatik für ihre ideelle Unterstützung des Projekts. Darüber hinaus danken wir Martin Luce und Gabriele Zechner vom Dekanat der Architekturfakultät für die Übernahme eines Teils unserer Reisekosten. Ganz ausdrücklich bedanken wir uns auch beim Präsidenten der TUM, Thomas Hofmann, für das Interesse an diesem für das Architekturmuseum so wichtigen Thema.

Es ist uns ein großes Anliegen, den zahlreichen Autorinnen und Autoren des Katalogs, die in teils akribischer Detektivarbeit einzelne Projekte erforscht oder größere Zusammenhänge in den Essays erarbeitet haben, einen Dank auszusprechen: Roberto Bottazzi, Mollie Claypool, Anna-Maria Meister, Molly Wright Steenson, Felix Torkar, Theodora Vardouli und Georg Vrachliotis und danken wir für die Teilnahme an unserer Konferenz und die

Essays im Buch. Laura Altmann, Sina Brückner-Amin, Lluis Dura, Myriam Fischer, Clara Frey, Stefan Gruhne, Jia Yi Gu, Regine Heß, Tonderai Koschke, Evangelos Kotsioris, Frederike Lausch, Thomas Liu, Anna-Maria Mayerhofer, Franziska Mühlbauer, Johannes Müntinga, Birgitte Sauge, Philip Schneider, Franziska Stein, Philipp Sturm, Julian Trummer, Gerlinde Verhaeghe, Heike Werner und Sina Zarei danken wir für die Projekttexte.

Den externen Teilnehmerinnen und Teilnehmern der Konferenz mit dem Titel „Pixel, Vektoren und Algorithmen. Die digitale Revolution in der Architektur" am 11. Oktober 2019 an der Technischen Universität München sind wir für ihre kritischen Fragen und neuen Forschungsbeiträge sehr verbunden: Alex Blanchard, Galo Cañizares, Dennis Chau, Ariel Genadt, Evangelos Kotsioris, Malgorzata Starzynska.

Ganz herzlich gedankt sei den studentischen Teilnehmerinnen und Teilnehmern des Masterseminars im Sommersemester 2019 am Lehrstuhl für Architekturgeschichte und kuratorische Praxis für ihre hervorragenden Fragen und ihre Beiträge zur Vorbereitung der Ausstellung.

Nicht zuletzt möchten wir den Freundinnen und Freunden sowie den Kolleginnen und Kollegen danken, die das Thema der Ausstellung ausgiebig und kritisch mit uns diskutiert haben: Joseph Bensimon, Nathalie Bredella, Chris Dähne, Oliver Elser, Myriam Fischer, Marcelo della Giustina, Kevin Graf Schumacher, Stefan Gruhne, Max Hallinan, Frederike Lausch, Aliza Leventhal, Elena Markus, Johannes Müntinga, Martin Prade, Stéphanie Quantin, Franziska Stein, Philipp Sturm, Gerlinde Verhaeghe, Tim Walsh, Matthew Wells und Heike Werner.

Wie immer gilt unser Dank dem Team des Architekturmuseums, das dieses Projekt gewohnt professionell unterstützt hat: Laura Altmann, Vera Simone Bader, Katrin Bäumler, Marlies Blasl, Andreas Bohmann, Sina Brückner-Amin, Anton Heine, Martina Heinemann, Regine Heß, Thomas Lohmaier, Anja Schmidt, Thilo Schuster und Ester Vletsos.

Ganz herzlich möchten wir auch den studentischen Hilfskräften Philip Schneider, Clara Frey, Anna-Maria Mayerhofer und Franziska Mühlbauer für ihre hervorragende Arbeit und ihren enormen persönlichen Einsatz danken.

Wir danken den Gestaltern des Buchs und der Ausstellungsgrafik, Jonas Beuchert, Tilman Schlevogt und Johanna Wenger von PARAT.cc, für die kreative Zusammenarbeit. Florian Bengert sei für seinen hervorragenden Einsatz bei der Konzeption und Umsetzung der Ausstellungsarchitektur und seine tiefe inhaltliche Einarbeitung gedankt.

Für die Umsetzung und Betreuung des Buches danken wir dem Birkhäuser Verlag, vor allem Katharina Holas, Ulrich Schmidt, Amelie Solbrig und Baharak Tajbakhsh.

Wir danken Martin Schnitzer für seinen persönlichen Einsatz in der Unterstützung der Ausstellung sowie der Nemetschek Group für ihre finanzielle Unterstützung. Ein großer Dank gilt auch der Gerda Henkel Stiftung, die unsere Forschung am Lehrstuhl für Architekturgeschichte und kuratorische Praxis seit Anfang des Projekts finanziell unterstützt und die Publikation durch einen Druckkostenzuschuss ermöglicht hat. Wir bedanken uns für die Unterstützung durch den Förderverein des Architekturmuseums der TU München für die Ausstellung und das Buch. Den Freunden der Pinakothek der Moderne, PIN, danken wir für ihre großzügige Unterstützung der Ausstellung. Schießlich möchten wir Philip Kurz und Verena Gantner von der Wüstenrot Stiftung für ihre kritischen Fragen und die finanzielle Hilfe für Katalog und Ausstellung danken.

Teresa Fankhänel und Andres Lepik

Bildnachweise

EINLEITUNG

1,3,4 Architekturmuseum der TUM
2 Architecture Machine, AC-0400, Box 49. Department of Distinctive Collections, MIT Libraries, Cambridge, MA, Foto: Roger N. Goldstein
5 Architekturmuseum der TUM, Architekten Schmidt-Schicketanz GmbH
6 gta Archiv / ETH Zürich, Fritz Haller

KAPITEL 1

Papier(lose) Architektur
1 © HfG-Archiv / Museum Ulm, Sign. 58/0358.30
2 © HfG-Archiv / Museum Ulm, Sign. 58/0269
3 © Peter Schubert
4,5,7 Architekturmuseum der TUM
6 © Thomas Demand, © VG Bild-Kunst, Bonn 2020. Mit freundlicher Genehmigung von Sprüth Magers

Architektur, Computer und technologische Unruhe
1–2 Mitchell, William: *Computer-Aided Architectural Design*, New York 1977, S. 299, 302.
3–4 Milne, Murray: „From Pencil Points to Computer Graphics", in: *Progressive Architecture*, Juni 1970, Titelseite, S. 168–169.

Sketchpad
1 Mit freundlicher Genehmigung des Computer History Museum, Mountain View, Kalifornien
2 Experimentelle Softwarerekonstruktion von Ivan Sutherlands Sketchpad (1963) von Daniel Cardoso Llach und Scott Donaldson (2017). Mit freundlicher Genehmigung von Daniel Cardoso Llach, Foto: Tom Little
3–4 Sutherland, Ivan: „Sketchpad: A Man–Machine Graphical Communication System", Doktorarbeit, MIT, Lincoln Laboratory, 1963.

Imaginäre Architektur
1–4 Archiv Otto Beckmann
5 Archiv Otto Beckmann, Zeichnung: Anna-Maria Mayerhofer

Wettbewerb Bauten des Bundes
1–3 UAA Ungers Archiv für Architekturwissenschaft

Multihalle Mannheim
1–4 saai | Archiv für Architektur und Ingenieurbau, Karlsruher Institut für Technologie

Alternative Eingabegeräte
1,3,4 John Frazer, Julia Frazer, Peter Frazer
2 Division of Medicine and Science, National Museum of American History, Smithsonian Institution
5 MIT Media Lab

Plotterzeichnungen
1–3 Carola Scheil, © VG Bild-Kunst, Bonn 2020
4 Bernhard Többen

KAPITEL 2

Das Diskrete
1 © F.L.C. / VG Bild-Kunst, Bonn 2020
2 © bpk / CNAC-MNAM / Georges Meguerditchian, © VG Bild-Kunst, Bonn 2020
3 „A Modular Volume: The Bemis Cubical Modular Concept", in: *Basic Principles of Modular Coordination*, Washington, D. C. 1953, S. 5.
4 John Frazer
5 Negroponte, Nicholas: *The Architecture Machine. Toward a More Human Environment*, Cambridge (MA) 1970, S. 104, Abb. 3, © Massachusetts Institute of Technology, mit freundlicher Genehmigung durch The MIT Press
6 Philippe Morel
7 Philippe Morel / EZCT Architecture & Design Research
8 Gilles Retsin Architecture
9 Design Computation Lab, Bartlett School of Architecture, UCL, 2016

Kreativität und Problemlösung
1 Cardoso Llach, Daniel: *Builders of the Vision. Software and the Imagination of Design*, London 2015, S. 61, Abb. 4.8.
2 Boston Architectural Center: *Architecture and the Computer. First Boston Architectural Center Conference*, Boston (MA) 1964, Titelseite.
3 Cedric Price Fonds, Canadian Centre for Architecture, DR1995:0280:110
4 John Frazer

Reptile Flexible Enclosure System
1–5 John Frazer

Siemens CeBIT-Pavillon
1 Siemens Historical Institute

2–3 © Kunsthalle Bremen – ARTOTHEK © Nachlass Georg Nees. Kunsthalle Bremen, Sammlung Herbert W. Franke, Eigentum der Ernst von Siemens Kunststiftung als unbefristete Leihgabe an die Kunsthalle Bremen
4 „Computer in der Baugestaltung", Siemens AG, 1971

RESOWI Center
1–4 Manfred Wolff-Plottegg

BMW Bubble
1–4 © Franken Architekten
5 © Friedrich Busam

Victoria and Albert Museum Spiral Extension
1–2 Cecil Balmond, Advanced Geometry Unit, Arup
4–5 Cecil Balmond, Advanced Geometry Unit, Arup
3 Architekturmuseum der TUM

Dunescape
1–3 Museum of Modern Art, New York, © SHoP Architects
4–5 © SHoP Architects

Ark of the World Museum
1–4 Greg Lynn FORM

TRUTEC Building
1,3,4 Matthias Graf von Ballestrem, Barkow Leibinger, Berlin
2 Barkow Leibinger, Berlin

O-14
1–4 © Reiser + Umemoto RUR

Geno-Matrix
1–3 Ming Tang

KAPITEL 3

Sehen nach Zahlen
1 da Vignola, Jacopo B.: *Le due regole della prospettiva*, hrsg. von Ignazio Danti, Rom 1583. Creative-Commons-Lizenz
2 Galleria degli Uffizi, Gabinetto dei Disegni, Florenz. Creative-Commons-Lizenz
3 Piero della Francesca: *De prospectiva pingendi*, Florenz, Ende 15. Jahrhundert. Creative-Commons-Lizenz
4 Roberto Bottazzi, Zeichnung: Philip Schneider

244 Bildnachweise

5   Dürer, Albrecht: *Underweysung der Messung, mit dem Zirckel un Richtscheyt*, Nürnberg 1525. Creative-Commons-Lizenz
6   Mit freundlicher Genehmigung von SOM | © Skidmore, Owings & Merrill LLP 1984
7   Richard Voss
8–9 Marjan Colletti

Bewegung, Zeit, Architektur
1   © Copyright 1965 A. Michael Noll. Entworfen und programmiert von A. Michael Noll an den Bell Telephone Laboratories, Inc., 1965
2, 5 Architekturmuseum der TUM
3   Whitted, Turner: „An Improved Illumination Model for Shaded Display", in: *Commun. ACM*, Bd. 23, Juni 1980, S. 343–349, Abb. 7. DOI: www.doi.org/10.1145/358876.358882
4   © 1991 / STUDIOCANAL – All Rights Reserved
6   © Franken Architekten
7   © Boeing, p42271
8   Asymptote Architecture

Cornell in Perspective
1–4 Donald Greenberg

Skeleton Animation System
1–2 David Zeltzer

9 Cities
1–2 Video *Nine Cities*, mit freundlicher Genehmigung von SOM | Skidmore, Owings & Merrill LLP 1984
3, 5 Architekturmuseum der TUM, mit freundlicher Genehmigung von SOM | Skidmore, Owings & Merrill LLP 1984
4   Weingarten, Nicholas: „DRAW3D", in: *16th Design Automation Conference Proceedings*, New York 1979, S. 136.

Locomotion Studies
1–3 Mit freundlicher Genehmigung von Karl Sims

Eyebeam Atelier
1–2 Leeser Architecture
3   Diller Scofidio + Renfro
4   © Reiser + Umemoto, 2001

Arctic
1–2 Lucia Frascerra

Villa R
1–4 Dyvik Kahlen

Prinz-Claus-Brücke
1   © mir.no
2   Mit freundlicher Genehmigung der National Gallery of Art, Washington, D. C.
3   © Royal Museums of Fine Arts of Belgium, Brussels, Foto: J. Geleyns – Art Photography

The Elephant and the Corsair
1–5 © Dennis Allain

Hilma af Klint Museum
1–4 Jana Čulek / Studio Fabula
5   Mit freundlicher Genehmigung der Hilma af Klint Foundation. Foto: Moderna Museet, Stockholm

Sørli Visitor Center
1–2 Brick Visual

KAPITEL 4

Playing Architect
1   Screenshot *Block'hood*. Computerspiel von Jose Sanchez, Plethora Project
2   Architekturmuseum der TUM
3, 5 Electronic Arts Inc.
4   Electronic Arts Inc., Vincent Ocasla
6   © 2019 Ubisoft Entertainment. All Rights Reserved. *Assassin's Creed* is a trademark of Ubisoft Entertainment in the U.S. and/or other countries

Eine Auswahl berechnen
1   © Michael_Kirkham
2   Gramazio Kohler Architekten
3   Cross, Nigel (Hrsg.): *Design Participation. Proceedings of the Design Research Society's Conference*, London 1972.
4   Friedman, Yona: „The Flatwriter: Choice by Computer", in: *Progressive Architecture*, März 1971, S. 100–101. © VG Bild-Kunst, Bonn 2020
5   Friedman, Yona: *Toward a Scientific Architecture*, Cambridge (MA) 1975, S. 31, Abb. 16. © VG Bild-Kunst, Bonn 2020
6   MIT Media Lab, Architecture Machine Group

URBAN 5
1–4 Negroponte, Nicholas: *The Architecture Machine. Toward a More Human Environment*, Cambridge (MA) 1970, S. 80, 76, 74, 85. © Massachusetts Institute of Technology, mit freundlicher Genehmigung durch The MIT Press

Aspen Movie Map
1,3,4 MIT Media Lab
2   MIT Media Lab, mit freundlicher Genehmigung von Bob Mohl

The Walter Segal Model
1–5 John Frazer, Julia Frazer, Foto: John Frazer

ARMILLA
1–5 gta Archiv / ETH Zürich, Fritz Haller

H₂Oexpo
1–4 Lars Spuybroek Fonds, Canadian Centre for Architecture, Schenkung von Lars Spuybroek, © Lars Spuybroek

The-Virtual-House-Wettbewerb
1   Foreign Office Architects Fonds, Canadian Centre for Architecture, Schenkung von Farshid Moussavi and Alejandro Zaera-Polo, © Foreign Office Architects
2   © Herzog & de Meuron
3   „The Virtual House", in: *ANY*, Bd. 19/20, 1997.
4   Eisenman Architects, The Virtual House, 1997. Entwurf für den Virtual-House-Wettbewerb, organisiert von *ANY*, New York

Guggenheim Virtual Museum
1–6 Asymptote Architecture

Barclays Center
1–3 © SHoP Architects
4   © SHoP Architects, Foto: Bruce Damonte

Hyper-Reality
1–3 Keiichi Matsuda
4   Philipp Sturm

London Developers Toolkit
1–4 London Developers Toolkit, ein Spiel von You+Pea

Transcribed Nature
1–2 Annar Bjørgli / The National Museum of Art, Architecture and Design
3   Mediascapes – Architecture Museums and Digital Design Media
4   Atelier Oslo

Impressum

KATALOG

Diese Publikation erscheint anlässlich der Ausstellung *Die Architekturmaschine. Die Rolle des Computers in der Architektur* im Architekturmuseum der TUM vom 14.10.2020 bis 10.01.2021

Herausgeber Teresa Fankhänel und Andres Lepik
Redaktion Teresa Fankhänel
Redaktionsassistenz Philip Schneider
Reproduktionen Ester Vletsos

Ausstellung und Katalog wurden unterstützt von:
PIN. Freunde der Pinakothek der Moderne
Wüstenrot Stiftung
Gerda Henkel Stiftung
Förderverein Architekturmuseum TU München
Nemetschek Group
Dekanat der TUM

Gedruckt mit Unterstützung der Gerda Henkel Stiftung, Düsseldorf

Essays
Roberto Bottazzi, Mollie Claypool, Teresa Fankhänel, Anna-Maria Meister, Molly Wright Steenson, Felix Torkar, Theodora Vardouli, Georg Vrachliotis

Katalogbeiträge
Laura Altmann, Sina Brückner-Amin, Lluis Dura, Teresa Fankhänel, Myriam Fischer, Clara Frey, Stefan Gruhne, Jia Yi Gu, Regine Heß, Frederike Lausch, Tonderai Koschke, Evangelos Kotsioris, Thomas Liu, Anna-Maria Mayerhofer, Franziska Mühlbauer, Johannes Müntinga, Birgitte Sauge, Philip Schneider, Franziska Stein, Philipp Sturm, Julian Trummer, Gerlinde Verhaeghe, Heike Werner, Sina Zarei

Content Editor Katharina Holas, Birkhäuser Verlag, A-Wien
Production Editor Amelie Solbrig, Birkhäuser Verlag, D-Berlin
Übersetzung vom Englischen ins Deutsche Eva Dewes, D-Saarbrücken
Lektorat Ilka Backmeister-Collacott, D-Teningen
Korrektorat Monika Paff, D-Langenfeld
Grafik PARAT.cc, D-München
Litho DZA Druckerei zu Altenburg GmbH, D-Altenburg
Druck DZA Druckerei zu Altenburg GmbH, D-Altenburg
Papier IGEPA Profibulk 1.3, 150 g
Schriftarten Apax (Optimo), Helvetica Now (Monotype)

Library of Congress Control Number 2020931629

Bibliografische Information der Deutschen Nationalbibliothek
Die Deutsche Nationalbibliothek verzeichnet diese Publikation in der Deutschen Nationalbibliografie; detaillierte bibliografische Daten sind im Internet über http://dnb.dnb.de abrufbar.

ISBN 978-3-0356-2155-6
Englisch Print-ISBN 978-3-0356-2154-9

© 2020 Architekturmuseum der TUM
© 2020 Birkhäuser Verlag GmbH, Basel

Birkhäuser Verlag GmbH
Postfach 44, 4009 Basel, Schweiz
Ein Unternehmen der Walter de Gruyter GmbH, Berlin/Boston

9 8 7 6 5 4 3 2 1

www.birkhauser.com

AUSSTELLUNG

Direktor Andres Lepik
Kuratorin Teresa Fankhänel
Assistenz Philip Schneider
Wissenschaftliche Hilfskräfte Franziska Mühlbauer, Clara Frey
Ausstellungsarchitektur Florian Bengert / BNGRT
Grafik PARAT.cc, München
Aufbauteam Andreas Bohmann, Thomas Lohmaier
Restaurator Anton Heine
Archiv und Registrar Anja Schmidt, Thilo Schuster
Sekretariat Marlies Blasl, Martina Heinemann, Tanja Nyc
Presse Vera Simone Bader
Öffentlichkeitsarbeit Teresa Fankhänel, Clara Frey

Architekturmuseum der TUM in der Pinakothek der Moderne
Barer Str. 40
80333 München
www.architekturmuseum.de

Eine Ausstellung des Architekturmuseums der TUM

Leihgeber
Dennis Allain, Asymptote Architecture, Atelier Oslo, Balmond Studio, Barkow Leibinger, Archiv Otto Beckmann, Brick Visual, Canadian Centre for Architecture, Daniel Cardoso Llach, Matthias Castorph, Jana Čulek, Diller Scofidio + Renfro, Dyvik Kahlen Architects, ETH Zürich gta Archiv, FRAC Centre, Franken Architekten, Lucia Frascerra, John und Julia Frazer, Donald Greenberg, Het Nieuwe Instituut, Kunsthalle Bremen, Thomas Leeser, Studio Libeskind, Greg Lynn FORM, Keiichi Matsuda, Mir, MIT Media Lab, MIT Museum, Museum of Modern Art, Nasjonalmuseet for kunst, arkitektur og design, Reiser + Umemoto, saai | Archiv für Architektur und Ingenieurbau, Carola Scheil, SHoP Architects, Siemens-Archiv, Karl Sims, Skidmore, Owings & Merrill, Tang & Yang, Ungers Archiv für Architekturwissenschaft, Heike Werner, Manfred Wolff-Plottegg, You+Pea